臺灣歷史與文化 研究輯刊

九 編

第 23 冊

以文學建構新歷史
——台灣大河小說的興起與發展

黃慧鳳 著

花木蘭文化出版社

國家圖書館出版品預行編目資料

以文學建構新歷史——台灣大河小說的興起與發展／黃慧鳳
著 ― 初版 ― 新北市：花木蘭文化出版社，2016〔民105〕
目 2+294 面；19×26 公分
（臺灣歷史與文化研究輯刊 九編；第 23 冊）
ISBN 978-986-404-491-7（精裝）
1. 臺灣小説 2. 文學評論
733.08   105001821

臺灣歷史與文化研究輯刊
九　編　第二三冊　　　　　　ISBN：978-986-404-491-7

以文學建構新歷史
――台灣大河小說的興起與發展

作　　者　黃慧鳳
總 編 輯　杜潔祥
副總編輯　楊嘉樂
編　　輯　許郁翎
出　　版　花木蘭文化出版社
社　　長　高小娟
聯絡地址　235 新北市中和區中安街七二號十三樓
　　　　　電話：02-2923-1455／傳真：02-2923-1452
網　　址　http://www.huamulan.tw 信箱 hml810518@gmail.com
印　　刷　普羅文化出版廣告事業
初　　版　2016 年 3 月
全書字數　275064 字
定　　價　九編 24 冊（精裝）台幣 50,000 元

以文學建構新歷史
——台灣大河小說的興起與發展

黃慧鳳　著

作者簡介

　　黃慧鳳，國立中央大學文學博士。現為朝陽科大、靜宜大學助理教授。主要研究領域為台灣文學、文學批評、文化研究等。著有《台灣勞工文學》（國立編譯館獎勵出版），以及單篇論文〈論張曉風科幻小說〈潘渡娜〉的人文省思〉、〈台灣大河小說定義的論述探析〉、〈被殖民者的自傳——《論鍾肇政《濁流三部曲》》〈一個文化創意產業的觀察與實踐——以通契範《易經》創意教學為例〉等 30 多篇論文。曾獲得文建會現代文學研究論文獎助、2005 年「台灣研究」最佳碩士論文獎等。

提　　要

　　「大河小說」一詞，在台灣首先由葉石濤提出，並在鍾肇政《濁流三部曲》、《台灣人三部曲》的創作實踐中逐漸形成，其後李喬《寒夜三部曲》、東方白《浪淘沙》的承繼書寫，使這一系大河小說壯大成一個醒目的符號，為台灣文學創造了豐厚的佳績。但有別於法國大河小說（Roman-Fleuve），此一系列台灣「大河小說」因歷史語境的不同，有著書寫台灣史的在地化特色與時代意義。隨著台灣社會中「中國意識」與「台灣意識」的強化對立，楊照指出在本土文學論述中台灣「大河小說」有著書寫「外於中國史的台灣史」的內容取材目的性，使台灣「大河小說」的論述場域出現不同意識形態各自論述、各自贖回的紛雜現象。也使「大河小說」一詞被誤用與策略挪用，限定了台灣大河小說的內容與格局。實則台灣大河小說無須限定只能書寫「相對於中國史的台灣史」的規準，當然，也不該排擠書寫台灣史的大河小說。更何況書寫台灣史這一系台灣「大河小說」，實有其寫作的歷史動因與社會緣由，與建構台灣人主體性的積極意義。

　　本書以整體脈絡性的觀照，釐清台灣「大河小說」的始源性，有著向世界文學看齊的精神立意，同時爬梳台灣「大河小說」觀念的演變脈絡與延異軌跡，從而揭櫫台灣「大河小說」由特殊性到普遍性的可能發展，為此一文類的多元開展予以樂觀的期待。另外針對書寫台灣史這一系列台灣大河小說，體察其在解嚴前與解嚴後的不同創作意識與寫作動機，從而理解作家書寫的功能性意義與價值，有著戒嚴時期對日本殖民異軌歷史的贖回，以及解嚴後對二二八歷史不得不書寫的歷史使命性，以及新世紀對台灣主體性的強力塑造建構。

　　在國家機器宰制的主導文化下，台籍作家及作品曾位屬相對邊緣的傳播場域。因此吳濁流、鍾肇政……等人由私領域到公領域的集結，以編輯身分主導《文友通訊》、《台灣文藝》、《民眾日報》等傳播媒介，以及遠景、前衛等出版社的努力，使本土作家作品有了發聲管道，同時也相對集結了屬性相似的文藝集團。台灣大河小說便在如此的環境中因應而生，從戒嚴到解嚴，從解嚴到新世紀，與社會持續交互作用下，書寫出《台灣人三部曲》、《寒夜三部曲》、《浪淘沙》、《楊梅三部曲》、《台灣大風雲》、《台灣三部曲》……等大河巨作，從搶下一席之地到逐步打開文學傳播場域，台灣大河小說在銳不可擋的反動衝撞下，在文壇逐漸受到正視與肯定。

台灣大河小說的文本發展方面，吳濁流《亞細亞的孤兒》堪稱台灣「大河小說」的精神源流，尤其小說中日本殖民時期台灣人身份認同的意涵結構，更成為此系列「大河小說」的精神基調。台灣大河小說的文本發展，可分成解嚴前、解嚴後，以及新世紀三階段。首先解嚴前由於政治時空的圍限，作品斷限於台灣光復，直至解嚴後作家才敢書寫二二八事件，而 21 世紀初的台灣大河小說，除了承繼 20 世紀的大河小說外，更開展出女作家、女性視角的台灣大河小說，為台灣「大河小說」開創了新的局面，與其他更多元的可能。

　　文本分析方面，則從歷史母題的書寫、認同議題的變遷，以及語言角力的演進三方面，探析作家所欲突顯的意涵結構與歷史觀。最後，歸納標舉出台灣「大河小說」的存在意涵：解構中原中心論述、補述歷史抵殖民、開展本土集團文學場域、邁向世界文學為標竿、刻劃建構台灣人身份認同脈絡、抗拒壓迫、台灣人精神的重構與主體性確立，最後回望過去大河作品，並展望未來作品的新視野與新面向，期望作家能在反省與抵中心的立場上，持續為大河歷史中的弱勢族群書寫發聲。

目

次

第一章　以文學建構新歷史

一、台灣大河小說的歷史書寫

　　「台灣」、「台灣人」、「台灣文學」是台灣社會既定存在卻又弔詭地敏感字眼，這點從「台灣意識」與「中國意識」的論戰、台灣文學是否為中國文學的一支等大大小小論戰中可以窺出端倪。研究所時，筆者開始接觸當時「敏感的」台灣文學，發現楊逵的〈送報伕〉、吳濁流的《亞細亞的孤兒》等台灣文學作品，不僅十分令人動容且深具意義。而鍾肇政的《台灣人三部曲》、李喬《寒夜三部曲》、東方白《浪淘沙》等這一系列被稱為「大河小說」的作品，往往著重書寫「台灣」、「台灣人」、「台灣歷史」等議題，與官方教育的正統歷史敘述截然不同，這充滿新歷史意味的文本，深具意義地得以讓讀者看見台灣人的迷思、台灣意識的追尋，與台灣歷史的重構。

　　這一系列在形式上可說是如江河般滔滔不絕的系列曠世巨著，往往是作家經年累月構思的重要代表作，因此不僅十分耗費腦力與體力，往往也折損作家的身體健康，以及多年的黃金歲月。然而是什麼樣的原因讓作者不惜奉獻時間精力，在無情流逝的歲月中孜孜不倦？是什麼樣的動力讓一位作家捨棄較輕薄短小的暢銷文學，投身於厚重又沉重的「台灣歷史書寫」？這不應是金錢的驅使，因為不符合經濟效益。若是追求名望，這些作家其實在文壇大多已頗具知名度，當然我們不排除追求更美好的名聲。而「歷史」與「小說」本歸屬不同的領域，但為何大河作家要書寫歷史？爭奪歷史的發言權？是否台灣歷史大河小說的存在，係因強大的壓迫而不平則鳴，因此藉由書寫贖回過往不能言說的歷史事件。然則這些被遺落的歷史是什麼？何以作家會不約而同的反覆記憶台灣庶民的辛酸史、那些不堪回首的台灣過往？是否大

河小說作家都有共同的「敘史情結」？並表現出台灣人身分認同的特殊議題？不可否認的，這樣大部頭的作品，存在著作家為證明自己能力的個人企圖與理想，以及某種對社會歷史的使命感，而正是上述的疑問與這特異的企圖與使命感，令人想一窺其堂奧，了解大河小說作家的創作意識與書寫企圖，這些大河作品中歷史事件的串連傳達了作家何種意念？這樣厚重又沉重的文本的存在位置為何？此一文類又是否有其存在的價值與未來開展性？

　　雖然過往針對個別大河作家的各別研究已頗為豐富，但隨著時代的演進，大河小說的觀念在改變，大河小說的文本在發展，「台灣」二字的涵義也在改變。而且台灣歷史大河小說寫作的時空與書寫的歷史素材，實不同於西方大河小說、中國近代史大河小說、大陸大河小說、中國古典長篇小說，潛藏著日本殖民權力與國府威權統治的巨大影響，這樣的創作環境與作家的寫作動機產生了一定的對應關係，讓台灣「大河小說」有別於西方《追憶似水年華》、《齊瓦哥醫生》等生命史般叨叨絮絮的書寫，有著更深刻明顯的作家寫作理想與書寫議題，強調台灣庶民史、台灣人的悲情、台灣人精神的重構、台灣人的主體性等，相對的，也是台灣「大河小說」有別於其他大河小說的立足出發點與特色。

　　本書希望將個別的台灣大河小說放在時代脈絡網中，以綜合整體性的觀照，剖析台灣大河小說在歷史脈絡中觀念的演變、書寫的動因，發言位置與發展進程，以及作家所亟欲表露的意涵結構。因此本書期望透過三方面的基礎，來完成綜合整體性研究，試圖為台灣「大河小說」建構出一個較具體明晰的脈絡性發展概況，一、釐清「大河小說」文類基礎理論與系統。二、建構台灣大河小說發展史。三、探究台灣大河小說文本在社會脈絡中交織出的主要命題。

二、以台灣／台灣史為論述中心

　　陳建忠曾言，以「大河小說」為名的研究自成一系統，這些以台灣史為主軸的小說，明顯有別於以中國史為題材的傳統歷史小說，在中國史敘事形同「政治正確」的戒嚴年代，大河小說的書寫行為，正是贖回歷史記憶的後殖民實踐〔註1〕。亦即台灣大河小說關注的焦點乃是「台灣歷史」，一如王淑

〔註1〕陳建忠，〈台灣歷史小說研究芻議：關於研究史、認識論與方法論的反思〉，收錄於李勤岸、陳龍廷主編，《臺灣文學的大河：歷史、土地與新文化──第六屆臺灣文化國際學術研討會論文集》（高雄：春暉出版，2009.12），頁26。

雯所言，事實上也就是「以台灣爲敘述主體」的長篇歷史小說〔註2〕，這在某種程度上是可以成立的。一如台灣文學中的台語文學、客家文學、原住民文學。這些次文類都是台灣文學，由於關注的書寫主題與作者認同的殊異而分別，但若要專斷的說客家文學就是台語文學，相信很多人是不能苟同的，更何況是原住民文學〔註3〕。但不可否認的，上述以台灣歷史爲敘述主體的台灣「大河小說」，只是廣義大河小說綜合分類的一支。

　　除了上述被約定俗成指稱爲台灣「大河小說」〔註4〕的作品外，台灣文壇仍存在著書寫中國史（中國近代史）、異國史、跨國史的大河之作。書寫中國近代史方面（如八年抗戰、國共內戰、遷台、反共復國……等歷史）的大河之作，如馮馮〔註5〕（1935～2007）的《微曦四部曲》（1964）〔註6〕、《紫色

〔註2〕 王淑雯，〈大河小說與族群認同：以《臺灣人三部曲》、《寒夜三部曲》、《浪淘沙》爲焦點的分析〉（國立臺灣大學社會學研究所碩士論文，1994），頁7。

〔註3〕 進行研究時，許多定義會隨著擴大與縮小。如同台語有時是指閩南語，但相對於官方語時，又往往包含客語、原住民語等地方語。文學認定也有同樣的現象，而引起爭議。

〔註4〕 楊照指出，過去基本上流傳於邊緣地位的本土文學論述裡，大河小說還有一項沒有明說的內容標準：那就是大河小說要刻劃、建構的歷史敘述，是相對於中國史，外於中國史的台灣歷史。詳楊照，〈歷史大河中的悲情——論台灣的「大河小說」〉，《文學、社會與歷史想像——戰後文學史散論》（台北：聯合文學出版社，1995.10），頁96。
而莊永清指出「台灣大河小說」一詞於1980年代末後設性地產生，也因台灣文學評論家或研究者葉石濤、楊照、彭瑞金、歐宗智、錢鴻鈞等，逐漸以「台灣大河小說」論述這些長篇小說，甚至文學界結合學術界，以「台灣大河小說」之名舉辦學術研討會，「台灣大河小說」才逐漸成了文學研究上的專詞。詳莊永清，〈眞理、文明與終戰——東方白《浪淘沙》的敘事結構〉，《第七屆台灣文學家牛津獎暨東方白文學學術研討會論文集》（新北市：眞理大學人文學院台灣文學系，2013.12），頁100。

〔註5〕 馮馮本名馮士雄，爲馮姓軍官妾侍張鳳儀的私生子，俄籍軍官的暴力遺孤，因此有著混血的外貌，因自幼父親缺席，母親又病弱無助，即感染母親的哀愁，加上戰亂幼年生活可說是在逃難中度過，1949年15歲那年馮父開槍揮刀之時才知自己的身世之謎，因此倉皇離家，不久隨友人加入軍校撤退來台，同年底卻被誣陷爲匪諜，遭刑求監禁五年，受到不堪的折磨，甚至淪爲軍中的慰安男，身心遭逢巨大的創傷，也是這可怕的白色恐怖使他得了精神分裂的躁鬱症。在民族主義高張的年代，雖不斷的強調自己是中國人，卻往往淪爲他人發洩仇外情緒的對象。也不知是否因缺乏的父愛，或因年少被性侵害的經歷，使馮馮在戀情上較易戀上同性的長者，或較自己更爲陽剛的男性。縱觀馮馮的文壇際遇，由請託登稿到入選國際徵文，並獲得《自由談》元旦徵文首獎，馮馮逐漸在文壇上嶄露頭角，爭得了一席之地。詳參楊幸如，〈馮

北極光三部曲》（1982）〔註7〕，墨人（1920～）〔註8〕的《紅塵》〔註9〕等等

馮及其作品研究〉（台中，中興大學台灣文學研究所碩士論文，2010.07），頁11、27。馮馮，《霧航——媽媽不要哭》，（台北：文史哲，2003），頁467，650，713。

〔註6〕 馮馮，《寒夜》、《鬱雲》、《狂飆》、《微曦》（台北：皇冠出版，1964.09）。1962年開始創作《微曦四部曲》，費時一年多完成，分為《寒夜》、《鬱雲》、《狂飆》、《微曦》四部，這部描寫自身的自傳性小說長約一百萬字，因篇幅太大一開始尋求發表時並不順利，1963年8月才在《皇冠》雜誌連載，並於1964年4月由《皇冠》雜誌出版，由當時連連再版、中廣推出廣播劇的情形可知作品的暢銷性。也因此部作品母慈子孝，范小虎刻苦勤學的形象，成為青年的楷模，成為眾人推薦的勵志讀本與正面教材，讓馮馮以非凡的文學成就成為1963年12月第一屆「十大傑出青年」。隔年作品也獲得王雲五「嘉新文學獎」最高的獎金，然而也因樹大招風、或因人紅招忌受到流言與批評，加以國民黨情治單位的關注，最後選擇於1965年離台赴加拿大。這部鉅著描寫八年抗戰期間，范小虎與母親顛沛流離的境遇，抗戰勝利後，身為妾侍又病弱的母親便帶著小虎到廣州范家「認祖歸宗」請求接納，然而在范家舊式的封建體系中，范小虎母子二人只能仰人鼻息，一日范小虎因故被父親施打後憤而離家，因此佯裝軍眷登上軍船來到台灣。在台舉目無親的范小虎再度流浪飄泊，曾以水解決三餐，以長凳為床，做過車夫、擦鞋匠、苦力等，雖只有中學學歷，每念及母親的叮嚀，愈發自學苦讀，因而學會了8、9國語言，也終於考取了翻譯官的工作，並讓思念多年的母親得以來台依親團聚，其後也因文學作品入選國際文學徵文，漸漸成為嶄露頭角的著名作家。就文本書寫的歷史時空來看，《微曦四部曲》的《寒夜》是范小虎母子在抗戰時期萬里尋親的逃難經歷，《鬱雲》是母子二人到廣州范家這個封建家庭依親的遭遇，因此一、二部皆書寫的是中國史，而《狂飆》與《微曦》則是范小虎來台自學苦讀，終於有所成就，接母來台，買地造屋的台灣生活。然而書中的反共修辭卻成了馮馮晚年回憶錄《霧航》（2003）一書中亟欲澄清的失真處。《微曦四部曲》連載及出版情形，詳楊幸如，〈馮馮及其作品研究〉（台中，中興大學台灣文學研究所碩士論文，2010.07），頁27、29、50。

〔註7〕 馮馮，《煙》、《霧》、《雪》（台北：皇冠出版，1982）。1982年馮馮又出版自傳小說《紫色北極光三部曲》（1980）——分為《煙》、《霧》、《雪》三部，或可視為《微曦四部曲》的續曲。《煙》主要描寫進入文壇漸漸享有盛名的范小虎，受到流言蜚語等因素的困擾，以出國深造之名遠赴加拿大的過程。《霧》、《雪》則寫范小虎旅居加國的生活。

〔註8〕 墨人（1920～）本名張萬熙，是1949年後第一代來台的外省人，曾任報社主筆、總編輯、總經理、國民大會秘書處簡一資料組長、東吳大學副教授、英國劍橋國際傳記中心副董事長等職。

〔註9〕 《紅塵》在《新生報》連載後，於1991年由台灣新生報出版三冊，約120萬字，同年同時榮獲行政院新聞局著作金鼎獎及嘉新文化基金會優良著作獎，1995年英國劍橋國際傳記中心特頒贈「二十世紀文學傑出成就獎」。2001年4月昭明出版社又以六卷形式（約160萬字）出版，由此可見此書曾受到的重視與肯定。《紅塵》一書大體在1970年開始構思，1984年動筆，由於是百萬

作品，記錄了外省第一代歷經八年抗日、國共內戰，退居台灣，繼而移居他國的歷史，有著抗戰經歷的中國近代史論述，與旅居異國的異地經歷，雖有部份寫到台灣，卻又抽離了白色恐怖的台灣史背景，避禍地弱化了當時的政治情境。當然我們可以理解在當時寫作語境中，作品有著戰鬥文藝色彩的緣由，以及戒嚴時期政治對文學的影響。

1964 年馮馮曾寫信給鍾肇政：「但願你的台灣人與我的中國人能早日完成，讓我們一起為這苦難的時代留下一點東西。〔註 10〕」這樣溫情的鼓勵，仍不難看出彼此立場的壁壘分明，一個是為「台灣人」而寫，一個是為「中國人」而寫，呈現出兩個截然不同的大河歷史書寫脈絡。

台灣作家（省籍作家）方面，也有書寫中國近代史的作品。如出生於日本殖民時期的李榮春（1914～1994）〔註 11〕依自己的經歷書寫的《祖國與同

字的巨著極為耗費心神，加上公私兩頭忙，墨人曾一度中風，直到 65 歲退休才能專心寫作，並以愚公移山的精神，拚著老命書寫，為民族的苦難史做見證。然而由構思到新生報出版，墨人已 70 歲。構思寫作多年，以深具中國傳統代表意義的龍氏家族為主軸，書寫龍氏一家的世代遭遇，人物眾多，牽涉的民族之廣，包含漢、滿、蒙、回、藏、土家、日本等，書中的時間背景更是歷經百年，上自清朝下至民國，從清末北京龍氏家族的翰林第寫起，到八國聯軍、滿清覆亡、民國始建、八年抗日、國共分治下的大陸與臺灣，再由臺灣的建設發展，開放大陸探親、投資，寫到兩岸互動，場景也十分廣袤地遍及華北、華中、華南、華西、西北、臺灣、日本、緬甸、印度等地。行文間，不乏墨人的身影，尤其親身經歷八年浴血苦戰等血淋淋的事件，使墨人有責無旁貸的使命去書寫不能或忘的記憶。但墨人的《紅塵》與馮馮的《微曦》一樣，是外省作家書寫有中國歷史背景的作品，其書寫立場與意識形態，迥異於《台灣人三部曲》、《寒夜三部曲》、《浪淘沙》等台灣版「大河小說」的形態，而是站在「中國人」的立場，書寫（八國聯軍、八年抗戰、國共內戰）以至戰後來台又去國還鄉的百年歷史。這部以中國近代史為中心的歷史書寫，藉由龍氏家族的興衰，反映民族的苦難與動盪的大時代，表露作者的宇宙觀和生命哲學，已具大河小說的形式，若能與台灣版「大河小說」一併對照比較，當能對比出台灣不同意識形態的生產複製與權力對話。詳墨人，《紅塵》（台北：新生報，1991.02）。

〔註10〕馮馮致鍾肇政的信（1964 年 4 月 16 日），轉引自錢鴻鈞，《台灣文學的萬里長城——鍾肇政六百萬字書簡研究》（台北：文英堂，2005），頁 155。

〔註11〕李榮春（1914～1994），宜蘭頭城人，八歲即喪父，由寡母扶養長大，從小有口吃的毛病，不擅言辭，養成他「旁觀者」的性格。從小即十分痛恨日人治台的行徑，加以 1937 年蘆溝橋事變暴發，便於 1938 年加入台灣農業義勇團至「故國神州」工作，希望藉此逃到中國大後方加入抗日戰爭的行列，1946年李榮春返台時僅攜兩箱寫作資料及書籍。回台重握筆管後，不僅拒絕與等了他八年的童養媳成為夫妻，也拒絕親友幫他找的固定支薪工作，獨鍾文藝，

胞》（2002）〔註12〕。道出日本殖民時期皇國青年（魯誠），回歸祖國想參與抗日，卻不被信任的抗戰背景經歷。此類作品若能與台灣歷史「大河小說」參照比對，當更能看見台灣史更廣幅的層面，以及作品與吳濁流《亞細亞的孤兒》在認同議題上的關聯性。

　　然而這些作品或由於作家的身份、意識形態與書寫立場的迥異，以及書寫中國近代史，過往大多被劃歸爲反共長篇小說，而未被歸入典律化的台灣「大河小說」行列。但大河小說若能將外省作家的反共大河之作〔註13〕一併合觀，當能擺脫台灣歷史「大河小說」的侷限，觀照台灣土地上外省移民的歷史。

不耐俗物。其後與鍾肇政、鍾理和等有志於文學的同好在《文友通訊》互相砥礪切磋，鍾肇政還因欣賞李榮春的寫作氣質，撰寫了一部以李榮春爲主角的小說《大巖鎮》，可見當時鍾肇政對李榮春的特別關注。1959年李榮春曾短暫在李萬居的《公論報》任職，其作品《海角歸人》便不支稿酬在《公論報》連載，但終其一生，李榮春大多時間選擇打零工，以求換取更多寫作的時間，這位鄰里眼中腦筋有問題的「孤獨羅漢腳」，總是「不務正業」讓家人操心不已。其矢志於文學志業，被家人視爲積欠前世的文字債，一生孤獨寂寞貧困，除部份作品外少爲世人所知。詳李鏡明〈李榮春年表〉，收錄於《李榮春的文學世界》（台中：晨星，2002.12），頁5、242～247。

〔註12〕《祖國與同胞》（上、下）大約從1948年開始執筆，1953年夏間獲得中華文藝獎金委員會的稿費獎勵，又花費了約二年時光修改，直至1955年暫時修改完成，當時約89萬字，1956年曾以文獎會的獎金出版三分之一的《祖國與同胞》，完整問世卻遲至2002年才由晨星出版社出版，李榮春若地下有知當能含笑九泉吧！《祖國與同胞》是一部自傳性作品，主要爲李榮春奔赴祖國的青年過往。文本中描寫殖民時期對日人不滿的台灣青年──魯誠，遠赴祖國想加入抗日行列的故事，雖是個人史的長篇鉅著，卻反映了動盪的大時代，見證了日本殖民時期與中國抗戰時期的歷史。主人翁魯誠即現實生活李榮春的化身，總站在旁觀者的角度來敘述，道出一群台灣青年參加日人組織的農業義勇團至中國，服務期滿後輾轉設法逃到安徽等地，魯誠偶然在上海，結識從事鐘點伴遊的紹興小姐芝香，本欲隨其返鄉再找機會轉至抗戰區爲中國人貢獻心力，卻因台灣人的身分被視爲不可靠的間諜、日人走狗，而無法參與抗日的行列。在鄉下與芝香同居二年，又因經濟上的逐漸困窘，鄉間的貧困破敗，日軍的跋扈橫行，魯誠的原鄉夢逐一碎裂，最後落魄的返台，也因此見證了八年抗戰期間日軍的醜惡面以及祖國同胞的慘痛生活。詳見李榮春，《祖國與同胞（下）》（台中：晨星出版有限公司，2002.12），頁1291。

〔註13〕尤其是反共歷史大河小說，這些作品在早先的時代脈絡中，是文壇的主流，多以反共文學稱之。許多老一輩外省籍作家也撰寫大河式的作品或回憶錄，如朱西甯《華太平家傳》、羅蘭《歲月沉沙三部曲》、王鼎鈞《昨日的雲》等四部曲等。

　　而施叔青著名的《香港三部曲》，則是台灣作家寫異地史的大河小說，可說是台灣作家的大河小說，另外在台馬華文學作家李永平的《海東青》、《朱鴒漫遊仙境》〔註14〕也可列入大河小說的一類，若將以上作品共同納入異質多變的台灣社會脈絡下來共同思考，當能看見外省人的遷台史、新移民史，以及台灣人在中國或海外的歷史，照見台灣多元族群融合離散的歷史全貌，與各族群與台灣土地發生的關係，並對比出台灣不同意識形態的生產複製與權力對話，進而整合出較全面性的視野。

　　西方大河小說的觀念，與台灣大河小說的觀念並不全然相同，在台灣有著在地化的延異與特色，隨著語境的改變，台灣「大河小說」逐漸被賦予了不同的意義，在1990年代被專指省籍作家書寫相對於中國史的台灣史的大河之作〔註15〕。而陳建忠則將「戒嚴令」下1970、1980年代出現，著重在以寫實再現手法重建、贖回台灣人被日本與國府所禁斷歷史的台灣大河小說定位為「後殖民歷史小說」〔註16〕，以突顯台灣「大河小說」的後殖民政治性格。

　　本書在文本的選擇上，為了剖析「台灣」、「台灣人」的議題，權宜地將研究範圍集中在當前台灣文壇被命名指涉、且具有台灣意識的台灣「大河小說」，也就是省籍作家書寫的台灣歷史大河小說，在強調台灣的日本殖民歷史、戰後的戒嚴史、台灣的土地經驗的歷史脈絡上，探析這一系作家在權力場域中的位置，以及如何藉由書寫來重新建構台灣，確立自己的定位，以突顯這一系台灣「大河小說」的抵中心（de-centring）〔註17〕性與新歷史意涵。

〔註14〕詳詹閔旭，〈跨界地方認同政治：李永平小說（1968～1998）與台灣鄉土文學脈絡〉（國立清華大學台灣文學研究所碩士論文，2008）。

〔註15〕詳楊照，〈歷史大河中的悲情——論台灣的「大河小說」〉，《文學、社會與歷史想像——戰後文學史散論》（台北：聯合文學出版社，1995.10）。此篇文章曾以〈歷史大河小說中的悲情——論臺灣的「大河小說」〉收錄於邵玉銘、張寶琴、瘂弦主編，《四十年來的中國文學》，（台北：聯合文學出版社，1994），頁176～191。

〔註16〕陳建忠，〈台灣歷史小說研究芻議：關於研究史、認識論與方法論的反思〉，收錄於李勤岸、陳龍廷主編，《臺灣文學的大河：歷史、土地與新文化——第六屆臺灣文化國際學術研討會論文集》（高雄：春暉出版，2009.12），頁38。

〔註17〕「抵中心」（de-centring）的意思在此是指「抵抗」「傳統中心」論述，抵抗過往一言堂的霸權論述，即所謂的反大敘述（anti-grand narrative）。隨著社會後殖民論述的播散，有關「邊緣性」（marginality）的討論甚囂塵上，除了針對「中心」霸權壓迫提出非難外。不少後殖民論者認為，過去殖民主義強權通

因此西方大河小說、外省作家大河作品，以及台灣作家寫異地（如大陸或香港等）經驗……等等其他大河之作，甚至是大河形式的中國古典文學小說，雖可以算是廣義的大河小說，但限於個人現階段能力，以及避免分散討論的核心，在本書中並不專論，僅作為援引、對照的討論對象〔註18〕。因此主要剖析的核心文本，從台灣「大河小說」的精神起源──《亞細亞的孤兒》談起，進而以鍾肇政《濁流三部曲》、《台灣人三部曲》、《怒濤》，李喬《寒夜三部曲》、《埋冤·一九四七·埋冤》、東方白《浪淘沙》、黃娟《楊梅三部曲》、邱家洪《台灣大風雲》、施叔青《台灣三部曲》〔註19〕等作品為主，以突顯台灣「大河小說」中所呈現的台灣歷史、台灣人的悲情、省籍作家的寫作理想，以及重建台灣人精神、確立台灣的主體性等議題。

三、前人智慧的累積

　　截至目前研究個別「大河小說」作品的專書，主要有盧翁美珍《神秘鱒魚的返鄉夢──李喬《寒夜三部曲》人物透析》、余昭玟《東方白大河小說《浪淘沙》研究》等書，就各別單一大部頭作品的研究而言，這些作品已頗為深入。而歐宗智的《台灣大河小說家作品論》一書，是歐宗智長期研究大河小說家的論文集結，其中包含了鍾肇政、李喬、東方白及邱家洪四位大河小說家的作品研究，其研究主要是針對個別作家作品書寫評論，綜合性的比較研究則不多。2006 年國家台灣文學館籌備處出版的《台灣大河小說家作品學術研討會論文集》，是由多位學者專家共同書寫，所探討的大河小說文本也集中在鍾肇政、李喬、東方白的作品上，正如余昭玟所言，台灣的大河小說仍以台灣史為主，

過論述機制的知識／權力結構，鞏固了帝國主義以及種族中心主義所奉行二元對立的中心／邊緣模式，從而名正言順地把其他非我族類者邊緣化，並且進一步假啟蒙教化之名行殖民支配之實。既然殖民地或附庸區的邊緣命運終究無法擺脫，本地的論述生產唯有依靠「抵中心」（de-centring）的批評策略，如此方能在晚期資本主義的國際化趨勢中，確立自身文化的差異性與抗衡力。

〔註18〕雖然這樣的擇取勢必造成顧此失彼的缺失，忽略無法全面觀照外省移民書寫中有關中國近代史（如八年抗戰，轉戰台灣的反共復國史）在戰後文壇的意義，也未能統合新移民作家對台灣歷史敘事的影響性，但為集中論述焦點，本書仍「權宜性」的擇取省籍作家的台灣歷史大河小說做為主要論述的探討對象，以便剖析日本殖民、台灣戒嚴與解嚴這一系的時代脈絡語境，看出台灣歷史「大河小說」的後殖民性與新歷史意涵。

〔註19〕由於姚嘉文《台灣七色記》書寫的時間向度，遠至晉朝南邊的淝水之戰到 20 世紀 80 年代，將會分散本書的論述時間與焦點，因此本書多處予以割置。

並未涉及中國史或海外華人史的作品〔註20〕，而上述論文大多是針對個別作家的作品進行評論，與筆者所欲探討的重點不同，本書意在分析台灣「大河小說」整體論述的發展，與台灣「大河小說」作品在時代歷史脈絡下的變遷，因此個別作家作品的個別研究自不是本文的重點，但仍會在脈絡性的議題上，參考上述相關的論文，在前人的研究基礎上進行開展，並與之對話。

　　有關大河小說發展的單篇論文，主要有陳建忠〈詮釋權爭奪下的文學傳統：臺灣「大河小說」的命名、詮釋與葉石濤的文學評論〉、〈台灣歷史小說研究芻議：關於研究史、認識論與方法論的反思〉，許素蘭〈關於臺灣女性的大河小說——黃娟《楊梅三部曲》〉、褚昱志〈臺灣大河小說之先驅——試論李榮春的《祖國與同胞》〉、羅秀菊〈大河小說在臺灣的發展——兼談李喬的「寒夜三部曲」〉、葉石濤〈大河小說的種籽〔李喬著《告密者》〕〉、王德威〈國族論述與鄉土修辭〉，楊照〈歷史大河小說中的悲情——論臺灣的「大河小說」〉、楊照〈歷史大河中的悲情——論台灣的「大河小說」〉、陳芳明〈戰後台灣大河小說的起源——以吳濁流自傳性作品為中心〉。這些單篇論文由於對大河小說的說法並不相同，因此成為本書第二章探討大河小說觀念演變的重點探討對象。

　　學位論文方面，認定作品為「大河小說」的碩士論文在1990年代後如雨後春筍般冒出，整體而言可分為兩種研究方式，第一類是單一作家作品的研究，第二類是作家作品綜合比較研究。第一類單一作家作品研究包含：鍾肇政5本〔註21〕、李喬7本〔註22〕、東方白5本〔註23〕、黃娟4本〔註24〕、邱

〔註20〕余昭玫，《東方白大河小說《浪淘沙》研究》（高雄：春暉，2013.02），頁9。
〔註21〕黃靖雅，〈鍾肇政小說研究〉（東吳大學中國文學研究所碩士論文，1994）。
　　　　張謙繼，〈鍾肇政《台灣人三部曲》研究〉（文化大學中國文學研究所碩士論文，1995）。
　　　　林美華，〈鍾肇政大河小說中的殖民地經驗〉（國立成功大學歷史學系碩博士班碩士論文，2004）。
　　　　董砡娟，〈鍾肇政小說中反殖民意識之研究——以《台灣人三部曲》、《怒濤》為例〉（國立臺東大學教育研究所碩士論文，2007）。
　　　　曾玉菁，〈鍾肇政《插天山之歌》及其改編電影之研究〉，國立交通大學客家文化學院客家社會與文化碩士在職專班碩士論文，2008）。
〔註22〕賴松輝，〈李喬《寒夜三部曲》研究〉（成大歷史語言研究所碩士論文，1991）。
　　　　盧翁美珍，〈李喬《寒夜三部曲》人物研究〉（國立彰化師範大學國文學系碩士論文，2004）。
　　　　李秀美，〈《寒夜三部曲》之地方性詮釋〉（國立臺灣師範大學地理學系碩士論文，2005）。

家洪 2 本〔註25〕、施叔青 3 本〔註26〕、李榮春 2 本〔註27〕，以及李永平 1 本〔註28〕，共八位作家，可謂成果豐碩。

張令芸，〈土地與身分的追尋——李喬《寒夜三部曲》〉（銘傳大學應用中國文學系碩士班碩士論文，2006）。

楊淇竹，《《寒夜三部曲》電視劇研究——文本書寫到影像傳播之跨媒體比較〉（國立中正大學台灣文學所碩士論文，2009）。

楊素萍，〈李喬「寒夜三部曲」之客家女性形象研究——以葉燈妹為核心〉（中興大學台灣文學研究所碩士論文，2010）。

羅秀英，〈李喬《寒夜三部曲》客家題材研究〉（玄奘大學中國語文學系碩士在職專班碩士論文，2010）。

〔註23〕游玉楓，〈東方白《浪淘沙》研究〉（國立中興大學中國文學系碩士在職專班碩士論文，2003）。

歐宗智，〈東方白《浪淘沙》析論〉（東吳大學中國文學系碩士論文，2004）。

佘姿慧，〈東方白及其《浪淘沙》人物研究〉（國立臺南大學國語文學系教學碩士班碩士論文，2008）。

羅英財，〈東方白《浪淘沙》的小說藝術〉（國立臺北教育大學台灣文學研究所碩士論文，2006）。

〔註24〕賴宛瑜，〈台美人與世界人的文學實踐——黃娟《楊梅三部曲》初探〉（國立清華大學台灣文學研究所碩士論文，2008）。

王靖雅，〈黃娟及其小說研究〉（國立中央大學中國文學系碩士在職專班碩士論文，2008）。

蔡淑齡，〈黃娟《楊梅三部曲》研究〉（國立彰化師範大學國文學系碩士論文，2006）。

謝冠偉，〈黃娟《楊梅三部曲》研究〉（銘傳大學應用中國文學系碩士班碩士論文，2006）。

〔註25〕許杏齡，〈殖民宿命與島嶼重生：邱家洪《台灣大風雲》之研究〉（國立交通大學客家文化學院客家社會與文化碩士在職專班碩士論文，2010）。

楊政潔，〈邱家洪《台灣大風雲》研究〉（國立臺南大學國語文學系國語文碩士班碩士論文，2007）。

〔註26〕顏如梅，〈施叔青香港時期長篇小說研究——以「香港三部曲」及《維多利亞俱樂部》為中心〉（中興大學中國文學系所碩士論文，2007）。

謝秀惠，〈施叔青筆下的後殖民島嶼圖像——以《香港三部曲》、《台灣三部曲》為探討對象〉（國立臺灣師範大學台灣文化及語言文學研究所在職進修碩士班碩士論文，2010）。

陳姵妤，〈施叔青《臺灣三部曲》中的歷史想像與臺灣書寫研究〉（國立嘉義大學中國文學系研究所碩士論文，2011）。

〔註27〕陳凱筑，〈論李榮春及其小說〉（國立臺北教育大學台灣文學研究所碩士論文，2007）。

吳淑娟，〈以生命和文學共舞——李榮春自傳性小說研究〉（佛光大學文學系碩士論文，2007）。

〔註28〕詹閔旭，〈跨界地方認同政治：李永平小說（1968～1998）與台灣鄉土文學脈絡〉（國立清華大學台灣文學研究所碩士論文，2008）。

　　第二類綜合比較研究中有 8 本碩論，李展平因台灣文獻館的田野調查經驗，曾出版《台灣人的戰時經驗》合集與《前進婆羅洲——台籍戰俘監視員》等專書，因此將碩論〔註29〕聚焦在有關太平洋戰爭的內容，探討陳千武《活著回來》、李喬《孤燈》、東方白《浪淘沙》的《沙》部；呂俊德的碩論〔註30〕以語境的對話來研究《浪淘沙》與《台灣大風雲》，研究範圍以二者重疊的外部時間（1943 至 1980 年）為主，進行人物、空間、歷史的比較研究。王淑雯的碩論〔註31〕，以《臺灣人三部曲》、《寒夜三部曲》、《浪淘沙》為焦點，分析戰後族群認同與作品的關係，從《臺灣人三部曲》漢民族／台灣鄉土的雙元認同結構、《寒夜三部曲》結實的鄉土意識，到《浪淘沙》建立國家認同的層次。王慧芬的碩論〔註32〕，相較於王淑雯的社會脈絡分析，採文本分析的方式探討客籍作家小說人物的文化認同。楊明慧的碩論〔註33〕則以台灣文學薪傳為主軸，將吳濁流到鍾肇政、李喬的薪傳做一論述比較。申惠豐〔註34〕的碩論主要探討台灣歷史小說中以土地意識為核心的認同議題。而丁世傑的碩論〔註35〕，探討殖民時期家族敘事的記憶與認同，並依歷史背景及主題思想分成三個類型：戰前吳濁流與庄司總一的「認同小說」、戰後鍾肇政與李喬的「大河小說」、李榮春的「懷舊小說」。並從文本內、文本外及文本間進行分析比較。吳欣怡的碩論〔註36〕以台灣歷史小說為主要分析對象，在前行歷史記憶重建、國族／文化認同研

〔註29〕李展平，〈太平洋戰爭書寫——以陳千武《活著回來》、李喬《孤燈》、東方白《浪淘沙》為論述場域〉（中興大學台灣文學研究所碩士論文，2009）。

〔註30〕呂俊德，〈語境的對話：東方白《浪淘沙》、邱家洪《台灣大風雲》比較研究〉（國立臺北教育大學台灣文化研究所碩士，2011）。

〔註31〕王淑雯，〈大河小說與族群認同：以《臺灣人三部曲》、《寒夜三部曲》、《浪淘沙》為焦點的分析〉（國立臺灣大學社會學研究所碩士論文，1994）。

〔註32〕王慧芬，〈台灣客籍作家長篇小說中人物的文化認同〉（台中：東海大學中國文學系碩士論文，1999）。

〔註33〕楊明慧，〈台灣文學薪傳的一個案例——由吳濁流到鍾肇政.李喬〉（東海大學中國文學系碩士論文，2004）。

〔註34〕申惠豐，〈台灣歷史小說中的土地印象：土地意識的回歸、認同與實踐〉，（台中：靜宜大學中國文學所碩士論文，2005）。

〔註35〕丁世傑，〈台灣家族敘事的記憶與認同〉（國立臺北教育大學台灣文學研究所碩士論文，2007）。

〔註36〕吳欣怡，〈敘史傳統與家國圖像：以呂赫若、鍾肇政、李喬為中心〉（國立清華大學中國文學系碩士論文，2010）。

究積累上，嘗試拉長時間縱軸，以家國想像爲線索，從文類生產、國族想像、作家心靈史面向，重新開展台灣歷史小說的課題，描繪呂赫若、鍾肇政、李喬三位不同世代台灣作家的敍史欲求。因此上述論文對本書具有參考價值，部分或可成爲本書論述的基礎，但筆者在文本選擇上更爲廣幅，時間向度與歷史向度也擴大，著重在「台灣大河小說」的整體性與脈絡性演變的綜合研究，期望能爬梳此一次文類的基礎論述、文本發展，以及剖析此次文類的存在意涵與未來開展性。

四、以文學建構新歷史

台灣「大河小說」基本上是一個社會的產物，這裡所謂的新歷史是指有別於當時官方正史的新歷史，另一方面來看，也是台灣大河作家的心歷史，不僅呈顯出台灣人的命運以及社會大歷史，也在變動的社會歷史中參與了台灣人意識的建構，使文學與社會歷史更加密不可分。因此本書擬以埃斯卡皮（Robert Escarpit，1918～2000）「文學社會學」的研究方法爲基礎，期望能在「作品」、「作家」，以及「讀者」〔註37〕（含評論者）錯雜互動的交流圈中，剖析此一次文類的基礎論述、創作意識與傳播場域。並採用戈德曼（Lucien Goldmann，1913～1970）〔註38〕起源結構主義（genetic structural）文學社會方法〔註39〕，重視作品本身、歷史社會結構，與兩者間的關係、以及中介其

〔註37〕 侯伯‧埃斯卡皮（Robert Escarpit）在傳統作家生平與作品的研究外，特別提出讀者這一個面向。並舉沙特的說法：「一本書籍只有在被人閱讀時才算存在，那麼文學就該被視爲一種溝通的過程」，以強調作品被閱讀的重要性。詳侯伯‧埃斯卡皮（Robert Escarpit）著，葉淑燕譯，《文學社會學》（台北：遠流，1990），頁11。

〔註38〕 戈德曼（Lucien Goldmann）或譯爲高德曼、郭德曼，自認是建構第一個完整文學社會學體系的盧卡奇（Georg Lukács，1885～1971）的門生，在結構化理論方面則受到皮亞傑的影響頗大。但主要承繼1933年前青年盧卡奇的諸多馬克思主義思想觀念，因此師生兩人的想法仍有許多差異，如戈德曼在社會階級中區分出組合（group）與結社（associations），更重視作品形式與內容的調和與統一等等。

〔註39〕 戈德曼起源結構主義（或譯爲發生結構主義）是一種「文學的辯證社會學」，基本假設是：「文學作品的結構乃是與特定社會群體的心理原素結構相通，或至少有明顯的關聯，文學創作的集體特徵也就源自於此。」但本書並未完全採用戈德曼的觀點，但借用一些社會學的研究方法及概念來剖析。詳戈德曼《論小說社會學》，（法國：巴黎，1964），頁 226。侯伯‧埃斯卡皮（Robert Escarpit）著，葉淑燕譯，《文學社會學》（台北：遠流，1990），頁 10。

間的社會階級（social class）、社會團體（social group）〔註40〕等概念，將台灣「大河小說」放在變動的時代脈絡下進行綜合整體性（totality）〔註41〕的探討。

　　有鑑於台灣「大河小說」介入台灣歷史、建構台灣歷史的動能，以及拆解中國中心的歷史大敘述的企圖，將依需要輔以後結構主義、新歷史主義等觀點來進行剖析，因此有別於舊歷史主義「單一邏輯的」〔註42〕、「實證主義」式的「真實」語境研究，採用新歷史主義（new historicism）〔註43〕的觀點進行研究，強調作品與歷史脈絡的互動連結，注意產生文學本文的歷史語境，以便重新評價規範文學最初產生時的社會和文化。因此本書擬從寫作語境、接受語境、批評語境〔註44〕這三方面來分別探究大河小說文類的基本論述。首先有關大河小說文類的釋名與概念方面，除了採用後結構主義〔註45〕的論述（discourse）〔註46〕觀點來剖析眾說紛紜的大河小

〔註40〕　社會團體或譯為社會組合，不同於社會階級。社會團體，其中一種組合，指
　　　　　的是韋伯式的組合，另一種組合則是由許多個體基於一個共同的信仰體系或
　　　　　意識形態，而不是基於一個共同的經濟立場或地位處境，所建立起來的組合。
　　　　　詳瑪麗・伊凡絲（Mary Evans）著，廖仁義譯，《郭德曼的文學社會學》（台
　　　　　北：桂冠圖書，1990.03），頁31。
〔註41〕　整體性的概念，最初由黑格爾提出，經盧卡奇修改後，成為戈德曼思想中一
　　　　　個重要的觀念。主要涵蓋了結構和歷史兩個向度。
〔註42〕　葛林布萊（Stephen Greenblatt）把舊歷史主義形容為「單一邏輯的」
　　　　　（monological）批評。張京媛主編，《新歷史主義與文學批評》（北京：北京
　　　　　大學出版社，1993.01），頁5。
〔註43〕　新歷史主義（new historicism）是一種實踐而不是一種宗旨或有系統的理論，
　　　　　是描寫文化本文相互關係（cultural intertextuality）的一個隱喻。宣稱批評者
　　　　　與本文的關係是相互影響的「同謀者」關係。新歷史主義試圖探索「文學本
　　　　　文周圍的社會存在和文學本文中的社會存在」，試圖解釋具體文化實踐的相互
　　　　　作用，這些具體文化實踐產生了本文也由文學本文而產生。張京媛主編，《新
　　　　　歷史主義與文學批評》（北京：北京大學出版社，1993.01），頁2～5。
〔註44〕　新歷史主義提醒人們注意產生文學本文的歷史語境，而這語境起碼有寫作語
　　　　　境、接受語境、批評語境三層指涉。寫作語境包括作者的意圖、傳記、社會
　　　　　文化，政治境遇和它們的意識形態與話語：接受語境研究本文如何被不同的
　　　　　社會組織、社會機構、讀者群所閱讀、利用或者濫用：批評的語境是指批評
　　　　　者如何對待自己的閱讀在當代批評場景中所處的位置。張京媛主編，《新歷史
　　　　　主義與文學批評》（北京：北京大學出版社，1993.01），頁5～7。
〔註45〕　德希達（Jacques Derrida，1930～2004）、傅柯（Michel Foucault，1926～1995）、
　　　　　後期的羅蘭・巴特、德勒茲（Gillcs Deleuze，1925～1995）和李歐塔
　　　　　（Jean-Franqois Lyotard，1924～1998）幾位被統稱為「後結構主義者」的思

說詮釋，考察大河小說的源頭與論述觀念的延異（différance），也希望能從批評的語境，觀察批評者所處的位置，並從接受語境研究本文如何被不同的讀者群所閱讀、利用。

在資本主義社會「寫作」早已納入經濟體系的範圍，但厚重又沉重的大部頭小說，在輕薄短小的暢銷市場中，並不符合供需法則的經濟考量，傳播性也相對困難。因此作家大河小說作家的創作意識更令人好奇，若從寫作語境來著手，應可剖析作者的創作意圖，個人經歷，身處的社會文化與政治境遇，以及作家們的意識形態與話語。另外也試著從法國社會學家皮耶·布赫迪厄（Pierre Bourdieu）社會學的場域理論〔註47〕進行剖析，期望能從行動主體（大河作家）的「慣習」（habitus）、擁有的象徵「資本」（capital）與權力運作構成的文學「場域」（field）系統網絡、作家在場域中所處的變動「位置」（positions）等基本概念，剖析台灣歷史大河作品在傳播場域的發言位置與生產方式。

除了上列理論應用外，本書也同時輔以後殖民、後現代、敘事學、精神

想家，並不曾稱呼自己為「後結構主義者」（post-structuralists），其主要相似之處為：異質性的釋放與反體制的精神。首先，他們都是從結構主義質疑「主體」和「歷史」的位置出發，然後進一步對結構主義進行質疑。強調釋放差異，避免將「差異」重新導入主流辯證之中。詳伍軒宏，〈結構主義與後結構主義〉，《文訊》292期（2010.02），頁77。

〔註46〕論述（discourse）這個辭彙，在傅柯的《知識考掘學》中有著清楚的闡釋。用傅柯的話來說，「論述是一種複雜的符號與實踐，透過這樣的符號與實踐，我們可以組構社會存在，使文化有其再複製的可能性。傅柯主張，論述中也隱含許多不同系統的規則，基本上這些規則是透過分類機制、權力關係與知識系統來具體操作的。」詳廖炳惠編著，《關鍵詞200：文學與批評研究的通用辭彙編》（台北：麥田出版，2003.09），頁85，86。

〔註47〕場域的理論，是法國社會學家皮耶·布赫迪厄（Pierre Bourdieu，1930～2002）在社會學領域中提出的觀點，「場域」乃是由各種社會地位和職務所建構出來的空間，其性質決定於這些空間中各人所占據的社會地位和職務。不同的地位和職務，會使建立於職務占有者之間的關係，呈現不同性質的網路體系，因而也使各種場域的性質有所區別（Bourdieu，1980a：113）。因此，場域不能被化約為孤立行動主體的單純聚合，或只是並列元素的總和，像磁場一樣，它是權力軌道所構成的系統。在某一既定的時間裡，行動主體的體系決定其特定的結構；反過來，每一個行動主體亦由其在場域中的特定位置來界定，由此而產生其位置的屬性（Bourdieu，1971a：161）。因此行動主體在場域中的位置，也因而決定了互動的形式。詳邱天助，《布爾迪厄文化再製理論》（台北：桂冠，2002.02），頁120～121。另habitus或譯為「習性」，但本書採用「慣習」譯法。

分析、馬克斯主義等彼此互涉的觀點〔註48〕進行分析，當然傳統文學研究的批評方法亦有助於作品的理解，因此也是本書的基礎研究方法。

　　針對文本與歷史社會中有關台灣人的議題，筆者擬從三方面來進行探究，首先是文學中的台灣歷史母題，其次是台灣人身分認同的議題，最後是台灣語言的角力。有鑑於大河小說企圖將歷史事件串連、轉換爲一種整體普遍的意義，傳達給讀者時代全景、集體潛意識的訊息，以及有機的「再現」世界的敘史性。爲了避免單向度平面的歷史研究，擬在歷史縱深與社會廣度兼顧的條件中，兼採盧卡奇（Georg Lukács，1885～1971）歷史小說以及新歷史主義的概念，對大河作家拼貼的歷史母題進行探究，希望能體察歷史母題中，作家所特別突顯的社會歷史動因，以及歷史事件中庶民人物的行動精神，以及作品歷史母題對我們的啓迪。

　　認同（identity）議題方面，由於台灣大河小說對於台灣人身分認同的議題，提供了歷史脈絡性的線索。在敘述認同上，也呼應了特定時代、特定社會群體的心理，從而表現出各時代的特定群體的集體意識（collective consciousness），使讀者在閱讀之後，形成一種溝通互動的過程，進而參與認同的建構，進而確立自我。因此筆著擬從文學社會的研究方法，將作品放置在社會歷史的脈絡下，剖析小說文本內在的意涵結構（significant structure）與文本外在歷史社會結構兩者間雙向互動的辯證過程，來看台灣人身分認同惶惑的起源與演變，以及大河文本在敘述認同上所傳達的訊息。

　　語言議題方面，埃斯卡皮在文學社會學中指出：「一個集群內部的共同認知是以共同的表達方式來確定，首要的方式，便是語言。」「除了語言以外，作家所隸身的集群也決定了文學的體裁與形式。〔註49〕」而翁振盛在敘事學中指出：「敘事生產也是權力關係的建立與競逐，是不同文化與語言間衝突的來源，宰制與被宰制態勢的展現。」〔註50〕因此探究小說文本內外的語言變

〔註48〕如德希達的解構、傅柯的知識權力，與馬克斯主義信徒布赫迪厄的文化再製，雖理論不完全相同，但其實都有互通的共通點，布赫迪厄即認同知識必須解構，知識的範疇是社會導出（social derviations）與擁有構造權力工具之間的偶合。社會世界論辯的結構往往具有政治性的預先社會建構。詳邱天助，《布爾迪厄文化再製理論》（台北：桂冠，2002.02），頁26。

〔註49〕侯伯・埃斯卡皮（Robert Escarpit）著，葉淑燕譯，《文學社會學》（台北：遠流，1990），頁127，128。

〔註50〕另一方面，「敘事解釋世界生成，社會的結構，既存的秩序、規範、律法。人們藉以傳遞文化遺產，形成共有價值，鞏固社會之凝聚，使人安身立命，不

遷，以及作家族裔用語的運用，可以看到歷史脈絡中台灣語言的權力角力，但筆者不僅試圖想了解文本「說了什麼」，也想探究「如何說」的部分，更希望能呈現語言轉變的動因與動向。

　　本書的論述架構以三方面為基礎，分上、中、下三篇。上篇為文類基礎論述的演變，由於定義問題牽扯繁複，首先爬梳與建構「大河小說」觀念的演變與論述系統，進而剖析作家在歷史脈絡中的創作意識與敘史情結，以及台灣大河小說在傳播場域的開展。中篇部份試圖建構台灣大河小說文本的發展史。下篇部份探究大河文本與社會歷史交織出的主要命題，期望能完成台灣大河小說的綜合整體性研究，剖析此一次文類在時代脈絡的發展意義。

上篇：台灣大河小說文類基礎論述

　　台灣本來沒有大河小說這樣的文類，但既援引了西方的說法，台灣的大河小說與西方的大河小說便應該有所連結，但台灣大河小說卻不同於西方某些大河小說，有著傳奇、英雄式的民族精神，則「延異」（différance）後的台灣大河小說的特色是什麼？在台灣我們如何界定大河小說？這些有關台灣大河小說詮釋「論述」（discourse）的實踐與知識生產，在知識權力的爭奪中，似乎是各自分歧的，然則眾說紛紜的原因在哪裏？是否能突顯出台灣「大河小說」的特殊性，與台灣大河小說文類的存在意涵呢？因此本書希望能在文類的基礎上，進一步剖析作家寓意深遠的創作意識與書寫策略。尤其是台灣大河小說這一系列作品似乎都有著書寫「歷史」的「敘史情結」，然則作家書寫歷史的動因又為何？何以成為不得不寫的「情結」，而這樣的情結經過書寫後是否得到了釋放與解脫？而這些企圖「再現」非官方台灣歷史的大河小說，在傳播場域的夾縫間，是否有其發言位置，他們如何能從邊緣發聲？這其間是否有延續性脈絡，甚至形成集團，也是筆者想探究的議題。

　　就此，本書上篇由第二到第四章組成，第二章先探究台灣大河小說概念的演變，第三章探究台灣大河作家的創作意識與敘史情結，第四章則探究台灣大河小說文學傳播場域的開展。

至於於進退失據。不僅如此，敘事跨越了文化的藩籬，不同族群可以共同欣賞、理解同樣的故事，沒有任何障礙。」詳翁振盛、葉偉忠，《敘事學‧風格學》（台北：文建會，2010.01），頁 26。亦可見翁振盛，〈敘事學〉，《文訊》292 期（2010.02），頁 60〜61。

中篇：台灣大河小說文本發展

　　除了針對大河小說的文類基礎論述進行研究外，有關台灣歷史大河小說作品的文學發展歷程，哪些時代、有哪些作品被列入台灣大河小說的行列？也是本文想爬梳建構的，希望能建構出台灣大河小說的發展脈絡。因此中篇由第五章、第六章組成，第五章為開山之作的爭議，第六章為台灣大河小說的文本發展。

下篇：台灣大河小說文本分析

　　本書下篇由第七章到第九章組成。第七章書寫「歷史母題的更替」，因為大河作家往往將各自分散的歷史事件串連起來，在大河小說中形成一個自足完整的新世界，在其間呈現一種似真的時間向度和目的性，也形塑出一種集體意識，與普遍意義，這些共同的歷史事件，呈現出各種大河小說的共同歷史母題，且隨著時代的變遷歷史母題也產生更替，這一系列歷史母題的串連，是否有其特殊意義，作家是否藉由作品中的歷史事件傳達給讀者何種特殊訊息，是本書想要剖析呈現的。

　　有鑑於文本內容與現實社會無法脫鈎，台灣「大河小說」在動盪的大歷史中，有別於國府建構的歷史文本，由省籍作家書寫台灣人變動的歷史，台灣人惶惑的身份（identity）認同與建構台灣意識，可以看見作家敘述認同（ipseidity）〔註51〕的轉變。因此小說中主人翁的「認同」意識往往傳達作家的認同意識，但不同世代作家的認同，似乎可以看出台灣人在認同意識上的轉變，因此第八章擬探討台灣歷史大河小說認同意識的變遷，針對認同議題進行整體的重新詮釋。

　　第九章則試圖從「語言」的角度，就小說文本內容來看文本中的語言角

〔註51〕根據里柯（Paul Rcoeur）所言，「認同」基本上有兩種類型，其一是「固定認同」（idem identity），也就是自我在某一個既定的傳統與地理環境下，被賦予認定之身分（given），進而藉由鏡映式的心理投射賦予自我定位，這種「認同」基本上是一種固定不變的身分和屬性。另一種認同，則是透過文化建構、敘事體和時間的積累產生時空脈絡中對應關係下的「敘述認同」（ipse identity）。「敘述認同」經常必須透過主體的敘述以再現自我，並在不斷流動的建構與斡旋（mediation）過程中方能形成。「敘述認同」是隨時而移的，它不但具備多元且獨特的節奏和韻律，也經常會在文化的規範與預期形塑下，產生種種不同的形變。詳廖炳惠編著，《關鍵詞 200：文學與批評研究的通用辭彙編》（台北：麥田，2003.09），頁 137。

力，從而爬梳出大河歷史小說中台灣語言的變遷，官方語與其他語言的相對處境與存在態勢。其次由作家作品的語言運用入手，體察不同的作家族裔與書寫用語及敘事內容的關聯性，以及大河作家在贖回自己歷史文化所使用的不同語言運用方式。

　　最後，在第十章進行總結，剖析此一系列台灣大河小說在台灣社會歷史上的存在意涵：解構中原中心論述，贖回歷史、抵殖民的時代意義，開展本土、邊緣集團的文學場域，刻劃建構台灣人的身份認同，在官方語言下尋求自我、抗拒壓迫、台灣人精神的重構與主體性的建立等，爲台灣大河小說進行整體性的綜論。

上篇：台灣大河小說文類基礎論述

第二章　大河小說概念的演變

　　台灣大河小說的概念，以西方爲起始點（point of origin），不僅承接西方文學的質素，也在台灣開展了本地的特色，有著薩依德（Edward Said，1935～2003）所謂理論旅行（traveling theory）的〔註1〕傳播歷程。但因對話者的論述立場不同，產生了許多公開對話與辯論的言談。這些論述（discourse）〔註2〕的實踐與知識生產，也在文壇上引起波瀾，左右閱聽大眾對大河小說的評價〔註3〕，產生策略性的效果。藍建春曾言：《台灣人三部曲》已在台灣被典律化〔註4〕，而陳建忠也憂心台灣大河小說的詮釋，會因評論者的立場不同，

〔註1〕Said, E.（1994）. Traveling Theory Reconsidered. In Robert M. Pollhemus & Roger B. Henkle（Eds.）,Critical Reconstructions: the Relationship of Fiction and Life （pp.251～265）.Stanford: Standford UP.

〔註2〕論述（discourse）這個辭彙，在傅柯的《知識考掘學》中有著清楚的闡釋。用傅柯的話來說，「論述是一種複雜的符號與實踐，透過這樣的符號與實踐，我們可以組構社會存在，使文化有其再複製的可能性。傅柯主張，論述中也隱含許多不同系統的規則，基本上這些規則是透過分類機制、權力關係與知識系統來具體操作的。」詳廖炳惠編著，《關鍵詞200：文學與批評研究的通用辭彙編》（台北：麥田出版，2003.09），頁85、86。

〔註3〕文學批評家的評斷，光是他會談論這一些作品，卻不去談論那一些作品，已經是一種有意涵的選擇：不論好壞，一本被談論的作品就已經適應於社會上某一團體了。再說，如果文學批評最常犯的毛病是跟一本已經暢銷的書籍過意不去，那正是這本暢銷書顯然不是這個團體所能控制的。文學批評家所宣聲的品味教育，說穿了只是爲了左右文人讀者群眾態度而多方粉飾的各種「正宗品牌」法統概念（orthodoxies）。詳侯伯・埃斯卡皮（Robert Escarpit）著，葉淑燕譯，《文學社會學》（台北：遠流，1990），頁100。

〔註4〕藍建春，〈在台灣的土地上書寫台灣人歷史：論鍾肇政《台灣人三部曲》的典律化過程〉，《台灣大河小說家作品學術研討會論文集》（台南：國家台灣文學館籌備處，2006），頁43～74。

遭到誤用與爭奪〔註5〕。因此本文希望探究大河小說的論述發展，考察其源頭，了解台灣大河小說的概念與論述的延異（différance）〔註6〕，並提出台灣大河小說的六大範疇，以及在知識權力的爭奪中找出台灣大河小說的存在意涵。

第一節　大河小說的起源

「大河小說」一詞，在台灣最早是由葉石濤所提出，一般對葉石濤的了解會誤以為這個辭可能源自日文，其實日文有大河劇，至於「大河小說」一詞則是翻譯自法國，此說法與大陸〔註7〕一致。楊照在〈歷史大河中的悲情——論台灣的「大河小說」〉一文指出：「大河小說」這個名詞直接的來源應該是法文的 Roman-Fleuve。Roman 意指小說，Fleuve 則是向大海奔流的河。而法文 Roman-Fleuve 最早的意思只是用來形容長度滔滔不絕的故事，並沒有特定文類成規的概念〔註8〕。然而時過境遷，大河小說在十九、廿世紀初的法國已逐漸蔚為風尚。

1936 年徐仲長譯介法國文學時，即引述羅曼·羅蘭的傑作《約翰——克里斯朵夫》（即 Jean-Christophe，1903～1912）開當代法國「江河小說」

〔註5〕 陳建忠，〈詮釋權爭奪下的文學傳統：台灣「大河小說」的命名、詮釋與葉石濤的文學評論〉，《文學台灣》，70 期，2009.04，頁 307～333。

〔註6〕 台灣或翻譯為「衍異」、「延異」，大陸或翻譯為「分延」或「異延」，是德希達（Jacques Derrida）後結構主義的一個中心概念。德希達（Derrida）延異這個概念，在西方批評家中是眾說紛紜的。「在其重要著作 Writing and Difference 中，透過修辭的語言面向，來呈顯某些沒有被聽清楚或看清楚的差異（difference），他藉由『differance』和『difference』兩個音同而有些微差異的單字，來強調『差異』和『衍異』（defer）的不同。」詳廖炳惠編著，《關鍵詞 200：文學與批評研究的通用辭彙編》（台北：麥田出版，2003.09），頁 84。

〔註7〕 在中國，1970 年代司馬長風以「大河小說」的概念稱呼李劼人（1891～1962）的《死水微瀾》（1935）、《暴風雨前》（1936）、《大波》（1937）。詳陳正茂，〈中國的左拉——漸被遺忘的大河小說家李劼人〉《現代回眸》（2010）22 期，頁 37。

〔註8〕 詳楊照，〈歷史大河中的悲情——論台灣的「大河小說」〉，《文學、社會與歷史想像——戰後文學史散論》（台北：聯合文學出版社，1995.10），頁 94。此篇文章曾以〈歷史大河小說中的悲情——論臺灣的「大河小說」〉收錄於邵玉銘、張寶琴、瘂弦主編，《四十年來的中國文學》，（台北：聯合文學出版社，1994），頁 176～191。

（Roman-fleuve）之端；「江河」形容滔滔不絕〔註9〕。這是早期引介法國「Roman-fleuve」的文字，只是當時翻譯爲「江河小說」而非「大河小說」。至於台灣版的大英百科全書則將「roman-fleuve」翻譯爲連續性長篇小說：即系列小說。〔註10〕

　　鄭克魯在《法國文學簡史》中，則將大河小說翻譯爲「長河小說〔註11〕」，並道出命名的來由，以及形成風潮的作家、作品：

> 羅曼・羅蘭（Romain Rolland，1966～1944）在《約翰・克利斯朵夫》的第七卷序言中寫道：「在我看來，《約翰・克利斯朵夫》始終就像是一條長河。」「長河小說」的稱謂得之於此。長河小說不僅就作品的長度而言，而且就其深度和豐富性來說，也具有大江大河的浩浩蕩蕩，匯集百川而流向大海的涵量。誠然，《悲慘世界》，甚至《人間喜劇》、《盧貢──馬卡爾家族》都可算作長河小說，因爲長河小說有著多卷本小說的含義，祇不過在二十世紀上半葉，有不少作家採用了這種形式構思小說，形成了一種潮流，冠之以長河小說，倒也形象。羅曼・羅蘭是第一個寫作長河小說的，普魯斯特的《追憶逝水年華》緊緊跟上，喬治・杜阿梅（Georges Duhmael）、馬丹・杜伽爾（Roger Martin du Gard）、于勒・羅曼不約而同也寫作長河小說。〔註12〕

在這本書中，亦將托馬斯・曼（Thomas Mann，1875～1955）的《布登勃洛克一家》（Die Buddenbrooks）、高爾斯華綏（John Galsworthy，1867～1933）的《福爾賽世家》、挪威女作家溫塞特的《克麗絲汀》、丹麥作家龐托皮丹的《幸

〔註9〕徐仲長，〈四十年來的法國文學〉，1936年4月19日。收錄於《民國叢書》第四編56文學類，頁35～36。徐仲長提及顧業（Louis Ghaigne）1914年出版的「我們今日的文學」（Notre littérature d'aujourd'hui）將二十世紀的法國小說的派別分爲（一）靈魂小說（二）地的小說（三）冒險（四）若干「江河小說」（五）天主教小說家（六）反抗精神的小說（七）婦女寫的小說。但徐仲長自己則將羅曼・羅蘭的作品歸類至理想小說，也就是文以載道的小說，道德氣息很濃。詳頁46～47。

〔註10〕詳臺灣中華書局股份有限公司、美國大英百科全書公司聯合編輯，《簡明大英百科全書中文版》15，（台北：中華書局，1989.05），頁612。

〔註11〕潘亞暾也曾以長河小說稱《台灣人》三部曲和《寒夜》三部曲，詳見潘亞暾，〈台灣長河小說中兩座相互輝映的豐碑──比較《台灣人》和《寒夜》兩個三部曲〉，《當代文經》，第四期，1987年。

〔註12〕鄭克魯，《法國文學簡史》（台北：志一出版，1995.09），頁169。

運的皮爾》等系列多卷本的歐洲文學作品，歸入長河小說的族類。並分別介紹每個作家的不同寫作方式：巴爾扎克及左拉是以某個主導思想為骨格，以人物再現為連結各部小說的方法；雨果（V. Hugo）的《悲慘世界》（Les Mise'rables）通過幾個人的經歷，羅曼‧羅蘭（1866～1944）「約翰——克里斯朵夫」（1903～1912）共十卷，採用的是以一個中心人物去反映現實世界的面貌；馬丹‧杜伽爾（Roger Martin du Gard，1881～1958）《蒂博一家》（Les Thibault，1922～1940）通過兩個家庭去反映社會。上二者分別在1915年、1937年獲得諾貝爾文學獎；于勒‧羅曼（Jules Romains，1885～1972）《善意的人們》（Les Hommes de Bonne Volonté，1932～1947）共27卷，從1908年一直寫到1933年近四分之一世紀的法國社會，選擇「一個廣闊的人類整體，人物命運異常複雜，每一個都走向各自的歸宿，大部分時間裏他們彼此互不知曉……眾多的人物、個人、家庭、集團，相繼出現與消失，就像一部歌劇或大型交響樂的內容。〔註13〕」

　　鄭克魯在另一本著作《現代法國小說史》中，歸納出長河小說的兩個主要特點：「首先，長河小說是十九世紀現實主義小說的延續和發展。它力圖反映一個歷史時期的現實生活，但是，他或者通過一個人的經歷，或者通過一兩個家庭的變遷，去反映一個歷史時期。……其次長河小說採用了新的藝術表現手法。除了普魯斯特運用意識流手法以外，其他作家也採用了細緻的心理描寫，甚至意識流手法。〔註14〕」第一個特點強調個人經歷、或家族變遷來反映一個歷史時期，似乎是東西方大河小說的共同特徵，第二點的藝術表現手法，雖無法完全適用於台灣大河小說，但大體而言意識流也是台灣大河作品的寫作手法之一。

　　法國維基百科中對大河小說（Roman-Fleuve）的詞條如此說明：「大河小說這個詞起源於羅曼羅蘭的作品《約翰‧克里斯朵夫》，這是第一部被定位為大河小說的作品。其形式通常是指一系列多卷本的小說（有時超過十幾卷），他們形成一個整體，其間或有人物主題或環境貫串其間，但仍然可以獨立閱讀。是反應時代的作品，而且這些作品往往以近當代歷史為背景描繪出一般城市居民的家庭故事。巴爾扎克及左拉可說是先趨，主要描寫的是家族傳奇。」

〔註13〕鄭克魯，《法國文學簡史》（台北：志一出版，1995.09），頁169～176。
〔註14〕鄭克魯，《現代法國小說史》（上海：上海外語教育出版，1998.12），頁134～165。

〔註15〕台灣的大河小說大致符合法國對大河小說的定義，在內容上描繪一般居民的家族故事，離不開時代歷史，也強調作品與歷史社會的關連，在形式上是可獨立閱讀的系列小說，但相較於西方多卷本的大河形式，台灣較多以三部曲（trilogy）的形式呈現。

　　然而西方現代小說，若從歷史發展來看，「西方現代性的傳統主要是從歐洲中世紀末期以降，在中古封建體制逐漸解體的情況下慢慢形塑起來的，因而與文藝復興運動、新航路和新大陸的發現、資本主義的興起、宗教改革、科學革命、啓蒙運動、法國大革命、工業革命等重大歷史事件不可分〔註16〕」。而這特性就是擴張主義，向外擴張的，因此早期的 saga 多爲英雄傳奇，史詩式的作品，後期則爲寫實主義的長篇小說 novel。

　　台灣現代小說的發展，是傳承自五四新文學運動以及台灣新文化運動而來，若說西方大河小說之影響台灣大河小說，也算是異質的文化的擴張主義（expansionism），不可能全盤被接受，關鍵就在於歷史脈絡（historical context）與社會脈絡（social context）與西方相差甚多，身處在不同的政治、經濟、文化及社會處境，要書寫普遍人性的議題，也不免投射到自身所屬的歷史社會情境中，而有著特殊性。因而這個被引介的文類概念，在台灣文化的特殊場域中，便被不斷的闡釋、轉譯與延異。

第二節　「北鍾南葉」的始源概念

　　不同於西方大河小說，台灣「大河小說」的概念，是在台灣文壇「北鍾南葉」兩位重要作家的論述中形構出來。北鍾南葉這兩位文人同樣出生於1925年，同樣受到日本殖民的影響，在戰後也有志成爲偉大的作家，彼此往來的

〔註15〕此處援引法國維基百科詞條，係因此詞條爲筆者目前找到較完整清楚的大河小說解釋，因此仍羅列以供參考。詳法國維基百科 http://fr.wikipedia.org/wiki/Roman-fleuve，2011 年 10 月 4 日。「Le terme roman-fleuve apparaît avec Jean-Christophe, l'œuvre de Romain Rolland, qui constitue d'ailleurs le premier véritable roman-fleuve. Communément, il s'agit d'un vaste roman en plusieurs tomes（souvent plus d'une dizaine）.Ils forment un tout, on retrouve en effet les mêmes personnages d'un tome à l'autre, mais peuvent néanmoins se lire séparément. Ils constituent souvent la fresque d'une famille bourgeoise sur un fond d'histoire contemporaine.」

〔註16〕黃瑞祺，〈馬克思與現代性的三重辯證關係〉，《歐洲社會理論》（台北：中研院歐美所，1996），頁 275。

書信也探討如何能寫出不朽的作品。而「大河小說」一詞是首先由葉石濤提出，以比喻性的意涵出現，並在鍾肇政作品的創作與產生階段，逐步被確立與建構。因此台灣「大河小說」的論述建構的過程，可以從「葉石濤：世界級文學的標竿」，以及「鍾肇政：大河小說的創作實踐」二方面來談。至於台灣大河小說眾說紛紜的觀點、與在地化的變異軌跡，留在下節一併討論。

一、葉石濤：世界級作品的標竿

　　鍾肇政的《魯冰花》受到重視後，似乎給他打了一劑強心針，讓他更勇於向長篇小說挑戰。接下來鍾肇政自傳性的小說「濁流三部曲」分別完成脫稿於 1961 年（《濁流》）、1962 年（《江山萬里》）、1963 年（《流雲》）。1965 年 10 月文壇社出版《流雲》一書後，葉石濤在同年 12 月 27 日以私人通信方式寫信給鍾肇政，雖不無肯定《流雲》這部作品，但仍用心良苦的給正埋首於「台灣人三部曲」的鍾肇政良心的建議：

> 一篇大河小說必須要反映時代社會的動向。但接受外在世界而加以
> 抉擇的卻是作家的思想抑或歷史觀。蕭洛霍夫的《靜靜的頓河》所
> 以不朽，就是他堅持唯物史觀而來的，唯物史觀純粹是學術上的名
> 詞，不關聯到政治，此時此地你寫大河小說必須要有思想作架柱，
> 唯有對台灣人的命運有透徹堅定不移的信念，你這篇小說才能踏進
> 世界文學之門。這正是《流雲》缺少的要素〔註17〕。

葉石濤指出鍾肇政《流雲》作品的缺失，希望鍾肇政即將書寫的畢生大作（life-work）——「台灣人三部曲」——能除去《流雲》的缺失，並且以「大河小說」為比喻性的精神標竿，期望鍾肇政能向世界文學看齊，由此我們可以看見葉石濤「大河小說」的最早概念，喻指著世界級優秀作品，期許鍾肇政能完成真正的大河小說之作。

　　然而「大河小說」一詞真正公開出現於台灣文壇，則是 1966 年 7 月葉石濤在《台灣文藝》（三卷 12 期）發表的評論〈鍾肇政論——流雲，流雲，你流向何處？〉。葉石濤認為「濁流三部曲」的第三部《流雲》沒有廣闊的歷史性和世界性，缺乏有力的思想背景，未如吳濁流《亞細亞的孤兒》指出歷史的動向，台灣的歸宿，是這部小說的嚴重缺陷，使「濁流三部曲」成為台灣

〔註17〕葉石濤，《葉石濤全集 11 隨筆卷六》（台南市：台灣文學館；高雄市：高市文化局，2008.03），頁 4。

的，但卻無法成爲夠格的偉大小說，暗示鍾肇政應及早從自我青春期的哀愁裡脫身。而相對於《流雲》的思想貧血，葉石濤認爲：

> 凡是夠得上稱爲『大河小說』（Roman-Fleuve）的長篇小說必須以整個人類的命運爲其小說的觀點。要是作者缺乏一己的世界觀和獨特的思想，對於人類的理想主義傾向茫然無動於衷，那麼這種小說就只是一連串故事的連續，充其量也不過是動人心弦的暢銷讀物而已。〔註18〕

強調鍾肇政須有個人的中心思想、世界觀，並且以整個人類命運爲思考點的主題精神，期許鍾肇政及其他作家們，能有世界性文學的視角與高度，追求真理，創作出世界級偉大的作品。

　　1968 年鍾肇政完成「台灣人三部曲」的第一部《沉淪》，似乎以作品回應了葉石濤的呼籲。這點從《沉淪》的楔子即可看出鍾肇政的創作意圖與氣勢：「那是一部可歌可泣的偉大民族史詩。／如今，他們負起了另一項使命，歷史在等待他們繼續去寫，中華民族魂在等待著他們去發揚……他們依然會勝利的——這祇是歷史的反覆而已。／——／他們就是——臺灣人。」〔註19〕此處明顯可見鍾肇政創作視角已經由「個人」擴大至整個臺灣族群，企圖寫出可歌可泣的偉大民族史詩。

　　同年 7 月葉石濤即發表〈鍾肇政和他的《沉淪》〉，再次針對鍾肇政的作品評論，強調大河小說的寫作手法，必須是「不以特定的個人的境遇來剖析時代、社會的遞嬗，而藉一個家族發展的歷史和群體生活來透視，印證時代、社會動向的小說手法〔註20〕」。意指「濁流三部曲」並非大河小說，強調大河小說的非個人性，以及家族群體發展印證社會動向歷史性，並且策略性的肯定《沉淪》這一部作品「足以表現中華民族大無畏的民族風格」〔註21〕。

〔註18〕葉石濤，《葉石濤全集 13 隨筆卷一》同上註，頁 118～119。
〔註19〕鍾肇政，《沉淪》，（台北：遠景出版社，2005.02），頁 4。
〔註20〕葉石濤，《台灣鄉土作家論集》（台北：遠景出版社，1979 年），頁 174～175。葉石濤心目中的大河小說包含高爾斯華綏（John Galsworthy）的《福塞特家史》（The Forsyte Saga）、托爾斯泰的《戰爭與和平》、賽珍珠的《大地》、杜斯妥也夫斯基的《卡拉馬佐助夫兄弟們》。而這些作品都有著家族史的成份。
〔註21〕陳建忠認爲這樣的言論，必須考量戒嚴體制下對台灣史橫加壓抑的語境中，以及作家「言此在彼」的策略運用。詳陳建忠，〈詮釋權爭奪下的文學傳統：台灣「大河小說」的命名、詮釋與葉石濤的文學評論〉，《文學台灣》，70 期（2009.04），頁 319。

當鍾肇政完成「台灣人三部曲」後，葉石濤在一場《台灣人三部曲》的對談中即言：「雖然第三部還帶有一點自傳的味道，不過整體說來，它根據臺灣淪日五十年間歷史的發展，寫來客觀而理性，就其深度而言毫不愧為世界性的作品。……這是我們台灣文學史上劃時代的創舉。」〔註22〕此處依舊以世界性為評斷作品的標準，進而肯定《台灣人三部曲》為大河小說。

1965年復出後的葉石濤，花費大半生的時間投注於台灣文學史的書寫，其後書寫亦積極掙脫殖民主義與民族主義所造成的歷史困境。他最推崇的小說是蕭洛霍夫的《靜靜的頓河》（Тихий Дон）〔註23〕，希望台灣文學能寫出雄壯如民族敘事詩的大河小說，躋入世界文壇〔註24〕，因此在與鍾肇政的私人通信書簡中也期許鍾肇政「以使徒的精神為確立台灣文學而盡職〔註25〕」，他自身也再三致意最想寫的是統合總敘台灣歷史經驗的大部頭大河小說〔註26〕，不可否認「台灣」一直是他無可拋卻的關鍵字，雖然這個字在不同的時代脈絡中曾在「中華民族」、「中國」等符號下被涵蓋表示或保護，卻在台灣歷史大河小說的論述系統中，逐漸被塑造與強化。雖然最終仍未見葉石濤長篇大作問世，仍不難理解在戰後戒嚴的書寫情境、白色恐怖的年代，葉石濤何以強調要繼往開來，何以強調台灣，以及對鍾肇政等作家作品表現的主題精神要求的理想性，與身為一位作家對自我與文壇同好們的期許，希望能寫出偉大優秀的作品，立足文壇，邁向世界文學。

二、鍾肇政：大河小說的創作實踐與界定

鍾肇政書寫台灣人五十年殖民史的《台灣人三部曲》——《沉淪》（1968）、《滄溟行》（1976）、《插天山之歌》（1975），於1976年出版《滄溟行》完成

〔註22〕臺灣文藝編輯部，〈臺灣文學的里程碑——鍾肇政《台灣人三部曲》對談紀錄〉，《台灣文藝》75期（1982.02），頁218、231。

〔註23〕《靜靜的頓河》（Тихий Дон）是前蘇聯作家蕭洛霍夫的代表作。共分四部八卷，背景是兩次戰爭（第一次世界大戰、蘇聯國內戰爭）和兩次革命（二月革命、十月革命）。

〔註24〕葉石濤，〈論台灣文學應走的方向〉，《台灣文學的回顧》，（台北：九歌，2004），頁90、97。

〔註25〕葉石濤，《葉石濤全集11隨筆卷一》，（台南市：台灣文學館；高雄市：高市文化局，2008.03），頁4。

〔註26〕楊照，〈「失語震撼」後的掙扎、尋覓——論葉石濤的文學觀〉，《夢與灰燼——戰後文學史散論二集》，（台北：聯合文學，1998），頁94。

「台灣人三部曲」後，更多人認識鍾肇政，並將其定位爲台灣大河小說作家，鍾肇政也接受這樣的說法，逐漸形成一個台灣大河小說的論述傳統。1982 年鍾肇政本人公開在報紙上發言，他根據大河小說的寫法和內容將之分爲三類：

1. 以個人生命爲主的大河小說：以個人生活爲主幹，來描述一個人的生命史，或者說精神的發展史，這中間不可避免地因爲描寫一個人的生命歷程而及於一個時代、一個社會的諸相與演變的歷史。例如羅曼·羅蘭的《約翰·克里斯朵夫》。

2. 集體進行爲主的大河小說：描寫一個對象廣及整個社會階層，形成一個時代、一個社會縮影。如托爾斯泰的《戰爭與和平》。

3. 以一代到三代爲主的大河小說：以一代、兩代、三代人的整個家庭歷史爲中心，構成一部鉅大長篇，也是大河小說常見的手法之一。如賽珍珠的大河小說《大地》、《兒子們》、《分家》也是三部曲的形式。〔註27〕

鍾肇政認爲大河小說就像長江大河，有眾多分歧的支流。這裡鍾肇政的界定，在題材內容上比葉石濤多了「以個人生命史爲主」的大河小說。

　　1994 年中國時報百萬小說獎徵稿，鍾肇政曾撰文〈簡談大河小說，祝福時報百萬小說獎〉，除了再次陳述大河小說的上述三種類型，更提出內涵的要求：

　　內涵則或首重個人精神之發展與時代演變遞嬗的關係，或以集團行動與時代精神之互動爲探討之中心。〔註28〕

此處呼應葉石濤的說法，也有著戈德曼起源結構主義的觀點，強調與「時代」的互動性，亦即大河小說賴以發生故事的時代歷史背景與人物的互動性，以及主題精神的要求。不同的是附加了「個人精神之發展與時代演變遞嬗的關係」，這似乎是鍾肇政在與葉石濤對話，同時呼告世人，其本人自傳性的小說《濁流三部曲》也是大河小說。

　　由上述脈絡，我們可以看見北鍾南葉二人對台灣「大河小說」論述的建構脈絡，由 1965 年 12 月的隱匿文本——私人書信，可見葉石濤對鍾肇政的私語，到 1968 年鍾肇政以評論方式公開在媒體喊話，甚至到最後鍾肇政本人

〔註27〕鍾肇政，〈淺談大河小說〉，《自立晚報》，1982.08.20，副刊 14 版。
〔註28〕鍾肇政，〈簡談大河小說，祝福時報百萬小說獎〉，《中國時報》，1994.06.13，39 版。

數次以大眾媒介——報紙來公開對人民言說，使大河小說由私語，逐漸進入公共的論述言說中，是由私領域而至公領域的擴大閱聽對象，逐漸影響其他作家、以及更廣大的人民群眾。

在「北鍾南葉」大河小說的論述中，鍾肇政並非固處於被動的位階，更是能動的生產者，從他的作品的先導性與對大河小說的論述來看，鍾肇政在台灣大河小說的地位於今仍無人可以取代。且不可諱言的，鍾肇政的大河小說，有其時代和歷史意義，與愛土地、有使命感的作家不謀而合〔註29〕，也因此引領集結了一列取材大時代故事的隊伍，甚至形成一個社會群體（social group），如後來的李喬（《寒夜三部曲》）、東方白（《浪淘沙》）等皆起而效尤，進行經年累月的創作與實踐，也逐步建構了台灣「大河小說」這個次文類。

第三節　台灣化的特殊性與歧異性

基本上，「北鍾南葉」對大河小說的界定，並未脫離西方大河小說系列長篇的形式與反映時代歷史的內容特色，但卻有著在地化的特質（台灣特殊性），且相對於西方大河小說的多卷巨著，台灣「大河小說」多以三部曲形式呈現，在份量上不及西方的「大河」規模，但至少也有 65 萬字以上〔註30〕。

因此「大河小說」一詞在台灣是戰後才在文壇上被使用，並以《台灣人三部曲》為代表作。1960、70 年代的評論大多注意鍾肇政取材的特殊性，其後則強調作品的民族精神與抗日成分，1980 年代鍾肇政的系列三部曲受到彭瑞金、應鳳凰等評論家肯定〔註31〕，但 1982 年鍾肇政仍以淺談方式來介紹這個的文類〔註32〕，而引起評論家對大河小說定義的分歧詮釋與再延異，主要是在解嚴後、社會本土運動蓬勃的浪潮中，這點從期刊論文的發表可以證之〔註33〕。

〔註29〕　〈台灣文學的里程碑——鍾肇政「台灣人三部曲」對談記錄〉，頁229。
〔註30〕　《濁流三部曲》約70萬字，《台灣人三部曲》約85萬字，《寒夜三部曲》約95萬字，《台灣七色記》300萬字以上，《浪淘沙》約130萬字，《埋冤・一九四七・埋冤》約80萬字，《楊梅三部曲》約65萬字，《台灣大風雲》約185萬字。
〔註31〕　詳藍建春，〈在台灣的土地上書寫台灣人歷史：論鍾肇政《台灣人三部曲》的典律化過程〉，《台灣大河小說家作品學術研討會論文集》（台南：國家台灣文學館籌備處，2006年），頁54、67。
〔註32〕　鍾肇政，〈淺談大河小說〉，《自立晚報》，1982.08.20，副刊14版。
〔註33〕　詳本書羅列之參考期刊。

　　台灣大河小說在迥異於西方歷史的社會脈絡基礎上，有著不同於西方概念的在地特殊性，並不完全挪移西方大河小說的觀點。陳芳明在〈戰後台灣大河小說的起源——以吳濁流自傳性作品為中心〉一文中，為了討論吳濁流的作品，認為這個定義「無需外求於西方文學理論的追溯」，而改以台灣戰後出現的大河小說為對象，歸納分析出台灣大河小說的特點：

> 如果以戰後在台灣出現的大河小說為基礎，則這類文體的重要特徵有如下三點。第一，大河小說本身不僅具備了濃厚的歷史意識，並且作品裡描繪的時間發展都橫跨了不同的歷史階段。第二，大河小說既包括了家族史的興亡，也牽涉到國族史的盛衰。第三，大河小說對於作品裡烘托的歷史背景與社會現實，往往具有同情與批判的精神。具體而言，它已不僅僅是文學作品，同時也蘊藏了作者的歷史敘述與歷史解釋。〔註34〕

這裡的歸納詮釋卻不強調鍾肇政以個人生命史為大河小說的觀念，似乎附和早年葉石濤對《流雲》的批評，並且提出了國族史這樣的說法，強調作家對歷史社會同情批判的精神，以及作者對歷史的敘述與解釋，其他部份則大體相同。雖然這個詮釋方式並不追本溯源於西方文學理論，卻正是理論旅行的變易概念，呈現台灣大河小說與其他大河小說的異質性，因其文學場域的不同，自有不同的發展模式與在地化的特徵。

　　早期「北鍾南葉」二人對大河小說的觀念便存在著歧義，更遑論其他評論者。由台灣歷史背景來看，從清領、日本殖民到國民黨接收，台灣政權數次轉移，土地上的人民也相應的產生不同的政治認同與傾向。戰後台灣由日本轉移為國民政府統治，逐漸在政治上有所謂統獨之爭。而文壇上也有著「臺灣文學」非屬「中國文學」的說法。

　　1960 年代鍾肇政曾言「所謂『臺灣文學』亦即中國文壇的一支，而『臺灣文學』亦即中國文學的一脈。」〔註35〕但隨著時代的改革情境，鍾肇政 2000年出版的《台灣文學十講》一書則改變了說法：「臺灣文學就是臺灣人的文學，就是這麼簡單。……如果讓我來主張，我認為臺灣文學是臺灣人的文學，是

〔註34〕陳芳明，〈戰後台灣大河小說的起源——以吳濁流自傳性作品為中心〉，《台灣現代小說史綜論》，（台北：聯經出版公司，1998.12），頁 85。此篇文章異名〈吳濁流的自傳體書寫與大河小說的企圖〉，收錄於陳芳明，《左翼台灣：殖民地文學運動史論》，（台北：麥田出版，1998），頁 243～261。
〔註35〕鍾肇政，《本省籍作家作品選集》（台北：文壇社，1965），編輯者的話。

產生於這塊土地、這個人民、這個文化背景下的文學作品，跟中國文學是無
關的」〔註36〕清楚地將臺灣文學與中國文學劃分爲二，認定爲彼此無關的對
立分類。類似的轉變也發生在葉石濤身上，不明就理的人一定會批評他們前
後說法不一，但若從歷史脈絡與社會脈絡來看，了解台灣政治情勢的發展，
也許就能給予寬容的理解。正如錢鴻鈞所言，鍾肇政這是避免分離意識的指
控使然，是一種保護色的表達方式〔註37〕。言下之意是指在國民政府統治下，
所採取的不得不的表達方式。在這樣的文壇情境中，我們不難看見兩種明顯
的對立局面〔註38〕。同樣的，戰後才出現的台灣大河小說，也相應的有著論
述上的分歧與對立。大體而言，1990 年代後對台灣「大河小說」詮釋，主要
以「作家身份的界定」與「書寫台灣歷史與否」爲主要分歧點，突顯出台灣
意識與中國意識兩個不同立場的論述脈絡，茲分述如下：

一、作家身份的限定

在文學作品的劃分上，往往以作品內容、形式爲分類的標準，分別出詩、
詞、戲劇、小說等文類，較少以作家身份來劃分作品，但由於台灣特殊的政
治背景，使得 1990 年代台灣「大河小說」的論述，有著本土與外省作家身份
的爭議。

（一）限本土作家

1990 年代，楊照在〈歷史大河中的悲情——論台灣的「大河小說」〉一文
中，認爲台灣大河小說最傑出、最具代表性的就數鍾肇政《台灣人三部曲》、
李喬《寒夜三部曲》以及東方白的《浪淘沙》。但他將法國大河小說
「Roman-Fleuve」對應於英文的 Saga Novel，指出 Saga Novel 的四個最大不同
的點，「第一是其中濃厚的歷史意味，故事發生的背景往往設定在某個變動劇
烈的歷史大時代；第二是其敘述是以一位主角或一個家庭爲其中心主軸，利
用一人或一家貫串連續的經歷來鋪陳、凸顯過去社會風貌；因此第三，Saga

〔註36〕鍾肇政，《臺灣文學十講》，（台北：前衛出版，2000.10），收入《鍾肇政全集》
　　　　三十之《演講集》，頁 19～19。
〔註37〕錢鴻鈞，《戰後臺灣文學之窗——鍾肇政六百萬字書簡研究》（台北：文英堂，
　　　　2002.11），頁 398～399。
〔註38〕詳細的情形可參考游勝冠，《台灣文學本土論的興起與發展》（台北：前衛出
　　　　版，1996.07）。

Novel 中會以較多的篇幅處理社會背景以及當時日常生活中的種種細節……
第四個特色就是其敘事綿綿不斷，好像可以和時間一般永續不斷，一路講下
去成就了的不止是長篇小說，更是特大號的超級長篇。〔註 39〕」並以此爲大
河小說的特色〔註 40〕，而這樣的「大河小說」特色也被後來的評論者肯定與
引用〔註 41〕。楊照此文指出，單就文體成規來看馮馮的《微曦》是非常接近
Saga Novel 形式的超級長篇，「不管從篇幅、從歷險落難到英勇脫困的主題，
或從刻劃時代的歷史感來看，《微曦》都應該算是一部不折不扣的 Saga Novel
〔註 42〕」，然而就楊照所知，卻從來不曾有人以「大河小說」來定位、定性《微
曦》。而楊照預設的對立面，便是本土作家書寫的台灣歷史大河小說，因此如
馮馮這位當時人稱外省人的作家就不在本土論述中的大河小說作家之列。

　　與楊照看法類同的，陳麗芬也指出大河小說訴諸於特定族群的價值取向：

> 像陳紀瀅的《赤地》（1945）或姜貴的《旋風》（1957）這些以家族
> 史的興亡喻中國族史的盛衰的歷史小說是不會被認可作「大河小說」
> 的，「大河小說」的訴之於特定族群的價值取向是極爲明確的。置於
> 台灣文學的發展脈絡下來看，這文類是頗爲自覺地並刻意地自我定
> 位爲邊緣或賤民（subaltern）」，而且這自我邊緣化與對『邊緣』傳
> 承性的強調不但表現在意識形態上，也在作品表現形式上，即它以
> 極爲不尋常的長度與體積，那白紙黑字，頗爲可觀的具體文字存在，
> 在一個美學品味崇尚短小精悍的文學環境裏表達一種立場、信念與
> 歷史視野。〔註 43〕

〔註 39〕詳楊照：〈歷史大河中的悲情──論台灣的「大河小說」〉，《文學、社會與歷
　　　　史想像：戰後文學史散論》（台北：聯合文學出版社，1995），頁 92～110。
〔註 40〕同上註，頁 94～95。
〔註 41〕如羅秀菊，〈大河小說在臺灣的發展──兼談李喬的「寒夜三部曲」〉，《臺灣
　　　　文藝》，163／164，（1998）。褚昱志，〈臺灣大河小說之先驅──試論李榮春
　　　　的《祖國與同胞》〉，《臺灣文學評論》第 5 卷第 3 期，（2005.07）。
〔註 42〕「Saga 通常表現爲對英雄的一闋頌歌，在前面盡力渲染逆境、危難的可怕，
　　　　然而終局必定是英雄精神的徹底發揚，克服一切獲致成功。Saga 中所編織的
　　　　歷史質地（historical texture）帶有濃厚的神話傳奇樂觀色彩，因而在傳誦、閱
　　　　讀的過程中，幫忙塑造了民族的認同與自信心。」詳楊照，〈歷史大河中的悲
　　　　情──論台灣的「大河小說」〉，頁 95～96。
〔註 43〕陳麗芬，〈爲伊消得人憔悴──尋找台灣〉，《現代文學與文化想像：從台灣到
　　　　香港》（台北：書林出版公司，2000.05），頁 198～199。本篇原爲作者 1999
　　　　年 12 月發表的研討會論文。所謂本省籍作家的自我邊緣化，在戒嚴時期應該
　　　　說是被邊緣化，只是以後現代的視角來看，也可說是抵中心的最佳策略位置。

這裡由楊照、陳麗芬的說法,可以清楚了解其批判的對象,與對當時大河小說作品的評價。以及當時大河小說作家所指涉的對象,是相對於馮馮、陳紀瀅、姜貴等外省作家的特定族群,也就是本省籍的作家。但這樣的詮釋論述觀點可說是大河小說論述的增補,強化了作品的台灣性,但也可說是大河小說觀念的閹割,將外省族群排除。不可否認的,也強化反應了當時社會情境中本省、外省族群的對立性。

(二)含外省作家、不限本土作家

1997 年陳芳明在〈論戰後台灣大河小說的起源〉一文中指出:「在戰後的台灣文學裡,本地作家與大陸作家都不約而同致力於大河小說的經營〔註44〕」,並公開認為不僅本地作家鍾肇政、李喬、東方白、雪眸〔註45〕等人的作品是大河小說,司馬中原的《狂風沙》、馮馮《微曦》也是大河小說。這表示陳芳明同意楊照的看法,只不過在頭銜上將司馬中原與馮馮兩者冠以大陸作家區別。這表示陳芳明定義中的台灣大河小說,是包含非本土作家的外省作家作品。

台灣已逐漸成為世界地球村的形態,多元族群的移入,早已豐富了台灣這塊土地的文化,因此只要是與台灣土地發生直接關係的作家,不管是移民來,或曾定居在台灣者,應該皆可納入台灣作家行列。這與本土派葉石濤或彭瑞金強調以多元族群形態為全新台灣人的概念相同〔註46〕。但是筆者認為我們必須跳脫作家身份的爭議,因為作家身份的限定並不代表作品的內容,仍須深度考察大河小說的書寫形式與內容,以及是否與台灣有關,如此才能確立「台灣」大河小說的定義。

二、歷史素材的限定

台灣歷史本是生長在台灣土地上的人民皆可了解的生命課題,但由於台

〔註44〕陳芳明,〈戰後台灣大河小說的起源——以吳濁流自傳性作品為中心〉,《台灣現代小說史綜論》,(台北:聯經出版公司,1998.12),頁85。

〔註45〕雪眸的作品 1994 年 1、6、8 月分別出版《惡淵荒渡》、《悲劇台灣》、《坦克車下》三本長篇小說。

〔註46〕葉石濤,〈開拓多種族風貌的台灣文學〉,《文學台灣》第 9 期（1994.01）頁 10～14。彭瑞金,〈當前台灣文學的本土化與多元化——兼論有關台灣文學的一些異說〉,《文學台灣》4 期（1992.09),頁 11～36。

灣政權的數度易幟，歷史也有不同的詮釋方式。但發言權往往在統治者手上，而非人民，在戒嚴時期，爲了找回歷史的發言權，台灣「大河小說」往往書寫被殖民的歷史，以區別於統治者的歷史論述，卻因而被認定爲建構外於中國史的台灣歷史。也因書寫台灣史的內容，成爲大河小說意見分歧的起點，使台灣歷史大河小說遭到分離主義以及國族主義的批判。

（一）相對於中國史的台灣歷史

楊照認爲，過去基本上流傳於邊緣地位的本土文學論述裡，大河小說還有一項沒有明說的內容標準，負載了內容取材的目的性價值：

> 那就是「大河小說」要刻劃、建構的歷史敘述，是相對於中國史，
>
> 外於中國史的台灣歷史。〔註47〕

就此可以看出，大河小說的定義在楊照的界定下，有了在地化的延異，超越了「北鍾南葉」對大河小說的世界級優秀作品的比喻性，而強調以描寫台灣史爲中心。王淑雯也指出，因爲台灣「大河小說」有著「以台灣史爲敘述主體」的重要屬性，向來被視爲本土認同的重要象徵與符碼〔註48〕。如此對大河小說的界定論述，在其後的詮釋評論間不斷被再生產及複製。

王德威即言，大河小說早爲下個階段的台灣鄉土／國族書寫占下一席之地：

> 李喬的《寒夜三部曲》以台灣先民渡海而來，百年墾殖爲經、家族鄉黨悲歡離合爲緯，爲大河小說樹立又一典範。如前所述，這型小說突出大時代與小人物，漫長的時間、淋漓的血淚，正與國族論述所需的開國史話不謀而合。……姚嘉文的《台灣七色記》與東方白的《浪淘沙》……這兩本小說寫得實在不能說好，後起之秀楊照已有評論在案。但值得注意的是，兩作作者將小說政治與身體政治（body politic）的互相爲用，作了最戲劇化的表白。姚嘉文身陷囹圄的吶喊、東方白纏綿病榻的演義——「發憤著書」，真是莫此爲甚。這些作家如何創作，而非創作本身，才應是評者大作文章的對象。大河小說以長取勝，獻身革命運動的同志哪有時間細讀？但是它們

〔註47〕楊照，〈歷史大河中的悲情——論台灣的「大河小說」〉，頁96。

〔註48〕王淑雯，〈大河小說與族群認同——以「台灣人三部曲」、「寒夜三部曲」、「浪淘沙」爲焦點的分析〉（台北：台灣大學社會學研究所碩士論文，1993），頁10。

的長度，不，體積，已形成紀念碑的意義，早爲下個階段的台灣鄉
土／國族書寫，占下一席之地。〔註49〕

王德威在學界的地位崇高，在此處不難看出王德威的批判與黑色幽默式的嘲
諷，認爲台灣「大河小說」不僅寫史，寫的還是台灣史，更是台灣本土作家
所渴求的國族史、開國神話。

　　陳建忠憂心台灣大河小說的詮釋，會因評論者的立場不同，遭到誤用與
爭奪〔註50〕，亦即楊照等人站在其立場的詮釋，也有著誤用與誤讀的危機性，
但危機往往也是一種轉機，或許能讓人更清楚看清事實可能發展的不同樣貌。

　　細究台灣「大河小說」的主題，實不同於西方傳奇英雄精神的徹底發揚，
往往突顯台灣底層人民對統治者與周遭環境無窮無盡的反抗。如同楊照所
言，那不是作家的問題，而是台灣歷史本身的尷尬、悲情〔註51〕。這正突顯
出這些本土作家們，有意識或無意識地以書寫台灣史，來抒發內心的不平，
甚至有著反抗過往不可抵毀的霸權敘述的意圖，一如葉石濤曾言的使徒，多
半有其創作的使命性，書寫官方主流歷史所刻意忽略的事件。

　　陳建忠曾表明，「長河小說未必要擔負記錄國族歷史的任務。當然，在記
敘人物或家庭的歷史時，政治史或社會史做爲人物活動的舞台，可能還是必
然會觸及。這裡是要指出，台灣版的大河小說，記錄的多爲殖民史或開發史，
帶有較強烈的後殖民政治性格，其實並未與法國大河小說的傳統完全相合。〔註
52〕」而這個論述基礎正是緣台灣版的「大河小說」與「可能還是必然會觸及」
國族歷史的連繫性，再次清楚的證明台灣「大河小說」不同於西方大河小說
的特殊性，正是殊異的歷史背景〔註53〕。其後陳建忠便將此類著重在描寫台

〔註49〕王德威，〈國族論述與鄉土修辭〉，《如何現代，怎樣文學》（台北：麥田，1998），
　　　　頁170～171。
〔註50〕陳建忠，〈詮釋權爭奪下的文學傳統：台灣「大河小說」的命名、詮釋與葉石
　　　　濤的文學評論〉，《文學台灣》，70期，2009.04，頁307～333。
〔註51〕參見楊照，〈歷史大河中的悲情──論台灣的「大河小說」〉，《文學、社會與
　　　　歷史想像──戰後文學史散論》，頁101、103。
〔註52〕陳建忠，〈詮釋權爭奪下的文學傳統：台灣「大河小說」的命名、詮釋與葉石
　　　　濤的文學評論〉，《文學台灣》，70期（2009.04），頁310。
〔註53〕台灣殊異的政治認同現象由來已久，也不斷深化，往往陷入歷史解釋權的爭
　　　　奪戰中，在文學史上最鮮明的例子便是1999年至2001年的雙陳論爭，陳映
　　　　眞的一統思想與陳芳明的再殖民思想，分別重視一統中國以及外於中國史的
　　　　台灣史的不同論述。而這也是台灣目前在國際上的特殊處境，總以中華台北
　　　　之名現身，而不能以中華民國或是台灣立足國際的處境。

灣日本殖民史、國民黨戒嚴史、二二八史、白色恐怖史的作品劃歸入「後殖民歷史小說」類型中〔註54〕。

（二）不限寫「中國史外的台灣史」

但是陳芳明並不同意楊照等人的看法，他認為當時施叔青剛完稿的《香港三部曲》（1997年）即為這類文體提出有力的證詞〔註55〕。施叔青因為異國婚姻的關係，居住了許多地方，她自稱是島民，曾在台灣、香港與紐約居住，在《香港三部曲》中也曾認同自己是廣義的香港人，因此要以筆來為歷史作見證〔註56〕。中國大陸學者古遠清也認同陳芳明的看法，認為「大河小說」的概念不應侷限在本地作家寫本土歷史〔註57〕。因此古遠清認為，不僅鍾肇政、李喬、東方白的作品是大河小說，墨人的《紅塵》與施叔青的《香港三部曲》也是大河小說，強調大河小說不應該僅是書寫台灣歷史的作品〔註58〕。

古遠清的說法不免有著中國的立場，帶著批判台灣意識的影子。然而對照另外一位中國大陸學者朱雙一的說法，或許可以讓我們釐清一些事實：

> 所謂台灣歷史「大河小說」指用較長的篇輻（經常採用「三部曲」形式），描寫較長的時間跨度（有時達百年乃至數百年）的台灣歷史進程，特別是台灣先民篳路藍縷，墾殖台灣，乃至反抗外來殖民者的重大事件和事蹟。這是台灣鄉土文學的一個很有特色的厚重部分〔註59〕。

〔註54〕陳建忠，〈臺灣歷史小說研究芻議：關於研究史、認識論與方法論的反思〉，《臺灣文學的大河：歷史、土地與新文化——第六屆臺灣文化國際學術研討會論文集》（高雄：春暉出版，2009.12），頁27。此篇論文中將臺灣歷史小說分為四類：傳統歷史小說、反共歷史小說、後殖民歷史小說、新歷史小說。

〔註55〕陳芳明，〈戰後台灣大河小說的起源——以吳濁流自傳性作品為中心〉，《台灣現代小說史綜論》（台北：聯經出版公司，1998.12），頁98，注釋3。

〔註56〕施叔青，〈我的蝴蝶——代序〉，《她名叫蝴蝶》（台北：洪範，1993），頁2。

〔註57〕「只要通過家族的興亡表現出國家民族的命運，具有濃厚的歷史意識，那外省作家表現大陸歷史滄桑的作品也應算在內。從這個角度看，1990年代「大河小說」最重要的收穫是墨人長達一百二十萬言的《紅塵》。不同於台灣某些「大河小說」對中國民族的歷史特點注意不夠，以至出現了離開中國文化母體的迷走現象，墨人的小說創作始終著眼於中國歷史特點和現實狀況、著意反映中華民族的苦難和揭示阻礙中國進步、危及中華民族那些存在的病毒。」詳古遠清，《世紀末台灣文學地圖》（台北：揚智文化事業，2005.04），頁183。

〔註58〕古遠清只知陳芳明不贊成楊照「建構台灣史」的潛台詞，卻不知陳芳明舉的司馬中原與馮馮的作品，正是楊照所提出的大河小說例證。

〔註59〕朱雙一，《台灣文學創作思潮簡史》（北京：九州出版社，2010.06），頁249。

朱雙一在台灣大河小說外，更強調「台灣」「歷史」性，也就是他將這些作品歸納於台灣歷史統攝下，是台灣歷史「大河小說」。

　　大河小說若未冠以台灣或法國，其實強調的是形式與寫作手法的共性，是統攝於世界文學下的，但若冠以「台灣」或「法國」則必然有其殊異性及地域性。一如陳建忠所提出的概念，台灣文壇中確實存在著兩個明顯的不同發展脈絡，一是站在台灣意識立場，書寫台灣歷史的小說，一是站在中國意識立場書寫中國近代史的反共歷史作品，但後者卻未被稱之為大河小說〔註60〕。由於台灣歷史的特殊性，使台灣文學往往陷入「屬於中國文學的一支」、或「台灣文學即中國文學」等意識形態的爭論，模糊了文學的焦點。因此《台灣人三部曲》、《寒夜三部曲》、《浪淘沙》等這些被約定俗成的台灣大河小說，若能以台灣「大河小說」、「台灣歷史大河小說」〔註61〕或採陳建忠的說法稱之為「台灣後殖民歷史大河小說」似乎是較不歧義，也較少紛爭的。

三、新世紀的再延異

　　台灣大河小說的在地歧義性，不僅是西方大河小說的變異與延異，也是本土大河小說論述的再延異，或說是理論飄移的轉譯改變。有鑑於施叔青《香港三部曲》——《她名叫蝴蝶》（1993）、《遍山洋紫荊》（1995）、《寂寞雲園》（1997）——這部大河小說前後一氣呵成，被視為二十世紀末期台灣文學的經典，陳芳明鼓勵施叔青撰寫《台灣三部曲》為台灣立傳〔註62〕。然而《行過洛津》（2003）、《風前塵埃》（2008）、《三世人》（2010）卻未因循傳統大河小說的形式——如《香港三部曲》以家族為主幹，用幾代人貫穿三部曲的經緯——而改以非線性的敘述，以不同的故事撐起台灣歷史的主軸〔註63〕。雖然以往大河小說並沒有明文指出系列作品間連貫的絕對性，但正因為是「系

〔註60〕詳陳建忠，〈臺灣歷史小說研究芻議：關於研究史、認識論與方法論的反思〉，《臺灣文學的大河：歷史、土地與新文化——第六屆臺灣文化國際學術研討會論文集》（高雄：春暉出版，2009.12），頁10～50。

〔註61〕藍建春曾依台灣大河小說的主要特徵稱之為「台灣人歷史小說」。詳藍建春，〈「小說」台灣平凡人物史的嘗試：論《台灣大風雲》的歷史（小說）敘事〉，收錄於《台灣大風雲研討會論文集》（台中：中山醫學大學台灣語文學系，2011年7月），頁75。

〔註62〕陳芳明與施叔青，〈與為台灣立傳的台灣女兒對談〉，《風前塵埃》（台北：時報文化，2007.12），頁274。

〔註63〕同上註，頁263、266、276。

列小說」、「長篇連續小說」，因此必有關聯性才得以貫串，否則不成系列、不能連貫。我們知道施叔青是以「台灣的女兒」有意識的爲台灣立傳，但她並未因循台灣傳統大河小說的形式，而自創了新的大河小說形式，選擇利用不同政權統治（清領、日治、光復後三個時期）來爲台灣書寫大河小說，但歷史是不連續的、斷裂的，三部曲間亦沒有主要人物貫串。於此台灣大河小說的論述再次延異，一如德希達的延異概念：

> 一個符號系統中，人們最初設下且在某種程度上決定著具體符號的意義的規則，一旦投入陌生的文本中，很可能產生始料不及的意義組合即環環推延，而正是在這一意義上，這個符號系統是「生產性」的。
>
> 換言之，能動的是文本，是符號自身，而不是讀者和批評家。〔註64〕

事實上《台灣三部曲》也不同於施叔青原訂預寫的面貌。也因此「台灣大河小說」這個符號的觀念，在語言活動中產生了再次的延異，形式上脫離了原本各部的連續性，沒有共同的人物或家族貫串〔註65〕，有的僅是共同的大歷史環境——台灣，甚至三部曲的年代順序也並非接續性的貫串，第一部《行過洛津》寫清朝咸豐嘉慶年間（約 1796～1820 年）的移民史，主要場景在洛津（鹿港），第二部《風前塵埃》直接寫日本統治時期的花蓮，第三部《三世人》又從 1895 年乙未割台寫到 1947 年 228 事件，寫作背景年代以跳接，重覆的形式呈現。因此隨著台灣大河小說意義的延異，本有意創作的台灣大河小說作品同時也在變化。因此謝秀惠認爲《台灣三部曲》是「不連續性的大河小說」〔註66〕。而陳建忠則將施叔青《行過洛津》等作品劃歸爲女性新歷史小說〔註67〕，提供不同的視野與研究路徑。但這一切都無損於施叔青作品的價值，以及施叔青企圖找回女性詮釋歷史權力的用心，事實證明，2008 年施叔青榮獲第十二屆「國家文藝獎」，2011 年《三世人》亦獲得圖書類文學獎金鼎獎。

〔註64〕 王先霈、王又平主編，《文學批評術語詞典》（上海：上海文藝出版社，1999.02），頁 383。

〔註65〕 沒有主要人物的貫串，僅僅是羅漢腳、青暝朱或藝旦這些次要角色在其中點綴性現身。

〔註66〕 參見謝秀惠，〈施叔青筆下的後殖民島嶼圖像——以《香港三部曲》、《台灣三部曲》爲探討對象〉（國立臺灣師範大學台灣文化及語言文學研究所在職進修碩士班碩士論文，2010）。

〔註67〕 陳建忠，〈臺灣歷史小說研究芻議：關於研究史、認識論與方法論的反思〉，《臺灣文學的大河：歷史、土地與新文化——第六屆臺灣文化國際學術研討會論文集》（高雄：春暉出版，2009.12），頁 27。

第四節　台灣大河小說的六大範疇與定義

　　由以上論述來統整，「北鍾南葉」兩人對大河小說的界定，從未提出「作家身份」及「書寫台灣歷史」明文要求，但楊照後來卻附以「外於中國史的台灣歷史」的歸納詮釋。使「大河小說」論述產生意識形態迥異的兩方在詮釋上的競逐。因此藍建春指出大河小說因為「台灣歷史的論述目標」往往有被誤讀的可能性〔註68〕。陳建忠也認為立場態度的差異以及權力的操作，往往有簡化對方論述的可能，因此在王德威的論述中，大河小說等同於後來的鄉土文學，又等同於本土文學、台灣國族文學〔註69〕。在黃錦樹的論述中，大河小說只不過是本土派建國的史詩，獨斷的反映某群小知識份子想像投射的現實。〔註70〕這些評論似乎都有意無意地，甚至策略性地詮釋了大河小說，而未將台灣「大河小說」放在時代脈絡的語境中去理解〔註71〕。

　　由以上論述來看，台灣「大河小說」一詞，因「台灣意識」與「中國意識」的對立紛爭，被拉入這場混戰中，隨著人事與時代產生變化增補。但平心而論，筆者認為可以從「台灣」與「大河小說」兩部份來看，以便討論作品形式、作家身份、作品內容。首先「大河小說」指的是世界共性的大河小說，亦即系列多卷本的連續性超長篇小說〔註72〕，但各卷／部仍可獨立閱讀，是以個人或群體的經歷去反映動盪的大時代歷史，以突顯作家的歷史觀。其次「台灣」，除了指涉台灣作家外，還包含了作品內容的台灣性。首先從作者

〔註68〕詳藍建春，〈在台灣的土地上書寫台灣人歷史：論鍾肇政，《台灣人三部曲》的典律化過程〉，《台灣大河小說家作品學術研討會論文集》（台南：國家台灣文學館籌備處，2006），頁43～74。

〔註69〕王德威，〈國族論述與鄉土修辭〉，《如何現代，怎樣文學》，（台北：麥田，1998），頁170～171。

〔註70〕黃錦樹，〈本質的策略，策略的本質與解釋的策略〉，《文化研究》，創刊號（2005.09），頁131～135。

〔註71〕將新世紀大河小說的台灣意識貫串至20世紀乃至戒嚴時期的作品，並予以建構台灣國族的後設批評，實未能將台灣「大河小說」的書寫放在各時代語境中予以理解及區分。戒嚴時期的台灣「大河小說」，為了在唯一政治正確的「大中國意識」下尋求發聲，有著贖回異質歷史（台灣人被日本殖民的歷史）的欲求，解嚴後的台灣「大河小說」也有著補述二二八歷史的使命，實不同於21世紀黃娟、邱家洪的台灣「大河小說」，有著強烈政治立場的表述與企圖性。

〔註72〕《濁流三部曲》約70萬字，《台灣人三部曲》約85萬字，《寒夜三部曲》約95萬字，《浪淘沙》約130萬字，《台灣七色記》14冊加前記共計15冊，超過300萬字，《台灣大風雲》共計五冊，約185萬字。

來台的先後時間，區分出本土台灣人（原住民、舊移民）、後移民外省人，或新移民台灣的異國人，這些都是台灣土地上的台灣作家，但這並不是歸納台灣大河小說的決定性因素，仍須與內容一併合觀。

筆者將大河小說區分出六大範疇，在這六個範疇中，1 是台灣本土作家書寫台灣史／事的大河小說，也是目前被公認為典型的書寫台灣歷史的「大河小說」，如鍾肇政、李喬、東方白等人的大河小說，相信已完成了階段性的任務。2 是外省作家寫台灣歷史／事的大河小說，包含外省移民來台的變遷史；3 是新移民作家書寫台灣歷史／事的大河小說，這一類或許可以看到不同族群的移入對台灣的影響。4 是本土作家書寫非台灣史／事的大河小說，如施叔青的《香港三部曲》。5 是外省作家書寫非台灣史／事的大河小說，如外省作家書寫中國近代反共史的作品。6 是異國新移民書寫非台灣史／事的大河小說，如現居台灣、婆羅洲出生的李永平，書寫其原生故鄉婆羅州的《大河的盡頭》等作品。

表一：台灣大河小說六大範疇

作品內容 ＼ 作家屬性	本土作家（原住民、閩客等舊移民）	外省作家（戰後移居台灣的外省人）	新移民作家（異國移居台灣的新移民）
台灣史／事	1 台灣歷史大河小說 *即社會公認指涉的台灣「大河小說」	2 台灣歷史大河小說	3 台灣歷史大河小說
非台灣史／事	4 台灣作家的大河小說	5 中國歷史大河小說／台灣作家的大河小說	6 大河小說／台灣作家的大河小說

所以台灣歷史大河小說應可指 1、2、3 類，只要是台灣作家書寫內容為台灣史／台灣事的大河小說作品，應可歸類為台灣大河小說。至於第 4、5、6 類也是大河小說，卻因為書寫內容非關台灣史／台灣事，自不應納入台灣歷史大河小說的行列，或可稱為台灣作家的大河小說，或因書寫中國歷史而稱中國歷史的大河小說，或統稱為大河小說等。在此分類標準下，如果我們要談台灣作家的大河小說，那施叔青的《香港三部曲》則必然在其中，但若是談台灣歷史的大河小說，則非台灣歷史的香港歷史文本，則不應劃歸為台灣

歷史大河小說行列，原因乃在於作品內容書寫的並非台灣的歷史／台灣事，與台灣無涉，便不應被歸類至台灣歷史的大河小說，但言其為大河小說並無不可。當然這樣的分類也有模糊的地帶，如外省作家書寫同時書寫中國近代史與台灣史的作品，或省籍作家書寫中國近代史的作品，都是跨類的既定事實。

解嚴後有關台灣「大河小說」的爭議，在於被指涉的作品並未關注外省作家由中國以至台灣的歷史脈絡，而書寫台灣被日本殖民的另一個歷史脈絡，因此被指責為只寫「相對於中國史的台灣史」，而成為論戰炮火主要落彈點，也就是筆者分類中的第 1 類——本土作家書寫台灣史的大河小說，也就是當今被認定的典型台灣「大河小說」。當然宏觀的台灣歷史不僅是上述二者的匯流，更有其他異國移民的歷史匯流，這點是必須要正視與廣幅觀照的。

然而第 1 類本土作家書寫的台灣歷史大河小說，書寫自己的被殖民史有何不可？從歷史進程來看，台灣「大河小說」被冠上此名稱，並指涉特定作者與作品，乃緣於 1980 年代後愈演愈烈的中國意識與台灣意識的爭論，而楊照附加的大河小說潛規則（省籍作家書寫外於中國史的台灣史作品），則又再一次強化與反應了兩者的對立，引發了「大河小說」詮釋的紛爭與意識形態的角力。

結語

大河小說在台灣變動劇烈的歷史背景中，與特定的社會文化環境進行互動。因寫作者本身或與評論者，以及評論者間意識立場的不同，往往在詮釋權上進行角力，引發內外的衝突。就創作者而言，寫大河小說不僅耗費心力，也可能賠上健康與家庭生活，卻又不一定能寫出令自己或他人滿意的作品。再者，作者選擇在短篇小說當道的時代，以長篇鉅作來證明自己的寫作能力，其實也是一種衝突，因為作品本身的大部頭，不僅令許多讀者裹足不前，更難在商業市場上販售發行。就台灣大河小說的定義來看，不僅作家本身以作品實踐創造，評論者甚至在創作者筆耕之時亦不斷以旌旗吶喊引領，因此台灣大河小說的觀念是同時在被生產與變異的，更因諸多專業學者心有所繫的策略性論述與對話，使大河小說一次次的被生產，甚至延異，而這樣的知識生產、重寫建構過程，正可見權力的對話與角力。

　　就哈伯瑪斯（Jürgen Habermas，1929～）的公共領域〔註73〕而言，論述的前提基礎必須是自由與理性的，亦即發言者有自由發言的權力。但仍須在理性的基礎上才能進行溝通，才能形塑社會道德與社會制度，發揮指標性的功能。因此不論專業讀者以文學美學、詮釋學、讀者反應論、後結構主義、後殖民主義等理論系統來解讀作品時，認為大河小說《浪淘沙》的創作想像乏善可陳，未能達到上乘作品的美學標準，也許可以商榷〔註74〕。然而台灣大河小說作家本身為創作偉大的作品，擠身世界文壇，卻因為書寫台灣，被稱為格局不大受到貶抑，甚至被稱為屬於本土主義最原始的一支——政治小說。想解構傳統歷史的大敘述，卻被稱為陝隘邊緣——建構想像的國族烏托邦，建構另一中心論述，甚至以作品過於膚淺，並稱台灣的文化民族主義者通常都是那些沒有什麼文化資本的人評定〔註75〕，這便是台灣「大河小說」作品外的角力衝突。

　　整體而言，諸多評論者對於大河小說論述的再詮釋及補充說明，也是大河小說論述的延異，一方面可能產生負面扭曲的危機，一方面也可能是積極再造的轉機。德希達（Derrida）認為「『衍異』是不斷向後開展、推衍出來的差異。〔註76〕」意義透過符徵（Signifier）〔註77〕的運作衍生出的意義是不斷

〔註73〕「公共領域原則上向所有公民開放。公共領域的一部份由各種對話構成，在
　　　　這些對話中，作為私人人們來到一起，形成了公眾……公民們作為一個群體
　　　　來行動，因此這種行動具有這樣的保障，即他們可自由地集合和組合，可以
　　　　自由地表達和公開他們的意見。」詳尤根・哈貝馬斯著，曹衛東譯，〈公共領
　　　　域〉《文化與公共性》，（北京：三聯出版社，1997），頁125。

〔註74〕陳麗芬，〈為伊消得人憔悴——尋找台灣〉，《現代文學與文化想像：從台灣到
　　　　香港》（台北：書林出版公司，2000年5月），頁196。東方白寫《浪淘沙》
　　　　耗費了諸多心力、體力，甚至健康，陳麗芬以疾病來隱喻東方白的寫作態度，
　　　　認為「書寫台灣不僅是一項冒著個人生命危險的行為，更是一個致命的誘惑
　　　　（fatal attraction）」。

〔註75〕張誦聖認為這類承襲1970年代鄉土文學美學假設以「反帝」、「反封建」修辭
　　　　的作品，台灣的文化本質主義創作與文學評論都有過於膚淺的毛病，並同情
　　　　地把這歸咎於「台灣四九年以後人文教育上層建築的缺失」，而導致「台灣的
　　　　文化民族主義者通常都是那些沒有什麼文化資本的人」。Sung-sheng Yvonne
　　　　Chang, "Beyond Cultural and National Identities: Current Re-evaluation of the
　　　　Kominka Literature from Taiwan's Japanese Period, "Journal of Modern Literature
　　　　in Chinese 1.1（July 1997）:82.轉引自陳麗芬，〈為伊消得人憔悴——尋找台
　　　　灣〉，《現代文學與文化想像：從台灣到香港》（台北：書林出版公司，2000.05），
　　　　頁196。

〔註76〕廖炳惠編著，《關鍵詞200：文學與批評研究的通用辭彙編》（台北：麥田出版，
　　　　2003.09），頁84。

地被補充與遞延的。也許我們也可以從「補充的邏輯」（logic of supplementarity）來理解。「補充物」（supplement）一方面是對「主體」的補足，同時卻也是對「主體」現狀的顛覆及異化。因此諸多評論者對大河小說定義的補充，也是對核心大河小說論述的顛覆與異化。

因此當部分評論家在大河小說論述中，不明「北鍾南葉」並沒有以本省作家書寫台灣史為大河小說的判準，而直接否定這些以台灣史為中心的大河小說作品，或這些省籍作家時，似乎隱然形成一個對立於本省籍勢力的權力網絡，藉以生產、強化另一種權力知識。其間是否存有排除異己的想法？用以否定對方的價值，是否在鞏固、確保自身的完整與存在，或是權力的位階？

這些評論似乎漠視了戰後台灣人、省籍作家在語言、文化以及歷史上的邊緣處境，不理解葉石濤、鍾肇政等人期待本省作家被看見，能探出頭來的想法，這一出發點是相對於外省作家的主導地位而來，所以才強調省籍作家的集結，才希望提升省籍作家的能力。另方面，書寫台灣史則是因為本土作家與外省作家相異的歷史背景，在戒嚴的社會脈絡中，只有中國史論述的場域，因此本土作家期待能陳述自己的歷史，讓人理解被殖民的殊異過去。而這一個期待被看見、被理解的邊緣地位，使本土作家固執與掘強地，不管作品被查禁或不被出版發行，仍逆向的執意書寫，或轉換發表園地，或留待後世再出版發行，終能使作品重見天日，才能呈現作家在變動的大時代下本土台灣人心路歷程的轉折。

不可否認的，隨著時代的遞嬗、文學與社會的交互影響，台灣「大河小說」逐漸與本土運動產生更緊密的互動連結，尤其是新世紀黃娟與邱家洪的文本，這一系大河小說，從無意到有意地形構出祖國的台灣、日據的台灣、中華民國的台灣，以至於台灣國族的台灣或新台灣人的台灣論述，動搖了國府建構的威權思想，相對的也排擠了某些意識，引發相對立場人士的焦慮。

然而台灣版「大河小說」真得就是偏狹的地域觀點嗎？有著台灣本土意

〔註77〕索緒爾的記號學概念中，Sign=Signifier/Signified（符號即是概念與聲音意象的結合），是符徵（意符）與符指（意指）的連結：signifier 和 signified 的連結是偶然的，但連結後約定俗成的概念就不能變動，須與其他語言關係作配合。詳周英雄，《結構主義與中國文學》（台北：東大圖書股份有限公司，1992.08）。

識就是分離主義者嗎？當這些愛護自己的土地，心繫台灣的作家，在自己的
土地上書寫台灣歷史，真的就是偏狹而不值得一取嗎？李喬曾提出辯駁：

> 「本土主義」是本之主義，是一個先天論，很容易造成對人的攻擊。
> 常常把認同土地的意念和「本土主義」劃上等號，可是我們認同於
> 土地的概念和這個主義是相反，我們認同這塊土地是和世界相通。
> 〔註78〕

西方論者詹明信（Fredric Jameson）曾把第三世界的小說都看成寓寫國族命運
的「國族寓言」（national allegory）〔註79〕，若把台灣放在陳映真所謂的第三
世界，書寫國族寓言是否正如全世界弱勢族群一般，是企圖改變現狀的一種
方式與手段。因此本土大河小說論述的視野不僅是向內看，更是與世界文學
同時邁進的。

　　葉石濤算是一位群覽各國作家作品的學者，在賴美惠的訪談中曾提及法
國、俄國以及歐美文學對自己的影響，他曾閱讀法國都德的《磨坊文札》、紀
德《窄門》、以及巴爾扎克的《人間喜劇》以及左拉的小說，俄國的托爾斯泰、
杜思妥也夫斯基、岡察洛夫、奧斯特洛夫斯基、蕭洛霍夫、高爾基等人的作
品；歐美作家卡夫卡、卡謬、沙特、諾曼梅勒等人的作品，也深深為作品所
吸引與感動。因此我們也許可以從葉石濤向「世界文學」看齊的動機與理想
來了解緣由：

> 讀了那麼多國家的文學名著後，我慢慢發覺到這些所謂的「世界文
> 學」，都清晰地保有他們自己的文化特色，進而獲得全世界的認同。
> 因此，台灣文學若想要在世界文壇中展露頭角，必須是個獨立的國
> 家，並且發展出自己的文學，將根穩穩地紮於台灣這片土地與人民
> 才是。〔註80〕

這是 2002 年發表的對談稿，仍可以印證 1965 年葉石濤以世界文學為比喻標
竿期許大河小說的寫作精神，然而更強調屬於自己的文化特色，與扎根本土

〔註78〕李喬，〈歷史素材書寫〉，財團法人文學台灣基金會主編，《台灣大河小說家作
　　　　品學術研討會論文集》（台南市：國家台灣文學館籌備處，2006），頁 226。

〔註79〕廖咸浩，〈誰怕邊緣？和原住民朋友談文學／文化創造〉，《愛與解構：當代臺
　　　　灣文學評論與文化觀察》（台北：聯合文學，1995），頁 61。原載於《山海文
　　　　學》第 2 期（1994.1.1）。

〔註80〕賴美惠，〈臺灣文學的點燈人——葉石濤先生專訪（下）〉，《國文天地》18：3
　　　　＝207 期（2002.08），頁 63。

的意圖，以及晚近社會情境改變對建立獨立國家的期待。就葉石濤而言，書寫台灣是保有台灣文化特色的方法〔註81〕，是與世界文學同樣的，因此雖是立基於鄉土，目標則是邁向世界，而非固守鄉土，這個強調「寫作要秉持作家良心」的葉石濤〔註82〕，走的仍是文學淑世的路線，他是以國際性的視野來忠心諫言，這與批評者所言的偏狹地域觀差異甚大。尤其在國際地球村的時代，如何能在趨向均質化的社會中，保有一份台灣「大河小說」與眾不同的特色，似乎是彌足珍貴的。更何況批評沒有反共撤退經驗的戰後本省人（如鍾肇政、李喬等），僅書寫台灣史／日本殖民史是偏狹的，著實有失公允。

在台灣數度易幟的歷史時空，中原中心論述曾一度以真理形式教化台灣住民，並起著決定性的影響。在台灣「大河小說」的論述中，由「本土作家」、「台灣歷史」的符碼來看，可以發現其解構的對象直指「外省作家」、「中國歷史」，也就是說企圖想擺脫與解構「中原文化沙文主義」——這個在解嚴前權力結構上先於「漢人沙文主義」的中國霸權論述。也因此在外來與本土對立的差異認同下，台灣歷史大河小說建置出相對於中原文化沙文主義的台灣論述，也在共同的理念下集結成一列隊伍，並在省籍作家作品中持續的生產與複製。廖咸浩曾在〈解構「中國文化」〉一文中談到：

> 拆解以中原文化為中心之現有文化權力順序，並不是要以各地方文化為中心，建立新的文化霸權。解構及「推衍／分化」（defer／differ）之程序，必須無止境的運用下去，以期每個人的尊嚴都能受到完全的認可，創造力都能獲得徹底的發揮。〔註83〕

就此而言，台灣歷史「大河小說」在解構中原中心論述上也算完成了階段性的任務。而在其他評論者反向的論述中，後者不斷重覆、加工前者的論述，也讓我們認知台灣大河小說的其他可能，與其再生產的不同意義，而這個詮釋與解構，若不是破壞與摧毀，若不是企圖維護鞏固本來的中心霸權論述，那也是本土派期待的多元文化的並置與包容。因此，不管是原住民書寫原民

〔註81〕葉石濤在1998年紅樓夢博覽會時曾表示，曹雪芹《紅樓夢》此一鄉土小說，因為寫自己的鄉土，才有如此多點點滴滴細膩的故事可以書寫，所以我們也要書寫自己的鄉土，自己的故事，才有這麼多精彩的內容可以滔滔不絕的寫出來。

〔註82〕賴美惠，〈臺灣文學的點燈人——葉石濤先生專訪（下）〉，頁64。

〔註83〕廖咸浩，《愛與解構：當代臺灣文學評論與文化觀察》（台北：聯合文學，1995），頁21。原載於《中國論壇》第297期（1988.2.10）。

史（如卑南族巴代的作品〔註84〕）、女作家書寫女性史的大河文本（如施叔青、
鍾文音的作品），以及異國新移民的大河作品〔註85〕，都應是台灣大河小說可
容納廣被的書寫內容，也就是說未來台灣大河小說作品的廣度與深度，將可
能會有更驚奇的呈現，更不同的面貌，也有其開展的多方位面向。

　　綜上所述，大河小說觀念論述的演變、分歧與延異，就新歷史主義的批
評語境來看，實受到不同社會、歷史脈絡與讀者（含評論者）不同意識形態
立場所牽引，因而被閱讀或不被閱讀，進而策略性的被利用與批評。然而，
台灣版「大河小說」實有其發展的歷史緣由與存在意涵。但差異的存在並不
一定是缺點，眾聲喧嘩也可能成就嘉年華般的盛景。況且，文學作品的成敗，
絕不會單因書寫的主軸是台灣歷史，就一定是不好的作品，相對的也絕不會
單因將台灣史放在中國史下來書寫，就一定能成就好作品，同樣的寫作者的
本土或非本土身份，亦非評判作品優劣的絕對標準，當然每位讀者都有自己
意識形態上的偏好，但並不表示「政治正確」就是好作品。因此諸多發言者
站在自己認同的意識形態立場，在定義上爭論孰是孰非，似乎本末倒置。

　　只能權宜的說在這樣特定的歷史時空，我們曾經如何看待台灣「大河小
說」，曾經如何界定它，在不同立場的論述觀念中看見知識體系的建置，與其
背後主體與客體間複雜的權力關係。因此隨著台灣大河小說觀念的延異，台
灣大河小說作品也在變化，但台灣大河小說作品的產生，卻不一定走在被界
定的道路上，依照模組完成，因此諸多詮釋定義與作品雖有關係，卻不一定
有絕對緊密的關係。而且隨著社會的多元開放，我們不該只埋首界定與區分
彼此，更應該放下意識形態的桎梏，讓正、反方的辯護者，共同為文學作品
的向上提昇而努力，相信這樣的論述對話，定能讓文學激盪出更美麗的火花。

〔註84〕巴代（1962～），漢名為林二郎，從 2006 年開始，寫下四本關係到卑南族的
　　　　歷史的重要長篇小說，被譽為原民大河小說，並於 2013 年榮獲吳三連文學獎。
〔註85〕閻旭在碩論中認定李永平的《海東青》（1992）、《朱鴒漫遊仙境》（1998）為
　　　　大河小說。詳詹閻旭，〈跨界地方認同政治：李永平小說（1968～1998）與台
　　　　灣鄉土文學脈絡〉（新竹：國立清華大學台灣文學研究所碩士論文，2008）。

第三章　大河作家創作意識與敘史情結

　　作家李榮春曾在《文友通訊》給鍾肇政的信函（1957 年 12 月 24 日）上表示：「長篇的寫作，實在是夠沉重的工作，這幾天為要趕完全部修改，已放棄其他一切的工作，將全部時間和精力，一起集中於此作最後的完成。〔註 1〕」也許李榮春是一個專注寫作的特例，但仍可以了解創作長篇小說可能耗費的心神與精力，然則滔滔不絕、連篇累頁的大河小說也就更不在話下了。東方白在寫作《浪淘沙》近九成時，一度瀕臨崩潰的邊緣，精神衰頹的不能持續寫作，曾回台兩次醫病〔註 2〕，停筆一年半後才重新落筆；而黃娟在寫作第二部《寒蟬》時，也曾經歷「失眠」與「焦慮」的身心煎熬，輟筆一年多的時間〔註 3〕，有近十個月的時間無法好好「睡眠」；而邱家洪則在寫作 230 萬字的《台灣大風雲》期間，因用眼過度白內障開刀，又因長期低頭寫字，頸部四根血管都有退化性的阻塞，曾有頭暈腦眩、心悸胸悶、手腳麻痺，宛若中風的跡象，還把書桌寫出了一個凹洞〔註 4〕。可見大河小說的創作，不僅必須經年累月的構思，還十分耗費體力與心力，尤甚者由黑髮寫到白髮，險些失去性命。然而是什麼樣的原因，讓大河作家不惜在無情流逝的歲月中奉獻時

〔註 1〕詳彭瑞金編，《李榮春的文學世界》（台中：晨星，2002.12），頁 28。

〔註 2〕齊邦媛，〈冰湖雪山和南國鄉夢——賀《浪淘沙》七版問世〉，鍾肇政〈滾滾大河天上來——序東方白《浪淘沙》〉收錄於《浪淘沙》（台北：前衛，2002.01），頁 24、42。

〔註 3〕詳翁登山，〈讀《寒蟬》談「非典」——序楊梅三部曲第二部《寒蟬》〉及黃娟〈後記〉，《寒蟬》（台北：前衛，2003.08），頁 3～4，頁 323～324。

〔註 4〕邱家洪，《打造亮麗人生：邱家洪回憶錄》（台北：前衛，2007.09），頁 389～392。

間精力？是什麼樣的動力讓一位作家捨棄較輕薄短小的暢銷文學，而投身於厚重又沉重的「歷史書寫」？李喬曾言，每一位小說家都有一部屬於彼獨有的大長篇素材，那就是彼家族及個人成長史，也就是所謂的「大河小說」，是台灣小說家引為使命之作，作者的文學觀，生命思想都歸結在這部書上面〔註5〕。因此這樣大部頭的作品，便存在著作家為證明自己能力的個人企圖，以及某種對社會歷史的使命感，然則是什麼樣的原因讓作家有意識的創作，便十分值得深究。

大河小說由於書寫動盪的大時代，因此必然與歷史無法分割〔註6〕，而具有過往純文學少有的歷史小說性，楊照即認為大河小說在戰後台灣小說史上有著強烈的異數性格，不僅是長篇，而且書寫歷史〔註7〕。陳建忠亦言，1945年後進入後殖民階段的台灣文學史裡，具有日據經驗的本土作家素有『敘史情結』的傳統〔註8〕，若此，大河作家的敘史情結與原因，與作家在時代脈絡中擇取的歷史素材，便相對具有特殊意義，也是本文想探究的重點。

有鑑於吳濁流《亞細亞孤兒》對台灣大河小說的前瞻性意義，本文將吳濁流（1900～1976）納入討論脈絡，並下推鍾肇政（1925～）、李喬（1934～）等大河小說作家，首先探究大河小說家在時代脈絡下的創作環境，所處的社會文化背景與政治境遇，以及作家的創作動機，並理解為何文學家要書寫歷史素材小說，以及探究他們是否都有共同的敘史情結。這些文學家書寫的歷史範疇為何？身處受限的創作環境，作家如何書寫？而當這些大河歷史小說完成歷史書寫後，其意義何在？

〔註5〕 李喬，〈台灣人的啟蒙書〉，《落土蕃薯》（台北：前衛，2005.06），頁5。
〔註6〕 有關大河小說的界定往往與歷史相關，如「大河小說指多部小說構成的長篇歷史小說」。詳莊萬壽等編撰，《台灣的文學》，（台北：群策會李登輝學校，2004），頁84。
〔註7〕 楊照曾談及戰後台灣小說史上的兩項篇缺：一是歷史、歷史意識、歷史敘事一直都未在純文學主流扮演重要角色。二是長篇小說一直都不能算是創作的重心所在。詳楊照，〈歷史大河中的悲情──論台灣的「大河小說」〉，《文學、社會與歷史想像──戰後文學史散論》（台北：聯合文學出版社，1995.10），頁94～95。
〔註8〕 陳建忠，〈後戒嚴時期的後殖民書寫：論鍾肇政《怒濤》中的「二二八」歷史建構〉，《被詛咒的文學：戰後初期（1945～1949）台灣文學論集》，（台北：國立編譯館，2007.01），頁240。

第一節　創作環境與寫作動機

　　就新歷史主義的寫作語境來看，作家的創作意圖與作家個人經歷，身處的社會文化與政治境遇，以及作家們的意識形態與話語有著緊密關係，亦即創作環境對作家的影響不容小覷。又則所有的作家在寫作時，往往會意識到一個讀者群眾，即使讀者就是他自己。換句話說，文學創作一開頭就存在了一個訴求群眾，因此創作者跟他的訴求對象在進行想像中或實際底對話時，總是有個企圖。如果作品的訴求群體和它日後出版發表所面對的讀者相吻合時，便具備了實用功能性質〔註9〕。台灣大河小說作家的大河書寫，往往也有功能性的寫作動機，寄望能在遙遠的時空中尋覓「族裔同胞」或同代人，或啟蒙後世未來的理想讀者，希望後人能鑑往知來，不要重蹈覆轍，了解歷史中「台灣人的形象」、確立台灣史、台灣人的定位，以完成作家的時代使命。茲分別以解嚴前、解嚴後及 21 世紀三階段來談。

一、解嚴前

　　戰後的台灣擺脫了日本殖民政權，卻又陷入國民政府的威權統治，因此寫作語境同樣受限。阿圖塞（Althusser）認為統治階級主要藉由強制性國家機器與意識型態國家機器來進行統治，而軍隊、監獄等系統屬於強制性國家機器，宗教、教育、家庭、法律、政治、工會、傳播媒介、文化等系統則屬於意識型態國家機器。二者都通過行使國家權力來保障生產關係的再生產〔註10〕，首先主要是利用非強制性的、非暴力的意識型態方式來發揮其功能作用，其次才是使用強制手段。簡言之，1895 年日本的殖民，與 1949 年國民政府撤退來台，為了鞏固政權都同樣掌控了意識型態國家機器。而文藝屬於意識型態國家機器掌控的一環，是統治者關注的重要面向，因此從最能深入人心的文藝著手，進行社會文藝的控制，是維持政權的必要手段，因此所謂「皇民文學」、「反共文學」、「國家文藝政策」的意識型態背後，實支撐著殖民統治者建國的動力與政權的鞏固。

〔註 9〕雖然這個訴求對象跟日後出版時所面對的群眾往往有著極大的差距。詳侯伯‧埃斯卡皮（Robert Escarpit）著，葉淑燕譯，《文學社會學》（台北：遠流，1990），頁 121～123。

〔註10〕徐崇溫主編，《西方馬克思主義理論研究》，（海南：海南出版社，2000.12），頁 267。

　　國府對日本政權及共產黨進行各方面的防堵與廓清，於 1946 年藉著「光復一週年」的名義，廢止報刊雜誌的日文版，並下令禁止報章雜誌使用日語，以摒除日本殖民文化，使當時許多接受日文教育的青年作家，因為面臨語言轉換的問題，無法用漢文創作。另方面防堵及查禁 1930 年代的左翼文學，因此凡觸及敏感話題，都會受到思想言論的箝制。加以 1947 年「二二八事件」發生，台灣民眾上自領導者、精英知識分子，下至農工大眾無不受到影響，台灣文化協進會的成員不管是大陸籍或台灣籍作家都同遭厄運。不久全面肅清島內親共分子的白色恐怖正式展開，台灣知識份子真正的「噤若寒蟬」〔註11〕，文藝空間也備受壓縮控制。在風聲鶴唳的歲月裡，1950 年代成了反共文學的年代，政治介入文壇，文學淪為政治的附庸，成為政治操控的工具。雖然 1960 年代的西化風潮看似自由開放些，卻也未嘗不是避禍的一種途徑，即使到 1970 年代、鄉土文學論戰，仍有人害怕工農兵文學恐淪為共黨的同路人，由此可見文學創作之路在框框架架中所受到的壓縮與束縛。

　　台灣大河小說作家歷經日本殖民社會文化與政治境遇的影響，在戰後異質卻仍威權的書寫時空，不僅在語言轉換過程中落後一大截，其寫作向度也是十分受限，作家寫作境遇也相對艱困。然而即便在這樣受限的創作環境，大河小說作家仍企圖在反日的容許議題下，書寫台灣人、書寫被日本殖民的經驗，以抗拒現時社會體制的壓抑。

　　因此 1925 年出生於日本殖民時期的鍾肇政，其「台灣人三部曲」幾乎是走上文學這條路時就想要寫的，他的寫作計畫是期望「寫一部五十年台灣淪日史，也就是台胞的抗日史」〔註12〕。這三部出版的順序分別為《沈淪》〈上、下〉（蘭開書局，1967 年 6 月）、《插天山之歌》（志文出版社，1975 年 5 月）、《滄溟行》（七燈出版社，1976 年 10 月），直至 1980 年三部才合併由遠景出版社出版。但鍾肇政強調的不是交代歷史，而是建立台灣人的形象：

> 我至今並不認為我那樣寫就是歷史小說，雖然取材是從歷史上的一
> 些真正有過的事蹟、事件來把他組織起來的，可是並不是為了交代
> 歷史而寫的，而是交代「台灣人」到底是什麼，「台灣人」到底是怎
> 麼回事呢？這也是我一貫的中心主題，用種種方式、種種角度來給

〔註11〕 呂正惠，〈葉石濤和戰後台灣文學的「斷層」與「跨越」〉，收錄於鄭炯明編《點亮台灣文學的火炬》，（高雄：春暉出版社，1999.06 初版第一刷），頁 100～102。
〔註12〕 鍾肇政，《沉淪》（上），（蘭開書局，1968.06），自序。

　　這個命題提出我自己的看法。或者說「創作意識」。這要從《台灣人
　　三部曲》談起。或者「台灣人」談起。所謂的建立台灣人的形象
　　〔註13〕。

鍾肇政在接受訪問時曾言，台灣人是個很悲哀的民族，長久以來一直處於被
壓迫、統治、剝削的輪迴宿命，表達這種宿命與悲哀，是台灣文學非常重要
的命題。因此對「台灣人」的關注，對自己創作心靈的忠誠與堅持，就是鍾
肇政的「生命主題」。他本人也堅持「大河小說」是每一個作家的終極目標與
理想，就是得用這樣巨大的篇幅，才能展現作家對社會、人生的全幅關照。
這也是他會去寫《濁流三部曲》、《台灣人三部曲》的動機，與內心一種最原
初、無法熄滅的渴望〔註14〕。

　　比鍾肇政晚 9 年出生的李喬，並未受到完整的日本教育，但也是出生於
1936 年皇民化逐漸被強化的年代，因此日本對李喬的影響主要來自於父親與母
親等長者，因此戰後的李喬較能融入外省人引領的文化中國，但李喬在書寫《結
義西來庵》時，對台灣同樣受苦的同胞產生「同種同類」的感覺，進而找到自
己，釐清了自己是台灣人，而不是其他，也讓自己的歷史意識與台灣意識得以
確立。其後李喬寫作《寒夜三部曲》，讓他在先前的寫作基礎上更有能力去書
寫。李喬曾對寫作的背景及動機有詳細的陳述：「因為比我年長的人，再不可
能像我一樣花十年工夫做田野調查；比我年幼的，又不一定親身與聞此事，而
我父親差點因「二二八」慘遭活埋喪命，像我有這樣直接經驗的人，如果我可
以寫卻不敢寫或不寫，那就是欠台灣歷史的債。」〔註15〕也就是作家不寫，讀
者便不知詳情，於是本著使命般的任務完成書寫台灣歷史的道德義務。

　　李喬視《寒夜三部曲》為平生最重要的一部書，是他對歷史的責任與使
命感。他曾說「對我而言，不可能有兩部。這是一部關係我家族，也關係台
灣歷史的小說。此書對我的意義主要在於追尋自己的家族歷史，追尋家族歷
史其實就是追尋自己，我是什麼？我是誰？我從哪裡來？其實這也隱含很傷
感的一個問題，就是台灣歷史或居民直至今大都還在追尋自己的定位，我是
誰？我要如何走？到今天仍然吵鬧不休。追尋自我有許多層面，最高是宗教

〔註13〕　鍾肇政，〈歷史與文化的結合〉，《鍾肇政全集》訪談集，頁435。
〔註14〕　王文仁、陳沛淇採訪，〈台灣文學兩地情──北鍾南葉〉《台灣文學館通訊》5，
　　　　　2004.09，頁38。
〔註15〕　盧翁美珍，《神秘鱒魚的返鄉夢──李喬《寒夜三部曲》人物透析》，頁279。

層面,至於台灣定位則屬於社會群體層面。此書對我而言非常重要,就是我把自己釐清了。」〔註16〕也就是說這本書不僅闡釋了他個人的生命觀與歷史觀,也闡釋了台灣歷史上追尋的台灣定位。

就戈德曼的起源結構主義來看,我們可以說,解嚴前的大河小說,是戒嚴時期的產物,有著日本殖民的影響與白色恐怖的社會背景,省籍作家位處文壇邊緣的處境,亟欲追尋自己,為台灣/台灣人定位,因此在揚棄「日本遺毒」之時,克服語言屏障的作家,藉著書寫日本殖民的經驗以及台灣光復等重大歷史事件,找到壓抑重返的書寫點,以形塑台灣人的形象,確立台灣歷史中的台灣,如此才得以在非主流的文壇,與主流論述進行詰抗,但也因為書寫有別於中國史的台灣史,部份評論者未能考量當時的寫作語境,而予以狹隘、不宏觀的批評。

實則解嚴前台灣人受到深重的戒嚴壓抑,而鍾肇政、李喬這些省籍作家在官方意識形態國家機器的宰制下,因客籍身份受到雙重壓迫(雖然在當時客籍問題並未被突顯),又面對異質衝突的中國近代史論述,逐漸生發敘述台灣史的欲望,因而寫下台灣歷史大河小說,展現台灣庶民的辛酸血淚與台灣人的精神。

二、解嚴後

而解嚴後的寫作語境又不相同,隨著社會文化的漸次自由開放,1987 年7 月台灣宣布解除戒嚴,結束長達三十八年的戒嚴,為社會開啟一扇走向自由的門。但直至1991 年李登輝總統才宣告終止「動員勘亂」時期,因此所謂解嚴後的開放自由,其實是指相對於解嚴前的。因此我們看見東方白等台灣大河小說家進而投身書寫戰後二二八事件、白色恐怖等歷史,以彌補解嚴前大河小說的缺失。

鄭瓊瓊〈浪淘沙的背後〉一文中道出東方白寫《浪淘沙》的緣由:「這是時代的使命,年輕一點的幾乎日據經驗不足,年老一點的大都中文能力不夠,只有我們剛好夾在兩個時代的中間,你不認真寫,誰寫?」〔註17〕夾在歷史

〔註16〕李展平訪問李喬 2010.5.29,收錄於李展平,〈太平洋戰爭書寫──以陳千武《活著回來》、李喬《孤燈》、東方白《浪淘沙》為論述場域〉(台中:中興大學台灣文學研究所碩士論文,2010.07),頁 101～102。

〔註17〕鄭瓊瓊,〈浪淘沙的背後〉,收錄於東方白,《浪淘沙》(台北:前衛出版,2002.01 再版),頁 2046、2048。

轉折期，東方白認爲承先啓後的歷史敘述要有人來寫，似乎已認知與意識到
過往作品大多僅止於終戰前的書寫，缺乏戰前、戰後的接續書寫，面對老中
青三代的語言問題，日本殖民時期出生（1938 年）的東方白，不僅歷經了動
盪的大時代，也因爲旅居加拿大的特殊位置，與語文能力的自信，讓他一肩
挑起承接台灣大河小説的重擔。

　　東方白在〈命定──《浪淘沙》誕生的掌故〉一文中以命定及時機來説
明《浪淘沙》的產生〔註 18〕，因爲生命中與小説人物的諸多因緣際會，促使
東方白彷彿命定般接受了上天給他的任務，也慶幸台灣話及二二八事件的逐
漸解禁，讓東方白能適時地在《浪淘沙》中寫了「二二八」，彌補先前台灣「大
河小説」的缺憾，可説是再好不過的時機〔註 19〕。人言時勢造英雄，執筆十
年，病倒兩次，東方白終於還是勉力走完了命定該走的路。

　　相對於東方白對二二八事件的淡筆描繪，鍾肇政《怒濤》、李喬《埋冤・
一九四七・埋冤》則將全書聚焦在二二八事件上，以彌補個人先前大河小説
的缺憾。於此我們可以發現二二八事件在作家心中的重要性，以及解嚴後創
作環境的改變，作家立即投身書寫的微妙現象。

三、21 世紀

　　邁入 21 世紀，大河小説已沒有戒嚴時期贖回歷史的使命性，也沒有解嚴
後對戒嚴體制的解構意涵，但在黃娟與邱家洪的作品中，卻明顯有著強化後
的台灣人意識與國族認同。2005 年黃娟《楊梅三部曲》的完成，受到吳濁流、
鍾肇政的影響很大，前人以身作則的書寫，讓後輩緊隨腳步。在這個群體中
吳濁流常説「寫作人應該爲歷史留下見證」〔註 20〕，成了黃娟書寫的動力。
與李喬同樣出生於 1936 年的黃娟，後來有了台美人的新身份與不同視角，深
刻體認海外台灣人的處境，也因此更加關懷台灣的未來走向。她認爲在這樣
一個「認知」混淆、「價值」錯亂的時代，文人的「筆」必須負起還原「歷史
眞相」的使命，以期喚回台灣人的「憂患意識」，再將「憂患」轉變爲「優化」
的力量〔註 21〕。台灣歷經數十年的威權統治，爲了爭取自由、民主及人權而
犧牲的烈士不計其數，簡言之，黃娟認爲台灣今日的自由得之不易，新一代

〔註 18〕東方白，《浪淘沙》，頁 8。
〔註 19〕同上註，頁 18。
〔註 20〕黃娟，《落土蕃薯》（台北：前衛出版社，2005.06），頁 466。
〔註 21〕同上註，頁 464。

的年輕人在享受言論自由的同時，不應忘記過往的歷史教訓，不該無知於過往的歷史真相，才不至於讓悲苦歷史重演。

1933 年出生的邱家洪也是出生於日本殖民時期，戰後則有著長期的官場經歷。2006 年《台灣大風雲》出版五大冊，小說時間從 1944 年到 2001 年，為時一甲子，在回憶錄中邱家洪認為這段時間，台灣歷經「橫征暴斂的殖民統治」，「專制政權的獨裁荼毒」，乃至「白色恐怖的肆虐迫害」，「虎去狼來」，可說是台灣歷史上變化最劇烈、社會最動盪不安，人心最惶恐不定的歲月。而生於斯、長於斯的他，寫此小說的原因就是要「為歷史作見證」，所謂「大石也要小石墊」，因此小說主角不是英雄大人物，而是為台灣默默犧牲奉獻、不求名利、不圖富貴、捨己為人，無怨無悔的小人物。〔註22〕邱家洪的寫作，是以庶民觀點來見證強人政權的統治，借由書寫來形塑台灣庶民、台灣過去的歷史，與關注台灣未來的前途。

施叔青出生於 1945 年，寫作台灣歷史大河小說的動機，一方面受到陳芳明的鼓勵，一方面更有為台灣立傳的用心，但明顯不同於黃娟與邱家洪，雖則台灣意識仍在，卻是本者台灣女兒的姿態為台灣史立傳，更強調女性意識，企圖藉由書寫台灣史大河小說來找回女性詮釋歷史、詮釋自己的權利，以區別過往男性敘史的慣性模式與思維。

小結

由上述作家的寫作動機來看，吳濁流、黃娟的書寫是期望能以史為鑑的，鍾肇政、李喬二人則在日本殖民的歷史背景上尋找「台灣人」、「台灣的定位」。東方白則是處在解嚴後歷史的交錯口，一肩扛起補述二二八歷史敘事的使命，這些作家都是以「台灣歷史」為背景、以「台灣人」為主角的生命舞台中，譜寫出作者想傳達給讀者的想法與看法。但在不同的時序的書寫時空裏，解嚴前與解嚴後的書寫環境有明顯的改變，解嚴前因為戒嚴體制的限制，有著被壓抑而不得不說的寫作語境，而解嚴後政治圍限逐漸減少，作家一一投身於二二八事件的書寫，21 世紀歷經政黨輪替，作品內容則相對能夠大鳴大放、多元開展。

由此我們可以看見台灣大河小說家書寫歷史的動機與創作意識，雖因時代改變而不盡相同，但卻有著建構何謂「台灣」、「台灣人」及「台灣歷史」

〔註22〕邱家洪，《打造亮麗人生》（台北：前衛出版，2007.09），頁 381。

的共同點。如果說早期鍾肇政、李喬的大河書寫，如三木直大所言，大河小說是在二次大戰期間亟需重新整理「國民」意義的氛圍要求下，所創造出來的用語〔註23〕。那解嚴後乃至 21 世紀，黃娟、邱家洪的大河小說是否仍在整理台灣「國民」的意義？大河作家期待的讀者群有沒有接受大河作品的意涵結構（structure signigicative）與世界觀，能否了解作者亟欲表達的「台灣」。或是在特定處境中的讀者們的可能意識（conscience possible）〔註24〕的極限，仍無法接受「台灣」、「台灣人」這個字眼。因此我們不得不好奇，於是我們不禁要問台灣歷史曾經怎麼了？台灣國民又是如何？

第二節　敘史情結

　　陳建忠曾言：「二次大戰後（1945），進入後殖民階段的台灣文學史裡，具有日據經驗（或自覺繼承此傳統者）的本土作家素有『敘史情緒』的傳統，他們敘述的乃是中華民國史以外的台灣史，『隱然』形成一種敘事傳統，鬱結成為不得不書寫的情結（complex），幾乎成為本土作家的民族病（national disease）〔註25〕」。

　　而所謂情結（complex）〔註26〕往往來自於衝突，也是壓抑後的結果，在

〔註23〕詳參三木直大〈試論《孤燈》：李喬小說的歷史敘述與文學虛構〉，收錄於《台灣大河小說家作品學術研討會論文集》（台南市：國家台灣文學館籌備處，2006），頁 180。

〔註24〕戈德曼的可能意識是與實際意識相區別的，這種潛在的意識，是一種理想類型的建構，用盧卡奇的話來說，它是以「客觀可能性的範疇」為基礎的：藉著將意識關連到社會整體，我們能夠推斷在一個特定處境中人類所可能產生的思想和情感；我們能夠從它們對人類直接行動和社會結構整體的影響，推斷它們對這個處境以及來自此一處境的利益取向所做的評估。也就是說，我們能夠從思想和情感適當地推斷它們的客觀處境。依照「客觀可能性」的概念來看，人類在任何特定處境中的潛在意識能力是有極限的。詳瑪麗・伊凡絲（Mary Evans）著，廖仁義譯，《郭德曼的文學社會學》（台北：桂冠圖書，1990.03），頁 55～56。

〔註25〕陳建忠，〈後戒嚴時期的後殖民書寫：論鍾肇政《怒濤》中的「二二八」歷史建構〉，《被詛咒的文學：戰後初期（1945～1949）台灣文學論集》，（台北：國立編譯館，2007.01），頁 240。

〔註26〕情結可以是無意識的——由於事關痛處或難以接受其表象而受到壓抑——但也可以變得有意識，並得到部分消解。任何情結都涉及個人與集體無意識。詳羅伯特.霍普克（Robert H. Hopcke）著，《導讀榮格》（A Guided Tour of the Collected Works of C. G. Jung）（台北：立緒文化，1997），頁 7～8。

難以解決、不願提起的意識生活中，產生自卑情結（inferiority complex），但也因為這樣的情結而有了向上努力的刺激與動力。台灣大河作家的敘史情結，實有其特定指涉的歷史與書寫源由，因此一再反覆記憶書寫被日本殖民、二二八事件等悲痛的台灣歷史。一如新歷史主義提出的「文化詩學」、「歷史詩學」的觀點，這些歷史書寫也是對歷史序列的許多方面進行鑑別的手段，「有助於對那些居於統治地位的，例如在特定的歷史時空中佔優勢的社會、政治、文化、心理以及其他符碼進行破解、修正和削弱。〔註 27〕」因此這樣的書寫反抗不僅是一種「抵抗消音」（silencing），也是一種「補償」（compensation）心理，因自卑而個人意識越強化，書寫的欲求更強烈。

一、台灣史的邊緣與缺位

歷史是以慣習（habitus）的方式存在我們身上，所以，可以說歷史有兩個存在方式：客觀的狀態（在機器裏、紀念碑裏、書本裏、理論裏），及內化的狀態（以傾向的形式存在）。〔註 28〕台灣歷經日本殖民統治與戰後戒嚴統治，因此台灣歷史詮釋權，曾一度受到日本殖民史與中國史的主導而被邊緣與虛位化，因此在戰後的台灣人心中，歷史除了教科書中的中國史，更有父祖輩以及自己親身經歷感受的生活文化歷史，以異質混沌的方式存乎心中。

阿盛《秀才樓五更鼓》中曾有這麼一段話：「你以為你是現代人，是什麼什麼貴族，是什麼什麼雅痞，告訴你，你生在台灣，長在台灣，若不知台灣史，簡直就是痞蛋一個。」〔註 29〕這樣的怒罵也許過度激情，但隱藏在背後的正是早期台灣歷史教育的空白與缺失，人民缺乏對日本殖民史、戰後史的認知。日本殖民時期的在台教育，除了以「國語」（日語）推行為重點外，在國史教育上，歷史教材也以日本國史為歷史敘述軸心，另增添台灣作為「外地」的地方特色，當做鄉土知識，將台灣前期歷史空白化，引導本島人由愛

〔註 27〕 海登‧懷特（Hayden White）著，陳躍紅譯，〈評新歷史主義〉（New Historicism: A Comment），收錄於張京媛主編，《新歷史主義與文學批評》（北京：北京大學出版社，1993.01），頁 106。

〔註 28〕 布赫迪厄和歷史學家布勞岱（F‧Braudel）的說法不謀而合，因為布勞岱認為，我們生命的 95％是活在過去。另外一方面，布赫迪厄也促使歷史學家採取建構主義的觀點。詳朋尼維茲（Parrice Bonnewitz）著，孫智綺譯，《布赫迪厄社會學的第一課》（臺北：麥田出版：城邦文化發行，2002），頁 172。

〔註 29〕 阿盛，《秀才樓五更鼓》（台北：時報文化，1992），頁 308。

鄉（台灣），進而愛國（日本）的認同大日本帝國〔註30〕，因此被殖民的本島人，從自己的歷史與原有的社群生活中被抽離，被迫進行語言文化生活的總體改造。而日本投降後，1949 年以後國府歷史教科書中，編撰歷史者是掌有支配權利的外省文化成員，因此將其所熟知的中國歷史置入台灣，於是八年抗戰的歷史言猶在耳，南京大屠殺的歷史當時刻警惕，台灣光復的恩情不能或忘，保密防碟人人有責，這些選擇後的資訊，刪去了台灣人被殖民的歷史，嫁接成為台灣歷史情節結構中一脈相承的歷史事實，成為戰後中華民國共同的歷史，部份受教育的台灣人民，也以「理想讀者」的姿態接受了這一歷史文本。直到1987 解嚴後，歷史教科書中的台灣才逐一修正浮現〔註31〕，因此解嚴前的台灣教育，有著國府思維的「政治正確」灌輸。

　　歷史往往因主政者的立場而改變書寫觀點，但不變的仍是記錄強權者的歷史，以成為教育民眾的工具。對於曾歷經日本殖民統治的台灣人而言，他們的歷史與隨國府來台者不同，他們曾被日本殖民統治，使用不同語言文字，甚至被迫參與皇民聖戰對抗中國，也就是彼此曾是對立的兩方，實有著殊異的歷史過去，但他們的過去卻在國府的歷史中缺位，成為空白。且戰後的眞

〔註30〕　相關研究可參詳周婉窈，〈歷史的統合與建構—日本帝國圈內台灣、朝鮮和滿州國的「國史」教育〉，《台灣史研究》10 卷 1 期（2009.06）。周婉窈，《淺海行分的年代：日本殖民統治末期台灣史論集》（台北：允晨，2002）。蔡蕙光，〈日治時期臺灣公學校的歷史教育—歷史教科書之分析〉（台北：臺灣大學歷史學研究所碩士論文，1999）。陳虹文，〈日本殖民統治下台灣教育政策之研究—以公學校國語教科書內容分析爲例〉（高雄：中山大學教育研究所碩士論文，2000）。

〔註31〕　解嚴後，政治的解禁，以及經濟、社會、文化、教育等各方面的改革與急速變遷，使得臺灣史研究日漸活絡，而教科書中的臺灣史比例也略微增加，最大的改變莫過於將「二二八事件」納入教材中；民國 80 年代，則因推動各種改革，政治更加民主化，使得本土意識再強化，反應在教科書上的是八十六學年度國中「認識臺灣」課程的實施，以及八十八學年度高中課程審定本的施行。此後，國中第一個「臺灣史」課程正式成立，而高中歷史有關臺灣史教材的比例提升爲22～25％；民國 90 年代，臺灣主體意識的再深化，臺灣史研究熱度不減，已形成所謂的顯學，投射在教科書的內容，則是九十五學年度即將實施的高中「臺灣史」課程，是第一部以臺灣爲主體論述的高中教科書，並順應全球化的趨勢，論述的角度並不以臺灣爲限，而是臺灣與中國、世界的互動關係。同時，高中歷史課程的學習順序，依次爲臺灣史、中國史、世界史，比例朝向 1：1：1 調整。詳郭淑美，〈高中歷史教科書研究：以台灣史教材爲中心（1948～2006）〉（台灣師範大學歷史系在職進修碩士班碩士論文，2006）。

實歷史，並非僅是教科書中三七五減租、耕者有其田、十大建設等政府美好德政的一面，尚有未書寫的二二八事件、白色恐怖等令人不堪回首的事件，但這些歷史事件曾有被刻意消音的情形。因此擁有被日本殖民經驗的作家們，面對國府歷史教育的異質介入，產生了衝突感，即使被殖民的過往有著令人不願提起，甚至不願記憶的痛苦經驗與自卑感，卻也無法抹去既已存在的事實，硬將其改變或等同於國府教育的歷史。因此作家手中那如椽的筆似乎總有不自覺的責任與欲求（desire），想去書寫過去的真實經驗，彌補心中那份匱缺，這也就是台灣大河小說家敘史情結的由來。這樣的敘史情結，也成為作家創造力的動力與泉源，於是以文學家的身份撰寫歷史素材小說，寫不堪回首的被殖民過往、慘痛的二二八經歷、白色恐怖等歷史，站在被統治的「他者」立場發言，除了有表達作者的歷史觀，贖回台灣人被殖民歷史、解構大敘事、抒發異質聲音的功能，當然也期望讀者（他的族裔同胞）能夠被啟發與認知這些歷史過往。

但作家選擇的歷史素材為何呢？不同的年代選擇的歷史素材是否不同？若有區別其區別是否突顯了什麼意義？以下針對各階段的歷史素材書寫來分析之。

二、歷史階段的補述

（一）日本殖民階段：抵殖民性

大體而言，吳濁流的《亞細亞的孤兒》這篇小說寫於第二次世界大戰中（1943年起稿，1945年脫稿），正處日本殖民末期，應可稱之為殖民地文學。主要書寫的歷史背景是台灣淪日後至光復前的歷史，重大的歷史素材包含《台灣民報》在東京的發行、台灣柘殖株式會社的成立、中日戰爭爆發、皇民化運動（獻金運動、改姓名等）、太平洋戰爭、志願兵的徵召、日軍敗退、美軍空襲等，其間漢文教育及舊傳統逐漸被日文教育及新潮流所取代，胡太明體認到日台的不平等，赴日留學返台後，又赴大陸發展，終究在不被肯定、認同的際遇中成了亞細亞的孤兒。而胡太明精神與肉體的流亡，也喚醒了戰後台灣人對身分認同的思考。

吳濁流的日本殖民史的書寫，正如同葉石濤在日本殖民時期、以至國民政府來台前，諸多描寫台灣人反抗外來者（如西班牙、荷蘭、清）的故事一

樣，填補了壓迫者未言說的歷史，以台灣人為主體，表現台灣人所遭受的經歷，以及台灣人的反抗與反應，並藉由過去的經歷給當下的社會一種暗示〔註32〕，帶點抵殖民的意味，雖不是對當權者的正面迎擊，卻是迂迴出招的反壓迫警示，而這樣的缺位空白填補，不僅留下記憶，也寫下歷史。而胡太明的精神流亡與孤兒意識，也成了被殖民世代的集體心理感覺結構。

（二）戰後至解嚴前階段：壓抑的反動

　　戰後至解嚴前的大河小說作品，可從鍾肇政的《台灣人三部曲》與李喬的《寒夜三部曲》來看。《台灣人三部曲》鍾肇政以其宗族人物為軸心，第一部寫陸姓子弟、胡老錦等人的武裝抗日事件，第二部承續第一部的抗日精神，寫農民組合、文化協會，到第三部寫太平洋戰爭爆發、高喊「一億總決戰」的戰事緊急期，直到日本的戰敗，作者在真實事件的串連中，交雜虛構的人物情節，探文學寫史的方式把台灣歷史最沉痛的記憶賦予英雄史詩的氣魄。李喬的《寒夜三部曲》就教於諸多具有親身經歷的人士，以紮實的田野調查為基礎，輔以家族歷史和虛構情節，書寫日本殖民的歷史，上及 1890 年先民的開墾，日本侵台後的抗日、文協、農組以及太平洋戰爭等事件，道出台灣人民在日本統治下吃苦受害的遭遇。為「何謂台灣」「何謂台灣歷史」提供了啟蒙的教材。不同的是《寒夜三部曲》多了南洋參戰的經驗，以及一切根植於土地的信念。

　　這些看似反日的歷史事件串連，潛藏著作家的個人思維。正如邱貴芬所言，一是在官方主流文化中，找到了符合政策的抗日書寫而得以發聲，一是所謂的「壓抑重返」，由於「鄉土」的追尋必然涉及歷史考古工程，戰後一向處於壓抑狀態的日治時代的台灣歷史記憶和文學傳統重新被挖掘，並以「抗日」為日治歷史記憶的基調〔註33〕，彌補了戰後以迄鄉土文學時期，台灣小說薄弱的台灣歷史意識〔註34〕。又這些解嚴前的作品巧合地停筆於 1945 年，

〔註32〕陳顯庭在 1948 年認為葉石濤有關歷史書寫的小說，大多屬於十七世紀台灣人對於荷蘭人的反抗故事，而作者想要藉此表現台灣人特有的性格及象徵台灣過去的社會對現在的社會給予一種暗示。詳陳顯庭，〈我對葉石濤小說的印象〉，《台灣新生報》橋副刊 146（1948.07.30）。

〔註33〕邱貴芬，〈第三章翻譯驅動力下的台灣文學生產——1960～1980 現代派與鄉土文學的辯證〉，收錄於陳建忠等，《台灣小說史論》（台北：麥田，2007），頁200。

〔註34〕楊照，《文學、社會與歷史想像：戰後文學史散論》（臺北：聯合文學，1995），頁 93。

看似一個朝代的結束，並不足爲奇，但實隱含著巨大的黑色壓力。正如陳建忠所言：「包括鍾肇政的小說在內，對於台灣歷史小說在解嚴前只能走到 1945 年，這個時間點，不僅是小說的敘事時間的終點，也是台灣人面對台灣歷史的盲點。1945 年後，台灣史的面貌究竟爲何？卻始終受制於中華民國史對戰後初期歷史的定位問題，而一再被延遲書寫。難到，新政權對於戰後初期的歷史解釋權的護衛，是意味這段歷史已然成爲統治者的新禁臠？或者說，後殖民時期的台灣人尙且沒有主體性來訴說，書寫自己的歷史，正意味著新政權壓制台灣人歷史解釋權與前殖民者一樣，都是殖民主義所慣用的『消滅歷史』、『同化政策』等手法的再現？」〔註35〕也因此在政治戒嚴時期，在高壓的國家機器宰制下，作品很難觸及眾人關心的二二八事件，只能在反日的許可主題中，暗渡台灣人被日本殖民的異軌歷史。

（三）解嚴後階段：二二八的補述

彭小妍曾言：「1987 年解嚴後，本土化的方向確立，不僅官方的歷史教科書採取了與中國歷史逐漸劃清界限的企圖，平民百姓由個人角度來詮釋歷史的現象，似乎已是勢之所趨。〔註36〕」在此情境下，過往無法書寫二二八事件的遺憾，在政治解嚴後得以抒解。東方白在天時、地利的時機下於《浪淘沙》（1990）作了補述；鍾肇政、李喬也因此繼續分別寫出他們的第四部曲《怒濤》（1991）、及《埋冤、一九四七、埋冤》（1995）爲先前的台灣論述邁出囿限。

鍾肇政 1992 年 7 月在〈後記〉道出寫《怒濤》的最大目的：「我多麼希望能夠在筆下重現那個時代，以及那個時代的台灣人，尤其年輕的一代。」〔註37〕身爲那個時代的年輕人之一的鍾肇政，想鮮活的記錄 46 年前的那個時代，卻也不免疑慮這一代的年輕人，究竟有幾個能理解那個時代年輕人的心情想法？正如小說中的陸志驤所擔心的：「他們是不是白死了呢？」〔註38〕那些人曾經奮力一搏企圖找回尊嚴的種種舉措與受難，是否能夠被理解？被當暴民

〔註35〕陳建忠，〈後戒嚴時期的後殖民書寫：論鍾肇政《怒濤》中的「二二八」歷史建構〉，《被詛咒的文學：戰後初期（1945～1949）台灣文學論集》，（台北：國立編譯館，2007.01），頁 245。

〔註36〕彭小妍，〈解嚴與文學中的歷史重建〉，《解嚴以來國際學術研討會論文集》（臺北：萬卷樓，2000.09），頁 12。

〔註37〕鍾肇政，《怒濤》（台北：草根出版，1997.04），頁 400。

〔註38〕同上註，頁 395。

懲治之後，是否有正義伸張的一刻？這第四部曲，仍舊著力於那時台灣年輕人的形象，但更重要是補述了先前未寫二二八事件的缺憾。

因此解嚴後台灣大河作家的歷史使命未除，那段曾被壓抑、刻意消音的二二八歷史與白色恐怖，成為解嚴後作家不得不書寫的歷史課題，以彌補、破解戒嚴時期以中國近代史為單一向度的歷史思維。

（四）21世紀：歷史重構與貫串

而21世紀的台灣大河小說，並沒有書寫日本殖民史、二二八事件的必要性，但黃娟（1934～）、邱家洪（1933～）及施淑青（1945～），在大時代的歷史敘述中仍持續「為當年受難的忠魂代言〔註39〕」，無法將台灣歷史擱置。但不同於20世紀的台灣大河小說，新世紀的大河小說更補述了白色恐怖、台灣退出聯合國、台美斷交、中美建交、美麗島事件、台灣宣佈解嚴、台灣民選總統誕生、政黨輪替等晚近的重要歷史事件，為台灣的民主運動寫下歷史的新頁。而那些歷史痛點，在在顯示台灣人何其不幸，借用李喬的話來看：「吾人會發覺長期被殖民而異化的族群，這些『歷史痛點』也許是必然又必需的；『必然』，是指自古沒有自己的國家。『必需』是說非如此沈痛鮮血淋漓的教訓，難以喚醒逸散的族魂，難以真正自覺奮起。〔註40〕」是故台灣人的自覺意識是須要被教育與喚醒的，如此「台灣」二字才能在對內處境中能達成共識，擺脫被消音與忽視的困境，對外才有真正得以正名的可能。

在找尋與定位台灣人的動機目的上，台灣本土大河小說書寫外於中國史的台灣史〔註41〕，是有其緣由的。這些台灣大河小說不斷重述日據史、二二八事件，正突顯了日本殖民史與二二八事件、白色恐怖的缺位與消音，在「沒有歷史」的意義中，東方白、鍾肇政、李喬等作家找到介入歷史的能動性，突顯大河小說家的歷史感與歷史意識，一方面質疑官方正史、官方思維，一方面企圖重建台灣庶民歷史。因此夾在改朝換代的灰色歷史裂隙中，作家以書寫台灣歷史為己任，扛起承先啓後的時代使命，以使命般的情懷寫出浩浩

〔註39〕翁登山，〈讀《寒蟬》談「非典」〉，《寒蟬》（台北：前衛，2003.08），頁4。
〔註40〕李喬，〈台灣人的啓蒙書〉，《落土蕃薯》（台北：前衛，2005.06），頁5。
〔註41〕楊照指出，過去基本上流傳於邊緣地位的本土文學論述裡，大河小說還有一項沒有明說的內容標準，那就是「大河小說」要刻劃、建構的歷史敘述，是相對於中國史，外於中國史的台灣歷史。楊照，〈歷史大河中的悲情——論台灣的「大河小說」〉，《文學、社會與歷史想像——戰後文學史散論》（台北：聯合文學出版社，1995.10），頁96。

湯湯的台灣歷史素材大河小說。綜上所述，鍾肇政、李喬、姚嘉文、東方白、黃娟、邱家洪、施叔青等人面對台灣人（包含作家自己）被壓抑的巨大壓力，以及內心無法平靜的衝突，形成敘史的動力與情結，於是藉小說的敘事完成歷史敘事。但在早期（尤其是戒嚴時期）受限的創作環境中，寫作是動輒得咎的，因此文本有時是令人失望的。但作家對歷史的真正理解與看法，卻仍能在虛構的情節中找到蛛絲馬跡。

第三節　威權體制下的寫作遭遇及對策

　　台灣大河小說作家功能性的寫作動機，往往也與社會環境有互動關係，當環境不能配合他的計畫時，作家往往會自我調節，因此在解嚴前受限的創作環境中，作家作品的書寫，有著框架下的書寫痕跡，也有著曲筆的突破書寫。因此不能完全就大河文本的內容來界定作者的意識，肯定作者話語的權威性（authority），仍須放在時代脈絡的交流中，看出作者寫作過程的辯證轉折。以下從三方面來看：

一、作家作品的遭遇

　　在國家政權對文藝政策的掌控下，日殖民時期的台灣總督府，會以一篇作品「批評國策」而禁止刊登，國府時期的警總亦然。在戰後反共、西化的年代，鍾肇政曾言「由於我們筆下濃烈的本土色彩，以及舉筆誓不涉那一類反共、戰鬥、歌德等等原因，我們這些新生代台灣作家毋寧是被排斥甚至被敵視、被猜疑的。」〔註42〕也因此這些有關「台灣」的作家，往往有屈居人下、不得不仰人鼻息的慨嘆，有著作品被查禁，行動被監督，甚至被迫坐牢的可能危機。在特定時空下，因為不符合國策而被禁絕的事情不少，文學亦然。

　　吳濁流《亞細亞的孤兒》寫於第二次世界大戰中（1943 年起稿，1945 年脫稿），在日本總體聖戰皇民奉公的政策下，吳濁流惶恐於日本軍部要如何動員台灣的知識分子，又恐此作被發現會被以反戰或叛逆者來論罪，但仍冒著生命危險一鼓作氣地寫出當時最真實的感覺，以及被殖民者的悲苦。尤其住所前面即為台北警察署官舍，所以寫好就藏在廚房炭籠下，有一點數目就疏

〔註42〕詳錢鴻鈞編、黃玉燕譯，《吳濁流致鍾肇政書簡》（台北：九歌出版社，2000.05），鍾序，頁 25。

散到鄉下故鄉。「雖然那時候，已微露了歷史是必然有轉向的動態，但無意義的犧牲仍然應該迴避的。」〔註43〕所以雖然此書於 1945 年台灣光復前夕完成，但發表是在終戰後，所以才沒有被禁的疑慮。

但吳濁流的《無花果》完稿於 1967 年底，1968 年分三期於《台灣文藝》連載，可能是《台灣文藝》的發行量有限，因此沒有被國府文檢單位查禁。但 1970 年 10 月林白出版社首先以單行本型態出版，只因書中 10% 左右寫到二二八事件的親身經歷，被國府當局視爲禁書，因此旋遭查扣。1983 年轉至美國台灣出版社的「台灣文庫」出版，受到當時「黑名單」的台灣菁英的普遍傳閱，1984 年《生根》雜誌重刊，但僅能在地下流傳、偷偷閱讀，直至 1988 年由前衛出版，才光明正大地在台發行。〔註44〕

《台灣連翹》是吳濁流生前最後一部作品，1975 年以日文寫成，吳濁流在〈後記〉表明其執拗書寫此書的原因：「因爲民國 36 年至 38、9 年，這段時期社會很複雜，年輕作家無歷其境，極難了解其時代背景。如果老一輩的作家不寫的話，其眞相實質無可傳。」〔註45〕原稿存放於小說家鍾肇政先生處，其中一至八章曾中譯發表於吳濁流自己創辦的《台灣文藝》雜誌，但吳濁流遺言，其餘部分須待後十年或二十年才能發表。後來，第九章至第十四章，由鍾肇政先生完整譯出，次第刊登於 1986 年創刊的《台灣新文化》雜誌。《台灣新文化》雜誌也因爲刊載此文，被連續查禁。〔註46〕直至 1988 年才重新出版見於世人。細究小說文本的第一到第八章寫到 1943 年，第九章以後寫中日戰爭是因爲三井、三菱等大財閥利益之戰，並揭發抗日大詩人、大學者連雅堂曾發表「鴉片有益論」的利己行徑，以及二二八等事件的秘辛與半山在其間所扮演的居中角色。因此若在當時發表必受「關注」，甚至恐有牢獄之災。但爲了揭發眞相仍勇於書寫的行徑一如往昔，只是應對的策略是留予後人發表，由此可見吳濁流這個作家的眞摯與道德，不是爲名，更不爲利，其耿直正義的書寫精神令人感佩。

相對吳濁流作品的勇於書寫，鍾肇政的作品相對侷限許多。鍾肇政 1962年出版的〈魯冰花〉以很委婉的方式批判社會，得到很好的成果，因此也希

〔註43〕吳濁流，《亞細亞的孤兒》，（台北：草根出版，1994.04 初版），頁 VI。

〔註44〕吳濁流，《無花果》（台北：草根出版，1995.07），《無花果》紀事。

〔註45〕吳濁流，《台灣連翹》，（台北：草根出版，1995.07），頁 259。

〔註46〕同上註，頁 3。

望能以含蓄的批判方法寫其後的作品。但《濁流》原名「台灣人」，在要發表時即被查禁，於是才改名爲「濁流」交由《中央日報》審查刊登，此一策略就是以國民黨的刊物爲護身符，以保障自己。由於第二部《江山萬里》已寫到日本統治最後一年，也許報社害怕第三部《流雲》會寫到二二八，所以第三部便不刊登，鍾肇政於是改交由《文壇》連載與發行。

而《台灣人三部曲》的書寫也是在左支右絀的情況下產生，首部曲《台灣人》在《公論報》只連載一天便被停刊，不得不改名爲台灣人三部曲之第一部《沉淪》，轉移到《台灣日報》副刊刊載〔註 47〕，《沉淪》也因此後來才加上楔子〔註48〕，寫著「中華民族魂在等待著他們去發揚」，以中華民族魂來庇護。當著手搜集調查第二部的背景資料時，發現處處是不能碰的禁忌，又驚聞有某刊奉命不得刊載鍾肇政文章之說，甚至傳言鍾老爲台獨三大巨頭〔註49〕，鍾肇政爲證實個人絕對不會有問題，匆促起筆第三部《插天山之歌》〔註50〕描寫日本殖民末期陸志驤反日奔逃的故事，顯示主人翁對祖國的嚮往與忠誠。

就文本書寫邏輯而言，第一部英雄式的武裝抗日精神、第二部的法理抗日精神，應是其後文本應接續的，但事實上從第一部的武裝抗日、第二部的法理抗爭，到第三部卻是主角的逃亡，似乎離抗日史的寫作初衷相形漸遠，一如鍾肇政所言：「只有第一部完全照預定執筆，依次下來不無強弩之末疲態，尤其第三部，實在難免率爾操孤之譏。」〔註 51〕然而何以到走筆至第三部，身負重任的主角卻選擇逃亡一途呢？鍾肇政解釋：「在搜集並調查第二部的背景資料時，處處碰到了牆。那些日據中期臺灣文化協會以及民眾黨、農民運動等事跡，不但資料難以掌握，而且處處是不能碰的禁忌。因此，……打算長期抗戰，靜待河水之清。」〔註 52〕鍾肇政話語中的牆是什麼，不能碰的禁忌又是什麼？誰或是怎樣的社會體制阻擋了鍾肇政？由現存資料，我們

〔註47〕陳建忠，〈詮釋權爭奪下的文學傳統：台灣「大河小說」的命名、詮釋與葉石濤的文學評論〉，《文學台灣》，70 期，2009.04，頁 308。

〔註48〕彭瑞金編，《鍾肇政口述歷史：戰後台灣文學發展史》，（台北：唐山出版，2008.07），頁 54～56。

〔註49〕同上註，頁 356、359～360。

〔註50〕鍾肇政於 1980 年 3 月爲「台灣人三部曲」寫的〈後記〉。詳鍾肇政，《插天山之歌》，（台北：遠景出版，2005.02 修訂重排初版），頁 403～404。

〔註51〕鍾肇政，《插天山之歌》，頁 404。

〔註52〕同上註，頁 403。

知道《台灣人三部曲》三部曲的寫作順序是第一部《沉淪》（1968）、第三部
《插天山之歌》（1975），才寫第二部《滄溟行》（1976），就此鍾肇政也表明
由第一部跳寫第三部的原因：

> 忽然聽到有某刊奉命不得刊載我的文章之說，……乃決定寫一長篇
> 在中央副刊發表，以證實個人絕不會有問題。匆促間，我就起筆寫
> 《插天山之歌》，背景即放在戰時末期，恰與預定中的第三部雷同，
> 心中祇好下決心，就以這書為第三部吧。記得當時，心中有所恐懼，
> 而且諸多資料又無法處理，做此決定雖是不得已，但心中痛苦，實
> 在也是夠強烈，且是無可如何的。《插天山之歌》脫稿後寄投中副，
> 果然獲刊，次年中副主動相邀，便又以同樣的心情寫下了第二部《滄
> 溟行》。〔註53〕

這裡某刊是奉了誰的命，那個他是誰？鍾肇政的不能刊載與恐慌，是否害怕
遭到逮捕監禁以矯正思想？若此我們應可以假設，影響鍾肇政作品的背後的
異質拉扯就是戒嚴時期的警備總部。而鍾肇政選擇在國營黨報《中央日報》
刊載作品，便是策略性的尋求庇蔭，因此作品也就無可如何的不能開展自己
原本的計畫，而改變了原本書寫的內容。因此《插天山之歌》的主要內容變
成逃亡，這不僅是小說主角的逃亡，也是鍾肇政現實生活面對政治監視的逃
亡策略。因此把這部作品放入當時鍾肇政創作的社會脈絡中，便可以明瞭國
府知識權力的運作，以及這部作品所處的發言位置，如此對於文本中不戰而
逃的陸志驤或許能夠有所諒解。

　　但葉石濤卻說：「我認為這部小說不帶任何政治色彩，因為裏面沒有什麼
政治偏見，他要寫的只是活在台灣這塊土地上的人，如何通過日本人統治的
奮鬥覺醒過程。當然這裏面取用了抗日的背景，不過抗日不是鍾肇政寫這部
小說的主要目的。」〔註54〕然而這個以抗日為書寫主軸的作品，若主要目的
不是抗日，那為何？葉石濤認為這部小說創作的意義「有和吳濁流寫《亞細
亞的孤兒》相同的『保鄉』『衛土』的意識在裏面」〔註55〕強調土地對人民的
孕育一如母親，這是人性最率真的感情。而這樣的說法，都無可避免地受到
意識形態國家機器的宰制，是一種明哲保身的解說與解脫。

〔註53〕鍾肇政，《插天山之歌》，頁 403～404。
〔註54〕臺灣文藝編輯部，〈臺灣文學的里程碑──臺灣人三部曲對談記錄〉，《台灣文
　　　藝》75 期（1982.02），頁 218～219。
〔註55〕同上註，頁 219。

在威權體制下，1951 年葉石濤爲學中國白話文，廣讀《新民主主義》、《論聯合政府》、《群眾》等書，竟以違反「匪諜檢肅條例」被補，以政治犯身份入獄三年之久〔註56〕。1963 年林海音因爲船長事件被迫辭去工作 10 年的聯副主編職務，而撰寫〈故事〉的王鳳池也因此遭逮捕監禁 3 年矯正思想。可見當時臺灣警備總司令部的作風，因此報刊雜誌編輯「人人心裏有個小警總」的戒嚴心態，爲使報刊雜誌能繼續發行，許多作品在尚未刊登前就先自我放棄了，也因此有心突破的鍾肇政對東方白食言，沒有將〈奴才〉刊於《台灣文藝》，而將這篇有所顧忌的問題作品發表在《民眾日報》副刊。也因如此，鍾肇政於 1978 年 8 月應聘爲民眾日報社副刊室主任，接任副刊一年多後，便引起國民黨文工會的關注，於是報社受到壓力，將副刊室由台北移到高雄，間接剝奪鍾肇政的編輯權，於是鍾肇政便於 1980 年 2 月辭掉了主編暨副刊室主任的職務〔註57〕。直至 1980 年代耕莘寫作的神父也認爲鍾肇政有台獨色彩〔註58〕，而這樣的「台灣」色彩使鍾肇政在戒嚴時期與人來往的書信被檢閱，生活也隨時被監視〔註59〕，客家作家馮輝岳在 1980 年左右，與鍾肇政由師生關係變成同事關係，卻成爲警備總部在鄉鎮駐在地的聯絡人的報馬仔，監督鍾肇政思想行爲約兩年的時間，同時幫忙看《台灣文藝》的初審，並往上呈報，還好當時並沒有出賣鍾肇政〔註60〕。而東方白的《浪淘沙》在《台灣文藝》連載時，新聞記者陳君在政府機關跑新聞時，得知官方認爲東方白作品「思想有問題」必需查禁《台灣文藝》，但恐理由不足，欲以他篇批評政府的作品來下手，決心抗爭到底的鍾肇政，卻未見查禁公文下來，此事也就沒有了下文。〔註61〕

作家們生活在那樣的境遇中，不得不忍受無奈的境遇，因此作品中不敢直抒胸臆，有所隱晦。這也是爲何人稱台灣文學之母的鍾肇政直至解嚴後好幾年，感覺社會好像眞的可以自由呼吸了，才敢寫《怒濤》，寫過去幾乎不敢碰觸的台灣戰後社會，可見創作環境對作家的影響之大。

〔註56〕彭瑞金主編，《葉石濤全集 12‧隨筆卷七》（台南市：台灣文學館；高雄市：高市文化局，2008.03），頁 343。

〔註57〕彭瑞金編，《鍾肇政口述歷史：戰後台灣文學發展史》，（台北：唐山出版，2008.07），頁 246～247。

〔註58〕同上註，頁 267。

〔註59〕同上註，頁 306～307。

〔註60〕同上註，頁 20。

〔註61〕鍾肇政，〈滾滾大河天上來——序東方白《浪淘沙》〉，收錄於東方白，《浪淘沙》，頁 38。

二、框架下的書寫

　　《沉淪》從開頭的楔子與尾聲來看，這部寫於 1960 年代的作品，實有著被國府教育過的寫作痕跡與框架，首先楔子寫著：

> 他們是一群冒險犯難的勇者——／在大海尚被賦予不可知的神性的
> 時日裏，他們越過洶湧的波濤而來，定居在這蕞爾小島上。他們有
> 了他們的歷史……他們拋頭顱灑熱血，與敵人周旋，從不低頭屈膝。
> ／請看——／那些以馘首為能事的土著野蠻民族；／那些以劫掠剝
> 奪是務的東洋民族；／繼之有碧眼蒼膚一手執劍一手握十字架的紅
> 毛蕃；／有葡萄牙人……儘管這些人船堅礮利，但他們還是屹立不
> 墮，得到最後勝利。／然後，曾在頭上頂著丁字髻，赤裸全身，僅
> 以犢鼻褌遮住下體的東洋民族，搖身一變，穿上別著肋骨飾物的西
> 洋軍裝再次出現了。這些異族騎在他們頭上達半世紀之久。／他們
> 屈服嗎？／沒有！依然沒有！／他們再次用血，用淚，用骨髓，寫
> 下了另一頁歷史。／那是一部可歌可泣的偉大民族史詩。／如今，
> 他們負起了另一項使命，歷史在等待他們繼續去寫，中華民族魂在
> 等待著他們去發揚……／他們依然會勝利的——這祇是歷史的反覆
> 而已。——他們就是——台灣人。〔註62〕

這個「他們」是相對於外省人的他者，但並不是別人，正是文末的台灣人。
這些冒險犯難渡海來台的勇者，將土著視為野蠻的馘首民族，將所有握有十
字架者皆視為紅毛蕃，也將曾經統治台灣達半世紀之久的東洋日本人，類比
為穿著軍裝的野蠻民族，這些思維是誰教「他們」的？什麼樣的教育指出中
國歷代君王的思維是視他者為蠻夷之邦。是什麼樣的教育以中原為中心，具
有視他者為蠻夷的沙文主義思維？當「清朝決定把台澎割讓給日本後」，「他
們」披上了「中華民族」的戰袍，以英雄之姿去寫下可歌可泣的民族史詩。
但這些人曾抵禦過紅毛蕃嗎？不盡然！「他們」的反日是基於中華民族思維
嗎？還是有著反對他者入侵的基本防衛性？這種天下大事分久必合、合久必
分的歷史思維，是誰教育「他們」的？這無疑直指國府領台後的教育。全書
的尾聲內容也值得參考：

〔註62〕鍾肇政，《台灣人三部曲（一）：沉淪》（台北：遠景出版，2005.02），頁 3
　　　　～4。

> 那麼這兒筆者願意告訴您：信海老人還有雄心，活到親眼看見侵略
> 者們倒下去，還我美麗的河山！〔註63〕

從這段話對於受日本教育長大的鍾肇政而言，是極其繞口的，不僅用「這兒」、「您」等字眼，更學國民政府的話語呼喊「還我美麗河山！」而陸姓子弟兵出征祭祖禮上，陸家第一個讀書的信海老人祝念的禱詞〔註64〕，以「皇清光緒年號」來反對日本倭奴的侵台，以神州大陸為聖疆，這也是學舌式的話語。回望鍾肇政1960年代的社會氛圍，我們有十足的理由可以相信這文本的侷限性與策略性，但在這有限的框架中，鍾肇政其實已逐漸偷渡了台灣人有台灣人的歷史思維：「他們有了他們的歷史，年代雖暫，卻充滿剛毅與不屈的事蹟——那是用血與淚寫成的歷史。」他們與我們（國府思維下的我們）不同，他們是台灣人這一個重要命題。

而全文末陸維樑選擇去祖國，意指祖國是台灣人民得到救贖的潛在希望。但跳脫文本之外，由鍾肇政寫作時空來看，可以看出作品呈顯的祖國情懷，與鍾肇政現實生活的台灣在地情懷有著差異性的對比，從而明白這一書寫所受到的政治境遇與社會處境。

李喬《寒夜三部曲》每部前面的序章〈神秘的魚〉潛藏著一個隱喻，即以台灣人比喻為鱒魚。這迴游性的魚種有著必定回鄉的特性，但在第四冰期的後冰期，不幸被「陸封」在變成海島的深山淵谷中，成為台灣大雪山麓的「高山鱒」。於是：

> 每到秋風起冬寒來的時刻，深山絕谷裏的鱒魚，晚上就開始作還鄉
> 的夢。牠們祇能作夢，當然夢是很美的。……鱒魚的夢，可能也是
> 人類的夢。鱒魚的幻影，可能正是我們的心象。胡馬依北風，越鳥
> 巢南枝，不可如何的先天眷戀，歷史的痛苦感情。〔註65〕

意即未被陸封之前的鱒魚，原鄉是神州大陸。若就此隱喻對照，那移居台灣的大陸移民，其原鄉是大陸則是肯定的。只是被陸封的台灣高山鱒已回不去原鄉，變成了台灣特有種。

《寒夜三部曲》一向以田野調查、甚至歷史教材為人所稱，在描述台灣被大清帝國割讓給日本的歷史時，作者尚且跳出史實的記錄，寫著「從此台

〔註63〕《沉淪》，頁487。
〔註64〕同上註，頁218。
〔註65〕李喬，《寒夜》（台北：遠景，1981.02），頁3。

灣島以及它的子民就淪入孤兒棄子的命運」、「台灣正式脫離母體，孤零零飄蕩在東太平洋婆娑之海上」、「最後哀傷憤恨的臺民，祇有走上反求諸己之途。」順此下來，台灣的孤兒意識是由此可見了。但以現在自稱「台灣主義者」、「台獨人」的李喬來看「祖國神州」、「脫離母體」的內容，似乎有著矛盾性。但這些作品分別書寫於 1975～1980 年間〔註66〕，若將文本放置在書寫的年代，這個年代台灣尚未解嚴，台獨主張尚未形成氣候〔註67〕，加以曾受到殖民教化的影響，有其時代脈絡中社會歷史情境與作家意識的轉變。多年後李喬曾為此提出了解釋：

> 〈鱒魚〉和〈神秘的魚〉這二文都描述了一些中國、台灣的山河，提到「胡馬依北風，越鳥巢南枝」，故鄉、鄉愁一這些隱含許多想像空間的意象，居然引起統獨的不同詮釋。關於這一點，作者我「今天的態度」是；那個年代，我正在「迷度山上」；那個時候的我，是「什麼」就是「什麼」；不是「什麼」作者不必硬說「是什麼」。同理，「不是什麼」，後來的論者也不必硬說成「是什麼」，或者「是什麼」卻硬派我「不是什麼」。〔註68〕

是故在那個書寫年代，李喬仍在迷度山上，原鄉在還沒幻滅前都是許多台灣人心之所繫的依託。一如鍾理和、胡太明的奔赴原鄉，這一切都是站在漢族思維反對日本異族的立場上，以身為漢民族的後代自居，但在祖國夢幻滅後，頓失所依的台灣漢移民及其後代，也久居他鄉成故鄉了，李喬最後以土地為人的依歸，找到人安身立命的所在。於是台灣便是母親，毋須外求，如此才能理解後來書寫《文化、台灣文化、新國家》一書的李喬。

在文藝政策尚未解禁開放前，作家的書寫有著被殖民的書寫痕跡，受限

〔註66〕《寒夜三部曲》書寫內容及書寫時間對照表

	描寫內容	書寫時間
寒夜	陷日前後農民拓土開山的種種	1975～1979.12
荒村	1925～1929 文協分裂前後，農組前期的幾件重大事件	1979.7～1980.9
孤燈	光復前後台灣山村非人生活，十萬青年赴戰南洋的事跡	1978.2～1979.3

〔註67〕1987 年 4 月 17 日鄭南榕才公然喊出「我主張台灣獨立」，同年 9 月，「蔡許台獨案」發生，聲援的活動遍及全島，在一連串台獨運動事件的刺激下，台灣獨立的國家主權意識逐漸抬頭。詳游勝冠，《台灣文學本土論的興起與發展》（台北：前衛，1996.07），頁 206～207。

〔註68〕李喬，《重逢一夢裡的人：李喬短篇小說後傳》，（台北：印刻，2005.04），頁 144。

在「政治正確」的框架下，形成一種過渡性的書寫，除了文字呈顯的單面意義外，作家也試圖在其間一點一點的偷渡突破，我們可以從書名的隱喻與寫作內容來看曲筆的突破。

三、曲筆的突破

《亞細亞的孤兒》中文版自序中曾說明，在台出版原名《胡志明》，因與人名巧合，恐被誤會，故改版爲《亞細亞的孤兒》而出版於日本，再版又改由廣場書房出版，隨之改名爲《被弄歪了的島》。〔註69〕從這些命名中不難想像台灣、台灣人的歷史是被扭曲了，台灣人雖有著心之所繫的明漢，卻仍只能是不被認可接受的孤兒。因此吳濁流自許像無花果一般，雖不被重視且輕忽，但「無花果雖無悅目的花朵，卻能在人們不知不覺間，悄悄地結起果實。」〔註70〕也期望能如臺灣連翹般依照自己的意志發展生命：

> 那兒的「臺灣連翹」修剪得非常整齊……那些向上或向旁邊伸展的
> 樹枝都已經被剪劈去，唯獨這一枝能避免被剪的厄運，而依照她自
> 己的意志發展她的生命。〔註71〕

淪爲被殖民者的悲哀有此可見，在整齊劃一的規訓下，台灣人不斷被統治與教化，如何能免去被剪去的厄運？既不願成爲妥協派，又無法成爲置之度外的超然派，是故筆者認爲吳濁流以「當下的書寫，延遲的發表」化解厄運的降臨，委實不是一種有效的應對策略。

鍾肇政的《濁流三部曲》與《台灣人三部曲》都是在日本殖民之後才書寫殖民史，是事後的書寫，因此有著反日本殖民的思維並不爲奇。前者壓抑與徬徨，後者堅忍與悲哀〔註72〕。前者因爲是寫自己因此有不少自我的剖析，後者則是說故事，因此好的故事題材便相形重要，尤其鍾肇政強調寫台灣人的創作意圖，因此以台灣歷史爲素材便是不得不書寫的命題。但如何在虛構的小說中，以台灣歷史素材爲架構，寫出台灣人的特殊經驗，進而將這些事件連結，在鍾肇政的創作時空下似乎並不簡單，因此《濁流》原取名爲《台

〔註69〕吳濁流，《亞細亞的孤兒》，（台北：草根出版，1995.07），頁 I。

〔註70〕同上註，頁275。

〔註71〕同上註，頁276。

〔註72〕黃秋芳，〈從《馬利科彎英雄傳》談鍾肇政的英雄追尋、浪漫嚮往與在地時空構築〉，《大河之歌：鍾肇政文學國際學術會議論文集》，（桃園市：桃園縣文化局，2003.12），頁129～152。

灣人》，在要發表時即被查禁，於是才改名《濁流》交由《中央日報》審查刊登。接下來《台灣人三部曲》的命名看似簡單，但卻衝破了當時對台灣二字的禁忌，已屬不易。所以《台灣人三部曲》只寫到日本戰敗、台灣「光復」。戰後至鍾肇政寫作的 1960、1970 年代的台灣人如何？實則饒富深意，因此文本內在的日本殖民經驗，與文本外鍾肇政創作的社會時空間，似乎有著對比的假設性對話，如以中壢事件中日本人拔槍的嚴重性，對比出文本內沒有書寫、但現實生活（作者書寫時空）發生的機關槍掃射人民的暴力性。也就是鍾肇政真正要控訴的不僅是日本政權，更包含了戰後國府的威權統治，如此作者寫作的真正用心才得以彰顯出來。

李喬的《寒夜三部曲》也是殖民後的書寫，三部曲前都有序章：〈神秘的魚〉。李喬闡明以鱒魚來隱喻台灣人〔註73〕。就小說文本來看，台灣人是有鄉歸不得的高山鱒，是大清國割給日本的孤兒，既回不了家，也就安身立命於立足的土地上，於是台灣這塊土地成為台灣人的母親，這一切是宇宙運行的自然現象，而這樣認同土地的觀念形成李喬的生命觀、文化觀，以及文學觀。也因此即使身處南洋的台灣子弟兵，心之所繫亦是台灣。

李喬刻意命名的《寒夜》、《荒村》、《孤燈》三部曲，所要敘述的「寒夜荒村一孤燈」的故事，正是台灣人在寒夜荒村的困苦際遇，因為有孤燈、有光──即母親慈愛的引領，才讓台灣人因宇宙自然運行的法則，回歸母親／大地的懷抱。於是國府在乎的父祖之國不再重要，即使父親缺位，台灣就是母親，如此台灣人的主體性才得以安定於斯，不再以孤兒意識面對未來。依筆者這樣的解讀，李喬的後殖民書寫更突顯台灣人的主體性。

我們也可以從語言的書寫策略來看作家的突破，《寒夜三部曲》第三部的《孤燈》中日本人角色的對話，採用中式日語的方式，以區別官方語言──國語。《浪淘沙》採用台語台文，創造台灣字，貫徹實踐了王育德的名言：「用臺語寫出一篇好作品，比寫一百篇論文來鼓吹臺語更有效力。」〔註74〕，《怒濤》以中、日、英文相互對照的並呈書寫，凡此皆是對中原正統漢文書寫的解構與抵抗，各自以不同的形式，多元並呈的表現，消解一言堂的霸權話語。

對於上述這些台灣大河小說的作家而言，是有特定歷史、社會與政治經

〔註73〕李喬，〈歷史素材書寫〉，收錄於三木直大等著，《台灣大河小說家作品學術研討會論文集》（台南市：國家臺灣文學館籌備處，2006），頁 223。
〔註74〕轉引自陳明雄，〈東方白臺語文學的心路〉，收錄於《浪淘沙》，頁 2051。

濟狀況促成其寫作的,寫作往往不是爲了市場,甚至可以說是一種對體制的戰鬥,因爲身處異質的寫作時空,受到統治者文藝政策的防堵機制,作家的書寫,除了文本內的意義,亦偷渡了文本外的另一層意義,讓文本在過去歷史與現在歷史、現在讀者間進行互文性的對話,從而突顯作家在受限的有所不能爲的情境中,有所爲的書寫策略。

結語

馬克斯曾在〈不列顛在印度統治的未來結果〉一文中批判英國統治者對印度的侵略破壞的行徑,一次次的侵略造成印度沒有歷史的說法。〔註75〕統治台灣的政權也數度易幟,台灣人民的歷史書寫權也掌握在統治者手裡。

以統治者爲視角的官方史料中,被壓抑的底層庶民生活史,往往被排除在主流敘事之外,甚至被去脈絡化。台灣大河小說家在歷史的積累與現實的壓抑中,往往爲找尋「台灣」「台灣人」的定位,有著「抵抗消音」、書寫歷史的執著心態與敘史情結,這種庶民史的書寫詮釋,往往在歷史事件的基礎上,輔以作家經驗與記憶的重組與重構,以再現作家心目中眞實的歷史樣貌。雖然不同作家可能會有不同史觀,但台灣大河小說家卻共同在日本殖民史上尋台灣人的身影,以突顯台灣人受日本統治五十年的歷史,曾書寫不同的文字,使用不同的語言,受不同的教育,甚至被視爲清國奴次等子民對待,實有別於國府八年抗戰撤退來台的歷史。台灣漢移民的漢族意識,也在日本殖民的歲月中,或強或弱的扭曲著,甚至在不被認同下產生孤兒意識。而曾歷經殖民歷史時空的大河作家,從而將台灣人身份認同的議題,在這些文本中突顯了出來。於是乎台灣人,台灣人的意識,台灣人的主體性便成爲關心台灣的大河作家們念茲在茲想要書寫與傳達的訊息。

楊照曾言:「寒夜三部曲」在戒嚴時代就不只是一部小說,還是一本教育了一整代新醒覺本土主義者的重要教育書。〔註76〕於是《寒夜三部曲》在台灣文學史上成了代表性的符號,爲「何謂台灣」提供了答案〔註77〕。

〔註75〕趙稀方,《後殖民理論與台灣文學》,頁8。

〔註76〕楊照,〈歷史大河中的悲情一論台灣的「大河小說」〉,《四十年來中國文學》,頁187。

〔註77〕三木直大,〈試論《孤燈》——李喬小說的歷史敘述與文學虛構〉,《台灣大河小說家作品學術研討會論文集》(台南市:國家臺灣文學館籌備處,2006),頁182。

　　因此省籍作家的書寫，轉換了中心與邊緣的關係，使台灣史的被書寫，轉換為自己書寫，具有奪回發言權的積極意涵。一如陳建忠所言：「在中國史敘事形同『政治正確』的戒嚴年代，大河小說的書寫行為，正是贖回歷史記憶的後殖民實踐。〔註 78〕」雖然鍾肇政、李喬等知識分子的書寫，並不能完全替代底層人民發聲。但這些相對於中心的邊緣異質發聲，正是大河小說家最好的發言位置，用以反大敘述（anti-grand narrative）、解構官方大歷史、解構霸權話語的權威性，呈現多元敘事的繽紛樣貌。

　　但是不可否認的，這是世界高喊民族自決風潮多年後的延遲書寫。從這些台灣大河小說家的歷史書寫中，因創作的時空不同，有著不同的創作限制，在政治正確的指導方針中，隱含著不同的對話內容，甚至有著意在言外的書寫，由此我們可以看到官方歷史背後的權力運作，以及除了正統官方歷史大敘事（great narratives）之外，透過作家書寫的歷史素材小說，仍有多元異質的小敘事（small narratives）的可能。

　　因深重的政治壓迫與心理壓抑，台灣「大河小說」以台灣史、台灣人為書寫立場，也製造、生產了有別於中國的本土歷史，甚至是本土性的知識權力。這樣的大河歷史素材小說，一脈相承地傳達了「以台灣人為主體」的發聲權力，擺脫不斷被消音與被書寫的狀態，讓台灣人當家作主，翻轉被書寫的歷史，解構被界定的歷史，進而重構台灣的歷史。這一切過程猶如拉崗的鏡像論，人們在幻鏡中看見模糊的自己，進而在自我與他者（the other）間發現彼此的不同，在「這是我、那不是我」的情形下，確立台灣人存在的位置與意義。台灣人正是不斷在與他者的異同中找尋自己，藉由書寫不同於他者的歷史，贖回並確立真實的自己，進而建構出台灣人的主體性與台灣意識。因此台灣大河小說的存在不僅是作家們主觀需求與欲望的創造，也是在社會環境影響下循環適應的調適書寫，在總體結構中，突顯出台灣人對於主體性要求的世界觀。

〔註78〕陳建忠，〈臺灣歷史小說研究芻議：關於研究史、認識論與方法論的反思〉，《臺灣文學的大河：歷史、土地與新文化——第六屆臺灣文化國際學術研討會論文集》（高雄：春暉出版，2009.12），頁 26。

第四章　文學傳播場域的開展

　　鍾肇政、李喬、邱家洪等人都曾對出版社願意把他們可能是冷門的「巨作」出版而在書序中致意。東方白也因出版社的首肯出版，讓《浪淘沙》奇蹟似的完成全書最後的 10% [註1]。黃娟也認為「長篇小說少有讀者，少有市場」，而限制了自己書寫《楊梅三部曲》的字數 [註2]。亦即文學作品出版往往都有市場的考量，尚且考慮作家的名氣，生產配銷的流通範圍，以及讀者的接受度等等諸多面向。台灣「大河小說」也不能例外，尤其在資本主義社會，寫作早已納入經濟體系的範圍，置身社會的作家不得不受到市場的左右與影響。但為何大河小說作家寧可捨棄較輕薄短小的暢銷文學，而投身於厚重又沉重的「歷史書寫」，許多讀者往往因為作品的厚重性而不願閱讀，因此在供需法則的牽制下不僅效益不高，傳播也有困難性。因此不僅作家的創作意識令人好奇，台灣大河小說的傳播流通性亦令人好奇，因此本文擬試著從法國社會學家皮耶・布赫迪厄（Pierre Bourdieu）社會學的場域理論 [註3] 進

〔註1〕 東方白，〈命定──《浪淘沙》誕生的掌故〉《浪淘沙》（台北：前衛，1990.10），頁 17。

〔註2〕 黃娟，〈關於《楊梅三部曲》〉，《寒蟬》（台北：前衛，2003.08），頁 15。

〔註3〕 場域的理論，是法國社會學家皮耶・布赫迪厄（Pierre Bourdieu）在社會學領域中提出的觀點，「場域」乃是由各種社會地位和職務所建構出來的空間，其性質決定於這些空間中各人所占據的社會地位和職務。不同的地位和職務，會使建立於職務占有者之間的關係，呈現不同性質的網路體系，因而也使各種場域的性質有所區別（Bourdieu，1980a：113」。因此，場域不能被化約為孤立行動主體的單純聚合，或只是並列元素的總和，像磁場一樣，它是權力軌道所構成的系統。在某一既定的時間裡，行動主體的體系決定其特定的結構；反過來，每一個行動主體亦由其在場域中的特定位置來界定，由此而產生其位置的屬性（Bourdieu，1971a：161）。因此行動主體在場域中的位置，也因而決定了互動的形式。詳邱天助，《布爾迪厄文化再製理論》（台北：桂冠，2002.02 二版一刷），頁 120～121。

行剖析，期望能從每一個行動主體（大河小說作家）的「慣習」（habitus）〔註4〕、擁有的象徵「資本」（capital）與權力運作構成的文學「場域」（field）系統網絡、作家在場域中所處的變動「位置」（positions），以致於形成社會集團（social group）等基本概念，剖析台灣大河作品在傳播場域的發言位置與生產方式。

　　戰後第一本台灣大河小說是由鍾肇政寫成，他不僅是開創者，也是聯繫上下世代的大河小說作家。身爲跨越語言的一代，在戰後自由中國文壇發起《文友通訊》，足見鍾肇政對台灣文學的用心，爾後鍾肇政接掌《台灣文藝》與《民眾日報》副刊的編輯，有意識的培植省籍作家，提供作品發表的園地，使省籍作家在反共懷鄉與西化的狹縫中，有了生長的土地。就布赫迪厄（Pierre Bourdieu）的文化生產場域（field of cultural production）〔註5〕觀點而言，省籍作家可說是一步步取得了發言的位置（position），找到了卡位（position-takings）的空間，當然這個位置因省籍作家在語言、象徵資本以及權力的相對弱勢，而位處邊緣。

　　依雷蒙・威廉斯（Raymond Williams）〔註6〕的文化三元架構論「主導文

〔註4〕慣習（habitus）是布赫迪厄社會學的核心概念。慣習使得他對社會的概念和對個別的社會施爲者的概念能協調一致：它是個人和集體之間的連接點。透過這個概念，產生出一個社會施爲者之社會生產及其行動邏輯的特殊理論。布赫迪厄認爲，社會化不但穩固了階級慣習的內化，形成個人的階級屬性，同時還再生產了分享同一慣習的階級。慣習可以說是社會秩序再生產的基礎。雖然慣習是社會秩序保存的根基，它卻會變成創新的機制，所以它也是社會改變的機制。詳朋尼維茲（Parrice Bonnewitz）著，孫智綺譯，《布赫迪厄社會學的第一課》（臺北：麥田出版：城邦文化發行，2002），頁98。habitus或譯爲「慣習」、「習性」或「生存心態」，但本篇採用「慣習」譯法。有關內容詳朋尼維茲著，孫智綺譯，《布赫迪厄社會學的第一課》（台北：麥田，2002.10），頁70～96。

〔註5〕文學場域也是權力角逐的場域，強調客觀關係（objective relations）、位階（positions）及卡位（position-takings）等問題。詳 Pierre Bourdieu, "The Field of Cultural Production, or: The Economic World Reversed,"（1983）in *The Field of Cultural Production: Essays on Art and Literature,* ed. Randal Johnson（New York: Columbia University Press, 1993）, 34～35; Pierre Bourdieu, The Rules of Art, 204～205.

〔註6〕雷蒙・威廉斯（Raymond Williams）的「文化唯物論」（cultural materialism）是對傳統歷史學的反動，強調文學批評的歷史維度。「文化唯物論」對所有意指形式的分析，包括分析寫作和寫作過程中的實踐環境與手段。其著作受到葛蘭西、阿多諾、巴赫金等人的馬克思主義批評傳統影響。詳張京媛主編，《新歷史主義與文學批評》（北京：北京大學出版社，1993.01），頁2～3。

化」（dominant culture）、「反對文化」（oppositional culture）及「另類文化」
（alternative culture）來看，在反共文藝政策的主導文化中，自不容許異議言
論的反對文化存在，但女作家及台籍作家卻可以在另類文化中，找到發言的
位置。因此我們不難發現主導文壇的外省作家在 1950 年代獎掖及鼓勵省籍作
家的例子，如張道藩、葛賢寧、王鼎鈞等，當然林海音對台籍作家的提攜亦
功不可沒〔註7〕。但這都是在有限的空間下書寫，在抗日的主導文化下，與表
現濃厚的鄉土色彩的另類文化議題下，台籍作家找到了書寫的最佳出口。

　　文學作品的產生、刊載與發行，與作家及副刊、雜誌、期刊、出版社主
編與編輯有很大的關聯，尤甚者足以在傳播場域中主導文學風向，因此本文
擬由戰後台灣文壇的背景入手，理解台灣大河小說在文學場域的資源分配問
題，再進一步由私領域到公領域，剖析大河小說作家的集結與作品的出版，
以爬梳出台灣大河小說在傳播場域的開展情形。當然這些大河作家的慣習，
從屬的作家群體，也相對決定他們在文壇裡中的位置，以及在台灣社會文學
權力場域（field of power）中的特定角色。

第一節　政治介入文壇

　　戰後初期的台灣，日本殖民政權剛離開，國民政府雖未正式遷台，1945
年 10 月 25 日即在台灣成立「行政長官公署」，以掌握接收台灣後的政治社會。
剛開始政治界及文化界的先進份子在 1946 年 6 月組成「台灣文化協進會」，
刊行《台灣文化》月刊，期能建設民主的台灣新文化和科學的台灣，文化一
度有提昇的跡象。然而國民政府為鞏固政權，對共產黨及日本政權進行各方
面的防堵與廓清。在日本殖民政權方面，1946 年 10 月台灣省行政長官公署藉
著「光復一週年」的名義，廢止報刊雜誌的日文版，並下令禁止報章雜誌使
用日語，以摒除日本殖民文化，使當時許多接受日文教育的青年作家，因為
面臨語言轉換的問題，無法用漢文創作，造成文學發展的一時阻礙。

　　1947 年 2 月 28 日「二二八事件」發生後，全面肅清島內親共分子的白色

〔註7〕　可參看相關研究及期刊：李麗玲，〈五〇年代國家文藝體制下台籍作家處境及
　　　　其創作初探〉（新竹：清華大學中研所碩士論文，1995）。呂正惠，〈葉石濤和
　　　　戰後台灣文學的斷層與跨越〉《殖民地傷痕》（台北：人間，2002.06）；王鼎鈞，
　　　　〈作品充滿鄉土色彩的台灣作家〉《文星》第 26 期，（1959.12）；林海音，〈台
　　　　籍作家的寫作生活〉《文星》第 26 期，（1959.12）等。

恐怖正式展開，在白色恐怖之後，台灣知識份子真正的噤若寒蟬，文藝空間也備受壓縮控制。1949 年來台後的陳誠於 5 月 19 日頒布戒嚴令，企圖切斷台灣與大陸文化的交往管道，台灣社會進入動員戡亂時期〔註8〕。由於戰爭的敵對關係，國民政府視馬克思主義、社會主義、共產主義為社會思想的毒瘤，頒布諸多律法來整肅異己，如 1950 年 3 月 26 日公布〈懲治叛亂條例〉、1950 年 6 月 13 日公布〈檢肅匪諜條例〉等，以嚴峻律法來監控社會。臺灣省警備總司令部也以維護治安為由，限制人民的言論、出版、集會、結社等自由，使得台灣社會在嚴密的監控下成長。當時「一黨獨大」的統治，並沒有其他大規模的群眾性政黨，也沒有大規模的工會組織，國家政策和政治活動幾乎完全由國民黨壟斷，文藝更不例外。

當時政府大致採取四種文藝策略：第一，在文學「管制」方面禁絕三〇年代的文學作品。第二，在文學的「培訓」方面有計畫的組織和訓練作家，使作家兼負起國民革命的任務。第三，在文學的「組織」方面，1950 年 3 月成立「中華文藝獎金委員會」、5 月成立「中國文藝協會」、1953 年 8 月成立「中國青年寫作協會」等串聯作家的文學組織。第四，在作家「訓練」方面舉辦各式徵文、獎助活動等等，期望作家能肩負國民革命的任務〔註9〕。使得文學作品朝向反共路線，文學有了政治正確的考量，脫離『為文藝而文藝』（Art for Art's Sake）走向「為人生而藝術」的道路。使 1950 年代成了反共文學的年代，然而「藝術不應是政治的工具，一旦它落入了政治需要的陷阱裡，它就不可避免地物化為傳聲筒、宣傳品，喪失了對社會物化的批判性。」〔註10〕逆向操作的文學寫作，使政治介入文壇，文學淪為政治的附庸，成為政治操控的工具，阻礙了作家真正思想情感的表達，也抹煞了作品存在的終極價值。

文藝屬於意識型態國家機器〔註11〕的一環，是國民黨關注的重要面向〔註

〔註 8〕 1949 年 5 月 20 日台灣省實施戒嚴，1987 年台灣地區解除戒嚴，1991 年政府公告終止「動員勘亂時期」。

〔註 9〕 參見郭楓，〈四十年來台灣文學的環境與生態〉收錄於《新地文學》1 卷 2 期，1990.08，頁 9～11。

〔註 10〕 楊小濱，《否定的美學：法蘭克福學派的文藝理論和文化批評》（台北：麥田，1995.07 出版二刷），頁 36。

〔註 11〕 國家機器又可分強制性國家機器與意識型態國家機器（ideological state apparatuses），阿圖塞（Althusser）認為統治階級主要藉由強制性國家機器與意識型態國家機器來進行統治，而軍隊、監獄等系統屬於強制性國家機器，宗教、教育、家庭、法律、政治、工會、傳播媒介、文化等系統則屬於意識

12〕，這也就是爲何 1950 年代的台灣文壇被稱爲是「反共文學」、「戰鬥文藝」的年代。國民政府爲了避免重蹈覆轍，因此從最能深入人心的文藝著手，藉由「中華文藝獎金委員會」、「中國文藝協會」、「中國青年寫作協會」、各大報紙副刊、文藝雜誌、廣播等意識型態國家機器來進行社會文藝的控制，以配合國民政府反共抗俄的施政方針。因此「反共文學」、「戰鬥文藝」的意識型態〔註 13〕背後，實支撐著國民政府建國的動力與國家政權的鞏固。因此當時文學場域極大多數的資源被外省人掌控，如張道藩承蔣介石的重用，親任主任委員，延續著在大陸起草「文化事業計畫綱要」以及在重慶、南京的文藝經驗，主導來台的黨政文藝事務〔註 14〕。文獎會內部委員共十一位，全由總裁（蔣介石）親自圈選指派，皆是當時高層官員，包含教育部部長程天放、立法委員陳紀瀅、中國國民黨中宣部部長張其昀、台灣省教育廳廳長陳雪屏，以及羅家倫、狄膺、曾虛白、胡建中、梁實秋、李曼瑰等〔註 15〕，可謂高官雲集。而常務理事張道藩、陳紀瀅以及孫陵〔註 16〕三人，正是當時文壇揮舞

型態國家機器。二者都通過行使國家權力來保障生產關係的再生產，如強制性國家機器用武力來保證生產關係再生產的政治條件，並用強制手段來保證意識形態國家機器運作的政治條件。但在特殊意義上，恰恰是意識形態國家機器主要保證了生產關係的再生產，而強制性國家機器則爲它提供一面「擋箭牌」。參見徐崇溫主編，《西方馬克思主義理論研究》，（海南：海南出版社，2000.12），頁 266～267。

〔註 12〕「歷史的經驗告訴我們，我們文藝運動在大陸失敗了，文藝被共產黨作爲武器。……政府播遷台灣以後，文藝部門當然也是被檢討而認爲是過去失敗的原因之一。因之，政府對文藝非常重視……這個時代所賦予知識份子的責任也特別沉重；因爲反共戰鬥是多方面的，尤其在文化作戰上，更需要有廣大深入而艱鉅的努力；但最表現時代也最能深入人心的，便是文藝了。」詳呼嘯，〈最近階段文藝發展概述〉，收錄於《中國文藝年鑑》（台北：平原，1966.01），頁 36～37。

〔註 13〕反共文學與戰鬥文藝的推廣，主要是國民政府爲了動員台灣各階層宣揚反共復國的決心與使命，與當時共黨的左翼文學對抗。

〔註 14〕張道藩做爲二陳（CC）系統的一員大將，起而組織文藝界，協助文藝的發展，其間張道藩任職中廣公司董事長（1949 年 12 月）、中華日報董事長（1950 年 10 月）、立法院長（1952 年～1961）等要職。參見李瑞騰，《文學的出路》，（台北：九歌出版社，1994），頁 186～187。

〔註 15〕應鳳凰，〈張道藩《文藝創作》與五〇年代台灣文壇〉，收錄於東海中文系編，《戰後初期台灣文學與思潮國際學術研討會論文集》，（台北：文津出版社，2005 年 1 月），頁 523～543。

〔註 16〕孫陵是反共文藝的先聲〈保衛大台灣歌〉的作者，歌詞迎合了統治當局的需要，所以 1949 年 11 月 3 日在各大報同時發表。也因此孫陵被聘爲《民族報》

反共大旗的主要戰將，明顯地屬於統治者所授意支持的組織。因此文學場域中的社會資本、語言資本、經濟資本、象徵資本，統治的官方都佔有極大的優勢與掌控權，並藉由這樣的文化再製／生產，以期達到維繫自己世代宰制地位的優勢性。

　　就傳播理論而言，傳播目的在於讓接收訊息的群眾了解接受，但就閱聽人（Receiver）的角度來看，因訊息接收分析（Reception Analysis）的不同，大致可以分三類接受類型：一是優勢閱聽人，完全接受媒介的意識型態。二是對立閱聽人，完全反對媒介的意識型態。三是協商閱聽人，接收與反對兼具的閱聽人〔註17〕。走過1950年代，我們得以發現反共文學的傳播效果只能說是暫時的假性傳播（pseudo-communication）〔註18〕。尤其是從1956年紀弦「現代派」鼓吹全盤西化，1956「文學雜誌」、1959「筆匯」月刊等理想性刊物的出現、以及1957年由鍾肇政發起的《文友通訊》等，我們更可以發現文學界逐漸擺脫反共文藝的教條束縛，由保守走向其他開放的道路。而鍾肇政台灣大河小說的創作，便是在這樣「他律性原則」（The heteronomous principle）〔註19〕的傳播場域背景中硬生出的枝芽。

第二節　私領域的書信結集

　　戰後由於官方主導文化對方言與日文的禁止，跨語言一代的省籍作家，受

副刊主編。在發刊詞上刊出〈文藝工作者底當前任務——展開戰鬥，反擊敵人〉，詳朱雙一，〈「反共文藝」的鼓噪與衰敗——兼論50～60年代國民黨的文藝政策〉《台灣研究集刊》，1994，第1期，頁94。

〔註17〕由摩利（Morley）所提出，受了Hall文化研究的影響，一方面同意媒介有其意識形態的宰制力量，但也同時強調閱聽人並非是被動的蠢蛋。閱聽人在接收媒介內容的意識形態時，會產生不同的歧異性閱讀，有其主動釋義權。翁秀琪，《大傳傳播理論與實證》，修訂再版。（台北：三民，1996），頁135～137。

〔註18〕哈伯瑪斯認為在有系統扭曲的傳播下，往往連參與其中者被欺騙也不自覺，甚至不承認有傳播壓抑存在，屬於無意識的自我欺騙，因此稱之為「假性傳播」（pseudo-communication），由假性傳播創造一種相互誤解的體系，形成了「假共識」（pseudoconsensus）。轉引自林淇瀁，《書寫與拼圖》，（台北：麥田，2001），頁155、156。

〔註19〕在「他律性原則」（The heteronomous principle）中，文學和藝術場域失去其自主性，因此作家和藝術家受到盛行於權力場域，以及更普遍的是經濟場域中一般法則的支配。詳邱天助，《布爾迪厄文化再製理論》（台北：桂冠，2002.02二版一刷），頁125。

日本教育長大，在戰後的文學場域中，語文資本近乎於零，因此許多人開始學習漢文與北京話。葉石濤（1925～2008）便曾爲了學中文，將中國古典小說《紅樓夢》從頭到尾抄一遍〔註20〕。然而1951年葉石濤爲學中國白話文，飢不擇食的讀《新民主主義》、《論聯合政府》、《群眾》等書，卻以違反「匪諜檢肅條例」被捕，以政治犯身份入獄三年之久〔註21〕，由此可見戰後初期的書寫場域對本省籍作家非常不利。在戰後反共西化的年代，官方主導的文藝政策，使省籍作家的發表空間受到極大的限縮，鍾肇政曾言「由於我們筆下濃烈的本土色彩，以及舉筆誓不涉那一類反共、戰鬥、歌德等等原因，我們這些新生代台灣作家毋寧是被排斥甚至被敵視、被猜疑的。」〔註22〕也因此這群出生於前日本殖民時期的知識分子，有著歷經改朝換代的無奈，也許才剛被要求書寫皇民戰時體制的應和之作，如今又被期許書寫反共抗俄的作品。就一個作家而言，文學不該是政治的附庸，但台籍作家卻因台籍身分，在國府統治下位處被宰制的社會階級中，他們不僅寫作的自由度受到限制，也在分配不均的文學場域中受到猜疑，成爲被排除於主流外的另類他者（other）〔註23〕，張誦聖甚至認爲「台灣的文化民族主義者通常都是那些沒有什麼文化資本的人」〔註24〕。而這樣的台籍作家的出身與處境，反而讓台籍作家因爲位處相似權力階級，而更能彼此了解、惺惺相惜，在書信往來的互動中有了共同的目標，互相鼓勵在公共領域（public sphere）中展嶄露頭角，增強了彼此的情誼，也逐漸形成一個社會群體，並在文學場域中找到立足的位置。

〔註20〕葉石濤，〈我與《紅樓夢》〉，彭瑞金主編，《葉石濤全集6‧隨筆卷：一》（台南市：台灣文學館；高雄市：高市文化局，2008.03），頁102。

〔註21〕彭瑞金主編，《葉石濤全集12‧隨筆卷七》（台南市：台灣文學館；高雄市：高市文化局，2008.03），頁343。

〔註22〕詳錢鴻鈞編、黃玉燕譯，《吳濁流致鍾肇政書簡》（台北：九歌出版社，2000.05），鍾序，頁25。

〔註23〕他者的概念主要是根據黑格爾和薩特的定義，它指主導性主體以外的一個不熟悉的對立面或否定因素，因爲它的存在，主體的權威才得以確定。參見艾勒克‧博埃默（Elleke Boehmer）著，盛寧、韓敏中譯，《殖民與後殖民文學》（Colonial and Postcolonial Literature），（遼寧：遼寧教育出版社：牛津大學出版社，1998.11），頁22。

〔註24〕Sung-sheng Yvonne Chang, "Beyond Cultural and National Identities: Current Re-evaluation of the Kominka Literature from Taiwan's Japanese Period, "Journal of Modern Literature in Chinese 1.1（July 1997）: 82.轉引自陳麗芬，〈爲伊消得人憔悴──尋找台灣〉，《現代文學與文化想像：從台灣到香港》（台北：書林出版公司，2000.05），頁196。

一、鍾肇政與大河作家的書信

　　鍾肇政（1925～）雖是一位歷任小學、中學、大學 32 年的教師，但在文壇上的角色，卻與林海音有著類似的作用，雖然早期只能以書信鼓勵文友，但擔任《台灣文藝》、《民眾日報》主編後，則是站在鼓勵與提拔新銳的立場上，使文壇新人有發表的園地。針對台灣「大河小說」而言，筆者認爲鍾肇政儼然是台灣大河小說生產的行動媒（agency）、社會施爲者（agent）〔註 25〕、助產士，對大河小說的書寫與發表有著很大的影響。

　　過往，不少作家的提筆創作，甚至是出版刊登，都是在彼此砥礪的書信往來中一篇篇產生。我們知道鍾肇政是一個擅於寫信、回信的好筆友，曾笑稱回一封信大約 5 分鐘，但這不表示他態度輕慢，而是做事的一種積極態度。這點可以從其每信必回〔註 26〕，以及對書信保存的完好與完整性得到證明，這也是許多人重視與鍾肇政書信往來的原因。文壇上與其書信往來者甚多，就大河小說家來看就包含李喬、東方白、黃娟等人。許多往來書信也已集結出版，如與鍾理和通信的《臺灣文學兩鍾書》、與東方白通信的《臺灣文學兩地書》，以及收入《鍾肇政全集》的書簡系列中與李喬通信的《情深書簡》、與葉石濤、黃娟、謝里法通信的《情純書簡》等，從這些書信中也可以看見鍾肇政對於建構台灣文學的努力〔註 27〕與催生大河小說的過程。

　　鍾肇政對台灣大河小說的用心其來有自，他與同屬戰後第一代作家〔註28〕，但歷經多年疾病纏身的鍾理和通信時，也說明了自己的想法：「我也曾在『臺灣人』的總題下計劃過三部作……我們生爲臺灣人，任何一個眞有志文學的人都會想到這樣一部作品的。……臺灣人的史詩，終歸需要臺灣人來執筆的。」〔註29〕鍾理和也曾寫信給鍾肇政：「寫長篇〈大武山之歌〉是我放在本年內的希

〔註25〕　布赫迪厄把個人定義爲一個社會施爲者（agent）而非社會行動者（acteur）。社會施爲者（從內部）被作用，也能（向外）作用。詳朋尼維茲著，孫智綺譯，《布赫迪厄社會學的第一課》（台北：麥田，2002.10），頁 106。

〔註26〕　鍾肇政曾言：「我一直都想做到『有信必回』的地步，還認爲這是應該的。即使是無關重要，我也照回不誤。」詳張良澤編，《臺灣文學兩地書》（台北：前衛出版社，1993.02），頁 3。

〔註27〕　詳歐宗智，〈台灣文學的萬里長城——鍾肇政相關書簡對於建構台灣文學之意義〉《鍾肇政文學國際學術會議》（桃園：行政院客家委員會主辦，2003.11.22～23）。

〔註28〕　戰後世代區分，參見彭瑞金的解釋，詳彭瑞金編，《鍾肇政口述歷史：戰後台灣文學發展史》，（台北：唐山出版，2008.07），頁 232～235。

〔註29〕　錢鴻鈞編，《臺灣文學兩鍾書》，（台北：草根出版社，1998.02），頁 78。

望，不過我不敢說一定要寫多少？」鍾理和最後的希望，就是寫出六十萬字的
〈大武山之歌〉，但他這部長篇小說只寫下人物表，故事大綱，不久他就去世了
（1960 年）〔註30〕。否則文壇今日所見的大河小說可能會有更豐厚的成果。

　　李喬（1936～）是戰後第二代作家，不像前一代有語言轉換的困擾，他
是主動向鍾肇政報到的作家，會寫了作品後請鍾肇政指正，曾在給鍾肇政的
信上提到「《寒夜三部曲》在心靈上獻給鍾老的、他把鍾老當作是一個兄長、
一個師長一樣的一種朋友關係」〔註31〕。事實上鍾肇政在 1969 年 6 月曾寫信
希望李喬應集中精力來從事長編小說〔註32〕，也曾傳授寫大河小說的經驗給
李喬：「《臺灣人三部曲》在三部曲，在時間上是採取『點』，由這『點』而及
該點之平面，第一部集中在日本人入臺之初的一短暫時間，往後第二部是採
日據中葉一個時期，第三部則為日據末期的一段時間。……至於歷史性資料，
我記得主要是靠那本臺灣史話。歷史的脈絡雖然必需緊緊把握住，但在作品
中畢竟不算重要，因此我想那本臺灣史話已頗足應用。不知你對該書已細閱
過未？請先造一個年代，記年應西元、民前、民國、兼及大正、昭和等，看
看有何不足之處，我當幫你儘可能找找。……你構思之際，最好也三部分開
來，使成段落（獨立長篇），這樣比較好處分也。」〔註33〕鍾肇政不僅傾囊相
授且熱心指引的書信，可說是間接促成《寒夜三部曲》完成的一大動因。

　　就大河小說家彼此間通信的情誼來看，不僅李喬在書信報告自己寫作《寒
夜三部曲》的計畫與預定進度〔註34〕，東方白（1938～）也是在寫作《浪淘
沙》之初即告知寫作計畫，鍾肇政也給予適時的建議與鼓勵，甚至提供發表
園地〔註35〕。這兩位以大河小說聞名的李喬、東方白，都受到鍾肇政的提攜，

〔註30〕 此封信未收於《鍾理和書信集》，也沒有在《全集》中收錄。詳彭瑞金編，《鍾
　　　　肇政口述歷史：戰後台灣文學發展史》，（台北：唐山出版，2008.07），頁 105。
〔註31〕 彭瑞金編，《鍾肇政口述歷史：戰後台灣文學發展史》，（台北：唐山出版，
　　　　2008.07），頁 53、114、165。
〔註32〕 李喬，《情深書簡》，收入《鍾肇政全集》（桃園，桃園縣文化局，2002.11），
　　　　頁 198。
〔註33〕 李喬，〈千載餘情〉《情深書簡》，收入《鍾肇政全集》（桃園，桃園縣文化局，
　　　　2002.11），頁 311。
〔註34〕 詳《情深書簡》，頁 310、502。
〔註35〕 《浪淘沙》1981 年於《臺灣文藝》復刊號第 18 期開始連載，1983 年改自《文
　　　　學界》第 8 期起連載。其間因病中斷一年半，直至 1989 年 10 月才全部完成。
　　　　並於 1990 年由《臺灣文藝》119 期至 126 期刊登。詳東方白，《小乖的世界》
　　　　（台北：草根出版社，2002.11），附表：東方白生平寫作年表。

似乎有點巧合，但事實上這是鍾肇政有心的引導，與作家們共同的期望。

　　戰後第二代作家黃娟（1936～），也可以說是由鍾肇政引進文壇的，黃娟的處女作〈蓓蕾〉在未發表前，就請鍾肇政修改，其後順利在林海音主編的《聯合副刊》發表。後來正式出版《楊梅三部曲》時也送給鍾肇政〔註 36〕。因此由鍾肇政、李喬、東方白，繼而黃娟，形成了台灣版大河小說作家一脈相承的世系，因此台灣版大河小說的生產，並不是時代的偶然，是鍾肇政這位「台灣文學的旗手」〔註 37〕努力搖旗吶喊的引領，是省籍作家有心的集結，是彼此魚雁往來的精神慰藉，與行動的支持，讓作家們在艱困的環境中仍有澆不熄的奮鬥力量，在黎明來臨前埋首耕耘。

二、文友通訊（1957～1958）的小眾集結

　　1950 年代廖清秀、鍾理和、李榮春等作家的作品得到文獎會的獎勵〔註 38〕，使他們在文壇上嶄露頭角。1957 年鍾肇政因而陸續結識了廖清秀、鍾理和、施翠峰等作家，在反共文學的寫作氛圍中，鍾肇政意外發現他們也是本省籍作家，這讓他精神為之一振，因此興起獨立辦一份油印刊物的想法，為他心目中有才華的省籍作家服務，使得彼此可以互通聲氣、互相砥礪。於是《文友通訊》便於 1957 年 4 月 23 日起發行，由鍾肇政手刻鋼板油印，聯繫散落於台灣各地的台籍作家，包含鍾肇政、陳火泉、廖清秀、鍾理和、施翠峰、李榮春、許炳成（文心）等六人，以及其後加入的許山木、楊紫江 2 人，這些戰後第一代台籍作家於此集結，互相輪閱、評論作品，並聯絡感情，堪稱 1950 年代文壇最具代表的本土作家匯集，這個文學小團體直至 1958 年 9 月 9 日止，維持一年 4 個月，共計發行 16 次〔註 39〕。鍾肇政的構想大抵如下：

〔註 36〕彭瑞金編，《鍾肇政口述歷史：戰後台灣文學發展史》，（台北：唐山出版，2008年 7 月），頁 108、170～171

〔註 37〕黃娟稱鍾肇政為台灣文學旗手。詳黃娟，〈鍾老的成就─賀鍾肇政先生八十大壽〉，《臺灣文學評論》第 3 卷第 4 期，2003 年 10 月，頁 116。

〔註 38〕如 1952 年廖清秀的《恩仇血淚記》得文獎會長篇小說獎。1953 年李榮春的《祖國與同胞》主辦單位以史無前例無法與其他作品一起評審，給與一萬六千元寫作補助，鼓勵他繼續創作。1956 年鍾理和的《笠山農場》得文獎會長篇小說獎。

〔註 39〕鍾肇政，〈也算足跡──文友通訊正式發表贅言〉，《文學界》第五期，1983年春季號。（1983 年 1 月），頁 120～132。

一、發行油印刊物一種：每月一期，每期九開白報總兩張為度，擬
　　定名為《文友通訊》（不收費亦不發稿費），內容著重下列各項
　　文字及各文友動態，旨在免去各交友個別通信之勞，所有文友
　　硬性規定每月寄稿一次。

二、作品輪閱：每月由一位文友將自作一篇寄給各文友輪閱（次序
　　另訂），閱後將批評寄下，以便在《文友通訊》彙集登載（對此
　　項辦法，請多提供高見）。

三、作品評論：此處作品係指已刊登在報刊者，文友於每月末通信
　　時，將該月內發表作品篇名刊物名稱期別示知，在《文友通訊》
　　刊佈，各文友於次月內設法審閱，作成批評寄來登載《文友通
　　訊》。〔註40〕

《文友通訊》第一號中指出，「我們不能妄自尊大，也不應妄自菲薄，我們是
台灣新文學的開拓者，將來台灣文學之能否在中國文壇上乃至世界文壇上，
占一席地，關乎我們的努力耕耘，可謂至深且大」〔註41〕，由此可見鍾肇政
對這份通訊的定位與期許，想在主流文學下，為台灣新文學開拓一塊處女地，
那是一種拓荒者的先鋒姿態，充滿著豪情與壯志，有種不畏艱辛仍要努力墾
殖的心理。

　　嚴格來說，文友通訊是將個人私人書信變成小群體的公眾通訊，但仍不
是一份公開發行的雜誌，而是幾位省籍作家互相傳閱的通訊，對公眾社會的
影響性是有限的。但對於集會結社仍為禁忌的年代，仍是一件難得的突破。
這份刊物是鍾肇政在尋找台灣人作家聯盟的刊物。因此結社立場是有「台籍」
特定身份〔註42〕與理念的要求，雖然曾以「建立屬於中國文學其中一個支流
的台灣文學」的公開說法來當保護色，但私底下這一群本土作家甚至宣稱台
灣有一天要獨立〔註43〕。雖然後來的評論者對結社的立場，往往予以現世的

〔註40〕《文學界》第五集，1983年春季號，頁125。
〔註41〕同上註，頁126。
〔註42〕1957年4月23日，首封召集信即寫明「文友」三條件：「願意致力小說創作
　　　　的，且確已有若干作品的，限台籍」。參見《文學界》第五集，1983年春季號。
〔註43〕雖然文友李榮春曾馬上且大聲的說不可能，因為他的心目中仍有著祖國與同
　　　　胞。詳彭瑞金編，《鍾肇政口述歷史：戰後台灣文學發展史》，（台北：唐山出
　　　　版，2008.07），頁120。但此說法是21世紀鍾肇政的說詞，是否有事後的詮
　　　　說也當注意。

批評，但回歸歷史情境中，當能理解當時「台灣文學爲中國文學的一支」，時過境遷後又轉變（或策略性的改變）說法找到脈絡性的源由。然而不管此間的是非爭論，文友通訊的集結，就是一個台籍作家結盟的開始，充分反映當時台籍作家的處境與企圖，以及台籍作家在文學場域中的邊緣位置。

由於戰後作家作品的發表園地是有限的，也因反共抗俄的文藝政策，內容重視的是戰鬥的、反共的國策文學，因此有反共抗俄等經歷與體驗的外省人較能深刻的表達。但本省籍戰後第一代作家，在日本統治時期接受日文教育，並以日文寫作，戰後便成了失語的一族。少數如鍾理和等自始自終堅持中文創作，但作品（〈笠山農場〉）得獎，也沒有地方發表，同樣李榮春的〈祖與與同胞〉雖得獎，但得獎金額也不夠自費出版全書。因此作品的能見度非常低，加上二二八事變、白色恐怖後，每個人心中都有一個小警總，對於文字的戒心也大爲提高。當時鍾理和寫給鍾肇政的信裡有這麼一段文字：「戰鬥文藝滿天飛，我們趕不上時代，但這豈是我們的過失，何況我們休無須強行趕上，文學是假不出來的，我們但求忠於自己，何必計較其他。〔註44〕」因此他們仍擇善固執地寫作，鍾理和甚至寫至生命最後一刻，李榮春也爲了寫作捨棄婚姻與正職工作，大家共同在退稿過程中自詡爲退稿專家，希望成爲台灣文學斷層後的拓荒者、開路先鋒〔註45〕。雖然他們有心寫作偉大的大河作品，但生命卻予以嘲弄，讓鍾理和不幸早死未能完成《大武山之歌》，而李榮春則在不被理解的文字獄中被嘲笑，直到死後作品才被發掘。正如鍾肇政在 1958 年 9 月份第 16 期《文友通訊》最後一封給文友的信函所言：「《文友通訊》雖然沒有了，但它在天之靈將永久爲各位祝福，也爲未來的『台灣文學』祝福。但願各位文友埋頭努力，寫、寫、寫，盡力地寫，寫出台灣人的心聲，爲『台灣文學』開出一朵璀璨的花。」〔註46〕鍾肇政們在《文友通訊》時勤力刻鑿的筆耕，雖只是個小小的起點，卻是一條潛流，引領著「台籍作家」走出一條邁向「台灣文學」的道路。

〔註44〕彭瑞金編，《鍾肇政口述歷史：戰後台灣文學發展史：第二講台灣文學的秘密結社》，（台北：唐山出版，2008.07），頁 49～50。

〔註45〕鍾肇政，〈血淚的文學、掙扎的文學——七十年台灣文學縱橫談〉《台灣作家全集》短篇小說卷總序（台北：前衛，1991），頁 105。

〔註46〕鍾肇政等，〈文友通訊〉《文學界》第五期（1983.1），頁 124～193。

第三節 公領域的作品刊載

　　戰後的文學場域中，台籍作家得以發表的空間有限，因為 1950 年代許多社會動員運動，是立基在此國家論述的正當性之上而號召形成的〔註 47〕。正如葛蘭西「文化霸權」的理論〔註 48〕，主宰階級往往透過市民社會的意識形態機構來影響社會，將其意識型態加諸於其他階級之上，以達成其自身目的。1950、1960 年代台灣文壇的生態，反共戰鬥文藝是官方指揮的主調，因此跨語言的台籍作家很難有發揮的空間，除了語言文字轉換的隔閡外，也沒有反共抗俄的經驗，加以二二八事件的傷痕，台籍作家作品少且品質不高，因此在符合國策的社會情境中，擁有政黨資源的編輯們較少刊載台籍作家作品。但台籍作家仍不斷精進「國語」的能力，另方面也努力書寫，希望作品能在公共領域發聲。

　　在文學場域的生產運作邏輯中，編輯角色一直在文壇佔有相當重要的位置，一方面集結作家作品，一方面對投稿的作品予以控管，因此編輯一如文學的守門員，而成為宰制的一方。但每位編輯的權利也取決於他們在社會空間中的位置、他們所擁有的社會資源。在此其間我們發現，在林海音（《聯副》）、聶華苓（《自由中國》）與穆中南（《文壇》）等編輯手中，文藝有著異質的開展空間，反共文藝不是主流，女性與現代主義已走進文壇，在純文學的理念下，處於邊緣弱勢的台籍作家也相對的有了夾縫求生的空間〔註 49〕。尤其林海音在 1953 年到 1963 年擔任聯合報副刊主編時，選用了許多台籍作家的作品，提攜了許多新銳，對省籍作家鍾理和等人及時伸出援手的刊載與

〔註47〕曾薰慧，〈台灣五〇年代國族想像中「共匪／匪諜」的建構〉，（東海大學社會碩士論文，2000 年）。

〔註48〕葛蘭西文化霸權理論（Hegemony Theory）指陳的是一個階級如何透過政治和意識形態結合的力量，來影響、統治另一個階級，Gramsci 認為「國家」是最主要的施壓力量（coercive force），然而，意識形態的宰制還必須依靠一些市民社會機構。在媒介霸權論下，媒介本身似乎並不具自主性，而受周圍的利益集團所控制來營造訊息與意見，從業人員充其量不過是生產的工具而已。詳翁秀琪，《大傳傳播理論與實證》，修訂再版。（台北：三民，1996），頁 119～120。

〔註49〕詳細情形可參看應鳳凰〈第二章「反共十現代」：右翼自由主義思潮文學版〉，收錄於陳建忠等，《台灣小說史論》（台北：麥田，2007），頁 111～155。封德屏，〈穆中南與《文壇》〉《「台灣文學傳播國際學術研討會」會議論文》，（台中：中興大學台灣文學研究所主辦，2006 年 5 月 12 日～13 日），頁 375～376。呂正惠，〈五〇年代的林海音〉，《戰後台灣初期文學與思潮國際學術研討會論文集》（台中：東海大學中文系，2004）。

付印，在文壇成為美談佳話〔註50〕。但 1963 年林海音卻因為「船長事件」，被迫辭去工作 10 年的聯副主編職務，而撰寫〈故事〉〔註51〕的王鳳池也因此遭逮捕監禁 3 年矯正思想，由此可見當時臺灣警備總司令部的作風。

而鍾肇政也是被林海音提攜的作家之一，這位有自覺的台籍作家，有意在文學場域的邊緣找到戰鬥的位置，不僅以私人書信方式與台籍作家互相勉勵切磋，更集結幾位台籍作家，以《文友通訊》的方式進行集結，鼓勵文友共同為台灣新文學而努力，鍾肇政在此其間不僅努力創作，也扮演著催生他人作品的角色，有時更協助找尋發表園地，期望台籍作家能在公共領域中發聲，而這些作家也逐漸形成一個本土意識的社會集團（social group）。

一、《台灣文藝》、《民眾日報》副刊

吳濁流（1900～1976）與鍾肇政（1925～）的關係，是始於《濁流》在報紙連載，吳濁流因「濁流」二字的美麗誤會〔註52〕，主動寫信給鍾肇政，又因彼此都是台灣客家人而開始通信見面往來，從《台灣文藝》的創刊，到翻譯《台灣連翹》、《無花果》等作品〔註53〕，足見兩人不僅只是忘年之交，感情亦十分深厚。

〔註50〕 參見應鳳凰，〈林海音與台灣文壇〉收錄於李瑞騰、夏祖麗主編，《一座文學的橋——林海音先生紀念文集》（台南：國立文化資產保存研究中心籌備處，2002.12），頁 146～153。

〔註51〕 風遲〈故事〉原詩如下：
從前有一個愚昧的船長 因為他的無知以致於迷航海上
船只漂流到一個孤獨的小島 歲月悠悠一去就是十年時光
他在島上邂逅了一位美麗的富孀 由於她的狐媚和謊言致使他迷惘
她說要使他的船更新人更壯，然後啟航 而年復一年所得到的只是免於飢餓的口糧
她曾經表示要與他結成同命鴛鴦 並給他大量的珍珠瑪瑙和珠寶
而他的頭髮已白，水手老去 他卻始終無知於寶藏就在他自己的故鄉
可惜這故事是如此殘缺不全 以致無法告訴你以後的情況。
詳聯副十年 http://dig.nmtl.gov.tw/lin/web/02newspaper/05skipper.html，瀏覽日期：2012.5.16。

〔註52〕 鍾肇政之孫女王婕曾轉述濁流取名的由來，鍾老一日行經石門水庫大壩，記得晴朗時非常清澈，是日水卻非常混濁不見底，因此取書名為此。詳彭瑞金編，《鍾肇政口述歷史：戰後台灣文學發展史》，（台北：唐山出版，2008.07），頁 303。

〔註53〕 彭瑞金編，《鍾肇政口述歷史：戰後台灣文學發展史》，（台北：唐山出版，2008.07），頁 112。

　　吳濁流有《台灣日日新報》、《台灣新報》、《民報》記者的經歷，深知媒體的影響性。1964 年吳濁流獨資創辦《台灣文藝》，不僅希望日據時期的文學能夠承續下來，也希望能給年輕台籍作家有創作的空間，因此命名之時原想取名《青年文藝》〔註 54〕，但最後認同鍾肇政的想法取名爲《台灣文藝》〔註 55〕，當時剛毅的吳濁流不畏情治單位的關切，堅持以「台灣文藝」作爲雜誌名稱，還因此表示：「我們要推動的是台灣本土文藝，若非冠有『台灣』二字即失去辦雜誌的意義。〔註 56〕」然而在 1960 年代使用「台灣」二字即是對官方極大的挑戰，也許是雜誌發行量不多，在《文藝創作》、《現代文學》等主流刊物外，未受到密切的關注而得以倖存。從 1964 年創刊起到 1976 年 10 月吳濁流逝世，由吳濁流扛下 53 期的重任，捐出「台灣機器工業同業公會」的退職金及家用節餘，成立「吳濁流文學獎基金會」，創立吳濁流文學獎（1969），在《台灣文藝》刊載小說、漢詩、新詩、文學研究與評論等，由於財力有限並不發稿費，但不僅匯聚了《文友通訊》的鍾肇政、廖清秀、文心等作家，也大力提拔新人。吳濁流對文學文化的付出，可謂鞠躬盡瘁、死而後已。

　　1977 年 3 月到 1982 年 12 月《台灣文藝》則由鍾肇政承接主編〔註 57〕，開始象徵性的發稿費，小說方面堪稱豐收，但依然打不開銷路。那段期間，每期零售只有兩百來冊，偶爾超過三百本令鍾肇政開心不已，加上長期訂戶六七百份，《台灣文藝》每期銷路不到一千。當時本土的，尤其冠以「台灣」兩字的東西，註定只有淒慘沒落的命運〔註 58〕。1983 年 1 月《台灣文藝》改由陳永興接辦，李喬擔任過總編輯，1994 年 2 月至 1995 年 12 月則換李喬接辦《台灣文藝》出刊新生版，然而不管是吳濁流、鍾肇政、李喬等或其他人

〔註 54〕錢鴻鈞編，黃玉燕譯，《吳濁流致鍾肇政書簡》，（台北：九歌出版社，2005.05），頁 72。

〔註 55〕1964 年 3 月年鍾肇政致張良澤的信提到：「《臺灣文藝》這刊名就是我起的。」詳張良澤編，《肝膽相照》鍾肇政卷（台北：前衛出版社，1999.11），頁 43。

〔註 56〕彭瑞金，《台灣新文學運動 40 年》，（高雄市：春暉，1997.8），頁 126。

〔註 57〕鍾肇政在「大家合力來承擔的許諾下，勉爲其難地接下這份重負」，由 1977 年 3 月至 1982 年 12 月，主編 54 期至 79 期（革新號 1 期至 26 期）的《台灣文藝》。詳游勝冠，〈台灣文學的大河——鍾肇政及其文學〉《台灣文學館通訊》5，2004.09，頁 18。

〔註 58〕鍾肇政，〈滾滾大河天上來——序東方白《浪淘沙》〉，《浪淘沙》（台北：前衛，1991.03.15 台灣版第三刷），頁 12。

當編輯〔註 59〕，都提拔了許多文藝後進，成為本土作家集結的大本營。尤其是鍾肇政接辦期間，給予成熟或才剛踏入創作腳步的作家極大的寫作空間，不計篇幅地刊登李喬的《寒夜三部曲》、東方白的《浪淘沙》等大河小說，推出鍾理和等作家作品研究專輯等，以最大的氣度提供其他台灣作家發表作品，給台灣文學研究最大的空間〔註 60〕。鍾肇政在那些年，自己創作的時間

〔註59〕《台灣文藝》發行一覽表：

起迄卷期	時　間	編輯團體
創刊號～第 52 期	1964.4～1976.7	吳濁流創辦，並任主編。吳濁流文學獎管理委員會，主任委員：鍾肇政等
第 53 期～第 79 期	1976.10～1982.12	發行人：巫永福，1979 年年底成立「台灣文藝編輯委員會」，由鍾肇政擔任召集人及主編。
第 80 期～第 100 期	1983.1～1986.5	台灣文藝編輯委員會，由醫師陳永興接辦，李喬、張恆豪任總編輯
第 101 期～第 104 期	1986.7～1987.1	台灣文藝編輯委員會，李敏勇任社長，楊青矗任總編輯
第 105 期～第 116 期	1987.5～1989.3	台灣筆會接辦，首任會長楊青矗，副會長李魁賢
第 117～第 120 期	1989.5～1990.1	台灣筆會第二屆接辦，會長陳千武，副會長李敏勇，林文欽為《台灣文藝》社長，黃勁連為總編輯
第 121 期～第 140 期	1990.9～1993.12	前衛出版社出版，林文欽任社長兼總編輯
第 141 期～第 152 期	1994.4～1995.12	由李喬任主編、鄭清文、利錦祥等人接手
第 153 期～第 169 期	1996.2～	由杜潘芳格出任社長，鄭邦鎮、楊翠負責主編
第 170 期～第 181 期	2000.6～	由台灣筆會會長李喬收回監督，傅銀樵擔任主編
第 182 期～第 187 期	2002.6～2003.4	台灣筆會改組無意承辦，雜誌獨立維持不到一年停刊

本表參考以下資料整理而成：陳玉玲，〈「台灣文藝」研究〉《台灣文學觀察雜誌》第三期，1991 年 1 月，頁 36～55。王淑雯，〈大河小說與族群認同：以《臺灣人三部曲》、《寒夜三部曲》、《浪淘沙》為焦點的分析〉（國立臺灣大學社會學研究所碩士論文，1994），頁 98～99。以及台灣大百科全書 http://210.69.67.7/瀏覽日期：2013.9.4。

〔註60〕游勝冠，〈台灣文學的大河——鍾肇政及其文學〉《台灣文學館通訊》5，2004.09月，頁 20。

相對壓縮，寫作近乎停頓，卻仍無私的爲其他文友尋找發表園地，鼓勵後進，著實令人感佩。彭瑞金曾言「放眼當今臺灣文學界，從戰後到八〇年代諸多老成、中堅、少壯輩作家，鮮少不曾與《臺灣文藝》有過或深或淺的感情的。」〔註61〕更可以證明《台灣文藝》的發行，對台灣文學的發展有重大的貢獻，以及非以經濟利益爲優先考量的性質。

　　《台灣文藝》中的評論要角葉石濤曾言：「台灣文藝的根，紮在台灣歷史的、文化的、社會的、民眾的風土上」，「主張文學反映人生，特別注重鄉土色彩，較傾向於寫實主義現實文學」〔註62〕。由此我們可以看出《台灣文藝》主張的鄉土文學，以及強烈的台灣意識傳統，深深牽引著在《台灣文藝》成長的核心作家：鍾肇政（1925～）、李喬（1934～）、東方白（1938～）、黃娟（1934～）等人，而這些作家後來也都成爲台灣「大河小說」的班底（Equipe）。

　　這些大河小說作家中，李喬〈那棵鹿仔樹〉在 1968 年即獲得《台灣文藝》第三屆「台灣文學獎」，而《寒夜》不僅在《台灣文藝》連載，《寒夜三部曲》的完成也與鍾肇政「嚴重督勵」有關係〔註63〕。當時主編《台灣文藝》的鍾肇政認爲李喬有能力寫，於是《寒夜》在《台灣文藝》連載〔註64〕。1978 年 8 月鍾肇政接任《民眾日報》副刊室主任、兼副刊主編時，李喬的《孤燈》也應鍾肇政的要求開始在《民眾日報》副刊連載〔註65〕，有趣的是，報紙天天出刊，連載速度比台灣文藝雜誌快，女主角在《寒夜》結婚才沒多久，她在《孤燈》已經七十多歲快死了。由此可見李喬的大河小說，是因爲鍾肇政的鼓勵與提供發表園地，讓他有了伸展的舞台，這樣的社會關係，似乎給人嫡

〔註61〕李喬，〈千載餘情〉《情深書簡》，收入《鍾肇政全集》（桃園，桃園縣文化局，2002.11），頁 4。

〔註62〕葉石濤，《台灣文學史綱》（高雄：春暉出版，1993.09.05 再版），頁 117。

〔註63〕李喬，《寒夜三部曲——孤燈》（台北：遠景出版，1981.02 初版，2001.07 六版），頁 518。

〔註64〕盧翁美珍，《神秘鱒魚的返鄉夢——李喬《寒夜三部曲》人物透析》（台北：萬卷樓圖書，2006.01），頁 280。

〔註65〕鍾肇政接《民眾日報》副刊時須要一篇長篇連載，原擬找鄭清文，但鄭清文不願寫長篇，在不敢輕忽的想法下找了李喬來書寫。詳鍾肇政口述，莊紫容訪談（2001.6.05），〈談戰後第二代作家之三：專訪鍾老之六〉，（客家文學網站：http://cls.hs.vzu.edu.tw/haldca/author/zhong_zhao_zheng/default_movie.htm），聲音檔案 6～68。

系傳承的感覺，而李喬也不諱言的聲稱鍾肇政是「大河小說的開山鼻祖」〔註66〕，由此也可見兩人之間大河聖火的傳遞。

另外東方白與鍾肇政的情誼，可從〈奴才〉這篇小說談起，展開了兩人通信的友誼〔註67〕，東方白也開始為鍾肇政主編的《民眾日報》副刊與《台灣文藝》投稿。當時鍾肇政擔任《民眾日報》副刊編輯，堪稱是台灣本土作家第一次掌握報紙副刊的編務，有心突破的鍾肇政卻對東方白食言，沒有將〈奴才〉刊於《台灣文藝》，而將這篇有所顧忌的問題作品發表在《民眾日報》副刊〔註68〕，由於政治時空的圍限，以及來稿不符合國策期望，加以鍾肇政在其間所受的「關注」，鍾肇政時時有隨時下臺的準備〔註69〕。果不其然，鍾肇政接任副刊一年多後，即引起國民黨文工會的關注，報社受到壓力，將副刊室由台北移到高雄，間接剝奪鍾肇政的編輯權，於是鍾肇政便於1980年2月辭掉了主編暨副刊室主任的職務〔註70〕。但另一說法，據報社內部的人透露，是在「有關方面」的壓力下，報社才不得不把他攆走〔註71〕，也因此鍾肇政擔任民眾副刊編輯一年半不到。但不管實情如何，鍾肇政受到「關注」是事實。我們可以看出在政治尚未解嚴的年代，出版與發表作品有著諸多的禁忌，但鍾肇政不僅寫了《濁流三部曲》、《台灣人三部曲》等作品，也在風雨中走了出來，一如東方白要求鍾肇政寫《浪淘沙》書序時在信上所言：「你即是「大河小說」的開路先鋒，這棒子由你傳給李喬，再來由李喬傳給我，何況這《浪淘沙》是由你親自接生，你對這序應有另一番特殊的意義。〔註72〕」

〔註66〕 李喬，〈千載餘情〉《情深書簡》，收入《鍾肇政全集》（桃園，桃園縣文化局，2002.11），頁4。

〔註67〕 彭瑞金編，《鍾肇政口述歷史：戰後台灣文學發展史》，（台北：唐山出版，2008.07），頁169。此篇於1979年2月20～21發表在《民眾日報》副刊。

〔註68〕 鍾肇政，〈滾滾大河天上來──序東方白《浪淘沙》〉，收錄於東方白，《浪淘沙》（台北：前衛出版，2002.01再版），頁31～32、35。

〔註69〕 詳鍾肇政給東方白的信：「你必可想像到我在『此間』受『重視』的程度。在這種情形下，〈奴才〉的充滿臺灣人的感覺，且其中主角又為非臺灣人，所以，發表與否，可否發表，也就令人煞費斟酌。我目前也常有一些來稿必需經常做些斟酌的。因此也經常存在著隨時鞠躬下臺的心理準備。」詳《台灣文學兩地書》，頁3。

〔註70〕 詳彭瑞金編，《鍾肇政口述歷史：戰後台灣文學發展史》，（台北：唐山出版，2008.07），頁246～247。

〔註71〕 鍾肇政，〈滾滾大河天上來──序東方白《浪淘沙》〉，收錄於東方白，《浪淘沙》（台北：前衛，2002.01再版第九刷），頁35。

〔註72〕 鍾肇政、東方白，《臺灣文學兩地書》，（台北：前衛，1993.2），頁119。

因此鍾肇政不僅是台灣文壇的褓姆，也是「台灣大河小說的開路先鋒」。

創作《楊梅三部曲》的黃娟也受到吳濁流、鍾肇政的影響。黃娟是《台灣文藝》創刊期的重要小說家，也是《台灣文藝》的重要核心作家，從第 1 到 53 期（未出國前）在《台灣文藝》發表的文章篇數是數量第二多的作家，遠高於其他作家〔註 73〕。雖然文壇上報章雜誌與文藝刊物甚多，但台籍作家能言論表達的空間卻很有限，但我們卻可以說《台灣文藝》是早期台籍作家作品的大搖籃，也促成本土雜誌如《笠》詩刊〔註 74〕的創設，成為本土文學的重要陣地，讓台灣文學由潛流而萌現地表，成為台灣文學在文學場域中的重要腹地。因此在這個本土文學集團中，台籍作家有了真正可以公開發表的園地與管道，傳承文學的香火，無形中這些作家也成了大河作家的班底。

從現有台灣「大河小說」來看，鍾肇政、李喬、東方白、黃娟都與《台灣文藝》關係密切，由此可見台灣「大河小說」這一脈的嫡系關係。而邱家洪雖看似不同道人，卻有著更鮮明的台灣意識與本土派立場。因此在共同的意識形態傾向下，諸多評論者也將其劃歸到台灣「大河小說」之列。

對於台灣文學的筆耕者而言，寫作有時不是為了市場，甚至可以說是一種對體制的戰鬥，從私領域的通信，鍾肇政因緣際會地結識了共同志趣的吳濁流等台籍作家，也在《台灣文藝》擔任主編的有利位置，培植了許多台籍作家及作品，接著鍾肇政又擔任《民眾日報》副刊編輯，這一連串的編輯身分，改變了鍾肇政被宰制的位階（positions），而成了推動台灣文學的主宰者，藉以生產台灣作家作品。因此在《文友通訊》、《台灣文藝》、《民眾日報》副刊的生產機制中，台籍作家的人數與作品有了提昇空間，加以省籍作家作品的集結出版，更是強力在台灣文壇中搶下了一席之地。然而不管是吳濁流、鍾肇政或其他人當編輯，在戒嚴時期，編輯都須具備一定的政治敏感度，即使有心突破格局，也得循序漸進，才得以順利刊出稿件。

二、台籍作家作品的集結出版

1965 年 10 月，鍾肇政藉著紀念台灣光復二十周年的名義，獨立編輯了

〔註 73〕蔡淑齡，〈黃娟《楊梅三部曲》研究〉（彰化：彰化師範大學國語文教學碩士班，1994），頁 212。

〔註 74〕與《台灣文藝》同年創刊的《笠》詩刊，也是本土文學的大本營，但《台灣文藝》是以小說、隨筆、漢詩為主，而《笠》詩刊則以詩為主，時至今日，《笠》詩刊是連續出版期數最久的詩刊。

《本省籍作家作品選集》十冊（文壇社）、以及《臺灣省青年文學叢書》十冊（幼獅書店），看似簡單，但在當時的出版環境中已屬異數，由於當時官方創辦或資助的文藝雜誌與出版社數量佔極大數，早已有效地獨佔大眾傳播媒體。因此鍾肇政這些作品的集結，不僅證明了台籍作家的創作能力，也填補了戰後文學的斷層，一如張恆豪所言：「在終戰後二十年，展現了戰後第一代第二代的台灣文學系譜，讓年青新銳浮出檯面，填補了二二八事件、白色恐怖以來的文學斷層。」〔註75〕這些書的出版曾有過文字之爭，台灣省青年文學叢書原名為「台灣青年」，硬是被套上「台灣省青年」以取得合法性，「台灣作家」作品集，硬是被改為「本省籍作家」作品，這樣的正名化過程，其實不難見出「台灣」兩字的禁忌性，「台灣」正以反主流文化的姿態現身，因此成為主流文化企圖消音與蔑視的對象。就此，也可以看出本省籍相對於外省籍的分立狀態，以及外省籍處於宰制階級，本省籍處於被宰制階級的層級狀態。這些有關「台灣」的作家，往往有屈居人下、不得不仰人鼻息的慨嘆，有著作品被查禁，行動被監督，甚至被迫作牢的可能危機。但為求作品能被看見，被宰制的本省籍也只有先保命與內化主流意識一途，從而尋求改變的可能。

　　隨著時代的推演，1979年鍾肇政與魏子雲、尉天驄二人合編《當代中國新文學大系》小說卷，鍾肇政負責第二集，便選了楊逵到詹明儒等卅一家的小說作品，再次為鄉土文學論戰的本土陣營，提供堅實有力的證言。同年，鍾肇政也與葉石濤合編《光復前台灣文學全集》小說卷八冊，由遠景出版社出版，讓戰前日治時期的文學作品重見天日，使台灣新文學從戰前到戰後有了較清楚的面貌，為台灣新文學史的建構與詮釋提供了較完整的素材，尤其這部全集是第一次堂堂正正打出「台灣文學」名號的作品集，意義非凡。1984年鍾肇政有意推出《台灣文學全集》的整編計畫，但限於龐大的資金因素，僅出版了首冊龍瑛宗的《午前的懸崖》便告作罷。直至1990年前衛出版社的林文欽願意提供資金，鍾肇政才號召了學院派學者陳萬益、林瑞明、施淑與民間學者彭瑞金、高天生等人，合編《台灣作家全集》五十冊，讓台灣文學主體性運動向前跨了一大步。全集五十冊，可視為台灣文學從民間向學院游移的時代產物，對於1994年以後如雨後春筍蓬勃興起的文學會議，間接上也

〔註75〕張恆豪，〈夢想依然在心中澎湃——九〇年代鍾肇政的文學運動〉《鍾肇政文學國際學術會議》（桃園：行政院客家委員會主辦，2003.11.22～23），頁17～2。

起了一些催化作用。〔註76〕綜此，從1960年代至今，台灣文學作家作品的集結，從不得命名「台灣」，到得以正名為「台灣」，經過了十多年艱苦的歷程，再由「台灣」進階到「台灣文學」又是一段漫長歲月等待，但一切仍是值得的，台灣文學漸漸由迷霧中走出來，在公共領域中找到了發聲的傳播場域，得到了掌聲與尊重，甚至成為一時顯學，回望過去數十年的等待，這一回眸不再悽苦揪心，而是含淚的微笑。

三、台灣「大河小說」的刊載與發行

要了解台灣「大河小說」在文學場域中的位置，就必須先了解這些作品發行與刊載的媒界為何。首先鍾肇政《濁流三部曲》寫於1961～1963年，此時仍是反共、西化為主流的年代，第一部《濁流》卻得以在國民黨黨營的《中央日報》副刊連載，而且4月才刊完，5月就由中央日報社印行，可見鍾肇政作品當時受到的認可。第二部《江山萬里》寫於1962年，也於《中央日報》副刊連載，算是再次的肯定，雖然沒有在中央日報社印行，卻因翻譯結緣而得到林白出版社出版（1969）。第三部《流雲》則在民辦的《文壇》月刊連載，並由文壇出版社出版。從中央刊物到民辦刊物，鍾肇政的作品也產生了位移，但這並不代表鍾肇政對中央依附與顧慮的減少，因為從第一、二部成功找到官方媒體的出版，是鍾肇政作品被認可與肯定的證明，取得了合法的發表權，第三部由穆中南的文壇出版社出版，雖不是官方媒體，卻是民辦的合法媒體，也是在安全範圍內。

鍾肇政《台灣人三部曲》第一部《沉淪》原題為《台灣人》，起筆於1964年，寫出一部份時即交給當時甫行復刊的《公論報》連載，唯在試版期間即被命令撤下〔註77〕，直到1967年冬天《台灣日報》副刊邀稿，乃易名為「台

〔註76〕張恆豪，〈夢想依然在心中澎湃──九○年代鍾肇政的文學運動〉《鍾肇政文學國際學術會議》（桃園：行政院客家委員會主辦，2003.11.22～23），頁17～2，17～3。

〔註77〕鍾肇政在莊紫容訪談中提及：穆中南編副刊（《公論報》）連載小說就找我，另外，他請我找一些台灣作家弄個「鄉情版」專門給台灣作家寫。他們認為台灣作家來發揮，可以吸引本省的讀者，報紙的銷路就打得開。……警總的人跑來報社：「你們為什麼專請本省作家？」他們回答：「我們也請外省作家，另外請，分開來寫。」我交給穆中南的稿子就是〈台灣人〉，試版的頭一天就被抄走……。詳鍾肇政口述，莊紫容訪談（2001年4月20日）〈談戰後第二代作家之二：專訪鍾老之五〉台灣客家文學館網站：http://cls.hs.yzu.eduAw/haldca/author/zhong_zhao_zheng/defaulmlt_movie.htm，聲音檔案名稱5～64。

灣人三部曲」第一部《沉淪》交該刊發表，直到 1968 年春夏之交歷時 4 年脫稿，1968 年 6 月《台灣日報》刊畢後，由蘭開書局分上下兩冊印行，並得到「嘉新新聞獎文藝創作獎」。過了 5 年忽然聽到有某刊奉命不得刊載鍾肇政文章之說，爲了澄清自己，鍾肇政才寫下《插天山之歌》寄投《中央日報》，以證實個人絕對不會有問題，也獲得中央日報刊載，全文脫稿後由志文出版社出版。沒想到 1975 年《中央日報》竟主動邀稿，於是第二部《滄溟行》也以同樣的心情於 1975 年春起筆，並於《中央日報》連載，1976 年由七燈出版社印行，1980 年以三部曲的形式改由遠景合刊出版〔註78〕。由以上連載出刊的情形來看，鍾肇政多次在國民黨黨報連載作品，對於此鍾肇政解釋道：

> 我年輕時曾在《中央日報》的副刊連載小說，當時內心認爲這具有保護的作用，而且《中央日報》副刊在那個時期是「第一副刊」，一個作家要在上面發表作品，才算是被肯定的。有人很不諒解我的作法，有人也會因此誤解我的小說，這些都是沒有辦法的事，在那個年代保命的想法往往會很可怕的壓迫著作家。〔註79〕

因此我們得以發現，戰後第一代作家的寫作困境比其後的作家更艱困，爲了在主流文化中求得生存，必須隱藏自己的思想，運用許多隱喻的技巧，才能表達心聲又不會被迫害，而且書寫的內容還必須與反共抗俄基調同步，於是反日議題算是被允許的範圍，如此才取得了認可的入場券。因此作品能在第一副刊——《中央日報》副刊發表，就是最好的選擇與肯定，讓台籍作家在主流文藝中有了戰鬥的位置，如此才能逐步站穩腳步，進而協助其他同行的伴侶。

　　戰後第二代作家李喬，其《寒夜三部曲》寫於 1977～1979 年間，台灣歷經外交挫敗，是值台灣鄉土文學論戰的年代，文壇間各自角力激昂辯證，不管是刊版或發行都有了改變的契機。第一部《寒夜》於 1975 年起稿，1977 年 6 月將初稿十萬字拋棄，另起爐灶，在 1979 年 12 月完成。第二部《荒村》於 1979 年 7 月起稿，1981 年 2 月 15 日脫稿。第三部《孤燈》於 1978 年 2 月起稿，1979 年 3 月完成。〔註80〕分別於《台灣文藝》、《民眾日報》副刊、《自立

〔註78〕鍾肇政，《台灣人三部曲（三）插天山之歌》（台北：遠景，2005 年 2 月修訂重排初版），頁 403～405。

〔註79〕王文仁、陳沛淇採訪，〈台灣文學兩地情——北鍾南葉〉《台灣文學館通訊》5，2004.09），頁 38。

〔註80〕李喬，《寒夜三部曲——荒村》（台北：遠景出版，1981.02 初版，2001.07 六版），頁 523。

晚報》副刊連載，刊畢旋由遠景於 1981 年 2 月出版。由於鍾肇政是主宰《台灣文藝》與《民眾日報》兩份刊物的編輯，而《自立晚報》也是本土陣營的重要刊物，在這樣本土性質的環境網絡中發表作品，李喬書寫的自由度增大，沒有像鍾肇政的作品受到強大政治外力的干擾，而得以順利刊登。

　　旅外的作家東方白，其《浪淘沙》寫於 1980～1989 年間，第一部「浪」1980 年 3 月 16 日落筆，5 月 5 日完成，第二部「淘」於 1984 年完成，寫第三部「沙」時，曾重病回台，甚至停筆一年半後終於在 1989 年 10 月 22 日完成，寫作時間之長幾近 10 年。就刊載媒界來看，《浪淘沙》1981 年於《台灣文藝》復刊號第 18 期開始連載，深受鍾肇政的鼓勵支持，但其後因《台灣文藝》編輯換人，方針改變，曾遭中途停載的命運。幸賴許達然協助，1983 年改於《文學界》第 8 期起連載，深得鄭烱明的大力協助，連續刊載了六年 20 多期。東方白後來因病輟筆，《文學界》也隨之停刊。重拾筆桿後，1990 年改由《台灣文藝》119 期至 126 期刊登〔註81〕。1987 年台灣筆會在台北舉辦林衡哲與東方白的歡迎會，前衛出版社的發行人林文欽便主動遞一張名片給東方白，表示願意出版他的《浪淘沙》，果然《浪淘沙》刊畢後，前衛於 1990 年 12 月立即出版此書。由於東方白在異鄉寫作，且發表的時空已相對開放，書寫的內容以人道主義為訴求，雖曾惶惑於二二八事件是否能夠書寫，但整體而言二二八情節也只是局部的勾勒，政治敏感性較低，又在以台灣意識為主調的本土性刊物刊載，與李喬一樣和鍾肇政的互動模式相近，自然走入同性質的文學場域中，在文壇中順利卡位（position-takings）。

　　黃娟《楊梅三部曲》於 1998 年開始執筆書寫，當時書名未定，卻因錢鴻鈞無心插柳的聲稱「楊梅三部曲」而定名，2000 年 6 月《楊梅三部曲》第一部《歷史的腳印》在《台灣文藝》連載，2001 年 1 月由前衛出版社出版。同年 2 月開始撰寫第二部曲《寒蟬》，期間曾過勞患失眠症中斷寫作，直至 2003 年才完成，同年 8 月由前衛出版社發行。第三部《落土蕃薯》於 9 月開始執筆，2005 年 1 月完稿，6 月由前衛出版社發行，同時出席在台北國賓飯店舉行的《楊梅三部曲》新書發表會。黃娟本來就是《台灣文藝》的重要作家之一，旅居美國後的黃娟，仍與台灣本土文學場域有互動，也被劃歸為場域中的一員，其大河小說的書寫，在本土文學限制生產場域（The field of restricted

---

〔註81〕詳東方白，《小乖的世界》（台北：草根出版社，2002.11），附表：東方白生平寫作年表。

production）〔註82〕中有較高的自主性，因而政治信仰在書末得以毫不隱諱直筆書寫，有爲本土文學場域再搶下一席之地的象徵意義。

由台灣「大河小說」作品刊載的園地觀之（詳附錄二：台灣「大河小說」刊載發行表），早期在國家機器嚴密掌控之下，《中央日報》副刊等主流媒體的刊物，是讓作家作品得以立足文壇的最好關口，只要通過編輯守門人的檢驗，便是拿到了進入文壇的許可證，因此鍾肇政策略性地書寫，也策略地取得入場資格後，作品才得以順利書寫發行。但鍾肇政漸漸由官方向民間移動，在《文壇》等民辦純文藝雜誌刊行，最後才走向吳濁流自主創辦發行的《台灣文藝》。《台灣文藝》位處文壇邊緣角落，意在培植台灣作家，讓願意苦心書寫的作家作品得以讓世人看見，也成了台灣「大河小說」創作的搖籃，這樣有力的發表園地，正是台籍作家持續書寫的動力與實質肯定。與《台灣文藝》一樣，《民眾日報》、《自立晚報》、《笠詩刊》、《文學界》也是本土文學陣營（場域）的重要刊物，有著強烈的本土意識，在當時只要與本土有關，甚至冠上「台灣」兩個字的刊物，銷售數量都有限，因此經營不易，發不出稿費的情形不少，而《台灣文藝》早期也都沒有稿費。然而於此集結的作家似乎都有著類似的慣習（habitus），雖然隨著社會環境歷程的變遷，不免產生失調的情形，因此從外在文化的內化，到內在性的外化，也有過滯後作用（hysteresis）〔註83〕，但仍逐漸將本土的思維、認知及行動外在化，進而推向人群，使本土集團人數增加〔註84〕。廿世紀末，隨鄉土文學浪潮，還我母語等運動的推行，也促使客家運動的勃興，使得李喬的《埋冤、一九四七、埋冤》得以由苗栗客家文化廣播電台出版發行。

〔註82〕 在限制生產場域中經濟利潤是次要的，其重點在增進產品的象徵價值，與孕育和累積生產者和消費者的象徵資本。限制生產場域本身相當封閉，享有高度的自主性，自行發展自己生產及其產品評鑑的規準。但生產者仍然必須以其作品的公眾意義（public meaning）與其本身的關係來界定自己。這種意義的生產是在流傳與消費的過程中獲得文化的認定而來。詳邱天助，《布爾迪厄文化再製理論》（台北：桂冠，2002.02 二版一刷），頁 124。

〔註83〕 如果客觀環境改變，慣習卻因慣性而不曾跟著改變，這時我們稱之爲滯後作用（hysteresis），亦即果在因消失之後還能繼續存在。在舊慣習和新客觀環境脫節時，這個落差就表現爲社會施爲者不合時宜的行爲：他表現「笨拙」、出「差錯」、做「傻事」；他會說或做些「不得體」的事，也就是說，他做符合他以前社會位置上的行爲（他的慣習形成之處），但這行爲卻不符合他現在的位置（環境已經改變）。詳朋尼維茲（Parrice Bonnewitz）著，孫智綺譯，《布赫迪厄社會學的第一課》（臺北：麥田出版：城邦文化發行，2002），頁 115。

〔註84〕 這點可以從歷年來的民進黨票數的起伏看出端倪。

　　由上可知，諸多大河作品是先在報章雜誌刊行後，再由出版社發行，一來給先前沒有刊載稿費的作家一個肯定，二來出版社也可以攏絡潛在讀者購買，有一魚兩吃的效用。就發行的出版社來看，可窺出作家在文壇站立的位置與發言位階（positions），由於文學場域也是作家必爭之地，因此牽涉到資源分配與意識立場。皇冠出版社走得是普羅大眾的流行路線，閱讀者眾，卻一直未能登入「大雅之堂」。而前衛、遠景出版社，自始即有意識地為台灣文學貢獻心力，走的是本土路線，在國語教育為主流的台灣，甚至是以反文化（contre-culture）的姿態出現，也提倡本土的新文化，因而一開始閱讀群眾有限，銷售成績並不亮眼，卻仍苦心經營。如遠景出版社的負責人沈登恩先生，在戒嚴時期不畏艱難的在 1979 年發行《光復前台灣文學全集》小說卷八冊，不僅勇敢地以「台灣文學」之名立足文壇，又讓沉埋三、四十年的日據時期台灣新文學遺產能重見天日，尤屬難能可貴〔註85〕，接著又出版鍾肇政的《濁流三部曲》、《台灣人三部曲》以及李喬的《寒夜三部曲》，在閱聽人崇尚輕薄短小的年代，反其道而行的投入大量人力、物力來印這樣大部頭的作品，算是一大創舉與魄力，也因此為早期台灣「大河小說」的推廣打下了根基。而前衛出版社的林文欽先生，一直以本土意識、人文精神與社會關懷為出發點，出版了一系列與台灣調性與風格相關的作品，其中最引人注目的便是 1990 年發行的《台灣作家全集》，從日據時代（10 冊）、戰後第一代（11 冊）、戰後第二代（15 冊）、戰後第三代（14 冊）共計 50 冊，使台灣文學成為一時顯學，另外就大河小說的發行來看，也承接了沈登恩的棒子，出版東方白《浪淘沙》與黃娟的《楊梅三部曲》、邱家洪的《台灣大風雲》，讓台灣「大河小說」在文壇有了十足豐碩的成績。

　　但不可諱言的，這些出版社／者將作品發行出版，也帶動了一些閱讀習性／慣習，使理想讀者（優勢閱聽人）忠於某種思維方式，某種風格，或某種類型的作品，相對的，出版社的出版也在呼應讀者的實用需求與心理狀況〔註86〕。這點從許多書籍後附錄的出版目錄可以得知，因此一批新興的台灣知識分子，也在這樣的閱讀慣習中產生。但由於語言與文化的圍限，也圈限了書籍的流通範圍，因此台灣「大河小說」要站上國際舞台，仍有一段路要努力。

〔註85〕鍾肇政、葉石濤主編，《光復前台灣文學全集》八冊（台北：遠景出版，1979.07）。
〔註86〕詳侯伯‧埃斯卡皮（Robert Escarpit）著，葉淑燕譯，《文學社會學》（台北：遠流，1990），頁 80～81。

結語

　　以薩伊德（Edward Said，1935～2003）的後殖民〔註87〕視角觀看，強勢文化往往會將弱勢文化納入己方建構的論述，並藉著政治運作壟斷媒體，迫使對方消音。而弱勢團體在土地非殖民化開始，競相「抵抗消音」（silencing），抵制以對方為中心觀點的論述，以奪回主體位置，脫離弱勢邊緣命運的可能，也因此我們看見曾被圍剿的「邊緣」群體，一步步在找尋自己的主體位置。而這一點大多是出自於作者自我的反省覺察，是一種尋求內心認同的過程，往往在解構中心的同時，也建構出屬於自己的主體意識與社會存在意義與價值〔註88〕。

　　回望台灣「大河小說」的文學場域，早期鍾肇政的書寫即是有意識「抵抗消音」，在受限的省籍地位與時空中，有為台灣人（具日本殖民經驗者）發聲的企圖，但政治干預勝過市場機制，報刊雜誌編輯人人自危的戒嚴心態仍無時不在，諸多文字獄的戒嚴文化怪現象不可勝數，為使報刊雜誌能繼續發行，不斷與政治干預周旋，許多作品在尚未刊登前就先自我放棄，甚至自我官檢（self censorship）〔註89〕的修訂了部份的內容。因此鍾肇政的作品的確有滯後作用，走在主導階級所認定的合法文化範圍內。

　　然而鍾肇政成為雜誌報刊編輯之後，改變了他在文學場域中的地位與職務，使他得以試圖變更文學場域的資本分配情形，讓省籍作家有發表的空間，

〔註87〕詳 Edward W. Said，蔡源林譯，《文化與帝國主義》（台北：立緒出版，2001.01）。Edward W. Said，王志弘等譯，《東方主義》（orientalism）（台北：立緒，2001.02）。

〔註88〕如陳雪等人的同志文學書寫在尋覓同性戀機制的認同主體；原住民文學、眷村文學在建構自我族群的心靈故鄉；女性文學在打破父權體制後，建構女性在文學上的位置……大體而言，在打破中心之後，往往再建構自己的空間，抵達各自的中心。

〔註89〕早期封建與古典文學的情節中，不乏當政者藉由種種有形無形的檢查制度，來讓底下的作家與臣民形成一種內在的自我節制與自我官檢（self censorship）。文學研究中，「官檢（censorship）經常挾帶著一種負面的意涵，意謂作家刻意以避諱的方式，將原本所想要表達的不滿情緒加以壓抑、扭曲與變形，但這樣的自我官檢與抑言不談，有時也會激發某種創意，而連帶在閱讀的過程中，引發相當具有政治性見解的閱讀，形成某種新生意義再生的可能性。……例如台灣的「二二八」與「白色恐怖」事件，某些創作者因為詩文影射當政者的事蹟與名字，而連帶使創作者陷獄，甚至被處以極刑，因此「官檢」對文學創意與民族訴求的戕害與斷傷。詳廖炳惠編著，《關鍵詞200：文學與批評研究的通用辭彙編》（台北：麥田出版：城邦文化發行，2003），頁 37。

算是卡位成功。而在這個邊緣的限制生產場域中，鍾肇政等作家的刻意經營，逐漸壯大這個省籍集團，也引導出以「台灣爲主體」的同質寫作傾向，以增進此類書寫的象徵價值與文化資本，如李喬的大河書寫，便是一個強有力的書寫證明。

李喬《寒夜三部曲》以鱒魚返鄉來寓託台灣人的精神，序中以祖國爲依歸的意思與內文強調土地的苦戀實不相同，也同樣走在主導文學的氛圍中。而作家自我官檢的書寫，有時也是一種策略性書寫，亦即鍾肇政、李喬兩人作品中的抗日內容與反日基調，雖受到時代格局的限制，一方面也趁勢贖回了自己的歷史，一方面也藉由文本中對日本殖民體制的批判，來映照、對應出書寫現實時空中威權體制的壓制，有其顛覆意義，而產生雙重抵殖民的功效。

解嚴後隨著時代的改革與變遷，旅外的東方白與黃娟，受到官方宰制的壓力減小，加以出版作品時台灣已經解除戒嚴，因此東方白較能自主的寫出他人歷史中的台灣，黃娟也較有優勢書寫自己歷史中的台灣。就文學場域觀之，他們的戰鬥位置不在邊緣，而在離家（unhomed）之外的遠方〔註90〕，他們有著更好的文化資本與經濟資本，在社會資本上也與台籍作家有著良好的互動關係，加以作品的美學信念相仿，使作品得以順利在本土作家的文學場域中出版發行，並在本土作家的文學場域中得到認同，也使本土作品得以彰顯。

然而消費者往往選擇輕薄短小的作品怡情養性，台灣「大河小說」由於作品的厚重性與體積，往往不是閱聽大眾首選的作品，若不是有意識的想了解，從頭到尾讀完的讀者相形之下並不多，因此雖然台灣「大河小說」有其消費市場，但僅是閱聽客群的一小部份，若再相較於其他古典、現代、西洋等的文學或影視作品，更是小又少的不成比例。但台灣「大河小說」存在的價值，仍是無庸置疑的。1955年葉石濤曾言：「文學之路本來是險巇的坎坷路，尤其在台灣，這一條路是用荊棘舖成，非有唐・吉訶德般勇猛的精神，不折不撓的堅強的文學魂，實在無法走到底的。〔註91〕」

〔註90〕巴巴談到後殖民文學的時候，主張作家站在一種「離家」（unhomed）的立場上。所謂「離家」（unhomed）不同於「無家可歸」，不同於反對家的概念，而是也不以某種特定文化爲歸宿，而處於文化的邊緣和疏離狀態。昔日歌德提出世界文學的概念，但那仍然是歐洲中心主義的，只有今天「離家」作家才能創造真正的後殖民文學。詳趙稀方，《後殖民理論與台灣文學》（台北：人間，2009.06），頁99。

〔註91〕葉石濤，《台灣鄉土作家論集》，（台北：遠景，1979.03），頁128。

而吳濁流、鍾肇政等人，矢志寫台灣人的心聲、寫台灣人歷史的榜樣，也眞有如披荊斬棘，不斷在有限的環境中創造機會、開創新局，也累積了名譽聲望的象徵資本，使他們具有領袖魅力（奇里斯瑪）〔註92〕，成爲台灣文學的傳燈者，導引、翼助了許多認同傾向與意識形態相同的作家共同發奮爲之，逐漸集結成本土作家集團、文學社群，他們從邊緣位置出發，歷經多年寒暑的努力耕耘，終於讓作品有了伸展的舞台，他們以實際的文學活動，匯聚了本土運動的能量，生產再製（reproduction）了同類型的大河小說，在文壇開出一條台灣「大河小說」之路，也讓台灣大河小說耀眼的站上台灣文壇。相對於過往的弱勢，台灣文學也漸漸得到認可與認同，也找回了應有的尊重與尊嚴，甚至得到肯定與殊榮，作家們的努力沒有白費，可以肯定的是，他們已在文壇上爭取到難以撼動的位置，在文學場域中佔有一席之地。

但仍須強調，不管是《台灣文藝》、《遠景》、《前衛》、《草根》出版社，或是沈登恩、林文欽等出版社負責人，或是吳濁流、鍾肇政等編輯或台籍作家等，都只是文學場域中爭取資源的其中一群，在眾聲喧嘩、百花齊放的多元化時代並非多數，他們的存在有時不能僅以經濟學的概念來理解，何況這些作家本身，作家往往不是正職而是副業，因此他們的存在有時是一種功能性的使用價值，而非全然經濟利益的交換價值。由於這一群過去受到貶抑、受到語言限制、題材排擠，不管言論、寫作或出版各方面都受到壓制與掌控，在經濟與權力位階上相對處於弱勢，於是在主導文化的對立空間，從另類文化找尋出口，漸漸形成一個群體，雖然每個個體、小群體略有不同，卻在社會關係中彼此親近，隨著社會的變遷，在文學場域中扮演不同的角色與功能，逐漸凝聚出共同的鄉土情懷傾向與台灣人主體意識，也在建構台灣文學系譜上有了共同的未來，甚至成爲此一場域的代言人，在象徵資本上贏得了悍衛台灣的名望與聲譽，因此由民間而至學院，研究學者暴增，本是禁忌的「台灣」成了認同的歸驅，本是邊緣被排擠的位階，似乎得到了平反，甚至成爲一時顯學，雖仍然受到既有傳統主流的批評，卻在時勢潮流銳不可檔的反動（reacting）衝撞下，因本土文學權力與知識的建立，有了合法性的立場，不得不引起側目與重視。且隨著言論自由的改革開放，許多文人也漸漸加入了

〔註92〕擁有某些特質的個人被賦予奇里斯瑪權力，這些特質使他們擁有特殊的社會影響力。詳朋尼維茲（Parrice Bonnewitz）著，孫智綺譯，《布赫迪厄社會學的第一課》（臺北：麥田出版：城邦文化發行，2002），頁133。

這個場域，在擴大意義的台灣文學場域中，漸漸鬆綁了本土獨斷的立場，相對的，也取得了較以往更大的文學場域、文學資源與象徵資本〔註93〕。

〔註93〕如獲得文學獎的肯定，或在視聽科技發達的年代，《插山天之歌》、《寒夜》、《浪淘沙》等作品被翻拍爲電影、電視，使作品由文人圈進入通俗大眾圈，使閱聽大眾回頭來閱讀原著的情形。

中篇：台灣大河小說文本發展

第五章　開山之作的爭議

　　從本書第二章「大河小說概念的演變」，即可以清楚的了解，「大河小說」一詞原是葉石濤針對《濁流三部曲》的缺失，予以《台灣人三部曲》世界文學的期許，是葉石濤對偉大文學的比喻。其後鍾肇政努力完成《台灣人三部曲》，也被賦予了大河小說的讚譽，鍾肇政接受後也自成一個論述系統。尋此歷史發展脈絡來看，台灣文壇第一部被稱之為「大河小說」的作品就是鍾肇政的《台灣人三部曲》，並無疑義。至於後來鍾肇政附加「大河小說」個人史這一類，有追加《濁流三部曲》是大河小說的企圖。而楊照在90年代則附加並突顯了「相對於中國史的台灣歷史敘事」的內容判準，如此對台灣「大河小說」新定義，潛藏著不同意識形態與話語權力，也讓「大河小說」成為一個意識形態爭奪的場域，從而看見評論家各自贖回、各自認定的紛亂狀態。

　　但在探討台灣大河小說的起源，與何者為大河小說時，又有著自傳性作品是否為大河小說的爭議。雖然台灣大河小說的精神前導，眾人皆直指吳濁流的《亞細亞的孤兒》，但亦有將吳濁流小說《亞細亞的孤兒》與自傳性的回憶錄──《無花果》與《台灣連翹》三者合看成台灣大河小說的起源〔註1〕或雛形〔註2〕。

　　至於第一部台灣「大河小說」，許多人都認定是鍾肇政的作品，但何者為

〔註1〕　如陳芳明，〈戰後台灣大河小說的起源──以吳濁流自傳性作品為中心〉，收錄於《台灣現代小說史綜論》，（台北：聯經出版公司，1998.12）。

〔註2〕　陳芳明、古遠清皆同意這樣的看法。詳陳芳明，〈戰後台灣大河小說的起源──以吳濁流自傳性作品為中心〉，《台灣現代小說史綜論》，（台北：聯經出版公司，1998.12），頁85。古遠清，《世紀末台灣文學地圖》，（台北：揚智文化事業，2005.4），頁181。

開山之作（第一部大河小說）則有著爭議，有人說是《濁流三部曲》，有人則說是《台灣人三部曲》，這點從北鍾南葉兩人對大河小說的定義與分歧上即可窺出端倪。但《濁流三部曲》是否就是鍾肇政所言的自傳、回憶錄？還是自傳性的小說？又何以《台灣人三部曲》無疑的就是小說？那自傳與小說如何區分？是否真有自傳性小說的文類？本文擬先就小說與自傳的文學分類談起，進而探析近年來台灣「大河小說」源流與開山之作的爭議，並分析自傳性作品在台灣「大河小說」的地位。

第一節　小說、自傳，自傳小說

一、小說 V.S.自傳

　　就現代文學分類而言，大體我們會區分為詩、散文、小說、戲劇四大文類。何謂小說呢？法國批評家謝活利（M. Abel Chavalley）在一本書中給小說下了定義：「小說是用散文寫成的某種長度的虛構故事」〔註3〕，佛斯特（E.M. Foster）認為這個小說定義對我們來講已經足夠，或可把某種長度定為不得少於五萬字的散文虛構作品，即是小說。佛斯特在《小說面面觀》第三章也曾簡明的下了個定義：「小說的基礎是事實加 X 或減 X，這個未知數 X 就是小說家本人的性格。」〔註4〕這也是目前較常被引用的定義。楊政則進一步提出小說的三要素：「小說的基本功能是通過虛構的人物、情節、場景來再現或表現生活，為讀者提供一個可以進入、可以旁與而又十分安全的虛幻的生活空間……無論何種小說，都一定具備三個要素：虛構的人物、虛構的情節、虛構的場景。」〔註5〕因此從這一論述脈絡來看，小說如果沒有虛構想像，就不是真正意義的小說（fiction）。而《台灣人三部曲》雖然仍不免有著作者的性格投射，或隱含部份作者真實的生活體驗，但仍有虛構的人物、情節、場景，整體而言仍是虛構性的小說。

　　自傳並非小說文類。由結構類型來分，鄭明娳將傳記文學納入散文類型

〔註3〕 E.M. Foster: Aspects of the Novel 轉引自佛斯特著，李文彬譯，《小說面面觀》（台北：志文出版社，1973.09），頁3～4。
〔註4〕 佛斯特著，李文彬譯，《小說面面觀》（台北：志文出版社，1973.09），頁38。
〔註5〕 楊政，《散文藝術之旅》，轉引自鄭明娳，《現代散文》（台北：三民書局，2003），頁387。

中，並分為「自傳」與「他傳」兩類〔註6〕。法國自傳文評家勒仁（Philippe Lejeune）在《法國的自傳》（L'Autobiographieen France）（1975）一書中給自傳下了定義：「自傳是一個真實的個人將其過去的生命以散文形式做追溯性的敘述，其敘述重點在於其個人本身，尤其注重其人格的形成過程。」〔註7〕但自傳與回憶錄並不同，拉魯斯大辭典（Larousse）即將自傳與回憶錄的分野訂定清楚，即回憶錄是作者以其本人的觀點寫事，而自傳是以自己的名義寫自己本人。〔註8〕就此標準來看，自傳、回憶錄的真實性與小說的虛實並置可謂涇渭分明，但即使是小說，作者也希望理想讀者能信以為真，亦步亦趨地跟著敘事者，順著情節發展起伏。

　　因此，如何區別散文與小說呢？鄭明娳說到：「就口語系統而言，寫實主義小說與散文語言較為接近……要區分散文與小說語言之異，可就『語境』角度來看：散文乃是真實語境，而小說則是虛構語境。也就是說，散文中編撰作者（Dramatized author）與敘述者可合而為一、小說則為分離的，作者不能直接介入。」〔註9〕也就是說小說中作者和敘述者是嚴格區分的，第一人稱的小說，其語言、寫法仍是客觀的，以相對於主觀化語言、主觀化描寫的散文。而《濁流三部曲》採陸志龍的第一人稱觀點「我」敘事，並非自傳，但自傳性卻非常強，編撰作者鍾肇政與文中的敘述者合而為一：

> 我敢說，在我十八年多的生活中，從沒有像今天這樣緊張的日子。這是我踏進社會的頭一天，我首次獨自個兒應付了一個局面。在我有生之年，將永遠忘不了這一天裏所感覺到的恐懼與期待交織成的情緒。〔註10〕

又

> 直到星移斗換，流逝了十數寒暑的今天，握著筆桿追尋往事的此時此刻，我還能清晰地記起，當我們面臨「徵兵」期而在彼此的「紀念冊」上題下的每個伙伴的字跡。〔註11〕

〔註6〕詳鄭明娳，《現代散文構成論》（台北：大安，1989）。
〔註7〕逄塵瑩，《法國文學面面觀》，（新店市：漢威出版社，1997.06.01），頁212。
〔註8〕轉引自逄塵瑩，《法國文學面面觀》，（新店市：漢威出版社，1997.06.01），頁210。
〔註9〕鄭明娳，《現代散文構成論》（台北：大安，1989），頁277～288，頁7。
〔註10〕鍾肇政，《濁流》，（台北：遠景，2005.01），頁3。
〔註11〕鍾肇政，《江山萬里》，（台北：遠景，2005.01），頁22。

又

> 直到多年以後，筆者才從一些暴露戰時內幕的書中得知，原來鈴木
> 是日閥的反戰人物，早就被冷凍下來的，他之所以能夠上臺爲首相，
> 就是因爲被賦與了謀取和平的責任的緣故，不過當時自然無由知道
> 這些。〔註12〕

就口語系統而言，雖看似寫實主義小說，但其語境卻又是眞實語境，且從以
上的文字來看，似乎可以說《濁流三部曲》是鍾肇政假陸志龍之名撰寫的回
憶錄。

但若就王夢鷗的說法，他在談及小說與傳記時，認爲傳記與小說若眞有
差異，那應該就是「第一、小說是有預謀的，要假藉文學作品來透露某一生
活面，而傳記則否；第二、小說爲著要達成其透露的目的，所以它的作品本
身只是個象徵物，是個隱喻；而傳記則沒有那第二層的涵義。」〔註 13〕但事
實上，《濁流三部曲》不僅是鍾肇政的回憶錄，也呈現了日本殖民時期台灣人
共同的悲情，尤其全書末，陸志龍仰望天空變幻無定的流雲，慨嘆流雲不知
將飄到何處的結語，不僅扣緊了第三部的書名《流雲》，也顯示這部作品隱喻
台灣人飄泊無根的命運，以及不可知的未來。若此，《濁流三部曲》應歸屬於
小說嗎？

在以上的論述中，小說與自傳都是在二元對立的方式上作區別，尚未考
慮到在文學論述中的另一種特殊的說法，即將某些具有自傳性色彩的作品稱
之爲自傳小說，將自傳與小說結合，或稱自傳性小說、自傳體小說。

二、小說 MIX 自傳

自傳與小說涇渭分明，一個強調親身經歷，一個強調虛實並置，卻不代
表自傳與小說不能結合。其實自傳與小說融合是一個書寫的常態，這個遊走
在小說與散文間的中間文類，不可避免的在光譜間有著小說的虛構性與散文
的眞實性。鍾肇政的作品因爲自傳性成份高，亦不諱言是在寫自己的親身經
歷〔註 14〕，因此有時被保守的稱之爲自傳性作品或回憶錄，有時又被稱之爲
自傳性小說。

〔註12〕 鍾肇政，《江山萬里》，（台北：遠景，2005.01），頁 163。
〔註13〕 王夢鷗，〈傳記‧小說‧文學〉，《傳記文學》第 2 卷第 1 期（1963.01），頁 6。
〔註14〕 莊園即視其爲「濃厚自傳性的作家」，詳莊園，〈讀鍾肇政短篇扎記〉，《台灣
文藝》（1982.02），頁 284。

　　林明孝曾結合廖卓成〔註15〕的看法，指出「自傳性小說」所指涉的範圍有二：一是以自傳的手段（autobiographical devices）去爲一純粹是虛構的結果服務（serves an end that is purely fictional）；二是以一虛構的名字（符號）去爲作者個人一生的經歷代言。〔註16〕就此而言，《濁流三部曲》便屬於第二類的「自傳性小說」，鍾肇政藉陸志龍爲自己的經歷代言，將自己在日本殖民時期就讀淡江中學、任職國小、到彰化青年師範學校就讀、因學徒動員令駐守大甲，以及復員返鄉的親身經歷，建構文本的敘事脈絡，製造出一種寫實主義的眞實效果。如林明孝所言，自傳體小說的書寫無疑滿足了作家書寫自我的需求，同時也避免了自傳書寫的侷限，不必受制於必須準確地認識與把握自己，並眞實而全面地展示自己的寫作原則，使書寫自我以更自由的形式逼進更爲眞實的生活面貌與作家之外的人物角色。〔註17〕這樣的自傳性小說，更能廣闊的反應作者經歷的社會樣貌，將作者個人與群體的記憶連貫，使讀者不僅看到自己的影子，也能組織過去社會生活的經驗，反映人民普遍的遭遇，重建「眞實」的歷史。一如安貝托・艾柯（Umberto Eco）在哈佛大學「諾頓講座」中的一句話：「閱讀人生一如人生爲虛構，閱讀小說一如小說爲人生」〔註18〕。

　　鍾肇政的《濁流三部曲》署名作者爲鍾肇政，文本中的主角爲陸志龍，採第一人稱敘事觀點，但不能說這是鍾肇政的自傳。陸志龍只是文本中鍾肇政虛構的敘事者，但這個文本中的主角隱含著現實生活作者的身影，也承接了作者的想法與慾望。文本中時時以「我」的身份與讀者對話，寫著「讀者們，請勿笑我沒出息。」〔註19〕、「讀者們，請別笑我誇大其詞或那時的青年們未免太不夠勁、太沒種」〔註20〕、「讀者們當已知道我的本性是厭世的、傷感的。」〔註21〕等字句，與讀者直接對話。在傳統自傳中第一人稱的敘述者我即是作者，而《濁流三部曲》這部小說，竟也予人「我」就是作者鍾肇政

〔註15〕廖卓成，〈自傳文研究〉（台北：國立臺灣大學中文研究所博士論文，1992）。
〔註16〕林明孝，〈鍾肇政長篇自傳性小說研究〉（台南：中山大學中國文學系碩士論文，1994），頁 8。
〔註17〕同上註，頁 12。
〔註18〕"Six walks in the Fictional Woods"安貝托・艾柯著，黃寤蘭譯，《悠遊小說林》（台北：時報文化，2000.11.13），頁 182。
〔註19〕鍾肇政，《濁流》，（台北：遠景，2005.01），頁 88。
〔註20〕鍾肇政，《江山萬里》，（台北：遠景，2005.01），頁 101。
〔註21〕同上註，頁 407。

的連結〔註 22〕，使這個「小說」變得「自傳」化，而成爲許多評論家所言的「自傳性的小說」，也因爲作品的自傳性質，文中不時圍繞在作者卑怯懦弱又感傷的情境，排山倒海的絮語，讓人看盡鍾肇政年少時的矛盾情境，與被殖民的敘事焦慮。

其實這樣文類出位的現象也發生在散文詩、詩散文等，但散文詩的評價往往低於詩，自傳性小說也時而因爲自傳性成份而受到批評，如太個人化或格局不夠大等等。這點從自傳性作品——妾身未明的大河小說爭論，可以看到具體的例證。以下先從台灣「大河小說」的精神源流——《亞細亞的孤兒》來看這一爭議。

第二節　台灣大河小說的起源、雛型

吳濁流（1900～1976）《亞細亞的孤兒》完成在 1943 到 1945 年之間，是戰爭末期在美軍熾烈空襲下，躲避日警監視眼光寫成的殖民地文學〔註 23〕。小說故事以主人翁胡太明爲核心，描述在日本統治下，接受日本教育、學習日本文化，卻仍被日人視爲不同族類的次等國民，於是決心去祖國，但在中國，胡太明卻因爲來自臺灣而不被信任，加上看盡了祖國的衰敗，在無所歸屬的認同下，最後發瘋。這本書原名爲《胡志明》，乃「何不恢復至明朝」的有意識的命名，描繪了胡太明肉體的流亡（physical exile）與精神的流亡（mental exile）。劉登翰認爲這部長篇小說成爲台灣文學的典型代表，就因爲它以生動的藝術形象刻畫了在漂泊與回歸中台灣人民「孤兒」兼「棄兒」的困惑處境與正確選擇。繼後鍾肇政的《台灣人三部曲》和李喬的《寒夜三部曲》，都繼續和擴展了吳濁流表現台灣人民歷史命運的「大河小說」傳統〔註 24〕。陳芳明亦認爲「《亞細亞的孤兒》的問世，開啓了日後台灣本地作家的無窮想像，

〔註 22〕「在敘事藝術中，敘事者從來就不是作者」，但過往傳記批評，將敘事者——人物視爲作者的延伸或化身，也就是所謂的敘事者——（即）作者。但無論如何，（在小說中）「我」並不等於作者。當然，由「我」敘述的作品並不一定是自傳或自傳性小說。詳翁振盛，《敘事學》（台北：文建會，2010.01），頁 29～31。

〔註 23〕詳鍾肇政，〈臺灣文學發展史概論〉，收入康原編，《種子落地》（台中：晨星出版，1996），頁 15。

〔註 24〕劉登翰，《台灣文學隔海觀——文學香火的傳承與變異》（台北：風雲時代出版，1995.03），頁 31。

從而也觸發鍾肇政、李喬、東方白、雪眸等人，不斷寫出格局龐大的三部曲式的大河小說。」〔註25〕意即戰後台灣「大河小說」的產生，多少受到《亞細亞的孤兒》一書的啓發與感召，尤其台灣人遭受的歷史命運，更是戰後大河小說的主要背景音樂。楊明慧在探討吳濁流、鍾肇政、李喬的文學薪傳關係時，也認爲「吳濁流的《亞細亞的孤兒》，在篇幅上雖然構不上稱爲大河小說，但吳濁流創作這部小說，把台灣當時變動的歷史當成故事發展的舞台，來揭露這個歷史時期台灣人的苦難與掙扎，這樣的作品可以說已具備了做爲大河小說的部分條件，是大河小說的雛型，應可算是台灣大河小說的先聲。」〔註26〕

　　陳芳明在〈戰後台灣大河小說的起源──以吳濁流的自傳性作品爲中心〉一文中，仔細區分「《亞細亞的孤兒》是虛構性的長篇小說，《無花果》與《台灣連翹》則較接近自傳性的回憶錄」〔註27〕又指出「《亞細亞的孤兒》，是以胡太明這位虛構人物所生出來的小說；《無花果》與《台灣連翹》則是以具體的「我」爲中心，寫出了他（吳濁流）個人在歷史發展經驗中留下的記憶。〔註28〕在推論過程中說明：「虛構的自我（the fictional self）與自傳的自我（the autobiographical self），也許不能相互交換或相互替代；不過，在吳濁流的三部作品裡，卻可以發現彼此混雜（mixture）與互文（intertextuality）的鮮明跡象。換句話說，虛構小說的胡太明，無疑有現實中吳濁流的影子；而回憶錄中的「我」，也有滲入吳濁流虛構的想像與實際的經驗。這種「虛構式的策略」（fictive devices），往往見諸於自傳文學的建構模式之中。」〔註29〕並言吳濁流的自傳性文體，可能是戰後台灣文學史上第一位把傳記性的書寫，置放於小說與回憶的界線之間游走。他的文字，不全然是虛構，也不全然是事實，頗有顛覆漢人傳統歷史書寫的規律〔註30〕。筆者認爲這也是文類出位的現

〔註25〕陳芳明，〈戰後台灣大河小說的起源──以吳濁流自傳性作品爲中心〉，《台灣現代小說史綜論》，（台北：聯經出版公司，1998.12），頁85～86。
〔註26〕楊明慧，〈台灣文學薪傳的一個案例──由吳濁流到鍾肇政、李喬〉（台中：東海大學中國文學系碩士論文，2004），頁129。
〔註27〕陳芳明，〈戰後台灣大河小說的起源──以吳濁流自傳性作品爲中心〉，頁84。
〔註28〕同上註，頁87。
〔註29〕Liz Stanley, The auto/Biographical I: The Theory and Practice of Feminist Auto/Biography. Manchester and New York: Manchester Univ. Press, 1995, pp.59～62.轉引自陳芳明，〈戰後台灣大河小說的起源──以吳濁流自傳性作品爲中心〉，《台灣現代小說史綜論》，（台北：聯經出版公司，1998.12），頁88。
〔註30〕同上註。

象，因此我們可以將《亞細亞的孤兒》仍歸屬於虛實並置的自傳性小說範疇中。

陳芳明後來拋開文類的束縛，直接從文本進行考察。認爲《濁流三部曲》、《台灣人三部曲》、《寒夜三部曲》、《浪淘沙》都對於吳濁流的孤兒意識有相當的連續性：

> 在鍾肇政的小說裡，包括《濁流三部曲》與《台灣人三部曲》，都有吳濁流放逐意識的餘緒。更爲清楚的流亡精神，復見於李喬的《寒夜三部曲》。李喬在小說中不斷討論台灣人的文化認同與身分認同，恰恰就是吳濁流在生前反覆思索的。到了八〇年代，東方白寫出《浪淘沙》三部曲時，既寫出台灣人的肉體流亡，也寫出台灣人的精神流亡，在在可以看到吳濁流式的歷史意識之湧現。如果說，鍾肇政、李喬、東方白的大河小說，其實就是在爲吳濁流的孤兒意識做更深入的詮釋，應該不是過於誇張的說法。吳濁流企圖建構大河小說並未成功，但是他的三部自傳性作品之成爲日後大河小說的原型，可謂殆無疑義〔註31〕。

陳芳明於是聲稱《亞細亞的孤兒》、《無花果》、《台灣連翹》這三部自傳性作品爲日後大河小說的原型。陳芳明此處所指的原型（archetype），應是指原始類型，強調其後大河小說作品都或多或少的傳承《亞細亞的孤兒》流亡與孤兒意識的象徵原型，此文的用心在於試圖指出吳濁流在《亞細亞的孤兒》完成之後，其實是有能力繼續寫出三部曲式的大河小說。但由於政治環境所帶來的創作障礙，使他不能寫出規模龐大的現代歷史小說〔註32〕，這個論點筆者亦認同。

陳萬益在評論此文時，曾質疑陳芳明論文的副標題「以吳濁流的自傳性作品爲中心」與正題「戰後台灣大河小說的起源」之間的連結性：

> 陳先生說，無論虛構性的或自傳性的，都寫出吳濁流作爲一個台灣人命運起伏的現代史的線索。……全文反覆地解釋虛構性的《亞細亞的孤兒》其實也可以當回憶錄來看的，而回憶錄也可以當作虛構性的作品，吳濁流即在虛構性和歷史性之間遊走，這三部作品可以

〔註31〕 陳芳明，〈戰後台灣大河小說的起源——以吳濁流自傳性作品爲中心〉，《台灣現代小說史綜論》，（台北：聯經出版公司，1998.12），頁97。
〔註32〕 同上註，頁86。

合在一起看。但在文中透露了陳先生努力把三部作品合論的掙扎痕跡，陳先生清楚地自問自答「《亞細亞的孤兒》是一部虛構性的小說嗎？顯然不是……它絕對不是書寫一個虛構的故事……它不能完全被視為虛構的小說。」他又提到這幾部作品其實是吳濁流「一系列的自傳性作品」，陳先生已抹消掉《亞細亞的孤兒》是虛構性小說，認為這是自傳性作品，三書為三部自傳性作品，最後，他把自己掙扎努力，要說服讀者的乾脆說它是「自傳性作品」，此即為其副題，於是《亞細亞的孤兒》是虛構性的小說的共識即被抹殺了！

另外，他又提及光是從創作歷程而言，具備了大河小說的質素成分，這個就是大河小說，於是正題、副題之間、自傳性作品和大河小說就劃上了等號。……這樣一篇論文想探討台灣大河小說的起源，把虛構作品和回憶錄作品連結起來當作台灣大河小說的起源，其間可能需要更多的論述。〔註33〕

就此而言，《亞細亞的孤兒》是虛構性的小說，《無花果》、《台灣連翹》為接近自傳性的回憶錄，或可稱為自傳性的文本，但非虛構的小說，陳萬益質疑將自傳性作品和大河小說劃上等號的合宜性。亦即自傳性的回憶錄實不可與虛實並置的自傳性小說《亞細亞的孤兒》並列為大河「小說」三部曲，就形式來看也只能說是具有大河小說的雛形。

但這並不抹煞《亞細亞的孤兒》在台灣大河小說的前導性意義，讓後來的作家得以效尤跟進，吳濁流的《亞細亞的孤兒》塑造了台灣文學中孤兒意識的原型，透過作品主人翁胡太明的流亡與放逐，讓群體意識到臺灣人的命運一如孤兒，啟發了人民對身份認同、文化認同，乃至於族群認同的省思，而這個認同的主旋律在戰後台灣「大河小說」中仍不斷傳唱，因此在《亞細亞的孤兒》的精神引導下，戰後「大河小說」與台灣史更緊密的結合，譜出一首首建構台灣意識的交響曲。

第三節　「北鍾南葉」對《濁流三部曲》的歧見

考察台灣「大河小說」觀念的起源時，明眼人可以發現，北鍾南葉二人

〔註33〕陳萬益，〈戰後台灣大河小說的起源──以吳濁流自傳性作品為中心〉講評意見，收錄於《台灣現代小說史綜論》，（台北：聯經出版公司，1998.12），頁100～101。

對大河小說詮解存在著歧義，最主要的不同在於《濁流三部曲》這充滿自傳性的個人小說作品是否屬於大河小說？葉石濤認為「濁流三部曲」採取的手法，是「把一個人的生長和時代、社會的動向緊密地連結在一起，企圖從一個人的生活史上發掘時代、社會蛻變的巨大力量〔註34〕」。而「要是作者缺乏一己的世界觀和獨特的思想，對於人類的理想主義傾向茫然無動於衷，那麼這種小說就只是一連串故事的連續，充其量也不過是動人心弦的暢銷讀物而已。〔註35〕」沒有廣闊的歷史性和世界性，使這三部曲成為「台灣」的，但卻無法成為夠格的偉大小說（大河小說的比喻性說詞）。

而針對《台灣人三部曲》，葉石濤仍不免先發了點牢騷再肯定其為大河小說：「雖然第三部還帶有一點自傳的味道，不過整體說來，它根據台灣淪日五十年間歷史的發展，寫來客觀而理性，就其深度而言毫不愧為世界性的作品。」〔註36〕言下之意，仍不希望這部大河小說之作淪為狹隘的個人自傳性作品。

葉石濤心目中理想的大河小說包含高爾斯華綏（John Galsworthy）的《福塞特家史》（The Forsyte Saga）、托爾斯泰的《戰爭與和平》、賽珍珠的《大地》、杜斯妥也夫斯基的《卡拉馬佐助夫兄弟們》，這些作品都有著家族史的成份〔註37〕，與鍾肇政《濁流三部曲》的個人書寫不同。

但鍾肇政的看法則不然，也許會覺得委屈，因為在西方大河小說定義的三大類型中，除了群體與家族外，以一個人為中心主角的作品亦屬之〔註38〕。

〔註34〕 葉石濤，〈鍾肇政論〉，《葉石濤全集 13・評論卷 1》（台南：台灣文學館；高雄：高市文化局，2008.04），頁 115。

〔註35〕 同上註，頁 118～119。

〔註36〕 臺灣文藝編輯部，〈臺灣文學的里程碑——鍾肇政《台灣人三部曲》對談紀錄〉，《台灣文藝》75 期（1982.02），頁 218。

〔註37〕 葉石濤，《台灣鄉土作家論集》（台北：遠景出版社，1979 年），頁 174～175。

〔註38〕 受限於筆者法文能力，以及目前筆者所找到較完成的法國大河小說詞條，因此仍羅列法國維基百科的詞條供參考。Britannica Online Encyclopedia: http://www.britannica.com。2011 年 10 月 3 日。Inspired by successful 19th-century cycles such as Honoré de Balzac's Comédie humaineand Émile Zola's Rougon-Macquart, the roman-fleuve was a popular literary genre in France during the first half of the 20th century. Examples include the 10-volume Jean-Christophe（1904－12）by Romain Rolland, the 7-part À la recherche du temps perdu（1913－27; Remembrance of Things Past）by Marcel Proust。筆者案：奧諾雷德・巴爾扎克的《人間喜劇》、左拉的《魯貢瑪卡家族》、羅曼・羅蘭的《約翰・克里斯托夫》、普魯斯特的《追憶似水年華》即系列小說。每一部都自成一體，描寫一個中心人物、民族生活中的一段時期，或一個家族的連續幾代人。

因此 1982 年鍾肇政在《自立晚報》〈淺談大河小說〉一文中，即聲明大河小說的三種類型包含個人史、集團史及家族史，並指出西方大河小說的經典如羅曼・羅蘭的《約翰・克里斯朵夫》即是屬於個人史。更在 1994 年中國時報〈簡談大河小說，祝福時報百萬小說獎〉一文，提出「個人精神之發展與時代演變遞嬗的關係」，言下之意《濁流三部曲》雖然是個人自傳性作品，但與時代演變遞嬗仍有緊密關係，實應歸入大河小說之列。

但這裡仍有一個關鍵，以一個主角為中心的個人史是被認可的，一如鍾肇政所舉的西方個人史的大河小說──羅曼・羅蘭的《約翰・克里斯朵夫》〔註39〕。但《約翰・克里斯朵夫》雖是個人史的大河小說，寫德國人約翰・克里斯朵夫在萊茵河畔誕生、童年到青年的發展與成長經歷，一直到他去世，實非法國人羅曼・羅蘭的自傳，而是以羅曼・羅蘭本人和貝多芬等音樂家為基礎創造了約翰・克里斯朵夫這個人物，使之成為藝術上的典型。

那麼，鍾肇政屬於作者個人自傳性的作品，是否列入大河小說之列呢？這點我們從台灣大河小說開山之作的爭議，來試圖找出答案。

第四節　評論家的歧見

李喬曾言鍾肇政是台灣文學中寫「大河小說的開山鼻祖」〔註40〕，東方白在請鍾肇政寫書序時也曾言：

> 你即是「大河小說」的開路先鋒，這棒子由你傳給李喬，再來由李喬傳給我，何況這《浪淘沙》又是由你親自接生，你對這序應有另一番特殊的意義。〔註41〕

於此我們看到了台灣「大河小說」的傳承，也確立了鍾肇政在「大河小說」

〔註39〕 羅曼・羅蘭（Romain Rolland，1866～1944）生於法國市小鎮克拉姆西，對音樂和歷史都有興趣，1895 年獲藝術博士學位。早期從事戲劇創作，二十世紀被陸續發表名人傳記《貝多芬傳》（1903）、《米開朗基羅傳》（1905）、《托爾斯泰傳》（1911）等，充分表現了他對於英雄主義的熱情。羅曼・羅蘭為人正直，熱愛人類，對人類的未來滿懷希望。十卷連續性長篇小說《約翰・克里斯朵夫》（Jean-Christophe）這部巨著描寫一個以個人奮鬥來對抗資產階級社會的悲劇。詳陳振堯，《法國文學史》（台北：天肯文化出版，1995），頁 467。

〔註40〕 李喬，〈千載餘情〉《情深書簡》，收入《鍾肇政全集》（桃園，桃園縣文化局，2002.11），頁 4。

〔註41〕 張良澤編，《臺灣文學兩地書》（台北：前衛出版社，1993.02），頁 119。

的先鋒地位。但何部作品為台灣「大河小說」的開山之作呢？《濁流三部曲》由《濁流》（1961）、《江山萬里》（1962）、《流雲》（1964）三部所組成。陳昌明在《濁流三部曲》新版推薦序中稱之為台灣文學史上的第一部「大河小說」，為台灣大河小說的源頭〔註42〕，朱雙一認為鍾肇政於 1962 年至 1969 年間出版了《濁流三部曲》，為台灣歷史「大河小說」創作的開山之作〔註43〕。彭瑞金也認為被譽為台灣小說史上第一部大河小說的「濁流三部曲」，為戰後台灣小說史建立了新的里程碑〔註44〕。

但葉石濤認為《濁流三部曲》採取的手法，是「把一個人的生長和時代、社會的動向緊密地連結在一起，企圖從一個人的生活史上發掘時代、社會蛻變的巨大力量〔註45〕」。《流雲》雖然抓住了時代社會趨向的半鱗半爪，予人以流轉不息的時間觀念，可沒有廣闊的歷史性和世界性，這就是這部小說的嚴重缺陷，使濁流三部曲成為「台灣」的，但卻無法成為夠格的偉大小說〔註46〕，並接續談及「凡是夠得上稱為『大河小說』（Roman-Fleuve）的長篇小說必須以整個人類的命運為其小說的觀點」。言下之意，《濁流三部曲》患了思想貧血症〔註47〕，因此《濁流三部曲》不夠格稱為大河小說。

然而等到 1968 年 6 月《沉淪》在《台灣日報》副刊連載完畢，7 月葉石濤立即肯定了這「台灣人三部曲」的首部曲：

> 這種不以特定的個人境遇來剖析時代、社會遞嬗，而藉一個家族發
> 展的歷史和群體生活來透視，印證時代、社會動向的小說手法，在
> 許多結構雄偉的大河小說（Roman-Fleuve）是必然的手法。……他
> 在《沉淪》裡所採取的構成方式，敘述方法，情節的更替，也和這
> 些相同〔註48〕。

正如彭瑞金所言：「鍾肇政在《沉淪》一作裏，將自己的小說境界由「個人」推向族群，由經驗推向歷史，以刻摹五十年淪日史下的臺灣人形貌為其作品

〔註42〕陳昌明，〈大河的源頭——《濁流三部曲》新版推薦序〉，收錄於鍾肇政，《濁流》，（台北：遠景，2005.01），頁 2。

〔註43〕朱雙一，《台灣文學創作思潮簡史》，（北京：九州出版社，2010.06），頁 249。

〔註44〕彭瑞金，〈戰後的臺灣小說〉，《國文天地》16：7＝187，2000.12，頁 63。

〔註45〕葉石濤，〈鍾肇政論〉，《臺灣鄉土作家論集》，（台北：遠景出版社，1979.03），頁 145。

〔註46〕同上註，頁 147～148。

〔註47〕葉石濤，《臺灣鄉土作家論集》，（台北：遠景出版社，1979.03），頁 122，148。

〔註48〕葉石濤，《葉石濤全集評論卷一》，（台南：台灣文學館，2008.04），頁 118。

的磐石，以雕刻藝術家的沉篤、耐心走向具有使命感的文學志業，應該是鍾肇政寫作生涯中最值得刻記的轉變。〔註49〕」也就是「台灣人三部曲」的第一部是一個好的開始，好的出發，直到《台灣人三部曲》完成後，葉石濤在〈論鍾肇政的文學的特質〉更如此描述：「我們在他的長篇小說《濁流》三部曲，《台灣人》三部曲等大河小說裏所看到的正是這種磅礴的生命力具體的形象化。他的大河小說大都以客家人在台灣的生活史為材料，透視了整個台灣、社會的動向，剖析了台灣人在日據時代各歷史階段裏的遭遇和抗爭。〔註50〕」此處似乎否定了先前的看法，而願意將這一系列（包含《濁流三部曲》）描寫陸家人在台灣的生活史作品統稱為大河小說。這點從葉石濤、鍾肇政二人對大河小說定義的增補可以窺出端倪。

一、個人自傳性作品非大河小說

陳麗芬則言：「被譽為真正第一部台灣的大河小說的《台灣人三部曲》其實可以視為《濁流三部曲》的陽剛版——鍾肇政顯然目的在回應葉石濤對《濁流三部曲》的批評。〔註51〕」但不可否認的，《濁流三部曲》與《台灣人三部曲》是有關聯性的，都是以陸家為中心書寫的家族史，也許可以合併觀之，因此若非《台灣人三部曲》的完成，無法成就《濁流三部曲》成為大河小說的系列。

陳芳明在《台灣新文學史》一書上也曾提及，《濁流三部曲》「基本上還不能稱為大河小說，而只是自傳小說的巨型演出。」〔註52〕《台灣人三部曲》「捨棄自傳體的書寫，轉而訴諸家族式的歷史建構。全書的氣勢與格局，較為符合大河小說的結構。」〔註53〕言下之意是較認同《台灣人三部曲》為大河小說的。

楊照也認為鍾肇政的《台灣人三部曲》可以算是台灣「大河小說」的奠基之作。至於鍾肇政約七十萬字的自傳性小說《濁流三部曲》，雖承認是不可多

〔註49〕彭瑞金，〈傳燈者：鍾肇政〉《瞄準臺灣作家》，（高雄：派社文化，1992），頁84～85。
〔註50〕葉石濤，《臺灣鄉土作家論集》，（台北：遠景出版社，1979.03），頁154。
〔註51〕陳麗芬，〈為伊消得人憔悴——尋找台灣〉，《現代文學與文化想像：從台灣到香港》（台北：書林出版公司，2000.05），頁201。
〔註52〕陳芳明，《台灣新文學史》下冊，（台北：聯經出版，2011.10），頁488。
〔註53〕同上註，頁489。

得的歷史社會學素材，卻認為鍾肇政用太細膩的筆法摹寫那一時代中故事主人翁的個人思想、周遭人際，對社會觀照的幅度不大，所處理的時間縱深更不能與《台灣人三部曲》相提並論。因此楊照認為《台灣人三部曲》可算是第一本用小說形式貫寫台灣史的「大河小說」〔註54〕，而卻未將自傳性的《濁流三部曲》當成是大河小說。李喬在接受盧翁美珍以及李展平的訪問時，也未將比較個人成長的《濁流三部曲》視為大河小說〔註55〕。由此可知，不管《濁流三部曲》是自傳回憶錄、甚或是自傳性小說，都較難被定位為大河小說。

二、個人自傳性作品也是大河小說

2002年台灣文壇出版了李榮春的《祖國與同胞》，這本書雖經過數次的刪改，但大抵從1948年開始執筆，1955年就修改完成〔註56〕，其寫作年代更早於《濁流三部曲》以及《台灣人三部曲》。因此2005年褚昱志認為李榮春「以《祖國與同胞》創下台灣新文學史上第一篇大河小說記錄〔註57〕」，2007年陳凱筑也提出類似的看法：

〔註54〕 楊照，〈歷史大河中的悲情——論台灣的「大河小說」〉，《文學、社會與歷史想像——戰後文學史散論》（台北：聯合文學出版社，1995.10），頁97～98。

〔註55〕 2004年李喬在接受盧翁美珍訪問時，認為大河小說起始葉石濤，其說法來自法文中的 Roman-fleuve，此字是法文中最早用來形容長度滔滔不絕的故事。大河小說之英文叫 Saga，乃指世系小說，意謂寫一家或一族很長遠時段素材的故事，這種小說有別於一般小說，在於它有四個特點：涵蓋時間長、人物很多、情節非常複雜、包含的主題也比較深廣。鍾肇政《濁流三部曲》是比較個人成長方面的，應該不算。鍾肇政《台灣人三部曲》、我的《寒夜三部曲》及東方白《浪淘沙》都是同屬包含台灣歷史的大河小說。詳盧翁美珍《神秘鱒魚的返鄉夢——李喬《寒夜三部曲》人物透析》（台北：萬卷樓圖書，2006.01），頁 278～279。李喬在接受李展平的訪問時，也告知《台灣人三部曲》、《寒夜三部曲》及《浪淘沙》都是同屬台灣歷史的大河小說，卻未附和李展平以《濁流三部曲》為大河小說的說法。詳李展平，〈太平洋戰爭書寫——以陳千武《活著回來》、李喬《孤燈》、東方白《浪淘沙》為論述場域〉（台中：中興大學台灣文學研究所碩士論文，2010.07），頁 101。

〔註56〕 民國42年夏間獲得中華文藝獎金委員會的稿費獎勵。再費了二年時光，修改它。詳見李榮春，《祖國與同胞（下）》（台中：晨星出版有限公司，2002.12），頁 1291。

〔註57〕 褚昱志，〈臺灣大河小說之先驅——試論李榮春的《祖國與同胞》〉，收於《臺灣文學評論》第 5 卷第 3 期，2005.07，頁 84～106。褚昱志此篇論文誤以為李榮春早於吳濁流，實則《亞細亞的孤兒》完成在 1943 到 1945 年之間，較早於 1948 年才開始寫的《祖國與同胞》。

以長達 89 萬字的《祖國與同胞》來看它與大河小說的關係，首先，故事的展開基於 1937 年日本總督府開始徵募的第一期農業義勇團為發端，全書背景架構在中國抗戰 8 年到光復之初，其時間點連貫中國近代歷史事件，其次，透過處在戰爭體制下，一名臺灣下層階級去到中國的具體經驗，第三，書中透過生活中的俛仰生息，詳盡藉瑣事著墨中國百姓夾處在皇軍迫害下，喪失生存與人權的屈辱，以及第四，與李榮春之後另部鉅幅創作——《八十大壽》，藉著書寫一大家子，為求病危老母所做出克盡孝道的種種事蹟，其文本配合正恰銜接上《祖國與同胞》之後，於是，從《祖國與同胞》到《八十大壽》以至作者之後許多作品，都可清楚窺見，其處理文本故事的手段是以連綿不斷的真實經歷為主，透過作者自身的人生經歷，書寫的模式亦可滔滔不絕地進行下去；綜由上述 4 點特色，將李榮春的文學作品表現置於楊照以 Saga Novel 確立臺灣大河小說的輪廓的特質，實可鑲嵌吻合，因此，將李榮春的作品歸以臺灣大河小說之列並無不可〔註58〕。

褚昱志與陳凱筑二人在論文中，各自依楊照對大河小說的定義來進行驗證，而將《祖國與同胞》視為「台灣大河小說的先驅」〔註 59〕，就目前台灣文壇上曾被認定為大河小說的作品觀之，也許最早完成作品的是李榮春的《祖國與同胞》。然而陳凱筑則以《祖國與同胞》到《八十大壽》以至作者之後許多作品視為一系列，是故單就《祖國與同胞》是否無法成為大河小說？但若加上其他作品，創作的年代就更晚了，定位為「大河小說之先趨」的說法，則不能成立。而 2007 年吳淑娟則將《祖國與同胞》視為大河小說的雛形，《八十大壽》認定為家族史式的大河小說〔註60〕。

　　基本上《祖國與同胞》是取自真實的故事，是李榮春流浪大陸八年期間身歷其境的事實，親自見聞的故事，忠實地記錄下來，成為祖國與同胞所倍

〔註58〕陳凱筑，〈試就李榮春《祖國與同胞》探其與臺灣大河小說之淵源〉，國立臺北教育大學台灣文學研究所《咁仔店電子學報》，創刊號，2007.8.30。http://s22.ntue.edu.tw/電子期刊/new_page_1.htm

〔註59〕陳凱筑，〈論李榮春及其小說〉（國立臺北教育大學台灣文學研究所碩士論文，2007），頁 32。

〔註60〕吳淑娟，〈以生命和文學共舞——李榮春自傳性小說研究〉，（佛光大學文學系碩士論文，2006），頁 117，頁 121。

嘗的命運的痕跡之一部份〔註61〕。所以《祖國與同胞》亦屬於個人自傳式的回憶錄，或說是自傳性的小說，但顯然褚昱志與陳凱筑並未在意此點，亦未附和先前評論者的看法，因此認定《祖國與同胞》為台灣大河小說之先趨。

但擔任李榮春全集主編的彭瑞金則認為《祖國與同胞》是以個人史寫成的「私小說」〔註62〕，也未以大河小說認定《祖國與同胞》。而這點從彭瑞金〈戰後的台灣小說〉一文中，聲稱「《濁流三部曲》為台灣小說史上第一部大河小說」可知。更弔詭的是彭瑞金也曾自問自答的回覆了這個問題，「為什麼沒有人將它（《祖國與同胞》）列入大河小說之列？這和鍾肇政的「濁流三部曲」一樣，是以個人史為軸心的長篇鉅著，時代、社會只是背景。〔註63〕」言下之意，是認同了葉石濤曾對《濁流三部曲》的說法，也改變了原本以《濁流三部曲》為大河小說的說法。

然而錢鴻鈞在2009年則撰文鞏固《濁流三部曲》為台灣第一部大河的地位。文中對於褚昱志、陳凱筑以及陳芳明等對於《濁流三部曲》的批評不以為然〔註64〕。言語中明顯的是在與前人論述對話，有著文本的互文性，針對那些認為《濁流三部曲》對社會觀照的幅度不大，所處理的時間縱深不足、沒有廣闊的時代風貌、深刻的反抗意識等等說法加以辯駁。並從人物在生活的豐富性、人物結構的完美、審美的藝術性等方面，鞏固《濁流三部曲》做為台灣第一部大河小說的地位，雖明言《濁流三部曲》「敘事手法採用了類似自傳式的第一人稱的筆調，而更給人感到限制了視點。」但仍建議「甩開自傳性小說的狹小印象。也就是自傳小說的寫作，仍可以表現出大河小說中廣闊的時代社會風貌、深刻的反抗意識的要求。」〔註65〕此處明顯有為「自傳性小說」也可以是大河小說進行辯駁。但令人好奇的是，若以此為標準，何以同樣為自傳性作品、且更早印行的《祖國與同胞》並非台灣第一部大河小說。是否在文學藝術成就上肯定的《濁流三部曲》，相對的，代表未言說的否定《祖國與同胞》的藝術成就，所以不夠格稱為大河小說？

〔註61〕李榮春，《祖國與同胞（下）》（台中：晨星出版有限公司，2002.12），頁1291。
〔註62〕彭瑞金，《台灣文學史論集》，（高雄：春暉，2006.08），頁130。
〔註63〕同上註，頁138。
〔註64〕錢鴻鈞，〈大河小說《濁流三部曲》的藝術性探討〉，《臺灣文學的大河：歷史、土地與新文化——第六屆臺灣文化國際學術研討會論文集》（高雄：春暉出版，2009.12），頁79之註釋。
〔註65〕同上註，頁116～117。

結語

　　蔡淑齡〈黃娟《楊梅三部曲》研究〉碩論，將《楊梅三部曲》視爲「台灣女性的第一部大河小說〔註66〕」，蔡淑齡與黃娟訪談時，曾問及《楊梅三部曲》是否爲自傳性質的小說，黃娟以「作家的作品都有作家的影子，以作家的眼光來寫，固然中間有虛有實，但不可能完全杜撰，是以想像的模式來創造，也許是好多人的合成，如此寫來才精釆。〔註67〕」因此並不否定其中有自傳性的成份，但黃娟仍強調「能以『小說』形式寫出台灣近代史，自己也很滿意。何況小說背景有故鄉『楊梅』，小說人物有我自己和親人的影子，也就覺得格外親切。〔註68〕」言下之意，對於自己作品的小說性極爲肯定，也滿意自己的成果。

　　然而，何以作家們聞「自傳」避之唯恐不及呢？反觀西方文學，狄保戴（Albert Thibaudet，1874～1936）是二十世紀著名的文評家，他曾發表了一篇影響至巨的言論，他認爲「自傳、甚至自傳小說都稱不上藝術品，因爲作者寫的是自身的狹窄經驗，他筆下的是一個人爲的、理性的及有限的自我，而眞正的小說藝術家能超越意識層面，去搜尋記憶與想像的無窮寶藏。」〔註69〕而詩人瓦萊里（Paul Valery，1871～1945）也提出兩項指控：「一是自傳作者以爲能認識自己，其實純係幻想，二是從人際溝通方面來看，自傳是不道德的自我暴露；他更推出兩項大前提否定自傳：第一、人的外表各異，內心卻相同，所謂人同此心，心同此理；第二、一個人的眞正個性旁觀者比他自己更清楚。」〔註70〕在這種輿論的強大壓力下，自傳即淪爲次等作品，形同禁忌，一時文人心中都有了戒心。

　　普魯斯特的《追憶似水年華》（A le recherché du Temps Perdu）系列小說，是意識流的傳世之作，是向內看的作品，要讀者把注意力從現實生活中引向人的意識或潛意識的層面，以普替・馬特列第一人稱的我來述說故事〔註71〕，

〔註66〕蔡淑齡，《黃娟《楊梅三部曲》研究》（彰化：彰化師範大學國語文教學碩士班，1994），頁201。
〔註67〕同上註，頁211。
〔註68〕同上註，頁214。
〔註69〕轉引自逢塵瑩，〈法國現代自傳文學與佛洛伊德精神分析〉，收入《法國文學面面觀》，（新店市：漢威出版社，1997.06.01），頁205～206。
〔註70〕同上註，頁205～206。
〔註71〕黃舜英譯，《世界文學名著總解說（上）》（台北：遠流出版，1981.06.20），頁239。

可說是有著作者意識思維及生活觀照的回憶性作品，也屬於大河小說隊伍中的一支。但在當時法國文壇撻伐自傳的強大壓力下，「連普魯斯特的小說在被人指爲自傳作品時，都急忙加以否認。」〔註72〕

綜上所述，大河小說的界定，個人史（而非自傳）並不是排除關鍵，自傳性的成份也被容許，那葉石濤早先未將《濁流三部曲》劃歸大河小說之言，在乎的應是廣闊的歷史性與世界性，也就是作品的深度、廣度與意義。而不管是鍾肇政《台灣人三部曲》、李喬的《寒夜三部曲》都有作者家族的身影，盧翁美珍甚至稱《寒夜三部曲》是一部自傳體小說〔註73〕，但不管是《台灣人三部曲》、《寒夜三部曲》以及《浪淘沙》的格局都不是個人的，且具有廣闊的歷史背景，以及深刻的社會觀照。反觀西方大河小說大多受到世界的肯定，甚至獲諾貝爾文學獎，如羅曼·羅蘭的《約翰·克利斯朵夫》獲1915年諾貝爾文學獎，得獎的理由是：「因其作品中偉大的理想主義，以及描寫各式各樣的眞實性，爲表達敬意，特予頒獎。」〔註74〕一如佛斯特所言：「小說比歷史更眞實，因爲它已超越了可見事實〔註75〕」，這裡的理想主義亦可說是人道主義，正如羅曼·羅蘭在《約翰·克利斯朵夫》中一段話：「我想要盡的義務是在法國的道德及社會崩潰的時期中，喚醒那些在死灰中快要熄滅的靈魂〔註76〕」。因此作者創造的小說雖是虛構，卻可能照見眞實生活中的缺憾，羅曼·羅蘭不僅是爲一區一國寫作，更爲跨國界的人道主義寫作，使作品對社會改革產生影響。而太個人化的故事，卻不一定能成就普世的眞實價值，除非能將視野擴大。

葉石濤曾言：「大凡一個有成就的作家必須確信他的工作對於人類社會有所貢獻而能孜孜不倦，堅忍不拔的寫下去，以反映時代和社會：作家必須是時代的晴雨計。試看，從巴爾扎克、杜思妥也夫斯基一直到卡繆，他們皆有貪婪地追求眞理的作家精神，具有敏銳的觀察力，如同一個卓越的博物學者，

〔註72〕逢塵瑩，〈法國現代自傳文學與佛洛伊德精神分析〉，收入《法國文學面面觀》，（新店市：漢威出版社，1997.06.01），頁206。

〔註73〕盧翁美珍，《神秘鱒魚的返鄉夢──李喬《寒夜三部曲》人物透析》（台北：萬卷樓圖書，2006.01），頁287。

〔註74〕《諾貝爾文學獎全集：1915羅曼羅蘭》（瑞典學院編纂，台北：環華百科出版社，1997年），頁29。

〔註75〕佛斯特著，李文彬譯，《小說面面觀》（台北：志文，1973.09），頁55。

〔註76〕羅曼·羅蘭《約翰·克利斯朵夫》第七卷「家中」，轉引自黃舜英譯，《世界文學名著總解說（上）》（台北：遠流出版，1981.06.20），頁227。

把他所處的時代，社會的病竇挖了出來，解剖了出來，指出該時代，社會赤裸裸的諸形相。〔註 77〕」所以葉石濤要鍾肇政成就一部偉大優秀的作品，並否定《濁流三部曲》為大河小說的用心，由此可見。

　　然而對大河小說念茲在茲的葉石濤，何以沒有大河小說作品的問世？這點由 2002 年的專訪答問中可以窺出端倪：

> 不是我不想寫（大河小說），而是沒有時間寫。老實說，我在二十三歲的時候，曾以日文寫過一本幾十萬字的《殖民地的人們》，它是我所創作的第一部長篇小說。可惜在我遭到逮捕後，父親為了避免我遭受更多的誣害，便將這篇尚未發表的小說原稿，連同其他的文件、書籍、相片全部燒燬，現在已經看不到了。〔註 78〕

也就是說，早在 1948 年葉石濤即以日文寫過幾十萬字的《殖民地的人們》，這個時間點更早於李榮春的《祖國與同胞》，若此作能在今日出土問世，也許大河小說開山之作的封號會被加諸在此書上。李榮春其姪李鏡明醫師願意在李榮春病逝後，將其作品公諸於世，可惜的是葉石濤之父為了兒子〔註 79〕，卻焚毀了一部可能極為重要的作品，而 1951 年的政治遭遇也讓葉石濤沈寂了數年，直至 1965 年才算逐漸走出陰霾，也許時代的境遇總不斷的在戲弄人生，作品無法發表出版，便如同未創作一般，不為人知。

　　綜上所述，我們可以發現台灣「大河小說」的開山之作是有爭議的，開山始祖作家也相對產生殊異，早期的評論關鍵是針對作品自傳性與格局的質疑，晚近的評論則逐漸拋開自傳性的束縛，而肯定自傳性作品是大河小說。若從文類（genre）來嚴格區分，自傳當然與小說不同。但筆者認為自傳性元素（autobiographical elements）在小說中是被允許且普遍運用的〔註 80〕，虛構的小說絕不等於事實，但卻仍容許事實（fact）的參雜，因此若自傳性小說的形式符合大河小說的條件，也應可形成自傳性的大河小說，被劃歸為大河小

〔註77〕 葉石濤，《台灣鄉土作家論集》，（台北：遠景，1979 年 3 月），頁 130。

〔註78〕 賴美惠，〈臺灣文學的點燈人──葉石濤先生專訪（下）〉，《國文天地》18：3 ＝207 期，2002.08，頁 62。

〔註79〕 1951 年葉石濤為學中國白話文，讀《新民主主義》、《論聯合政府》、《群眾》等書，卻以違反「匪諜檢肅條例」被補，以政治犯身份入獄三年之久。參見彭瑞金主編，《葉石濤全集 12・隨筆卷七》（台南市：台灣文學館；高雄市：高市文化局，2008.03），頁 343。

〔註80〕 尤其進入到後（-post）現代，即便是自傳性作品，也往往有著虛構性，而虛構的小說也往往奠基在傳記上。

說之列〔註81〕，如羅曼羅蘭、普魯斯特的作品。就此，《濁流三部曲》即是「個人自傳性的大河小說」，可納入廣義的大河小說文類中。

但是，部份評論家早已將1960年代葉石濤用心良苦的批評放在腦中，記得《台灣人三部曲》是第一部被定位的台灣大河小說，以同樣的態度與標準來排除《濁流三部曲》。因此不管是留美學者楊照、旅居香港的學者陳麗芬、歸國學者陳芳明，甚或是大陸學者朱雙一、古遠清〔註82〕，都一致認為、也不否定台灣「大河小說」的代表作品包含鍾肇政的《台灣人三部曲》、李喬的《寒夜三部曲》以及東方白的《浪淘沙》，然而，上述這些作品仍不免有著作者自身經歷的投射，因此諸多評論家在界定大河小說時，以「太個人化」、「自傳性」、「格區太小」來否定《濁流三部曲》，並認定《台灣人三部曲》為台灣「大河小說」開山之作時，我們隱然看見評論家對台灣「大河小說」此一文類的更高標準與期待。

因此，若就評論家對大河小說的高標準，較嚴謹的大河小說界定，自當排除不同文類的自傳回憶錄（吳濁流作品），排除尚未完成大河系列的階段性作品（李榮春早期作品），以及作品格局較小的自傳性小說（《濁流三部曲》），才算是結構完整且虛實並置的大河小說，因此台灣「大河小說」的開山代表作應為《台灣人三部曲》，這部具有廣闊的歷史性和世界性，在台灣人的反抗基礎上，反映全人類普世價值的作品。

〔註81〕 2002年葉石濤在接受專訪時，談及「鍾肇政是一個天生的作家，善於寫作，不擅於思考，沒有建構理論的基礎。他的創作力非常旺盛，具有客家人那種硬頸打拼的精神。從六〇年代到八〇年代間，分別寫出了《濁流三部曲》《台灣人三部曲》以及原住民泰雅族的歷史為主題的《高山組曲》等大河小說，規模格局之宏闊，無人能及，是台灣偉大的作家之一。」這段話不僅肯定《濁流三部曲》為大河小說，也肯定《高山組曲》為大河小說。打破了前人承繼的思維，也否定了先前自己的判準。詳賴美惠，〈臺灣文學的點燈人——葉石濤先生專訪（下）〉，《國文天地》18：3＝207期，2002.08，頁61。

〔註82〕 如果說，典型的「大河小說」必須具備濃厚的歷史意識，在寫家族史的興亡時必須橫跨不同歷史時期，而這些歷史階段必須與國家民族的盛衰密切相關的話，那公認的「大河小說」是鍾肇政的《台灣人三部曲》、李喬《寒夜三部曲》和東方白的《浪淘沙》。古遠清，《世紀末台灣文學地圖》，（台北：揚智文化事業，2005.04），頁181。

第六章　文本的創生與發展

　　談及台灣「大河小說」，絕對會讓人聯想到鍾肇政，這位人稱台灣「大河小說」的開拓者，以《台灣人三部曲》確立他在文壇大河小說的地位。繼之，李喬則在 1970 年代加入台灣大河小說的創作行列，並於 1981 年出版《寒夜三部曲》，其後東方白在 1980 年接續傳承，抱病書寫出《浪淘沙》這長篇鉅著，為台灣大河小說樹立了一脈相承的傳統——以台灣人、台灣史為書寫對象的「台灣人歷史大河小說」〔註1〕，也奠定了台灣歷史大河小說在台灣文壇的地位與成績。然而 1990 年代後，文壇上代表性的大河作家，已不再只是鍾肇政的《台灣人三部曲》，還有李喬的《寒夜三部曲》（1981），以及東方白的《浪淘沙》（1990）等作品，儼然成為一個醒目的隊伍，引起批評家的側目與關注。以下將文本發展歸納為三大階段分別論述：一是解嚴前的大河小說，二是解嚴後的大河小說，三是 21 世紀的大河小說。

第一節　解嚴前的創生

　　解嚴前台灣「大河小說」的創生，與戰後文壇省籍作家的弱勢處境有關，又省籍作家有別於外省人的日本殖民經歷，使這一系列台灣歷史的大河小說，創生於戒嚴統治時期（1949.05～1987.07），具有贖回被日本殖民的異質

〔註1〕藍建春曾以大河小說主要特徵的書寫內容稱之為「台灣人歷史小說」。詳藍建春，〈「小說」台灣平凡人物史的嘗試：論《台灣大風雲》的歷史（小說）敘事〉，收錄於《台灣大風雲研討會論文集》（台中：中山醫學大學台灣語文學系，2011.07），頁 75。

歷史的意義，與抵拒戒嚴時期中國史論述的「政治正確」性意義，因此台灣版大河小說無法與被日本殖民的經驗脫鉤，而有著明顯的後殖民性格〔註2〕。探討大河小說的精神源流時，往往直指吳濁流的《亞細亞的孤兒》，此書寫作於日本殖民時期，並不具大河小說的形式，但書中被日本殖民的經驗，以及胡太明肉體與精神流亡的基調、台灣人的孤兒意識與身份認同的議題，卻深深影響其後的台灣大河小說，並以日本殖民史為無可拋卻的共同歷史背景，因此雖然《亞細亞的孤兒》並非大河小說，但仍將其一併列入論述。

一、吳濁流《亞細亞的孤兒》的精神延續

吳濁流（1900～1976），本名吳建田，號饒耕。新竹縣新埔鎮客家人，台北師範學校畢業。戰前曾任台灣公學校教諭、台灣日日新報記者，戰後曾任記者、編輯、省社會處專員，大同高工職校教師、機器事業公會職員等。其寫作堅持「拍馬屁不是文學」、「要經得起歷史的批判，才對得起子孫」的信念，且善於寫古典漢詩，有「鐵血詩人」、「文壇硬漢」之稱。吳濁流幼年受祖父吳芳信的漢學教育影響，不僅有著深厚的漢學基礎，更有著反日的民族思想，但生於日本殖民統治時期，接受日式教育的吳濁流，往往以老莊無為思想矛盾消極的生活著，避免捲入歷史的洪流〔註3〕，但在總體戰的體制下，任何人都難逃捲入戰爭漩渦的命運，因此遭受胡太明一樣的精神痛苦，但潛藏在內心的批判意識從未因此停歇，他曾自白：「在這可悲可嘆的狀況裏，只有一個楊逵毅然不屈。我則孤獨地恪守沈默，表面上隻字不寫，暗地裏苦寫《亞細亞孤兒》。」〔註4〕所以《亞細亞的孤兒》是在日本殖民末期（1943～1945 年）的高壓情境下冒著生命危險書寫的。而此書的出版也如胡太明的命運一樣命運多劫，曾有過《胡志明》、《被弄歪了的島》等書名〔註5〕。

吳濁流在書前的自序中提及寫這篇小說的動機，「是因為我們在殖民地生

〔註2〕 此概念受到陳建忠的諸多啟發，詳陳建忠，〈臺灣歷史小說研究芻議：關於研究史、認識論與方法論的反思〉，《臺灣文學的大河：歷史、土地與新文化——第六屆臺灣文化國際學術研討會論文集》（高雄：春暉出版，2009.12），頁10～50。

〔註3〕 但經過二二八事件後，過往老莊般無為的吳濁流有了很大的改變，不僅創辦《台灣文藝》，且勇敢的寫下《無花果》、《台灣連翹》揭露二二八事件的真相。

〔註4〕 吳濁流，《台灣連翹》，（台北：草根出版，1995.07），頁142。

〔註5〕 詳吳濁流，《亞細亞的孤兒》中文版自序。吳濁流，《亞細亞的孤兒》（台北：草根，1995）。

存的本省知識階級，任你如何能忍耐善處，最少限度也要遭受到像這篇小說中的主角一樣的精神上的痛苦的。所以，我寫這小說來給有心的日本人看看，並且留給我們後代的人知道。」〔註6〕而且面對「世界如今變成灰色了。如果探索它的底流，不一定沒有隱藏著可怕的事情吧！歷史常是反覆的，歷史反覆之前，我們要究明正確的史實，來講究逃避由被弄歪曲的歷史所造成的運命的方法。所以，我們必須徵諸過去的史實來尋求教訓。」〔註7〕簡單的說，便是鑑往知來，以小說書寫的日本殖民史為鑑，讓日本人、台灣人記取教訓，以免重蹈覆轍。

此書描寫了胡太明在日本統治時期的遭遇，初入社會的胡太明即感受到日台間的芥蒂與不平等，尤其與日人久子的愛戀更突顯日台種族的階級差異，而母親被日人羞辱的斥罵「狸呀！」太明認為「如果結婚，就會生出小孩子來，就是增加和自己同樣的人，會被人叫『狸呀』。這『狸呀』一代就夠了，何必再來呢？〔註8〕」說明了生為「台灣人」的悲哀。太明在日本留學時，師範學校的藍同學勸告他：「你在這兒最好不要承認自己是臺灣人，臺灣人的日本話很像九州的口音，你就說自己是福岡或熊本地方的人好了。〔註9〕」在宿舍下女面前，藍也極力佯稱胡與自己是福岡縣人，使太明不悅，他不喜歡這種自卑感。然坦率的胡太明，某次在中國留日同學總會的會議席上，承認自己是臺灣人，卻受到恐怕是「間諜」的侮辱。

後來太明選擇到大陸去，友人曾則將複雜的環境向太明解釋「我們無論到什麼地方，別人都不會信任我們……命中註定我們是畸形兒，我們自身並沒有什麼罪惡，卻要遭受這種待遇是很不公平的。可是還有什麼辦法？我們必須用實際行動來證明自己不是天生的『庶子』，我們為建設中國而犧牲的熱情，並不落人之後啊！。〔註10〕」但太明不懂「蕃薯仔」（臺灣人的別名）為什麼必須忍受別人的屈辱？與中國新女性淑春結婚生子後，某夜太明因「台灣人身份」被首都警察抓走。太明雖坦率地承認自己是台灣人，並且毫無虛飾地吐露自己對於中國建設的真情，使那科長頗受感動，不過他的同情和當局的方針，卻是兩個不同的問題。幸賴學生幽香與素珠協助才能越獄逃脫。

〔註6〕 吳濁流，《亞細亞的孤兒》，（台北：草根出版，1995.07），頁III。
〔註7〕 同上註，頁IV。
〔註8〕 同上註，頁136。
〔註9〕 同上註，頁88。
〔註10〕 同上註，頁145。

幽香的姐夫李先生因環境的感染投身政治運動，半帶戲謔地揶揄太明道：「歷史的動力會把所有的一切捲入它的漩渦中去的。」「你一個人袖手旁觀恐怕很無聊吧？我很同情你，對於歷史的動向，任何一方面你都無以爲力，縱使你抱著某種信念，願意爲某方面盡點力量，但是別人卻不一定會信任你，甚至還會懷疑你是間諜，這樣看起來，你眞是一個孤兒。〔註11〕」這句話似乎點醒了胡太明，也點醒了讀者（台灣人），象徵台灣不被祖國與日本的信任與接受，於是成了「亞細亞的孤兒」。

回台避難的太明，又因曾去過大陸，時時被警員盤問與跟蹤。卻又無奈以日軍翻譯身份被徵兵至廣東參加中日戰爭，日軍對戰地婦女同胞的強暴，以及抗日份子的勇敢，讓太明自慚形穢。心向祖國的太明當時不僅不能救中國，還成爲協助日本侵華的軍人（屬），什麼是敵人？這一切使太明精神和肉體的負荷失去平衡，終究崩潰、病倒了。回台後又眼見哥哥志剛正努力皇民化，想成爲御用紳士。於是太明與日人佐藤一起辦雜誌，希望揭露聖戰、帝國主義的眞面目。

結尾胡太明把臉塗得像關公一樣，在大廳神案上寫詩，又是朗誦又是唱歌，卻又大聲怒罵，瘋顚似的成了狂人，其後，傳言瘋顚的胡太明坐船去了對岸。強烈象徵傅柯「愚人船」中的瘋人乘客去尋找自己的理性〔註12〕，是胡太明對祖國的回歸意識。但不同的是，「愚人船」的瘋人是被放逐，而胡太明則恐是潛意識操控的選擇主動自我「放逐」，因此「瘋人」這看似可憐的笑柄，成了眞理的衛士站在舞台中央，以瘋顚的形式表現自己比理性更接近幸福和眞理，比理性更接近理性，直指殖民社會嚴重的愚蠢，嘲諷殖民話語的文明與理性。

《亞細亞的孤兒》塑造了台灣文學中孤兒意識的原型（prototype），胡太明的流亡與放逐，讓群體意識到臺灣人的命運一如孤兒，啓發了人民對身份認同的思考，而這個認同的旋律在戰後大河小說中仍不斷傳唱，因此在《亞細亞的孤兒》的精神引導下，戰後大河小說也在尋覓「台灣人」的歷史長河中，譜出一首首浩浩湯湯的多音交響曲。

〔註11〕 吳濁流，《亞細亞的孤兒》，頁 211～212。
〔註12〕 傅柯（Michel Foucault）著，劉北成、楊遠嬰譯，《瘋顚與文明》（臺北：桂冠，1992），頁 7、10、11。

二、鍾肇政《濁流三部曲》、《台灣人三部曲》、《高山組曲》的開啓

　　鍾肇政（1925～）〔註13〕，桃園人，勤寫譯，多參賽，讓他逐步由邊緣走向亮處，在文壇爭下一席之地〔註14〕，人稱台灣大河小說的開拓者，也是目前這個領域創作量最豐的作家〔註15〕。在西化的現代主義早期及鄉土文學前期，鍾肇政也曾翻譯東西方文學，但內心的筆並沒有走在主流的人群中，而是直抒自己日本殖民時期的青年生活，與一日不能或忘的日本經驗，因此寫下《濁流三部曲》（1979）、《台灣人三部曲》（1980）這二部系列長篇巨著，此外也走在時代的前頭關注原住民的議題，寫下《高山組曲》〔註16〕（1982），此三部巨著分別完成於 1960、1970 乃至 1980 年代，分別刻劃了不同階段的台灣歷史與族群。

　　大河小說一詞的提出，起始於葉石濤對《濁流三部曲》第三部《流雲》的評論，期望鍾肇政能寫出格局較恢弘的世界級作品，才得以讓作品登上世界的舞台，亦即《濁流三部曲》不夠偉大，不夠格稱之爲大河小說。而《濁流三部曲》由《濁流》、《江山萬里》、《流雲》三部組成，創作於 1961～1963年間，是一部描述鍾肇政少年史的自傳性小說，也可說是一部少年成長小說。且從敘事觀點來看，更可以發現陸志龍就是作者鍾肇政，屬於高度自傳性小說，充分顯示與記錄了日本殖民時期鍾肇政的所思所想，學者黃靖雅、錢鴻鈞等人稱其爲台灣第一部大河小說〔註17〕，但因自傳性及格局較小等因素，陳芳明等評論家並未將其視爲台灣大河小說，詳細的爭議可參看本書第五章。

〔註13〕桃園縣龍潭鄉客家人，歷任小學、中學、大學教師春風化雨32年，晚年對客家文化的推廣不餘遺力，但文學仍是他終生的志業，自 1951 年發表〈婚後〉至今創作超過半世紀，不僅著作等身，也積極投身文壇，1957 年 4 月至 1958年 5 月間曾集結文友印行《文友通訊》互相切磋砥礪、亦參與吳濁流《台灣文藝》的創刊與主編，1978 年 8 月～1980 年 2 月也曾在《民眾日報》副刊擔任副刊主編提攜文友，主編《本省籍作家作品選集》（1965 年）10 冊、《台灣省青年文學叢書》（1965 年）10 冊、《台灣作家全集》50 冊、合編《光復前台灣文學全集 8 冊》等。

〔註14〕參考應鳳凰對五〇年代鍾肇政佔位文壇的策略說法。

〔註15〕黃靖雅，〈鍾肇政小說研究〉（東吳大學中文所碩論，1994），頁 13。

〔註16〕《川中島》（高山組曲第一部）〈長篇〉，（台北：蘭亭書局，1985.04）。《戰火》（高山組曲第二部），（台北：蘭亭書局，1985.04）。

〔註17〕詳錢鴻鈞，〈大河小說《濁流三部曲》的藝術性探討〉，《臺灣文學的大河：歷史、土地與新文化──第六屆臺灣文化國際學術研討會論文集》（高雄：春暉出版，2009.12）。

　　若從文本來看，《濁流三部曲》雖具有個人自傳的成份，但卻是反映大時代歷史論述的系列長篇巨作。首先《濁流》以日本殖民末期為背景，描述正值青春啟蒙的陸志龍對性的渴求與對未來的軟弱，這個性格傷感軟弱的主角初出茅廬，即任大溪宮前國校教員，面對生活的一切總時時籠罩著一股迷霧般的混沌思維，雖與日人谷清子教員相戀，卻因殖民社會的諸多枷鎖與顧忌，以谷清子自殺告終，這樣的戀情與殖民社會的諸多事件結合，使陸志龍由惶惑懵懂、到逐漸釐清個體想法，可說是一部殖民青年的成長史。第二部《江山萬里》以戰爭末期的大時代歷史為背景，就讀彰化青年師範學校的陸正龍，在「學徒警備召集令」下成了學徒兵，至台中大甲鎮郊的鐵砧山上從事「構築陣地」的工作，直至「終戰大詔」頒布。其間交雜著同袍陳英傑、蔡添秀等人之間的友情與對異性李素月的愛情，以及生為本島人面對內地人與支那人的複雜情緒，全篇以「人既然活在世上，總歸會有條路的。」來總結作者對事情的看法。第三部曲《流雲》描寫陸志龍從大甲返回到家鄉，因戰時患瘧疾服藥失聰，使陸志龍更顯感傷雲翳，除了花了許多時間讀書習漢字漢文外，正值青春年少的他對異性有著里比多（libido）〔註18〕的衝動，但他最終選擇追尋的對象是牛一般工作的阿銀，而非知識階層的童戀情人徐秋香以及眾人喜愛的完妹。整體而言，這三部曲呈現出殖民社會的諸多面貌，如殖民社會的階級、皇民化負累、殖民社會的反撲等，也記錄了陸志龍二大方向的啟蒙成長，一個是精神思維的，一個是性的啟蒙，而這二大方向的啟蒙也映照出陸志龍自我認同的軌跡。有別於一般自傳性作品的勵志基調，《濁流三部曲》以陸志龍懦弱傷感的形象，映照出殖民社會強大的宰制與壓力。

　　就彭瑞金的分類，我們可以說《濁流三部曲》是自傳性小說的展演，《台灣人三部曲》〔註19〕是「台灣歷史素材小說」。我們可以說，台灣人三部曲正回應葉石濤對《濁流三部曲》的批評，就寫作內容來看，《濁流三部曲》的創作基調是個人且徬徨壓抑懦弱的，而之後的《台灣人三部曲》則顯得硬頸剛

〔註18〕又譯「性力」。指性欲的內驅力，精神分析學視為一切精神活動的能量來源。弗洛伊德說：里比多和飢餓相同，是一種力量、本能——這裡指的是性的本能，飢餓則為營養本能——即借這個力量以完成目的。參見王先霈、王又平主編，《文學批評術語詞典》，（上海：上海文藝出版社，1999.02），頁491。

〔註19〕鍾肇政，《沈淪》〈上、下〉，（台北：蘭開書局，1967.06）。鍾肇政，《插天山之歌》，（台北：志文出版社，1975.05）。鍾肇政，《滄溟行》，（苗栗：七燈出版社，1976.10）。

強些，刻意描繪客家人（台灣人）的英勇質素，給予生命正面的肯定。前者
壓抑與徬徨，後者堅忍與悲哀﹝註20﹞。前者因爲是寫自己，因此有不少作者
自我的剖析，深入描寫人物內在的心理活動的意識流手法。後者則是說故事，
因此好的故事題材便相形重要，尤其鍾肇政強調寫台灣人的創作意圖，因此
以日本殖民歷史爲素材便是不得不書寫的命題，這部作品也正式確立鍾肇政
在台灣「大河小說」的先鋒地位。

　　《台灣人三部曲》是台灣「大河小說」的代表作，分爲《沉淪》、《滄溟
行》、《插天山之歌》三部曲，創作於1964～1976年間，歷經台灣退出聯合國
的政治震撼，使官方「大中國意識」受到挑戰，也緣於高壓的創作環境，寫
作順序是先第一部（1964～1968）、第三部（1973～1974），再寫第二部（1975）。
整體而言是一部書寫九座寮陸姓家族史的大河小說，陸家的傳統精神是陸家
子孫共同擁有的集體想像，這個不嫖不賭、克勤克儉的美好印象，是在陸姓
祖先的歷史基礎上形塑而成。因此陸姓子孫往往以祖先的精神爲標竿，強調
晴耕雨讀、反抗威權的精神。但走入日本統治的象徵秩序中，陸姓子孫必須
學會殖民者的話語，認識權力的符號規則並受到支配。而在其間陸姓子孫也
得以藉由殖民他者，來區辨出自己，在完美的陸姓尊嚴中，找到與殖民者相
似與相反的因子，而得以走出陸姓家族自己的道子。

　　台灣大河小說因爲《台灣人三部曲》書寫的台灣史背景，似乎讓之後的
大河小說也約定俗成的指涉那些書寫台灣人、台灣史的系列作品，對台灣文
學產生重大的意義與影響。就台灣史的背景來看，首部曲《沉淪》是以1895
年乙未割台爲時代背景，描述陸家由13世祖榮邦公渡台開基，勤儉起家，逐
漸落地生根繁衍後代的移民史，以及陸仁勇率領陸姓子孫參與抵禦日本政權
入台的抗爭史，文末只寫到仁勇、綱崙等人繼續英勇出征，並未預告未來的
成敗。二部曲《滄溟行》以日本殖民台灣約20年後的「台灣文化協會」爲背
景，顯示首部曲的走反最終仍是失敗的。在日本殖民的統治下，鍾肇政分別
以陸維揚、陸維棟、陸維樑等幾個角色來呈現台灣人民服膺、屈從，以及抵
抗日本政權的三個面向，並以陸維樑爲主線導引出農民反抗運動。文末簡溪
水醫師和林停鹿律師決定出資讓陸維樑選擇去日本或至祖國留學，陸維樑則

﹝註20﹞黃秋芳，〈從《馬利科彎英雄傳》談鍾肇政的英雄追尋、浪漫響往與在地時空
　　　　構築〉，「鍾肇政文學國際學術會議」論文，（桃園縣政府文化局主辦，2003
　　　　年11月22～23日），頁6～7。

選擇去矇矓又神秘的祖國，到原鄉去走一圈，期望能以身爲漢民族子孫的身分與祖國融合爲一體，爲開拓自己的前途，也爲受難的台灣同胞們而奮鬥。第三部曲《插天山之歌》是以 1943 年（昭和十八年）後的殖民末期爲背景，描寫自東京留學回來的陸志驤，肩負「以任何方法，扛擊日本的戰力」的任務，但陸志驤在由日返台的富士丸上就被桂木特高監視，雖然魚雷炸沉了船，兩人卻都倖免於難，因此在台展開了近 2 年的追逐逃亡戲碼，文末陸志驤終於被抓，但卻只關了一個晚上，原因在於日本輸了，因此時間也停留在日本戰敗、群眾歡呼台灣光復的一刻，讓文本有了光明的結尾。大體而言，這三部曲的時代背景是連貫的，以台灣被日本殖民的大歷史爲背景，描寫陸姓客家族群在台開墾奮鬥的過程。第一部《沉淪》有著英雄史詩般的壯闊氣勢，呈現客家子弟英勇抗日的一面，一如客家人對義民的重視與崇敬〔註 21〕。第二部《滄溟行》的人物未能如預定理想承接第一部安排的伏筆人物，人物結構簡單，卻也形構出日本殖民時期台灣人的眾生相，以及台灣農民的反抗面。第三部《插天山之歌》身負重任的陸志驤，沒有前兩部主角的英雄氣勢，不僅沒有抵抗更遑論抗日，因此成爲諸多評論者批評的缺失。但也因此，相對映襯出文本內、外作者與小說人物所受到的思想箝制。

　　《台灣人三部曲》表面上是一部陸姓家族的庶民生活史，實際上是一部日本殖民時期台灣人的苦難奮鬥反抗史，正印證了一個大時代。對照於自傳性強的《濁流三部曲》，剖析作者自身殖民經歷的認同惶惑與轉折，明顯真實於《台灣人三部曲》在小說中所刻意表現的「大中華意識的精神認同」。因此我們可說《台灣人三部曲》有著自我官檢的書寫策略，不同於鍾肇政個人在歷經殖民後真實心理認同的轉折。此二巨著殊爲可惜的是仍以台灣漢人意識爲思維中心，有著漢人沙文主義的缺失，忽略了弱勢原住民的處境。

　　但鍾肇政後來也努力彌補了這個缺憾，1980 年鍾肇政的《高山組曲》出版，黃靖雅稱其爲台灣第一部原住民大河小說〔註 22〕，原計畫擬書寫三部曲，但後來只寫了以日本殖民爲時空背景的《川中島》及《戰火》二冊，而未書

〔註 21〕義民爺是標準台灣地方神明，主要在祭祀死於朱一貴、林爽文等事件中犧牲的義民，所以大陸客家人並無義民信仰。詳曾逸昌，《客家概論》，（台北：泓茂電腦排版公司，2003.09），頁 272。

〔註 22〕在此之前鍾肇政即寫過描述原住民霧社事件的《馬黑坡風雲》（1973）及原民傳說的《馬利科彎英雄傳》（1979）。詳黃靖雅，《鍾肇政小說研究》，（東吳大學中文所碩論，1994）。

寫戰後擬以湯川為主角的二二八事件，顯然 1982、1983 年的創作時空仍壓抑綑綁了鍾肇政寫作的自由度。但仍無損於鍾肇政早期對原住民文學的貢獻性。

《川中島》可以說是接續鍾肇政另一部小說《馬黑坡風雲》的霧社事件而來，1930 年霧社原住民因不堪日本暴政統治，起而反抗。而第二次霧社事件的發生，敵人不僅是日人，還包含自己的同胞，因為日人小島以夷制夷地唆使白狗、套乍（一般稱為道澤）等部落的塞達卡友蕃出草，再次血洗了原民部落。然而事件發生後，人數銳減幾近滅族的起事遺族，被強迫移至川中島集中管理，接受歸順教化的遭遇。主角畢荷・瓦利斯乃真實人物高永清的化身，深受日人小島源治夫婦在生活與工作的各方面照顧，一如過去日本統治者極力栽培花岡一郎與花岡二郎般，促其升學、進而擔任警手，可謂恩情無限。但過去霧社事件的血債仍在，尤其當畢荷得知小島為第二次霧社事件的唆使者時，個人的情感與民族情感產生極大的衝突，小島魔鬼與恩人的雙重地位，形成了這部小說重要的主題。也許我們可以說，日人小島對原住民的文化的改造與提攜，同時也暗喻了原住民文化的退位與淪喪，因此畢荷・瓦利斯對日人有著愛恨兼具的恩怨情仇，但此部作品卻有著光明的基調，因為小島等人的照顧，畢荷彷彿正準備往理想的仕途大步邁去。小說中畢荷妻子馬紅（莫那・魯道之女）因日警衫山企圖姦淫而自殺，自此莫那・魯道的後裔就此結束，小說似乎喻指著原住民反抗精神的告終，但作者鍾肇政卻以極平淡的筆調記敘畢荷・瓦利斯當天仍冷靜地去上班，強烈對比出原住民無可如何的生命，在威權的統治下，只能選擇忍辱偷生的過活，而這樣的情感仍延續至下一部的《戰火》中。

《戰火》的時代背景已接近日本殖民末期的 1944、1945 年，敘事觀點由第一部的畢荷・瓦利斯，移轉至更為年輕的阿外（山下太郎）身上，小說一開始便是川中島青年學校的開學典禮，十年後原住民年輕人的價值觀念已大不同，似乎忘卻了父親為日人所殺，母親自殺的過往，如今對於能說流利國語（日語），到內地讀書從軍等多所嚮往。這一切似乎象徵日人價值體系的確立，這些新一輩的霧社遺族，在幾經日人的教化馴育後，一個個成為矢志效忠天皇的高砂義勇隊，甚至寫血書要求志願為聖戰玉碎（如阿外的弟弟沙坡）。阿外也在志願的氛圍下成為高砂挺身隊，到南洋戰場與日軍並肩作戰。鍾肇政在南洋戰場以布農族的林兵長為日人奴化原住民教育的典型，在叢林作戰中驍勇善戰更勝日人，看似打破了被殖民的奴化位階，扭轉了日優台劣

的情勢。但不幸的最後卻被美軍俘虜，被分在中國人一邊，這對一向自認為日本皇軍的林兵長而言，造成身分認同上的極大衝擊，以往被形塑的皇民軍國價值體系至此崩潰瓦解，鍾肇政藉林兵長之言：「我們是天下第一的傻瓜」為此做了最佳的註腳。

當然少了《高山組曲》的第三部曲，對台灣大河小說而言又是個缺憾，就字數而言也稍少了些。但對於原住民文學來說則是一大貢獻，雖然小說與史實仍有出入，但也彌補了《濁流三部曲》、《台灣人三部曲》以漢人為中心視角，忽略原民的創作生態。也讓我們更能在鹹首的刻版印象中，得知原住民社會文化的成因與生態。

伴隨著現實生活中鄉土文學論戰、台灣意識論戰，政治反對運動的風潮，台灣歷史逐步走向本土化道路，也因鍾肇政對台灣歷史敘述的情結，與作品中台灣人歷史主體的重新建構企圖，強化了台灣文學與本土化的關聯，鍾肇政的大河小說也因此成為台灣文學的典律（canon），卻也因而被有意無意的「誤讀」與「挪用」〔註23〕，在台灣文壇的影響不可小覷。

三、李喬《寒夜三部曲》的承繼

李喬（1934～）原名李能棋，出生於日治時期新竹州大湖郡大湖鄉香林村（今苗栗縣大湖鄉靜湖村，舊稱「蕃仔林」）。苗栗大湖人，父親曾當過守蕃的「隘勇」和伐木工人，為「農民組合」成員，因參與反日活動，飽受牢獄之苦。母親是童養媳〔註24〕，這樣的身世背景在《寒夜三部曲》中有了對照。李喬在書寫《結義西來庵》後更自覺自己是台灣子弟，而這樣的情懷也延續至《寒夜三部曲》。李喬之所以寫《寒夜三部曲》（1981）〔註25〕，鍾肇政的鼓勵與提供發表園地有極大的關係，連書名也是由鍾肇政所建議，這也讓台灣「大河小說」有了傳承。李喬的《寒夜三部曲》創作於 1977 到 1979年，台灣面臨中（台）美斷交，美麗島大審等事件，文壇上也正是鄉土文學

〔註23〕 詳參藍建春，〈在台灣土地上書寫台灣人歷史——論鍾肇政《台灣人三部曲》的典律化過程〉，收錄於三木直大等著，《台灣大河小說家作品學術研討會論文集》（台南市：國家台灣文學館籌備處，2006.12），頁 43～74。

〔註24〕 齊邦媛，《霧漸漸散的時候一臺灣文學 50 年》，（臺北：九歌，1998.10），頁73。

〔註25〕 李喬，《寒夜》（台北：遠景出版社，1981.02）；《荒村》（台北：遠景出版，1981.02）初版，《孤燈》（台北：遠景出版，1981.02）。

論戰時刻，因此外在社會的結構影響了李喬文本的內在結構，使此部書較鍾肇政的《台灣人三部曲》更具有台灣主體意識的追求，與對鄉土的認同。

此書由《寒夜》、《荒村》以及《孤燈》三部組合而成，描述彭、劉兩家族世代的故事，以台灣淪日五十年為主要背景，上溯至清朝台民墾荒與先住民爭地，下至戰爭末期台灣人民的戰時經歷。楊照曾言在台灣本土意識不彰的時代，此書是「理解台灣漢人歷史概要的最佳教科書」〔註26〕。但李喬援引龐大史料的目的不在重現歷史，而是在闡釋李喬的生命觀與歷史觀，他在序文中指出「大地，母親，生命（子嗣）三者形成了存在界連環無間的象徵……想藉著蕃仔林窮僻山野中的一群「鱒魚」，描繪生命的姿彩，揭示奇妙的歷程。通過層層的苦難，跋涉迢遠的追尋，然後呈現生命的面目。」〔註27〕因此「寒夜三部曲」並無張揚市井英雄的意圖，更無意塑造偶像崇拜，反而著意描寫底層人民為求生存的悲苦命運，如彭阿強對賴以生存的土地的執著與拚命、劉阿漢、劉明鼎生死與之的抗爭，葉燈妹苦守寒窯的傷痛，流落異鄉企求回歸的明基。在那樣的寒夜裡，人民的痛苦英雄無法解救，即使明知不可為而為之者，也多半以死亡告終，在痛苦無止盡循環的人世裡，人民仍前仆後繼地不斷抵抗。

第一部《寒夜》以割台前後苗栗公館的長工為典型，描寫彭阿強幾代人為頭家作長年苦工，因發生大水災，淹沒頭家二十多甲水田，彭阿強才領著子弟捧著阿公婆牌往深山開墾，與原住民爭地。但不論是滿清時期，甚或是日本統治，這一群底層傳統農民都為了爭取求生的土地而受盡折磨，在大清律法下，與先住民的口頭契約已不具效力，無端成為佃戶，須向墾戶繳納大租小租，一如佃奴，在日本統治時期，沒有「開墾給照」更加嚴屬地受到合法性的質疑，因此擁有自己的土地成了這群實際開墾者最大的願望。然而無情的天災人禍，更彰顯出蕃仔林人民的無奈。未被人禍、天災擊倒的彭阿強，在生命的最終，為了保衛辛苦開墾的土地，魔幻寫實的化身為臺灣山豹咬死墾戶葉阿添〔註28〕，表現出他對蕃仔林土地生死與之的執著與努力。其間交

〔註26〕楊照，〈以小說捕捉台灣歷史的本質〉，《中國時報》27版，1998.1.20。

〔註27〕李喬，《寒夜》（台北：遠景出版，2001.07），頁2。

〔註28〕阿強伯以 67 歲的年紀，「在那刀勢衰歇的瞬間，身子化成一隻饑餓的臺灣山豹，化成一團恨火怒火，撲近握刀的人——那條刨了皮的大蕃薯一以他強有力的雙臂攫住那瘦削而虛弱的肩膀……，朝蕃薯的細長部位——脖子咬下去」（《寒夜》，頁435）殺死了霸佔民田、搶人妻子、淫人女兒的葉阿添。阿強伯

雜傳統客家村爲了勞力交換所實行的交換婚姻形式，以及爲對抗先住民所實施的官隘、民隘制度。彷如一幅先民篳路藍縷、以啓山林的求生畫作，傳達一種對土地的苦戀與追求。

第二部《荒村》史料多於故事，但大體承接《寒夜》的土地抗爭，以日本統治二十多年後爲背景，文化協會與農民組合爲典型，描寫在異族統治下不合理的社會制度（如佃租問題——蔗農問題——林野拂下問題——日本資本家聯合獨佔糖業等問題），以及台灣人（尤其是農民）的災難、痛苦，反抗與尊嚴。其中小學校學生的復仇與劉阿漢的反抗是「生物活命的本能」〔註29〕，「只是爲生活、爲生存，就像一隻餓極的猴子，誰搶奪他裹腹活命的蕃薯，牠就舞爪露齒抗拒一樣。這是必需的必然。〔註30〕」而劉明鼎的反抗則漸漸轉爲以意識形態主導，強調無產階級的革命。小說中的女性亦不容小覷，尤其是郭芳枝與葉燈妹，在動盪的社會中展現堅毅不移的強韌性格，分別成爲傳統與現代的女性典型人物。

第三部《孤燈》以日本殖民末期的戰時體制爲背景，分二條線來鋪陳，一爲台灣青年被徵用爲軍伕、開拓隊與志願兵，或遠赴南洋的戰地經驗與日本戰敗逃亡的求生過程。二爲蕃仔林的老弱婦孺在窮極困頓的生活中如何生存與心理的變異，蕃仔林在阿漢婆的引領下咬牙苦撐，呈現台灣人堅忍的生命力。最後將二者縮結，寫人子對母親／土地的懷戀，以燈妹（阿漢婆）象徵故鄉土地，成爲劉明基九死一生的返鄉意志的終極依歸，彷如一盞明燈，照亮鱒魚的返鄉道路。

整體而言，三部曲寫的是蕃仔林的天災人禍，以土地爲中心主題，女主角葉燈妹連接貫串，並分別藉由第一部的彭阿強，第二部的劉阿漢、劉明鼎，第三部的劉明基來鋪陳故事情節，呈現土地與生命的結合。其中無父的孤兒劉阿漢與被賣爲花囤女（童養媳）的葉燈妹，隱喻台灣的政治狀態，不僅被滿清割讓，又成爲日本的子民。

正如黃娟所言，「寒夜三部曲」序章〈神祕的魚〉是作者遞給讀者的一把

殺人行徑，在路人口中：「彭阿強替我們出一口氣啊！」、「彭阿強是替人間表一次天理」……（《寒夜》，頁438）等話語裡似乎有了一解怨氣、替天行道的意涵。

〔註29〕 詳李喬訪問稿，參見盧翁美珍，《神秘鱒魚的返鄉夢——李喬《寒夜三部曲》人物透析》（台北：萬卷樓圖書，2006.01），頁307。
〔註30〕 李喬，《荒村》，頁12。

鑰匙，用來啓開三部曲的奧祕〔註31〕，讓讀者得以窺見台灣人（鱒魚）對故鄉、對土地無可如何的眷戀。不僅作者在序文提及：「土地是人的根本依靠，而土地也是痛苦的淵源。」也藉彭阿強來隱喻唐山來的移民，由過客以至於認同的心態轉變，並不斷藉劉阿漢、燈妹等角色來道出人與土地緊密的關係〔註32〕，呈顯小說人物因爲對土地的依附情節，而衍生無止盡的苦難與無法斷卻的依戀。而現實創作時空的李喬，也深受「中壢事件」、「美麗島事件」的衝擊，兩相對照，正反應出李喬對台灣土地的認同與台灣意識的萌發，也似乎企圖爲過往的孤兒意識找到一條可能的出路，而這些意涵也正是《寒夜三部曲》成爲台灣「大河小說」的重要原因〔註33〕。

四、姚嘉文《台灣七色記》的巨現

　　前考試院長姚嘉文（1938～），彰化和美人，其曠世鉅著《台灣七色記》是獄中7年的寫作成果。1979年姚嘉文因美麗島事件被判刑12年，牢獄其間妻子周清玉便不斷提供相關史籍資料供其寫作，成爲《台灣七色記》巨著的幕後推手。1987年姚嘉文出獄，此作也隨即在自立晚報社出版〔註34〕。《台灣七色記》包含7部14冊，外加《前記》共計15冊，是超過300萬字的曠世鉅著。時代背景前後橫跨1600年，從中原寫到台灣，企圖還原台灣百年來的歷史的眞相。相關文物及手稿，已於2007年元月捐給了國家台灣文學館。七部作品書名及背景依序如下，包含《白版戶》（西元 362～383 年淝水之戰，晉室河洛人南遷）、《黑水溝》（西元 1683 年明鄭宮闈和台灣天地會）、《洪豆

〔註31〕黃娟，《政治與文學之間》（台北：前衛出版，1995.04），頁118～119。

〔註32〕如劉阿漢曾言：「人是土做的，所以離不開泥土，愛泥土，依賴泥土，沒有泥土就不能過活，人總是爲了泥土拼命，將來人還不是都要回到泥土裡去……可是土地，正是人間最大痛苦的來源。因土地少，人口多。土地多的人靠地租人就可大魚大肉哇；沒土地的人就只有向人家低聲下氣懇求，然後做牛做馬……」；葉燈妹曾言：「這樣搽擦（腳掌）下去，也許全身都會變成污垢脫落掉光。……有點心疼，有點不安。但是也有點朦朧的愉悅：這也就是生命吧？生命來自泥土，但生命不是泥土，而生命畢竟還是泥土。不是泥土，所以能夠自由活潑，但也多麼孤單；是泥土，所以最是卑下，但也多麼穩實安詳」（《寒夜》，頁401）

〔註33〕李喬，《寒夜三部曲》作品後來也改拍爲《寒夜》（2002）、《寒夜續曲》（2003）電視劇在公共電視播出。

〔註34〕姚嘉文，《台灣七色記》（台北：自立晚報社，1987）。2003年再版，2008年3月由草根出版社出版。

劫》（西元 1786 年林爽文事件）〔註35〕、《黃虎印》（西元 1895 年台灣民主國抗日）、《藍海夢》（約太平洋戰爭末期至西元 1945 年台灣光復）、《青山路》（西元 1958～1971 年八二三砲戰到退出聯合國）及《紫帽寺》（西元 1971～1984年泉州人的故事）。由於是獄中作品，或可稱之爲監獄文學。由於此書是創作在戒嚴時期的牢獄中，受限於作者本身的雙重困境，因此這部巨著也跳過了二二八事件及白色恐怖的歷史，更迴避了個人被捕入獄的美麗島經歷。

楊照曾言：「《台灣七色記》隨姚嘉文出獄而問世，在當時確曾轟動一時，具有無可取代的重大政治象徵意義，而其高達三百餘萬字的篇幅，更是超級中的超級。姚嘉文以律師、政治反對人物的身分，利用在獄『進修』時涉足文學、歷史，卻在尙未充分掌握文史寫作美學規範前便貿然嘗試最高的『大河小說』，因而嚴重缺乏建構、堆砌情節的技巧；更糟的是，也沒有推敲、揣測歷史的功夫。《台灣七色記》冗長的篇幅其實有一大半是情節無法有效推動製造出的浪費，而且文中到處可見粗拙、幼稚，明顯屬美學上『技術犯規』的段落，更在在地阻卻了讀者接近文本的企圖心。另外，姚嘉文不懂得如何營造異質時空的感覺，使得《七色記》中每一段歷史都有太強烈的『現代干擾』，古早人講現代話的情況頻密出現，未經詳細考證的場景破綻百出，其綜合結果是恐怕少有讀者能從頭到尾卒讀《七色記》，政治性的熱潮降溫後，《七色記》也就很少再被提起了」〔註36〕。因此不僅由於此作連篇累冊的巨幅形式，更因上述觀點的評價，許多評論家未提及《台灣七色記》爲大河小說的緣由就浮上檯面了。

相對於過往的台灣大河小說，《台灣七色記》較屬於以演義歷史爲目的「歷史小說」，著重在展示重大歷史事件，不同於李喬所謂的「歷史素材小說」，著重虛構，並且偏重在變化以存實，闡釋作者的歷史觀、生命觀〔註37〕，因此二者的書寫體式並不太相同。在人物的設計上，不同於鍾肇政、李喬的庶民性，《台灣七色記》的人物繁多，上至君王、下至販夫走族，因此就書寫的歷史觀點而言，就不僅僅是庶民的，還參雜著演義小說式的觀點與人物塑造。

而《台灣七色記》的貢獻性在於歷史縱深的延展，光從姚嘉文企圖往前

〔註35〕 全書共計四章，寫唐山漳州婦人紅豆來台投親的種種，卻面臨清官對台灣百姓的壓迫。林爽文事件中，洪豆與丈夫蘇四程一家，也被捲入歷史洪流中。

〔註36〕 楊照，〈歷史大河中的悲情——論台灣的「大河小說」〉，《文學、社會與歷史想像——戰後文學史散論》（台北：聯合文學出版社，1995.10），頁 105～106。

〔註37〕 請參照李喬，《小說入門》（台北：時報文化，1986），頁 191～193。

往後釐清台灣史的脈絡而言，就是一件創舉。因為以往大河小說書寫的大時代歷史，大抵從清朝割讓台灣寫起，並以日本殖民台灣為論述核心，展現出後殖民的特質。而《台灣七色記》則追本溯源的上溯自晉室河洛人南遷的歷史，一步步描繪台灣漢移民由中原而至台灣，甚至南洋、美國等地的空間位移軌跡，還將戰後的歷史一併補上，書寫八二三砲戰、台灣退出聯合國等事件，企圖借由歷史大事件來重構台灣人的歷史演進，不僅回首遙遠歷史，更貼近現實社會，將台灣放在世界的場域中，看見台灣在全球中的處境。因此《台灣七色記》的視野是更加宏觀的，雖仍不免迴避敏感的政治議題，但企圖心是可見的。

小結

　　陳建忠言，「當前台灣出現的歷史敘事，主要圍繞著中國政權正歷史敘事，以及台灣本土歷史敘事兩類主流〔註38〕」。在戒嚴時期書寫中國史的歷史作品（如反共復國文學等）曾一度是文壇的主流導向，是被認可與讚許的文藝表現。而書寫台灣史（尤其是被日本殖民的歷史）的作品則相對邊緣弱勢，因而具有顯著的存在意義與書寫必要。因此當本土論述肯定鍾肇政、李喬的書寫，而冠以「大河小說」之名，是具有鼓勵與正增強的作用性。但「大河小說」一詞卻也因而被延異指涉為具有台灣意識、書寫台灣史的作品。

　　在歷史的潮流中，台灣這個太平洋上的小島，有著來來往往各色人種的過客，如葡萄牙、西班牙、荷蘭人等等，亦歷經明鄭時期與清朝的統治，因此以漢人移民並落地生根為最大宗，使台灣形成一個個的漢族聚落，當然相對地也壓縮了原住民原有的生活空間。這個曾屬清領之地的台灣，1985 年因馬關條約被割讓與日本，蒙昧無知的台灣屬民，不管是本地或早期、晚近遷移至台灣者，都再經歷了一次異國的震憾洗禮，但有別於以往的經濟資源掠奪，此次的日本殖民更以強勢的政治掌控改造台灣島民，從差別、同化到皇民化，不管在語言、文化或生活等各方面，台灣島民的外在生活與內在精神都逐漸被塑造為皇民，然而面對日本的殖民，日本侵華戰爭的爆發，台灣島民以皇軍身分赴中國戰場，身分認同的問題無所不在的產生考驗，不管被叫

〔註38〕陳建忠，〈台灣歷史小說研究芻議：關於研究史、認識論與方法論的反思〉，收錄於李勤岸、陳龍廷主編，《臺灣文學的大河：歷史、土地與新文化——第六屆臺灣文化國際學術研討會論文集》（高雄：春暉出版，2009.12），頁 13。

清國奴、日籍台灣人，甚或是台籍日本兵，都在雙重的身份架構裡進行角力拔河，成爲異族嘲諷欺壓的合理藉口，台灣人身分認同惶惑的來由，也成爲台灣人的歷史悲情。

但日本殖民所造成的慘痛歷史經歷，實有別於 1945 年後由中國撤退來台的外省人，爲了在主流之外得以發聲，鍾肇政等作家肩負起這個填補異軌歷史的使命，於是乎一部部描寫日本殖民經歷的台灣「大河小說」逐漸在文壇找到發聲的園地，從這些解嚴前的台灣大河小說裡，我們看清了日本殖民時期一視同仁的謊言，日優台劣的上下位階，使台人遭受種種不平等的待遇，也因此台日戀情以絕望告終者居多，更戲謔的是台灣人到中國或南洋等地參與聖戰，孰敵孰友的認同問題在在浮現。又高砂義勇隊駕著神風特機奔赴死亡的場景，以死亡換得靖國神社的入場券的意義何在？當年霧社事件的歷史仇恨，在幾經教化馴育後竟神化的被消音與抹去。從這些大河文本中，在在體現日本殖民給台灣人造成的負面精神遺產，那樣的歷史過去歷歷在目，順此敘事，光復後的台灣人，自當歡欣鼓舞，更應該堅強奮鬥。

但不謀而合的，這些文本中的歷史時空都停留在光復初期，一如陳建忠所言：「這些臺灣大河歷史小說，因爲與主流意識型態（反共、西化、左統）不容，而滑落在臺灣人歷史認知的視野外。並且，在國府「戒嚴時期」（Martial Law Era1949～1987），臺灣本土作家所進行的「後殖民書寫」（Post-colonial writings），幾部大河小說，敘事時間都斷限於 1945 年，至於國府統治下的臺灣史則形同禁區，無人敢於論議。〔註 39〕」因此形成解嚴前「大河小說」的一大缺憾。

而姚嘉文那部縱橫台灣史 1600 年的《台灣七色記》，竟也跳過 1946 年到 1957 年這個發生二二八事件、台島面臨白色恐怖的年代。直至 2006 年姚嘉文才在《霧社人止關》補回 1930 年日本統治時期的「霧社事件」以及 1947 年二七部隊的「烏牛欄橋之役」等歷史反抗事件。是故政治對文學的影響鉅深且大〔註 40〕，這些解嚴前創作的文本，都受到戒嚴體制的圍限，在受限的寫

〔註39〕 陳建忠，〈臺灣歷史小說研究芻議：關於研究史、認識論與方法論的反思〉，《臺灣文學的大河：歷史、土地與新文化——第六屆臺灣文化國際學術研討會論文集》（高雄：春暉出版，2009.12），頁 17。

〔註40〕 馮馮 1949 年才來台，未經歷 1947 年的二二八事件，故「微曦四部曲」皆未提及二二八事件實屬正常，但經由馮馮晚年發表的回憶錄《霧航》一書來對照《微曦》，才知道馮馮也因政治迫害，作品未敢書寫白色恐怖的部份。

作語境中，對於不堪的傷痛，都選擇暫時的迴避不去觸及，由此更可見戒嚴體制加諸在人民身上的的巨大束縛。

第二節　解嚴後回首二二八

解嚴後至 21 世紀前，台灣「大河小說」的主要代表作是東方白的《浪淘沙》（1990）。鍾肇政的《怒濤》（1993）爲單本長篇小說，本無法歸類爲大河小說，卻因爲承接之前陸姓家族書寫，續寫陸姓家族遭遇二二八事變的故事，被稱之爲《台灣人三部曲》的第四部，而列入大河小說的行列。而李喬的《埋冤、一九四七、埋冤》（1995）約 70 萬字，分上下兩冊，也被稱爲《寒夜三部曲》的第四部。這一階段的作品，逐漸掙脫戒嚴體制的圍限，突破了昔日寫作的政治禁區，有志一同的書寫過往不敢碰觸的二二八事件。

一、東方白《浪淘沙》的承繼

解嚴後台灣「大河小說」的棒子，由東方白 150 萬字的《浪淘沙》（1990）〔註41〕承接。在寫作《浪淘沙》之前東方白花了約 2 年的時間閱讀世界的大河小說，如《戰爭與和平》、《靜靜的頓河》、《悲慘世界》、《約翰克利斯多夫》、《源氏物語》、《紅樓夢》等，不僅仔細研究還記下各部作品的缺失〔註42〕，也自知長篇小說與短篇小說的極大差異，更需要時間、毅力、寫作經驗及資料〔註43〕，也曾疑慮是否書寫二二八以及白色恐怖時期，幸賴鍾肇政一貫溫婉的來信鼓勵，才讓東方白更堅定持續地書寫，並在政治與文學間找到拿捏的尺度〔註44〕。在對的時機進行書寫，可謂時勢造英雄，讓東方白交出了亮麗的成績單。

東方白的《浪淘沙》分爲《浪》、《淘》、《沙》三部份，第一階段描述日軍來台前後的風風雨雨；第二階段，日軍已佔領台灣全島，日本統治開始；第三階段則寫殖民末期台灣人的去國與還鄉，包含丘雅信赴美加等地、江東蘭至南洋擔任通譯，周明德被徵召爲日本空軍駕駛員轟炸廣州被俘後釋放，

〔註41〕東方白，《浪淘沙》（台北：前衛，1990.10 初版）。
〔註42〕詳東方白，《眞與美》（五），（台北：前衛，2001），頁 219～220。
〔註43〕詳鍾肇政、東方白合著，張良澤編：《台灣文學兩地書》，（台北：前衛，1993），頁 272。
〔註44〕同上註，頁 126、157、173、260。

輾轉回台又遭逢二二八事件的經歷，以及周明勇在南洋戰場上的事跡等。

　　大體而言，東方白以三個族群為主線分別敘說故事，其一為由福州渡海來台的周福生，來台娶妻生子落地生根後，周福生之子周台生卻返回原鄉福州娶昔日師父的女兒姚倩，並生下一子周明德，其後周台生決定舉家移居南洋謀生，周福生便將周明德帶回台灣扶養，於是一家分居各地，展開分分合合的不同的生活。第二條主線放在客家人，羅希典原為抗日義勇的首領，其後改名江龍志移居至波羅汶，其子江東蘭傳承著父親反日的因子，因為堅決不改日本姓，差點被鬼木校長調離新竹中學的教職。另一條線為福佬人，由許秀英、丘雅信為代表，被母親叮囑不可參與政治的雅信，卻命運捉弄的與學政治的彭英結婚，但雅信醫學上的成就無法換得婚姻的幸福，大時代的動盪讓他們各分四處，也讓丘雅信不得不在異國加拿大求生。這三個族群看似不相關，卻在生命中有了交會，也同樣因為台籍日人的身分，讓他們飽受另眼的對待，從《浪淘沙》中可以明顯看見台灣人的歷史悲情，那無可如何的生命基調，受異族宰制的痛苦，都是台灣不可或忘的歷史足跡。

　　有別於過去大河小說對二二八事件的禁聲，東方白的《浪淘沙》勇於書寫二二八事件可謂一大進步與突破〔註45〕。作者藉丘雅信來帶出二二八事件的歷史情境，讓讀者得知當時台北、台中等地草木皆兵的情勢，另一方面周明德則在橫屍遍地的台北街頭想走去成功中學上班，卻被大陸兵隨機與中學生及和尚捆綁在一起，押到植物園集體槍殺，還好在亂槍掃射中，明德似乎只是嚇暈了，甦醒時才了悟自己的幸運，當掙扎想坐起時，卻被一個微跛的大陸兵發現，大陸兵隨即拿起刺刀走到明德面前，出乎意料地割斷明德手中的蔴繩放他自由，明德於是趕緊回家偕妻逃奔淡水避難，熟料淡水同樣搶聲四起，而且當過日本兵由南洋回來的青年更是被大陸兵追殺的對象，周明德只好躲在教堂鐘樓上一個月，待駐紅毛城的英國領事聞言，才接至領事館予以政治庇護。

　　在東方白的《浪淘沙》中，台灣人在歷史上的悲情，成了人生極大的譏諷。由於被殖民被迫承受日人（鬼塚隊長等）的頑劣欺壓，但日人也有古道

〔註45〕楊照認為《浪淘沙》最大的長處在於可以把小說一直往下寫，寫超過了終戰，寫進了「二二八」等戰後事件，這是前輩鍾肇政、李喬當時寫作環境所不許可的。詳楊照，〈歷史大河小說中的悲情──論臺灣的「大河小說」〉收錄於邵玉銘、張寶琴、瘂弦主編，《四十年來的中國文學》，（台北：聯合文學出版社，1994），頁189。

熱腸、患難與共的人（如：遠山明等）；而在二二八事件面對殺人不眨眼的大陸（同胞）隊長時，亦有跛腿卻善良的大陸兵給他一條活路，是故台灣人的悲哀不全然是異族的欺壓，自己同胞也不代表絕對的善惡，也許一切都是命定。東方白這樣的敘事方式，不難看出東方白想表達的思維，而他也藉由周明德的內心獨白來表明自己的態度：「歸結起來，世上只有善人與惡人之分，豈有國籍種族之別？……惡人爲惡，不外患了喪心病狂，再不就是被環境所逼或新聞媒介扭曲……前者需要的是醫療，後者需要的是教育，他們患病成瘋或被逼成盜，同情與憐憫都來不及，焉有可恨之理？」〔註46〕似乎不願擴大仇恨的對立，而是企圖消解這些舊恨情仇，正如起起伏伏的浪濤一般，浪起浪落之後將如泡沫慢慢消逝，一切終將歸於平靜。所以看盡人生起伏後，也該回歸平靜與安寧的生活。

《浪淘沙》的開創性意義，在於延伸了解嚴前台灣大河小說書寫的時間囿限，不僅書寫日人侵台，臺灣人奔走於文化協會、被迫加入聖戰的共同歷史，更將時序延伸至戰後，描寫過往不敢、不能觸碰的二二八戰後史。在空間跨度上也更廣於李喬《寒夜三部曲》的南洋場域，邱雅信因蜜月赴中國各地旅行，又因戰爭的影響，遠赴日本、美國、加拿大等地留學行醫逃難，福州人周家也在戰爭中幾度聚散，不僅僑居南洋，也有著福州、上海等經歷，另外江東蘭也以日軍通譯身分隨軍隊至菲律賓、馬來西亞、緬甸等地，但卻不僅僅是地域的增廣，還是異國文化民情的深度寫作，若非一定的知識基礎，無法成就這兼具歷史與地理意義的大河小說。

此外《浪淘沙》關注的族群更爲多元而深入，不僅台灣族群內的客家、福州、福佬人等，更包含了其他先進的日本、美國、加拿大人，以及同爲被殖民的其他第三世界族群。但卻不同於以往的反抗基調，表露的是一種超越族群國家的期待，甚至是百教合一的和平樣態，浪淘後仇恨也該平息。一如齊邦媛所言，《浪淘沙》中似乎看不出東方白遊子思鄉深情之外持任何政治立場，甚至連今日流行的統獨立場亦不明顯，而處處彰顯的只是人本的關懷和對臺灣鄉土的眷戀〔註47〕。

此部作品後來也以丘雅信的故事爲主軸，改拍爲電視劇《浪淘沙》，也以

〔註46〕東方白，《浪淘沙》（台北：前衛，1990），頁1932。
〔註47〕齊邦媛，〈冰湖雪山和南國鄉夢〉，《霧漸漸散的時候—臺灣文學50年》，（臺北：九歌出版社，1998.10），頁286～287。

繪本的形式改編為《向夢想前進的女孩》〔註 48〕，讓更多閱聽大眾能知道台灣第一位女醫師一生無悔堅貞的行醫故事。

二、鍾肇政《怒濤》的續寫

鍾肇政為了彌補自己過去大河小說的缺憾，撰寫了《台灣人三部曲》的第四部曲《怒濤》（1993），讓過去被視為禁忌的二二八事件重見天日。《怒濤》1991 年起在《自立晚報》發表，寫作時間達三年之久。這部解嚴後才書寫與發表的作品，明顯有著解放怒濤的意味。

承接著《濁流三部曲》、《台灣人三部曲》的陸姓傳統，《怒濤》同樣以陸姓家族故事為主要軸心。時代背景為台灣降伏後，滿洲回來的陸志鈞與台灣同鄉姜添興（後改名姜勻）一同搭復興輪返台，其中陸維楨的妻子在終戰逃亡時曾受姜勻幫忙，因此對陸家存有一份恩情。但陸志鈞仍因姜勻謊稱自己是中國梅縣人，而對他非常不屑，甚至想在回台的船上就將他推入海裡；另一邊留學東京的帝大生陸志麟也返台。這些長山（唐山）或日本回來的人似乎都光芒四射，讓沒去過長山也沒去過日本的台灣本土青年陸志駿相形見絀，而這一群寓居他地的人回來後，似乎社會地位變得較高，而長山人又高於留日者，因此回台後的姜勻榮膺縣長的職位。但在台任國校校長的陸志謙心裡明白，他們實際的能力不見得比較強。

陸志鈞面對姜勻同舟共濟、患難與共的熟悉說法，作者鍾肇政以極隱微的方式預告著：「對，寒冷是遠去了，但是去後也必再來，且不遠了。」〔註 49〕過去困頓的日子是遠去了，但這批在復興輪上返台的乘客未來將如何呢？這裏作者似乎已同時埋下了二二八事件的伏筆。

長期受日本統治的台灣人，在新政權來臨前曾有一小段自治期，主動成立三民主義青年團等維護社會秩序。但祖國接收後，台灣漸漸北京化，原本建設新中國的期待也幻滅，代之而起的是「歪哥、揩油、貪污」等社會怪現象，也逐漸導引出慘痛的二二八事件，有些人像陸志鈞一樣死了，有些人像陸志麒一樣受牢獄之災，從此不輕易開口，選擇默默的工作，也有人失蹤。面對這樣低迷弔詭的社會狀況，原本的東京帝大生陸志麟選擇再度去日本，並自白之所以決心去日本，是因為陸志鈞老哥的亡魂引導，似乎在宣告自己

〔註 48〕劉清彥，《向夢想前進的女孩》（台北：青林國際出版社，2004.09）。
〔註 49〕鍾肇政，《怒濤》（台北：草根出版，1997.04），頁 13。

的出走不是逃避，而是爲了明天做更好的準備，他是留在台灣土地上如陸志
駿等人的伙伴，面對明天大家都得勇敢地活下去。

　　回望鍾肇政寫作與校對的時空，這本書的執筆前後達三年，其間停頓足有
一年之久，1990 年決定寫下去時，卻受任「台灣客家公共事務協會」以及「台
灣筆會」的會長，不得不投身社會運動在街頭嘶喊抗爭〔註50〕，因此小說中有
著較情緒性的言詞，那些以豬、狗指涉對方的字句中，含有不少群眾的憤恨。
尤其小說中借滿洲客（志鈞）所描述的俄國人的可怕行徑，大陸不尋常的婚俗
等，似乎都有著傳播與醜化「敵人」的意圖，而這些過度情緒化的文字，使小
說的鋪陳無法細緻，結構無法完備。對於念茲在茲的二二八事件，一開始僅以
陸志鈞與志麟之眼，有距離的隔岸描述，或代之以廣播或眾人傳言來描述，雖
然最後陸志鈞與志駿參與了行動，仍有隔靴搔癢之感，又如姜勻後來怎麼了？
爲何突然說志鈞有東京的妻子蓮妹？這些都是未加刪芟的缺失。

　　大體而言，整部小說，以陸志駿醉生夢死的生活形態，諷刺當時台灣在
地青年渾渾噩噩的日子，直到二二八事件發生才逐漸改變，但面對無情的武
力鎮壓，一切的努力則如陸志鈞最後換得一死般徒勞，菁英已死，眾人噤聲。
而結尾陸志麟決定赴日的慷慨陳詞，似乎正是許多當時選擇出國避難者的寫
照，所謂出國深造等理由雖是令人諷刺的託辭，背後卻隱藏著極大的歷史悲
哀與無奈。

三、李喬《埋冤、一九四七、埋冤》的續寫

　　不同於鍾肇政《怒濤》中二二八事件的筆調，李喬的《埋冤、一九四七、
埋冤》（1995）顯得更爲血淋淋、更爲深入事件。李喬在接受李展平的訪問時
曾言：「《寒夜三部曲》之後，我一定要寫《埋冤、一九四七、埋冤》，這一系
列著作，對我而言是宿命的存在。因爲比我年幼的，又不一定親身與聞此事，
而我父親差點因「二二八」慘遭活埋喪命，像我有這樣直接經驗的人，如果
我可以寫卻不敢寫或不寫，那就是欠台灣歷史的債。」〔註51〕這樣的寫作動
機讓李喬完成了《埋冤、一九四七、埋冤》約 74 萬字的又一鉅著，這套書分
上下兩冊，承接《寒夜三部曲》的戰前書寫，描繪戰後二二八事件的始末與

〔註50〕鍾肇政，《怒濤》（台北：草根出版，1997.04），頁 400。
〔註51〕李展平，〈太平洋戰爭書寫──以陳千武《活著回來》、李喬《孤燈》、東方白
　　　　《浪淘沙》爲論述場域〉（台中：中興大學台灣文學研究所碩士論文，2010.07），
　　　　頁 100。

影響，亦被稱爲《寒夜三部曲》的第四部。上冊透過訪問、調查、史料等爲基礎，書寫1947年2月27日賣私煙的林江邁受傷，白崇禧由中國率軍來台，三月大屠殺，四月男主角林志天入獄的歷史。下冊採監獄內林志天及監獄外葉貞子兩條敘述主軸來鋪陳，台中二七部隊幹部林志天因二二八事件，被具體求刑坐牢17年，在獄中遇到昔日好友蔡鐘柏後，在互相辯證的過程中，讓林志天的精神向度由白色中國、紅色中國，進而回歸台灣、思索台灣前途〔註52〕，甚至改名爲「志台」的心理走向。而獄外，台大醫學院學生葉貞子因參與二二八事件，遭特務審訊外更被強暴，不幸懷孕的貞子墮胎不成，只好生下了恨的結晶——浦實，忍辱偷生中葉貞子不斷向中國化改造，不論穿著、語言與服飾等，甚至改名爲貞「華」，種種精神上的自囚思維，似乎有著向施虐者求取認同依附的意味，但改造後的貞華卻仍無法翻轉受虐的地位成爲眞正的中國人，當然也無法求得認同與肯定。但在與浦實又愛又恨的互動過程中，被視爲雜種的浦實卻更能擺脫束縛，實在地活在台灣土地上，貞子逐漸被喚醒與啓發，又改回貞子的名子，樸實的認同台灣這塊土地，發現做自己的踏實性與實在感。

李喬藉葉貞子這個虛構的角色，將台灣具象化〔註53〕，這個女性角色與《寒夜三部曲》中的葉燈妹一樣，都是客家人，都代表著大地之母的形象。葉貞子雖不幸生下了浦實這個被強暴後的孩子（隱喻台灣不幸被殖民的經歷），卻不應受限於過往的束縛與負累，精神自囚地認同他者建立的形象，如此才能走出眞正屬於自己的道路。也許我們可以說，李喬將二二八事變視爲台灣戰後史的轉折點，讓林志天、葉貞子等人受到思想震撼的洗禮，他們心理意識的反省歷程，正呈顯出台灣人在歷史過程中族性受到嚴重扭曲，精神與現實生活的困頓掙扎，但正如多數台灣人在幻想中國破滅、文化祖國虛位化後，逐步確立台灣人意識，走入本土陣營的思維道路，而這也是作家李喬諭示讀者的台灣道路，「把這些冤枉、心裏的陰影，就埋葬在1947，重新出發，找到台灣人的前途。」〔註54〕「脫出二二八的夢，再造台灣人精神史」〔註55〕。

〔註52〕 詳李永熾，〈台灣古拉格的囚禁與脫出〉，《埋冤、一九四七、埋冤》（苗栗：苗栗客家文化廣播電台出版，2003.02三版），頁7。

〔註53〕 李永熾，〈台灣古拉格的囚禁與脫出〉，《埋冤、一九四七、埋冤》，頁12。

〔註54〕 李喬，《埋冤、一九四七、埋冤》，頁17。

〔註55〕 李喬，〈二二八在台灣人精神史的意義〉，《埋冤、一九四七、埋冤》，頁18～19。

小結：解嚴後台灣人精神的解構與重構

　　戒嚴時期，官方的正統歷史教育中，只見回歸祖國的歡欣鼓舞，沒有慘痛的二二八事變，只有經濟的突飛猛進，沒有物價翻漲，諸多不能言說與書寫的禁忌在公共領域間銷聲匿跡。但1987年政治解嚴後，文學的自我設限仍在，文學可以說是走在逐漸解凍的時代，每位作家都試圖用自己的筆來說「真話」，尤其是1947年的二二八事件，而台灣的大河小說也衝破了原有的防線，寫出解嚴前不能書寫的議題，不管是東方白的《浪淘沙》，人稱《台灣人三部曲》的第四部──《怒濤》，亦或是李喬《寒夜三部曲》的第四部《埋冤、一九四七、埋冤》都直指二二八事件的核心。作家們一致的延遲書寫，一致的追憶二二八事件史，足以顯示台灣作家共同關心的議題，以及作家時刻不能或忘的歷史使命，更顯示出這些事件在台灣人心中佔據的地位。

　　台灣過去對異族的反抗運動，表面上都與身分認同有關，大多是以漢人意識，甚至中原意識為基礎的反異族運動，如反清起義等〔註56〕，但面對日本的殖民，成為皇民的台灣人似乎產生了身分認同的混淆，但日帝一視同仁的謊言，使台灣住民在對比日本他者（other）後，進行了台灣社群內部的整合，尤其日本戰敗回歸祖國，更使台灣住民的中國意識逐漸恢復。但戰後發生了二二八事件，卻成為台灣人陣痛成長的重要事件。一如廖咸浩所言：「這個事件可以說在相當意義上而言，是台灣身分認同的分水嶺。這個事件雖然沒有摧毀台灣漢人的中國認同，但是台獨運動從此出現卻是不爭的事實。而且，一種對『中國』具有疏離感的『台灣人』就在這個創傷（trauma）中悄悄誕生；『台灣意識』也像拉崗筆下的嬰兒一樣，從此以這個事件為『誤識』（misrecognition）自我的鏡子，逐漸成長。……來台國民黨政權，以及當今的中共政權對台灣的邊緣化行為，對台灣住民中國身分的破壞性尤其顯著，而對各種形式（相對於中國身分的）『台灣身分』的建立，則有強烈催生作用。」〔註57〕因此台灣版大河小說所持的台灣人立場是其來有自的，為了區別「中國」他者，形塑了台灣自我的形象，而建立了台灣的主體意識。

　　綜合以上這些描寫二二八事件的大河小說，大抵可以歸納出一個身份認

〔註56〕廖咸浩，〈在解構與解體之間徘徊〉，《愛與解構：當代臺灣文學評論與文化觀察》（台北：聯合文學，1995），頁116。原載於《中外文學》第21卷第7期（1992.12.01）。

〔註57〕同上註，頁118，119。

同的模式，祖國意識的式微、反抗意識的產生、台灣意識的萌芽與確立三大階段，揭示了台灣人精神的解構與重構過程。

第三節　21世紀議題的強化與多元

　　21世紀的台灣，歷經政黨輪替，許多禁忌已然逐一破除，歷史的書寫已非必要，但隨著台灣意識的張揚，台灣版大河小說，仍承繼了一脈相承的香火，書寫了台灣的日本殖民史、戰後戒嚴史，以至解嚴後政黨輪替的台灣，如黃娟的《楊梅三部曲》（2005）、邱家洪的《台灣大風雲》（2006）即是明顯的例證。這階段的作品，除了承繼上一世紀的議題外，也進行議題的深掘與顛覆，最具代表性的便是施叔青的《台灣三部曲》（2010）等〔註58〕作品。

一、女性大河小說的嘗試：黃娟《楊梅三部曲》

　　黃娟（1934～），本名黃瑞娟，桃園楊梅客家人，文學上受到鍾肇政的啟蒙，2005年出版《楊梅三部曲》，讓台灣大河小說邁向了新領域與新視界，讓書寫台灣歷史的大河作家陣容更加堅強，也使黃娟成為台灣第一位女性大河小說家、《楊梅三部曲》成為「台灣女性的第一部大河小說」〔註59〕。

　　黃娟其實本無意書寫三部曲式的大河小說，只是單純想將書分成上、中、

〔註58〕21世紀截至今可能會陸續有新作出現。其中鍾文音2011年出版的《島嶼百年物語三部曲》──《豔歌行》、《短歌行》、《傷歌行》，有人稱之為大河小說，但鍾文音自言，她不將此三部曲定位為大河小說，「我想寫的是地理百年，而非歷史百年。」歷史只是時間軸線，她想寫的其實是傷痕，是飛砂走石的雲林與枯涸乾衰的濁水溪，是生活在這般土地情調裡的臉孔們。詳蔡昀臻，〈【書與人】長成唯一的那棵樹──鍾文音談三部曲寫作〉，《自由時報電子報》，2011. 10.12。http://www.libertytimes.com.tw/2011/new/oct/12/today-article3.htm。瀏覽日期：2012年6月6日。

〔註59〕楊佳嫻，〈女性意識與歷史使命感──專訪黃娟〉，自由時報文藝生活版，94年6月21日。蔡淑齡，〈黃娟《楊梅三部曲》研究〉（彰化：彰化師範大學國語文教學碩士班，1994），頁201。王靖雅，〈黃娟及其小說研究〉（2008.07），頁129。其中蔡淑齡〈黃娟《楊梅三部曲》研究〉碩論，採用比較文學的社會學研究方法，對文本作品的形式內容及相關的因素進行研究。從作者生平及文學作品內容進行分析，也對「作品」背後的眾多資料歷史做考證，以解釋其中意義。有關大河小說論述部份，以大約5至6頁的篇幅將黃娟定位為「台灣文學第一位寫大河小說的女性作家」，並將《楊梅三部曲》視為「台灣女性的第一部大河小說」。

下三冊，在長篇小說少有讀者市場的情形下，怕太為難出版社，所以每本書字數本限定為 15 萬字，卻因錢鴻鈞對其書名的「楊梅三部曲」的稱呼，漸漸讓黃娟愛上了這個書名而使用之〔註60〕。黃娟自 1995 年進行《楊梅三部曲》的背景勘查，寫到 2005 年 1 月完稿，從 62 歲寫到 72 歲，花了十年的心血才完成這部大河小說。就寫作語境來看，在台灣解嚴後寫台灣歷史，不管就社會位置或寫作時空，自由度都遠勝於先前大河小說，加以黃娟鮮明的立場與世界人的身份，作品的政治意識在書末更顯得張揚、毫不隱諱。另外，就大河小說多卷本的長河形式，《楊梅三部曲》自我設限的字數囿限了此書的恢弘性，因而顯得相對薄弱，就大河小說而言實為可惜之處，但仍不難看出黃娟的企圖與嘗試。

　　《楊梅三部曲》──《歷史的腳印》、《寒蟬》、《落土蕃薯》，分別描繪黃娟經歷的三個不同時期的歷史歲月：一、日本的殖民統治（出生到少年期）。二、國民黨的戒嚴專制（少年到青年時期）。三、思國懷鄉的旅美生活（成年到現在）〔註61〕。第一部首先探討了移民先來後到的資源分配問題，再回溯幸子幼年時期，外婆與母親等客家女人勤苦工作的生活樣貌，以及日本殖民時期的生活，小女孩懵懂的感受台日之間的不同，雖不懂戰爭，也隨著非常時期遷鄉躲空襲，過著沒有書讀、挑水種菜的生活。突顯女性受到的不平等待遇與戰時造成的生活改變等。第二部寫終戰後，幸子從小小的 Y 庄遷回大都會 T 市，從 S 女中畢業考進 T 女師，與文壇結緣，工作結婚等的過往，娓娓道出歡欣迎接祖國官兵的錯愕，國軍不僅挑鍋背傘，衣衫襤褸，還殺人搶劫強姦行跡惡劣，而官方則貪污地刧收日產私吞公物，造成通貨膨脹、萬物奇缺的經濟亂象，其後因查緝私煙引發一連串恐怖的二二八事件，諸多社會精英失蹤或被殺，陳誠宣佈戒嚴後，台灣人活在白色恐怖裡，許多新一輩的知識青年選擇出國。此部作品數次將日治時期與國民政府時期相對比，突顯台灣人雖脫離日本的殖民與歧視，卻在祖國人民治理下過著更為水深火熱的生活。第三部寫幸子赴新大陸與夫婿一同居住，展開自由的新生活，雖身居異邦卻心懷台灣，尤其 1971 年台灣退出了聯合國，中華人民共和國加入聯合國，1972 年美國總統尼克森訪中，台日斷交等國際劣勢，離家後的幸子視野

〔註60〕黃娟，〈關於《楊梅三部曲》〉，《歷史的腳印》（台北：前衛出版社，2001.01），頁 8～9。
〔註61〕同上註。

反而更具國際性，對於台灣的動態也更加關心，也加入了許多海外台灣人組織，進而見證台灣一步步的改革與開放，甚至有了黨外的總統。這是一部「寓大於小」的系列小說，以江幸子這位女性敘事視角，娓娓道出台灣庶民生活的歷史，以及羈旅異邦卻明顯回歸台灣認同的意識，將台灣被殖民的點滴與國府統治的種種展現在世人面前，因此同樣是戰後第二代作家的李喬不僅以大河小說稱之，更認為這是一部台灣人的「啟蒙書」〔註62〕。

與過往大河小說一樣，《楊梅三部曲》以台灣為關注焦點，由家族史幾代人的故事演繹台灣歷史，不過不同於過往大河小說的男性敘事方式與男性視角，文章有著黃娟一貫的細膩溫婉與感人的力量，採女性書寫的敘事方式，以及伴隨著幸子由幼至成人的女性視角，更加關注女性身分地位與形象、女性所受的壓迫與悲哀，以及著重日常生活的描繪，加上第三部身處新大陸，視野更擴及海外台灣人的遭遇與對台灣民主運動的努力與關注，並以域外視角描寫眾多台灣人都被矇蔽的政治情勢，以及身為客家人的弱勢，並強調客家人地位的提昇等，這些都是黃娟《楊梅三部曲》的開創性〔註63〕意義。

二、五部曲式大河小說：邱家洪《台灣大風雲》

邱家洪（1922～），彰化人，曾言自己是說福佬話的客家人，長年在官場上縱橫，對政治生態頗多了解，因此寫了《暗房政治》、《市長的天堂》、《大審判》等政治小說，類屬無師自通的「素人文學家」。2006年7月出版《台灣大風雲》後逐漸引起關注，舉辦過多次此書的學術研討會，此作曾獲得《巫永福文學獎》、國立臺灣文學館長篇小說類文學獎，中台灣文學成就獎等殊榮。

〔註62〕 李喬，〈台灣人的啟蒙書——序楊梅三部曲第三部《落土蕃薯》〉收錄於黃娟，《落土蕃薯》（台北：前衛，2005），頁5。

〔註63〕 許素蘭認為黃娟《楊梅三部曲》有五大開創性的意義：（1）「具有女性特質的大河小說」；《楊梅三部曲》涵蓋六十年，三個階段的歷史，（2）「完整地記錄了60年代以後台灣人追求民主的奮鬥過程」；將台美人的社會生活與海外民主運動，做傳真式的刻劃，（3）「將場景從台灣延伸到海外」；真正從台灣移民到美國的留學生眷屬，而不是早期從大陸到台灣再到美國的留學生，（4）「真正台灣文學裏的『留學生文學』」；從外在條件而言，《楊梅三部曲》包括了台灣的社會、政治現象，內在條件而言，又包黃娟雙親、家族上、下代的家人，寫的是家族的發展史，關心的是台灣的土地、故鄉、國族的發展，（5）「女性個人生命成長與國族歷史結合的小說創作」。詳許素蘭〈台灣女性的大河小說黃娟《楊梅三部曲》〉2005年6月9日《落土蕃薯》新書發表會主持稿。

　　《台灣大風雲》創作於新世紀的 2001 年至 2005 年，因此更沒有寫作的束縛，但邱家洪仍因耗費精力數度身體欠佳，幸能堅持到底，始完成這五大冊的長篇系列巨著〔註 64〕，自稱是到目前爲止台灣最長的大河小說〔註 65〕。不同於過往台灣「大河小說」慣寫三部曲的寫作形式，此套書共分五冊，分別爲《二戰浩劫》、《消失的帝國》、《二二八驚魂》、《民主怒潮》、《台灣風雷》，總計約 200 萬字〔註 66〕，時間從日本殖民末的 1943 年〔註 67〕寫至國民黨統治，以至於 2000 年政黨輪替後民進黨主政。

　　邱家洪緣於此書篇幅較長，不便一般讀者鑑賞，於是在不影響內容下，簡化部分過程性的細節描述，使全書結構更臻緊湊，情節更加流暢生動。原版多處正面呈現的政治社會事件，亦修改轉變爲故事背景，迂迴表達，替讀者預留想像和思考的空間，以明文學與歷史的分際〔註 68〕。並於 2011 年由草根出版社出版修訂版，各冊名稱更動如下：皇民化夢魘、鴨母寮滄桑、悲情歲月、官虎與錢鼠、春雷初動。第一冊寫日本殖民末期的皇民化運動，台日文化衝突，林孟斌與加藤貞子的台日戀情也受到阻礙，在烽火歲月中連保正林水土也不幸遇難，人心惶惶生活不安。第二冊寫太平洋戰爭日軍情勢逆轉節節敗退，林孟斌成爲學生志願兵入伍，地方上也因空襲加劇，林金地的鴨母寮被指定爲疏散所，引發民兵衝突等事件，終至日本投降。第三冊寫日本投降台灣光復，引發省籍衝突，加以官逼民反發生二二八事件，台灣進入白色恐怖時期。第四冊寫台灣民主的起步，由於看不慣國民黨強力運作以致當選的手段，林金地等台灣人爲了民主政治，輔選、參選，要求公平選舉，使台灣選舉制度逐漸改善。第五冊林金地親自披甲上陣參與縣長選舉，卻因依法行政被警總抓走判予死刑，引發美國議員斯密斯關注來台營救，才得以「保

〔註 64〕邱家洪，《打造亮麗人生──邱家洪回憶錄》（台北：前衛，2007.09），頁 391
　　　　～392。

〔註 65〕引自邱家洪整理《台灣大風雲》一般書評的說法，而此言已排除《台灣七色記》爲大河小說的認定。詳邱家洪，《打造亮麗人生──邱家洪回憶錄》（台北：前衛，2007.09），頁 387。

〔註 66〕邱家洪在回憶錄稱 230 萬字，歐宗智則言約 185 萬字。詳邱家洪，《打造亮麗人生──邱家洪回憶錄》（台北：前衛，2007.09），頁 381。歐宗智，《台灣大河小說家作品論》（台北：前衛，2007.6），頁 178。

〔註 67〕1944 年，日本昭和 19 年元旦前夕（農曆 12 月 3 日）。詳邱家洪，《台灣大風雲》第一冊（台北：前衛：2006），頁 11。

〔註 68〕邱家洪，〈修訂版序〉《台灣大風雲》（台北：草根，2011.11），頁 1。

外就醫」脫身。其後台灣民主進步黨成立，台灣政治出現新局面，2000 年總統大選民進黨獲勝，政權和平轉移。

《台灣大風雲》作者邱家洪並不屬於《台灣文藝》作家集團，長年的官場經驗使他在台灣「大河小說」隊伍中顯得特異，但邱家洪此作同樣立基在台灣意識的建立上，也從日本殖民的經驗寫起，因而顯得同質而類屬同一系列。《台灣大風雲》主要以林金地的家族史來反映動盪的台灣大歷史，表現出邱家洪的人生哲學與歷史觀。小說時間，從日本殖民末期以至國府來台後複雜異質的社會面貌爲背景，並以二二八事件做爲告別祖國的歷史轉捩點，繼而展現林金地及其家人由農民逐漸走向政治舞台的過程，貫串台灣 60 年的變遷史，而這個過程也就是邱家洪心目中台灣人民主運動的脈絡，也是台灣人主體意識建構的道路。

在人物塑造上，以殷實的農民林金地爲主角貫串全文。人物安排則採對比的方式來呈現，形塑出蘇漢標、黃木連等人爲邪惡的一方與正義的林金地形成二元對立（binary opposition），以完成小說的主要書寫軸線。因此塑造出許多個性鮮明且極具對比性的典型人物，如林秀梅的溫婉對比林秀荷的爽朗、林金地的正義對比蘇漢標的奸巧。而林金地台灣人的典型性，也是在對比中被形塑出來，由日本殖民時的媚日到戰後的媚中，呈顯出蘇漢標見風轉舵的扁型性格，而林金地則剛強耿直，在小說中沒有認同日本的問題，也沒認同中國的疑慮，對於兒子林孟斌與日人加藤貞子、「阿山仔」章婉玲的戀情，更是極力反對。因此相對於先前台灣「大河小說」的認同惶惑與游移，邱家洪將台灣意識前後貫串的提前至日本殖民時期，只是台灣意識從被壓抑到揚眉吐氣，卻不見孤兒的悲情。對照文本外邱家洪的創作時空（2001～2005），已然是 21 世紀初政黨輪替後的社會情境，「台灣」已不再是敏感的禁忌詞彙（但在國際則不然），因此邱家洪的書寫有著以當代觀點書寫歷史文本的異質交錯性，更有著後設的政治立場與訴求，使台灣意識與國族史結合，因而有著建立另一中心的弔詭性。但也因寫作語境中李登輝的「新台灣人」觀點，使作者在文末得以新台灣人的意象，吸納不同時序來台的族群（如加藤貞子、近衛秋子、康伯樂神父、馬利亞修女等新台灣人），呈顯出族群融合而非對立的新氣象。

三、台灣大河小說的分水嶺：施叔青《台灣三部曲》

施叔青《香港三部曲》——《她名叫蝴蝶》（1993）、《遍山洋紫荊》

（1995）、《寂寞雲園》（1997）——這部大河小說前後一氣呵成，被視為二十世紀末期台灣文學的經典。而香港與台灣都曾經是殖民地，因此陳芳明鼓勵施叔青撰寫《台灣三部曲》為台灣立傳〔註69〕。然而《台灣三部曲》——《行過洛津》（2003）、《風前塵埃》（2008）、《三世人》（2010）卻未因循傳統大河小說的形式——如《香港三部曲》以家族為主幹，用幾代人貫穿三部曲的經緯——而改以非線性的敘述，以不同的故事撐起台灣歷史的主軸。雖然以往大河小說並沒有明文指出系列作品間連貫的必要性，但正因為是「系列小說」、「長篇連續小說」，因此必有關聯性才得以貫串，否則不成系列、不能連貫。

　　我們知道施叔青是以「台灣的女兒」有意識的為台灣立傳，第一部《行過洛津》出版時，即以「台灣三部曲」之一，「2003年大河力作」之姿現身文壇，預告大河小說的即將誕生，但隨著時序的推展、人生際遇的改變，施叔青在寫第二部時決定，不因循台灣傳統大河小說的形式，而採用了不連續性的書寫形式，選擇利用不同政權統治（清領、日治、光復後三個時期）來為台灣立傳〔註70〕，唯歷史是不連續的、斷裂的。施叔青這樣的書寫形式，也許與斯皮瓦克欣賞傅柯的「非連續性」概念有關：「與其尋找一個雅緻的一致性，或者製造一個結果衝突的連續性，還不如在某種意義上保留這些非連續性。」〔註71〕更何況尋找一個連續性的體系的想法本身，就是殖民主義影響的結果，因此有別於以往大河作品的寫實主義性，採後現代主義的筆法、新歷史主義的思維創作。

　　《台灣三部曲》實不同於施叔青原先預訂書寫的面貌，因而謝秀惠以「不連續的大河小說」指稱《台灣三部曲》〔註72〕，若此，「台灣大河小說」這個符號的定義已經再度擴展延伸，是在語言活動中產生了再次的延異，形式上脫離了原本各部的連續性，而變化為多部作品間可獨立閱讀，卻沒有共同的

〔註69〕陳芳明與施叔青，〈與為台灣立傳的台灣女兒對談〉，《風前塵埃》（台北：時報文化，2007.12），頁274。

〔註70〕同上註，頁263、266、276。

〔註71〕Gayatri Chakravoty Spivak, The Post-colonial Critic: Interviews, Strategies, Dialogues, P13. Edited by Sarah Harasym, Published in 1990 by Routledge.轉引自趙稀方，《後殖民理論與台灣文學》（台北：人間，2009.06），頁68。

〔註72〕謝秀惠，《施叔青筆下的後殖民島嶼圖像——以《香港三部曲》、《台灣三部曲》為探討對象》，（國立台灣師範大學台灣文化及語言文學研究所在職進修專班碩士論文，2010），頁25。

人物或家族貫串的系列關聯〔註73〕，有的僅是共同的大歷史環境——台灣，甚至三部曲的人物、年代順序也並非接續性的貫串，第一部《行過洛津》寫清朝嘉慶道光咸豐年間（約1796～1820年）的移民史，主要場景在洛津（鹿港），第二部《風前塵埃》以現代時空回溯日本統治時期的花蓮，第三部《三世人》又從1895年乙未割台寫到1947年228事件，寫作背景年代以跳接、重覆的形式呈現。相較於先前的台灣大河小說，施叔青《台灣三部曲》的歷史背景不局限在日本統治時期，更上溯至清朝的移民史，與姚嘉文一樣延伸了先前省籍作家聚焦的日本殖民史，也不同於外省作家關注的抗戰復國史，更重要的是以女性觀點寫史，寫假男為女的許情、寫女性、寫灣生，寫作手法也不同於以往的寫實主義基調，有著強烈的個人風格、後現代性與藝術性，使台灣歷史的面向更加廣幅而得以另眼看待，堪稱新世紀台灣大河小說的分水嶺。

　　第一部《行過洛津》，小說中娓娓道來的庶民（伶人藝旦等〔註74〕）生活史——如朱仕光戀上假男為女的戲旦月小桂（許情），與朝廷官員同知朱仕光寫的《洛津方誌》——「考朱仕光生平，根柢於忠孝，而發乎文章，居台三年授徒化番，揚大漢之天聲，作忠流之砥柱，功在社稷，高氣亮節洵堪推重。」〔註75〕截然不同，原本陳三五娘私奔出走的《荔鏡記》〔註76〕，在當權的朱仕光手中改寫為符合道德教化的《荔鏡記》，對比出男性敘事觀點的片面性與虛假性，也呈現出豐功偉業、道德規訓下不同且繁複的庶民生活面貌。而現實生活中，施叔青書寫自己原鄉洛津（鹿港）歷史，與現實生活中男性書寫的大敘事、大歷史（如中國史、台灣史）對話，突顯出男性中國官方歷史的正統性危機，男性台灣歷史的真實性危機。小說中台灣史與中國史在小說中隱退為遙遠的背景，取而代之的是遷移史與區域地方史的觀照，這是一種抵中心與解構的敘事策略，有奪回地方的、女性的歷史詮釋權用意。

　　許情一角隱喻著台灣，被賣身後淪為魁儡般的伶人，受到綁蹻、穿女衫

〔註73〕沒有主要人物的貫串，僅僅是羅漢腳、青暝朱或藝旦這些次要角色在其中點綴性現身。

〔註74〕尤其是主角許情假男為女，由伶童到旦角到鼓師的成長歷史，在社會邊緣的角落輪翻上演著一幕幕戲如人生、人生如戲的庶民生活史。

〔註75〕詳施叔青，《行過洛津》（台北：時報文化，2003.12），頁68。

〔註76〕晚明文人李贄根據流傳閩南的民間故事寫成《荔鏡傳》，後梨園七子戲改編為演出劇本。

等陰性化束縛，肉身成爲覬覦者（烏秋、石三少、朱仕光）的禁臠，雖未被真的閹割，但精神上已自覺殘疾。文本外作家施叔青寫過往的台灣史，一如「集雅齋」畫師粘笑景作畫，畫在福州中舉人、依錦還鄉的陳盛元，畫逝去的女兒粘繡〔註77〕，但無法依前人傳承的方式下筆〔註78〕，也相信因人而異。施叔青書寫台灣史，不以前人線性連貫與男性視角的筆法，創造了台灣史豐富的其他面向。粘畫師畫自己的女兒，正如施叔青寫自己故鄉洛津（鹿港）。粘畫師畫了好幾次，改了又改，始終抓不到女兒生前的神容，差點封筆不畫，在禪師的指引下，不眠不休、半月飲食不進地，爲洛津畫下了「降魔變」以安定人心，待完成時卻驚見畫中魔王波旬角落左邊的女兒，妖嬈作態，有著熟識的眼睛，那張臉正是他千尋萬覓的愛女——借魔女還魂。這個身前受到陳盛元摧殘忽略的心愛女兒，早已不是他熟知的女兒，而是已然異化的女兒。對照施叔青創作《行過洛津》的過程，幾經更改，無計可施時索性到紐約上州閉關禪修，出關後足不出戶，任由一股莫名的力量牽引，找到每天起床的理由〔註79〕，最後寫就了意義繁複且深具性別意義的洛津史。而這個清代洛津史的完成，也不是施叔青心中魂牽夢縈的洛津，正如許情多年後再次走近愛慕的阿婠身旁時，發現美的事物已然幻滅。唯施叔青沒有像粘畫師一樣，筆一丟、整個人瘋掉，反而是繼續《台灣三部曲》第二部的寫作。

　　第二部《風前塵埃》的時序來到了日本殖民時期，空間移置台灣東部的花蓮，殖民色彩濃厚的日本吉野移民村。但視野並不只聚焦在台灣，更在世界。在列強不平等束縛中成長的日本，在日俄戰爭中以小國獲得勝利，擺脫了過往的自卑情結，也在福澤喻吉「脫亞入歐」的現代化引導下，公然與西方列強分庭抗禮。因此以東亞和平爲說詞的甲午戰爭，使台灣、朝鮮成爲領

〔註77〕舉人陳盛元看上粘繡臨摹黃慎的墨梅，於是娶粘繡回宅第增添閨房風雅情趣，然而擅畫能寫的粘繡成爲第三房小妾後，整整六年都守在朝北陰暗的房間，以不得隨意拋頭露面爲由，無法在光線充足的天井作畫，將心思轉移至臉蛋、食品的滋養，鎮日等待丈夫的出現。然而陳盛元不僅迷戀後車路的妙齡藝妲，也爲了集風雅享樂於一身，決議仿效豪貴人蓄養童伶、自組家班，然而戲台才造一半時，粘繡即上吊自殺。

〔註78〕而小說中粘笑景依當年朝州師父畫師所傳授的口訣「……官高品上的退居者，相露恬淡高潔之氣，俠義肝膽之士，要帶吐氣如虹之勢，詩酒文人容貌帶有風雅不拘之相，王府公侯必威嚴福厚，宮人貴戚氣要粉華驕奢之相……」無法將陳盛元歸類，畫完陳盛元並不滿意。詳施叔青，《行過洛津》（台北：時報文化，2003.12），頁326。

〔註79〕詳施叔青，《行過洛津》後記，同上註，頁351～352。

地，從此稱霸東洋，與西方抗衡。在此大時代的背景下，台灣第五任總督佐久間左馬太以文明者的姿態，暴力鎮壓台灣原住民，未接受人類學者山崎睦雄和平理蕃的建言，遂使原民傳統逐步崩潰瓦解。這個曾是失敗者的日本，一躍為勝利者時，複製再造了強者的暴力美學，掠奪了台灣山野林地的天然寶藏。使戰時人民、甚至是小嬰兒穿著繪有宣揚戰爭圖案的和服，表達與歌頌戰爭的神聖與偉大，讓人們在血腥殺戮中激起集體的「現代武士」般的愛國意識。然而這一切，實為法西斯暴力美學的社會亂象，使愛國戰爭成了流行時尚的商品。正如施叔青在書封面與內文引述的西行和尚的話所下的註解：「諸行無常，盛者必衰，驕縱蠻橫者來日無多。正如春夜之夢幻，勇猛強悍者終必滅亡，宛如風前之塵埃。〔註80〕」

　　不同於先前台灣「大河小說」作品的聚焦性，施叔青也關注「灣生」〔註81〕的日本人、原住民（太魯閣、阿美族等），以及客家人（非含納在「台灣人」之下的客家人）身上，讓諸多日本人類學家、植物學者、博物學家、人權鬥士穿插其間，試著以多元而不同的視角描述日本殖民的歷史。因而，《風前塵埃》除了日本殖民議題的再度深掘外，藉范姜平妹、范姜義明，點出客家人對原民土地掠取的行徑，以及相對於日人的次等性與對日人的傾慕性。從原民身上看到原民與土地唇齒相依同生共息與懼怕漢族的另類面向。更藉由新世紀〔註82〕「灣生」第二代的無絃琴子之眼，一步步回望探索過去，揭開自己的身世，與母親（橫山月姬）口中真子的神秘面紗。

　　在日本殖民時期的移民政策下，橫山新藏（原為名古屋和服網緞店的夥計）偕妻子橫山綾子（──舉手投足都按規範行事的舊日本女子）來台求發展，橫山新藏一路由警察晉升為巡查部長，妻子也在台灣生下橫山月姬一女，但妻子終究無法適應窮山惡水的異鄉，以至「靈魂感冒」鎮日慨嘆，於是丈夫送她回四季分明的日本靜養。橫山新藏表面上響應內地延長主義實行內台一體的同化政策，娶蕃女為妾，實則早已與蕃女有染，還自言「把日本人優越的血液注入未開化的野蠻人是我應盡的義務」〔註83〕。但灣生的女兒（橫山月姬）戀上太魯閣族的哈鹿克・巴彥，橫山新藏卻極力阻止，並命令橫山

〔註80〕施叔青，《風前塵埃》（台北：時報文化，2007.12），頁52。
〔註81〕「在台灣出生的日本人」被稱之為灣生。
〔註82〕無絃琴子曾在台日斷交第二年回到出生地台灣。多年後來台，民選的總統已對日人很友善。
〔註83〕施叔青，《風前塵埃》（台北：時報文化，2007.12），頁121。

月姬嫁給日人安田信介（三井林場的山林技師），然而懷了身孕的橫山月姬選擇逃婚，其間獻身給客家人范姜義明（二我寫眞館的老闆）後再度離開，最後回到日本。有鑑於灣生的次等身份恐不見容於日本社會，因此橫山月姬並未告知女兒無絃琴子眞正的身世。橫山月姬返日後，終日活在寫眞帖與回憶中，思念著南島眞正的家。一日，台灣花蓮原民的來訪，使無絃琴子展開了山林雲霧中的尋根之旅。

相本中那個以抗日英雄哈鹿克・那威之名取名的哈鹿克，有著黝黑的膚色，失去了賴以維生的獵槍，成了日人橫山月姬的愛情俘虜，遠離他的自然山林，幽禁在日本移民村的地窖中。哈鹿克與橫山月姬共處時成爲陰性弱勢的一方，翻轉了以往男性書寫中的威權地位。橫山新藏自不願女兒與蕃人交往，於是哈鹿克終於成爲橫山新藏的獵物，被腳鐐手銬地押到花蓮監獄。這場受挫的戀情成爲橫山月姬終生的困惑痛苦，回到日本後，即使在遲暮之年仍缺乏面對的勇氣，自我否定的藉由「眞子」來讓眞正的自己復活，假托眞子之名，來告訴女兒無絃琴子必須知道、但難以啓齒的過去。而當橫山月姬手中拿著皺綢的千羽鶴手帕時，無絃琴子發現母親與眞子的合一性。那條眞子遞給哈鹿克摀住牙疼的手帕沾著哈鹿克的氣味，是眞子／橫山月姬陷入慾望羅網的氣味。

施叔青這樣的書寫安排，使小說中「灣生」第二代的日人無絃琴子、抗日第三代的韓裔美國人金泳喜，與文本外的施叔青有了交集，她們年輕時蓄意抽離閃避的歷史創傷，仍陰魂不散地伴隨著。在人類追逐權力欲望的勝敗循環中，日人發動軍國主義的戰爭，以勝者／盛者的「文明」姿態，協助統治「野蠻、落後，原始」的地區，以期建立更美好的世界與秩序。使原民土著、「灣生」淪爲次等，原民必須不斷藉由招魂的儀式企求喚回原民的本眞，使純正的官方口音成爲掩飾身份的出口，使暴力成爲美學，戰爭成爲人民無法抗拒的愛國流行商品。這些父祖輩傳承下的時代創傷，被殖民的過去，終究必須自己去面對與驗證，才能釋放自身的壓抑，從而選擇遺忘或記憶，最終得到寬恕與救贖。

第三部《三世人》仍是獨立的文本，分上中下三卷。但敘事時間重複了《風前塵埃》的日本殖民時期，且將背景時空延伸至戰後二二八事件，企圖將台灣歷史貫串，突顯台灣人歷經不同政權的相對處境。但不同於前兩部以伶人藝旦、女性、原民爲主要視角，突顯「陰性」的詮釋。《三世人》雖有月

眉藝旦一角登場，但主要以王掌珠這條女性主線鋪陳，又輔以洛津施家三代人（施寄生、施漢仁、施朝宗），以及黃贊雲、阮成義、蕭居正等男性，使作品開展出許多支線，呈現豐富的拼貼意象與時代的氛圍。但這些支線並沒有內在的連結，不僅各自發展且多懸而未決。造成事件的跳接而沒有完整的情節鋪呈，也留下許多殘局，如許水德對掌珠的追求；王掌珠寫小說、成辯士為女性發聲的計畫；無政府主義者阮成義暗殺大國民、為民除害的計畫；蕭居正投身文協反日，卻又喪志沉淪於舞廳美食的行徑；施朝宗在二二八事變發生時誓言為正義而戰，但面對二十七軍則心生畏懼於是委身戲班展開逃亡⋯⋯諸如此類原先積極的行為或想法，都留下風捲落葉般的缺憾與空白結局。施叔青如此書寫，似乎呈現出早期台灣庶民的理想，受限於環境阻力，加以沒有實際持續行動的實踐，而淪為空想或挫敗的一個面向。

王掌珠是《三世人》中最重要的女性角色。幼年被賣為養女，過著受虐苦情的生活，受到朱秀才眷顧成為查某嫻，偶而得以學學三字經。後因朱秀才外孫考上台中一中而侍讀 3 年，而結識了鄰人悅子，從而對悅子日人主人的服飾與標準國語（日語）產生傾慕，於是選擇逃離養母安排成為「鴉片鬼的小妾」命運，脫下大裯衫，穿上日本和服，因此「成為日本人，到帝都朝聖，是她這孤女一生的願望」〔註 84〕，但這在文本中僅是一個階段的想法，有著擺脫封建宿命的意義。為了逃避養母、也不願造成朱秀才的困擾，無處可去的掌珠流落街頭，因此接觸了文化協會，吸收了許多婦女婚姻自主等新思維，輾轉經人介紹至台北文化書局工作，成為經濟獨立自主的女性，埋在書刊雜誌間工作的掌珠，因工作關係結識資生堂外務員許水德，而這個長得像蛤蟆、偷偷查掌珠每月工資的許水德竟向掌珠求婚，雖使掌珠內心盪漾，但文本並沒有再述及此事，似乎無疾而終。

愛上電影的掌珠，打算當默片的辯士而穿上旗袍，為電影中可憐的女性發聲，拿回女人解釋女人命運的權利。迷過和服的掌珠認為，只有能自食其力，最理智勇敢、最關心大眾利益的才是當代最摩登的女性，當時她最愛的是旗袍，即使在皇民化運動最高潮時，王掌珠一樣穿旗袍上街，不只一次被日警喝斥換上和服，掌珠死不肯從，仍舊穿著旗袍挑僻靜巷子走。直到二二八事變因穿旗袍被當外省婆後，從此換回大裯衫〔註 85〕。然而在小說中王掌

〔註 84〕施叔青，《三世人》（台北：時報文化，2010.10），頁 182～183。
〔註 85〕同上註，頁 225～228。

珠沒有成爲辯士，一心要寫的自傳性小說也不見完成。但在文本外，施叔青則完成了王掌珠的構想：「描寫一個處在新與舊的過渡時代，卻勇於追求命運自主，突破傳統約束，情感獨立，堅貞剛毅的台灣女性。」由此不難看見王掌珠的思想與企圖有著施叔青的影子，以及施叔青想突顯塑造的台灣女性形象，從而我們得以看見文本內外的互涉性。

由穿著，施叔青展示了台灣人的認同轉變與軌跡。小說中的女性主要是在與「物」的聯繫上產生認同與轉變，而男性的認同，則有著更強烈的族群國族聯繫。施家三代人，第一代施寄生不願剪辮以清遺民自居，書寫漢詩漢文、不說日文不改姓，選擇做自己，卻在日本東洋殖民主義滲透嫁接下，書寫漢文扮演興亞文學的角色。第二代施漢人受時勢影響成爲國語（日語）家庭，希望兒子唸日人讀的小學校。第三代施朝宗隨時代浮沉，日本投降，從「天皇の赤子」回到台灣本島人，國民政府接收又成爲「中國人」。二二八事件發生後，施朝宗生活在恐懼中，不斷夢見偵察人員，指控祖父施寄生當年應和日人的詩文、施家改日本姓是背宗忘祖，因此施朝宗不僅銷毀許多祖父的遺稿，在逃亡的過程中，也剪去了國民身分證，象徵與過去認同的告別。就此，《三世人》藉由書寫記憶過去，表現出「我曾經是誰」、「我後來是誰」、以及「我不是誰」〔註86〕的行爲表象下內在心靈的眞實狀態。

《三世人》以樟樹與竹子隱喻台灣／台灣人的命運。本爲臭樟的賤木或可成爲《莊子》書中的櫟樹一樣，因無用而自然成長。但臭樟的功用被世人認識後，成了列強競相爭逐的對象。臭樟經萃取可成香精原料而成爲芳樟，揭示本島台灣人在日本化後可以成爲皇民，一如小說中宜蘭醫生黃贊雲的理想。小說末尾樟樹擬人化的自語，有著戲謔又眞實的比喻，歷經半世紀的殖民統治，大火燒了兩次南門樟樹工場，但水池畔的台灣竹卻沒有仆倒，竹節未斷過一根，但光復後，台灣竹卻生氣萎縮，變得奄奄一息。施叔青以竹子象徵有氣節的台灣人，在日本統治時期沒有被擊倒，但戰後陳儀一來，加以二二八事件，台灣人的心靈卻千瘡百孔，不堪一擊。《三世人》終止在二二八的悲情中，未能書寫之後的台灣，使讀者回首過去，卻無力展望未來，對台灣史來說是可惜了。

〔註86〕南方朔認爲「《三世人》至少已試著要爲「我不是誰」去替時代解惑」，似乎也期待後人接棒釐清「我到底是誰」。詳南方朔〈記憶的救贖——台灣心靈史的鉅著誕生了〉，《三世人》，頁9。

　　《台灣三部曲》不僅以女性爲寫作視角，企圖讓歷史中消失的女聲「現聲」。也由於施叔青旅居各地的經驗，因而能以東亞、甚至是世界史的視角同時觀照台灣歷史，使作品較爲宏觀而不被單一立場所侷限。《行過洛津》許情走過性別議題，最終擺脫了被陰性化的角色，以鼓師的男性身分現身，有著回歸自我的積極意義。《風前塵埃》爲橫山月姬（灣生）與哈鹿克（太魯閣青年）的過往，點出了未說明但清楚的指涉，使尋根者有了方向。但《三世人》的局內人身分，干擾了施叔青的創作〔註87〕，小說中各支線的片段組合，也反映出作者對現實社會的無力制衡。

　　施叔青是文化型的寫作者，善於融合風俗文化〔註88〕、文學於一爐，使讀者不僅走入歷史，更看見文化。「台灣三部曲」正透顯出她的文學素養、人文涉獵、語言策略，其作品以其特有的非線性與走馬燈般重複敘事的拼貼方式，呈現出台灣社會多元而駁雜的異質面貌。從洛津到花蓮以至於台北，從現在以至於清朝，有如電影的場景的跳接置換，互文間往往饒富新意，其間不斷牽絆的認同危機，以及抵殖民與反殖民的意識等，在在顯示施叔青企圖找回女性詮釋歷史權力的努力，與爲台灣立傳的用心。

小結：邁向新世紀、新領域的大河小說

　　21世紀的台灣大河小說陸續登場，本書未能全部收羅，有許多作品也在邊緣中遊走，如楊青矗的《美麗島進行曲》以及鍾文音的《島嶼百年物語三部曲》即是。2009年楊青矗〔註89〕（1940～）出版了《美麗島進行曲》〔註90〕，此部作品分爲三冊：第一部《衝破戒嚴》、第二部《高雄事件》、第三部《政治審判》，約70萬字。書的封底頁強調此書是第一套衝破強人專制獨裁的「台灣民主運動史詩的大河小說」。於是陳國偉在2009年的《台灣文學年鑑》中也記錄著以下幾句話：「繼鍾肇政、李喬、東方白、黃娟、邱家洪後，本土作家的隊伍中，楊青矗也以『美麗島進行曲』三部曲加入這個台灣大河小說的書寫家族〔註91〕」，順著楊青矗的說法肯定此作爲台灣大河小說。

〔註87〕王德威，〈三世台灣的人、物、情〉，收錄於《三世人》（台北：時報文化，2010.10），頁11。
〔註88〕戲曲、南管音樂、台灣民歌、節慶、飲食、日本茶道花道繪畫陶藝等等。
〔註89〕楊青矗是台灣勞工文學的重要作家。詳黃慧鳳，《台灣勞工文學》（台北：稻鄉，2007）。
〔註90〕楊青矗，《美麗島進行曲》（台北：敦理，2009）。
〔註91〕陳國偉，《台灣文學年鑑2009》，頁18。

　　然而楊青矗在自序中先說明小說虛構的必要性，並指出小說除了時間、地點、人物、姓名是假的以外，其他都是眞的，強調小說精神之眞。但楊青矗又言：「我寫本書，時間、地點、人物、姓名都是眞的，故事情節也都是眞的，我寫每一項情節都有所本，有根據，有來源的眞實事項。我不蓄意虛構故事與情節來呈現我想要的思想與主題，我是將我經歷過這個大時代民主運動的許許多多的大事，選擇眞史實精彩動人的情節，來使讀者領悟其自然隱含的思想與主題。……本書呈現我從事台灣民主運動四十多年的半自傳小說，我將親身經歷過的、親眼所看過的，以及朋友們一起做運動的故事，在這個大時代中融匯成眞史實的小說；即以小說藝術手法寫眞史實……我也不能虛構故事寫別人不實在的事，來引起抗議。最主要的是我要爲我們這一群爲台灣民主運動受苦受難或貢獻青春、生命的朋友用我擅長的小說體繪出眞史實，讓下一代感受我們這一群用生命去衝破恐怖統治的生活，及體驗台灣民主的演進歷程。……本書難寫，在於我要對歷史負責，不能虛構。〔註92〕」此外，楊青矗還怕時過境遷，記憶有誤，花了一年多的時間閱讀資料，每一項都需查資料核對，包含美麗島事件的偵訊、審判、答辯、律師團的辯護等資料就有十幾箱，還有官方解禁存放在國家檔案局及國史館有許許多多可看到的資料，雖然所寫的絕大多數都是楊青矗親身經歷過的，但他還是閱讀資料來補足自己沒有看到的一面〔註93〕。

　　綜此而言，就文類的嚴格劃分來看，這並不是一部虛構性的小說，而是一部台灣民主運動的回憶錄，應不歸屬所謂大河「小說」之列，但若能接受文體的變易性與互涉性，此部作品或可納入廣義的大河之作。使讀者看見台灣政治改革的一個面向，了解這些爭取台灣民主自由的鬥士，在艱險的政治情境中，不顧個人利益的勇敢行徑。因而感念這些前人的努力，珍惜今日社會的民主自由。

　　另外2011年出版的鍾文音《島嶼百年物語三部曲》——《豔歌行》、《短歌行》、《傷歌行》。這套書由描繪城市女性翻騰的情欲、到島嶼男性的生死際遇，以至於到《傷歌行》，以百年歷史爲經、蒼茫雲林爲緯，道出了島嶼之南鍾姓、舒姓兩大家族的悲歡際遇。30餘萬字的篇幅，人物紛然，場景交替，如萬花筒的碎片折射出幻化疊影。有人稱之爲大河小說，但鍾文音

〔註92〕楊青矗，《美麗島進行曲》（台北：敦理，2009），頁5～7。
〔註93〕同上註，頁7。

自言，她不將此三部曲定位為大河小說，「我想寫的是地理百年，而非歷史百年。」歷史只是時間軸線，她想寫的其實是傷痕，是飛砂走石的雲林與枯涸乾衰的濁水溪，是生活在這般土地情調裡的臉孔們。〔註94〕大歷史並不是書寫的重點，而是退位為背景的淡筆，因此與其他大河小說訴求的重點顯然不同。

但不論上二部書是否列入，邁向新世紀的台灣大河小說，若就黃娟與邱家洪來看，與上一世紀的台灣大河小說具有同質的特色，有別於外省中國史，強調台灣被日本殖民的歷史，台灣的地方性與歷史點，較慣以寫實主義美學手法寫作。但不同的是，延長了書寫的時間向度，揮去了政治的束縛，有別於過往的空白、隱晦象徵或迂迴曲折的筆法，以極為鮮明的政治立場，堂而皇之的書寫台灣「虎去狼來」、「狗去豬來」的歷史，更著力描繪台灣民主政治的演進。隨著小說中台灣政治的變遷，主人翁的政治立場也逐步鮮明，小說主人翁的覺醒，一如作家本人意識形態的啟蒙與確立。因此文本內外互相對話應和，更呈顯作家主張的台灣本土意識，與冀求建立的台灣意識、台灣民主。尤其黃娟、邱家洪兩人作品最後都以政黨輪替的政權和平轉移為終，以光明的尾巴收尾，預示著台灣民主的未來。

但若從施叔青的作品來看，已不同於這些過往台灣歷史「大河小說」（從鍾肇政、李喬……等一路下來，以至邱家洪這一系）的強烈寫實性格，改採後現代主義的寫作手法，以及新歷史主義的創作觀點進行寫作，其意已不在贖回歷史，而在解構男性作家的大歷史敘述，找回女性詮釋歷史的權力。在認同的議題上，也觸及「台灣認同」的問題，但她走的比前人都還要遠，不侷限在自我族群的認同，也關照到「灣生」日本人的認同，更跳脫血源與文化的認同歸屬，開展出「性別」認同的議題，以及人與「物」之間的認同轉變。

21 世紀的台灣大河小說，因著女作家的進場，改變只有男性書寫的寫作生態，以女性為視角的敘述方式，突破男性書寫的性別盲點。一如斯皮瓦克對馬克思與弗洛依德的批評：「他們似乎只是從男人的世界及男人自身獲得依據的，因而證實了有關他們的世界和自身的真理。我冒險斷言，他們對於世

〔註94〕蔡昀臻，〈【書與人】長成唯一的那棵樹——鍾文音談三部曲寫作〉，《自由時報電子報》，2011.10.12。http://www.libertytimes.com.tw/2011/new/oct/12/today -article3.htm。瀏覽日期：2012 年 6 月 6 日。

界和自身的描繪建立在不適當的根據上。」〔註95〕就此而言，女性書寫更有其存在的意義。新世紀的女性大河書寫，挑戰過往台灣大河小說的男性中心論述，改採女性的視角來描物記事，因此有著較多的日常生活書寫，與對女性人物、身分的關照思索，可說是21世紀大河小說的一大突破。而黃娟的解構是在男性大河書寫的基礎上，對現存書寫的質疑，大歷史仍是關懷重點（尤其第三部落土蕃薯），而施叔青的書寫則是大破大立的採不連續與差異的筆法，對既有男性的、連貫的大敘事進行質疑與解構，因而關懷的層面更加多元豐富而別具意義。

結語

　　整體而言，台灣大河小說，與外省移民追溯歷史、重構歷史有著相同點，但外省作家對逝去中國故土的追憶、懷想，或外省第二代的後遺民寫作——書寫懷想的父親／中國議題，則顯然並不相同。台灣歷史大河小說的書寫，從作家族裔來看，鍾肇政、李喬、黃娟都被視爲是客家人，而看似福佬人的邱家洪也是客家人，且就作品內容來比對，也可以看出原民、客籍在省籍中的弱勢，從性別看到女性的弱勢，因此這些雙重、三重的他者，有著多重深重的壓迫與壓抑動因，從而使作家有書寫的欲求與使命感，書寫台灣人一頁又一頁的辛酸史，強調台灣人的抵抗精神，因此有著明顯的台灣意識，與追求台灣主體性的意義。在空間向度上，隨著作家的經歷與見識而位移，以台灣爲中心，擴散至中國、日本、南洋、美國、加拿大等地，因此除了本土的原鄉書寫，也有著放逐與漂流意識的離散書寫。歷史時間向度，則隨著作家的勇氣與時代風氣的轉變，將台灣前前後後的歷史進行挖掘與爬梳，不斷往前往後延伸，並且補白斷裂，描繪清朝移民史、日本殖民史，戰後二二八、白色恐怖，以及台灣民主運動史，儼然成爲一系列的非官方歷史文本，與官方歷史進行抗衡。

　　但鍾肇政、李喬與東方白的大河小說，與黃娟、邱家洪的作品仍有不同，歷經政黨輪替，黃娟、邱家洪作品都將時序停留在台灣人當總統的歡快氛圍中，有著爲本土論述一吐怨氣的療慰性，但對抗官方歷史的動因業已消除，

〔註95〕Gayatri Chakravoty Spivak, In Other World: Essays in Cultural Politics, P91.First published in 1988 by Routledge.轉引自趙稀方，《後殖民理論與台灣文學》（台北：人間，2009.06），頁65。

因此反有著形塑另一中心的意味，因而引發質疑與批評。而施叔青的《台灣三部曲》則為台灣大河小說走出了新的局勢與面向，堪稱新世紀台灣歷史大河小說最豐富的收穫。整體而言，在寫作手法上，20 世紀台灣歷史大河小說主要以現實主義的精神，結合諸多作家個人與其他台灣人自傳性的題材，期望在社會歷史的基礎上完成小說的建構，以進行對社會歷史的針砭，因此廣採田野調查、訪談的方式來輔助書寫，也因為作家有著補述歷史的情結，作品有著歷史意義，使作品不免在歷史敘事上受到較高標準的評判，受到不符史實的質疑，以及在修辭、藝術美學上的批評〔註 96〕。然則藝術性卻不是大河作家追求的唯一面向，如同傳統長篇敘事詩一樣，其意不在藝術的精美結晶，而在作品所傳達的深刻內涵。但事實上 20 世紀台灣歷史大河小說，不僅以寫實主義的手法創作，處在動盪的大歷史中，往往突顯主人翁雙重、矛盾的經驗，而有著內在的心理描寫、意識流手法，也有著魔幻寫實的技巧，如《寒夜三部曲》中，未被人禍、天災擊倒的彭阿強，在生命的最終，仍為了保衛辛苦開墾的土地，魔幻寫實的化身為臺灣山豹咬死墾戶葉阿添，表現出他對蕃仔林土地生死與之的執著與努力。在主人翁個人心理意識流的呈現方面，鍾肇政《濁流三部曲》中陸志龍自卑懦弱卻又有著知識份子孤傲心境的矛盾心理描述，以及對女性情欲的內在想望，屢屢在文本中以內心獨白、意識流或夢境方式表現。此類的藝術表現也見諸《台灣人三部曲》中，陸志驤在奔走逃亡時不斷的精神反思與試煉，或是李喬《寒夜三部曲》中，燈妹面對丈夫、孩子的投身社會與遠赴南洋服役，有著無止盡的心理怨懟與深沉的哀傷基調，而有著深刻的意識流鋪陳。這些諸多大河文本中人物叨叨絮絮的心理描述，與外在行為的積極反抗有著極大的衝突，深刻映照出台灣人內心的壓抑與悲情面，以及殖民社會、威權體制的強大宰制與壓力。但黃娟、邱家洪文本張揚不諱的政治性書寫，使作品在藝術美學上相對受到質疑〔註97〕，是較為可惜之處。而施叔青《台灣三部曲》的出現，成為台灣歷史大河

〔註96〕 如莊華堂即曾針對《浪淘沙》舉出不符史實、空間錯亂的疑義。詳莊華堂，〈東方「白」了之後——回顧《浪淘沙》的歷史場景、事作與情節〉，收錄於戴華萱主編，《第七屆台灣文學家牛津獎暨東方白文學學術研討會論文集》（新北市：真理大學人文學院台灣文學系，2013.12），頁 113～135。

〔註97〕 如邱家洪即在《台灣大風雲》修訂版序中即提到，「原版多處正面呈現的政治社會事件，亦修改轉變為故事背景，迂迴表達，替讀者預留想像的空間，以明文學與歷史的分際。」詳邱家洪，《台灣大風雲》第一冊（台北：草根出版，頁 2011.11），頁 1。

小說的分水嶺，有別於過往的寫實主義性，施叔青的寫作手法明顯不同，不僅以女性立場出發，擺脫了連續性的傳統敘史方式，也以遷移史與區域地方史取代大歷史的敘事角度，並在現實主義的基本技巧上，採用現代主義的筆法、新歷史主義的思維創作，甚至是後現代的、非線性與走馬燈般重複敘事的拼貼技法等，使台灣歷史大河小說在藝術美學上更上一層樓，展現了豐富的面貌。

　　大河小說幾乎是每位作家十分重視且最重要的作品，他們不惜經年累月、耗費心神的書寫，卻有著共同重複的論述與重疊聚焦的歷史事件，如唐山過台灣、日本侵台、農民組合、文化協會、皇民化運動、志願兵、太平洋戰爭、日本投降、台灣光復、戰後二二八、白色恐怖、退出聯合國、民主選舉、政黨輪替等，主人翁也同樣在世代交替中，不斷被塑造新的身分認同，也在壓迫中反思自己的認同，體認台灣人身份的雙重性與邊緣性，以及由事件中不斷萌發游移的台灣人意識。由此我們看見本土作家們一致的關注，不變的聚焦在台灣、台灣人、台灣歷史、台灣人民的苦難上。

　　站在台灣人民的立場，台灣大河小說很難是一場英雄史詩，尤其歷經日本殖民、二二八事件、白色恐怖與美麗島事件。施明德認為：

> 台灣歷史，只撰述悲情，少刻畫英勇；台灣歷史，只有冤魂，少有英靈。這就是被統治者的集體人格特徵，這也就是台灣人難於掙脫被統治命運的基因之一。／在「二二八事件」的歷史論述中，我們大多只看到了「冤魂論」，少有「英靈論」。台灣人的這種人格特質，在論述「美麗島事件」時，又借屍還陽。……幾乎已同一口徑：「那是國民黨設一個陷阱，讓美麗島人士在那裡打軍警，使國民黨有合理理由抓人，可憐的美麗島人士落進了陷阱。」這種「陷阱論」和二二八事件的「冤魂論」同一氣質。〔註98〕

然而台灣歷史大河小說並不等同於歷史，小說中所刻意填補的台灣歷史記憶，雖是站在本土論述的立場，卻不僅止於悼念亡靈與冤魂，而是被遺忘歷史的贖回，是充滿著底層人民奮鬥不已的抵抗精神。這個抵抗精神包含與大自然的對抗，以及與對欺壓者的對抗。先民篳路藍縷的開墾，不免受到天災

〔註98〕施明德，〈英靈與冤魂〉，新臺灣研究文教基金會美麗島事件口述歷史編輯小組，《走向美麗島：戰後反對意識的萌芽》，（台北市：時報文化，1999），頁iii。

的肆虐，但大自然尚且無情，卻對人類一視同人。而欺壓者由異族日本的歧視，進而到祖國同胞的欺騙，甚至被同族同語的自己人（如小說中的三腳仔、半山仔）出賣，面貌雖不相同，追求的都是個人的利益與權力，於是人性的弱點千年不變，我們看清權力使人腐化，金錢使人喪志。但小說人物仍不斷的抗爭，尤其開山之祖的精神與訓誡往往是後輩精神的前導，如《台灣人三部曲》中的陸姓祖先、《寒夜》的彭阿強、劉阿漢、《楊梅三部曲》的K議員、《台灣大風雲》的林金地等，即使屢戰屢敗仍要努力，即使犧牲性命也要堅持到底，這些小說中的人物典型，正是作家想要創造的台灣庶民的典型，具有十足的生命力與韌性。

也許有人會質疑這些台灣大河小說，作者幾乎都是本土派的台灣人士，以寫實的敘述模式、書寫相近的內容、同質性過高，意識形態也大抵相同，終將流於八股的危險，或陷入國族認同的窠臼，也非必要以大河長篇來書寫。但其實這些作品不僅有國家族群認同的惶惑，體現作家對社會的人文關懷，也是作家們挖掘生命本質與情感歸趨的需要之作，更有其他短篇作品未能表現的歷史深度與廣度，呈現出庶民日常生活日復一日的流轉，一頁又一頁跨時代的歷史印記。若未能替綿延不斷的大時代留下些雪泥與鴻爪，只能任由當權派編派歷史的話，相信遺憾會更大。況且這些作品有意識的解構霸權論述，使台灣人認知與擺脫亞細亞的孤兒意識，在認同的惶惑中看清真相，逐漸找回立足台灣的自信，此一積極意涵是不可抹煞的。

進入21世紀，文壇已百花齊放多元並置，不僅是原民、新移民或是同志……等等弱勢族群都值得觀照，台灣大河小說將會不斷產生新課題，因此書寫的內容不應受限或刻版化。在無中心或抵中心的論述〔註99〕基礎上，繼續對抗威權體制，對抗主流中心。因此台灣大河小說都有持續值得書寫的底層邊緣面向（存在於階級、種族、性、性趨向或其他），讓弱勢發聲，為底層

〔註99〕以西方為例，西蘇（Hélène Cixous）與伊莉佳萊（Luce Irigaray）採取德希達「解構」的策略，將西方以父權為中心的哲學、心理學和文學加以去中心（de-centring），確立「延異」（différance）之多元化、異類差別來對抗二元性思想系統，為女性預留空間。其中西蘇以解放陽具中心主義（Phallocentrism）這種語言中心的意識型態：確立女性為生命之源、權力以及力量，以及歡迎新女性話語出現，不停推翻語言中心主義（Phallocentrism）。詳見托里·莫以（Toril Mol）著，陳潔詩譯，《性別＼文本政治：女性主義文學理論》（台北：駱駝，1995），頁96。

代言，以抵抗中原中心、漢族中心、男性等等威權中心論述，直到釋放異質，
尊重差異爲止，這都是台灣大河作家對社會應有的關懷，與持續書寫的動力
與使命性。

下篇：台灣大河小說文本分析

第七章　歷史母題的更替

　　過去的文學評論家在談論某一文學作品的『語境』時，總是假定這個語境——歷史背景——具有文學作品本身無法達到的真實性和具體性〔註1〕。但一部歷史，只能將部分事件表達出來，其他大部分便不可避免地遺落在主流論述之外，因爲任一歷史的作者，都有其個人的歷史觀，進而書寫出符合作者意念的價值論述〔註2〕。正如我們常說的：歷史是成功者的歷史，是英雄豪傑豐功偉業的史冊。這些落在主流敘事之外的事件，有些雖是和主流敘事互相矛盾，卻豐富而充滿意義，能夠讓我們看見世界的不同面向與兩者的對話。正如傅柯認爲無所謂客觀的歷史，歷史不過是一種敘述。海登・懷特則言：歷史文本與文學文本一樣，是一種敘事和想像，它們之間不過存在著程度之差〔註3〕。對於一個新歷史主義者來說，文學絕非是對穩定與統一的歷史事實這個「背景」的冷靜反映，它既是這個「事實」本身的一部分也在規定著被我們所認爲是事實的東西〔註4〕。佛斯特更說：「小說比歷史更真實，因爲它已超越了可見事實〔註5〕」。若此，則以歷史爲素材的台灣「大河小說」便更具重要意義。

〔註1〕　張京媛，《新歷史主義與文學批評》（北京：北京大學出版社，1993.01），頁4。

〔註2〕　正如麥克・懷特（Michael White）大衛・艾普斯頓（David Epston）在《故事、知識、權力——敘事治療的力量》，一書中所提及：在科學學科上，修辭會製造「作者擁有客觀而獨立的觀點」的印象，因而建立作者的價值。參見廖世德譯，（台北：心靈工坊，2001.04），頁217。

〔註3〕　趙稀方，《後殖民理論與台灣文學》（台北：人間，2009.06），頁166。

〔註4〕　弗蘭克・林特利查，〈福柯的遺產：一種新歷史主義〉，收錄於張京媛主編，《新歷史主義與文學批評》（北京：北京大學出版社，1993.01），頁148。

〔註5〕　佛斯特著，李文彬譯，《小說面面觀》（台北：志文出版，1973.09），頁55。

　　但這裡的歷史素材小說，並非眾人認知的歷史小說。一如李喬所言：「歷史小說」乃歷史和虛構重疊，偏重在趣味性，以及歷史事件本身的浮現與知解上，如高陽作品；而「歷史素材小說」著重虛構，並且偏重在變化以存實，闡釋作者的歷史觀、生命觀，如《寒夜三部曲》〔註6〕。兩者的分野在於前者小說以歷史事件或人物為中心，創設一相配情節，使事實的面貌和虛構的部份重疊進行；後者則是將重點放在「虛構」的經營上，主題偏重於歷史事件的個人闡述，出乎歷史，歸於文學〔註7〕。這個定義下，大河小說的歷史書寫，不可能等同於歷史，而重在作家的史觀與對歷史的闡述。

　　施明德曾言：「台灣歷史不是一首令人愉悅的史詩，反而是一連串更替外來統治者的紀錄。〔註8〕」這樣的言說立場是站在台灣土地上的人民，不同於成者為王、敗者為寇的統治者立場，同樣的，以此觀點創作的台灣歷史大河小說也很難是一場英雄史詩，尤其是面對日本的殖民、二二八事件、白色恐怖，美麗島事件等等。但台灣「大河小說」的書寫不僅以書寫大河歷史為主要基調，更具有同情與批判的精神，因此不同文本中不斷重複出現同樣的歷史事件，與相似的意象（imagery）與象徵（symbol），反覆出現的主題（theme），往往傳達了作家的意識形態與核心思想，而這也正是本章要探討的母題（motif）〔註9〕。隨著時代的推演，小說文本中的母題也在改變。由於文學的敘事與歷史的敘事不能等而觀之，因此小說中時間的敘事，有時不免與歷史事件的真實時間產生出入，正如盧卡奇（Georg Lukács，1885～1971）所言「歷史小說的本質不在描寫史實，而在反映人類社會──歷史的整體」〔註10〕，因此是否科學真實不是本文要討論的重點，重點在於表述的歷史事件所呈現的歷史母題，以及其背後的社會歷史動因〔註11〕。因此本文無意針對時間的

〔註6〕　請參照李喬，《小說入門》（台北：時報文化，1986），頁191～193。

〔註7〕　盧翁美珍，《神秘鱒魚的返鄉夢──李喬《寒夜三部曲》人物透析》（台北：萬卷樓圖書，2006.01），頁283。

〔註8〕　施明德，〈英靈與冤魂〉，新臺灣研究文教基金會美麗島事件口述歷史編輯小組，《走向美麗島：戰後反對意識的萌芽》，（台北市：時報文化，1999），頁i。

〔註9〕　參見廖炳惠編著，《關鍵詞200：文學與批評研究的通用辭彙編》（台北：麥田，2003.09），頁201。

〔註10〕　劉昌元，《盧卡奇及其文哲思想》（台北：聯經，1991），頁145。

〔註11〕　盧卡奇認為歷史小說中重要的不是重敘偉大的歷史事件，而是對參與這些事件的人們的詩意喚醒，重要的是我們應重新經驗社會與歷史的動因，這些動因使人們像他們在歷史現實中那樣思想、感受與行動。詳劉昌元，《盧卡奇及其文哲思想》（台北：聯經，1991），頁148。

錯置、史實的謬誤進行批評，但就文本共同書寫的歷史事件、歷史母題，以及這些母題串聯後，所呈現的歷史新天地，找出作家的歷史觀，與其企圖建構與傳達給讀者的訊息。

第一節　唐山過台灣

除原住民外，台灣早期外族的進入，大多與貿易利益有關，如西班牙（1626～1642）、荷蘭人（1624～1662）〔註12〕等，而原民不熟耕作，「荷蘭人爲了開發台灣龐大而肥沃的土地，荷人大量招徠中國內地的漢人，使得在台灣的漢人，從荷治初期的幾千人，增加到末期的二萬人，慢慢奠定了漢人社會在台灣的基礎，形成一個以漢人爲主的社會。〔註13〕」1661年隨著鄭成功登陸台灣，更有大批漢人「屯兵」台灣。

清朝雖曾有棄留台灣的爭議，但在施琅力薦下，因台灣戰略地位重要而納入清版圖。並施行以防亂爲考量的治台政策，除限制漢人渡台外，官員任期短、不准攜眷、設班兵制度、不許築城、屬行封山等政策，以防止台灣成爲盜賊聚集地或反清基地〔註14〕。其中限制渡台的規定，第一項規定欲遷往台灣者，必須提出申請，獲得批准方能渡台。第二是禁止攜眷渡台，日後也不准把家眷接來同住〔註15〕，這也是日後台灣流傳的「有唐山公、無唐山媽」

〔註12〕在台灣尚未爲明政府主權管轄範圍前，早期荷蘭人爲了打開中國貿易的大門，希望比照葡萄牙在廣東香山澳（今澳門）的自由貿易，1624年在大員（今台灣台南安平，明政府所謂的化外之地）建造熱蘭遮城，成爲荷蘭東印度公司在台灣的駐所，期望能在福爾摩沙（今日台灣與中國沿岸市鎮）進行自由貿易，但當時閩海海盜猖獗，荷蘭人便遊走在鄭芝龍（先爲海盜後爲被明招撫軍官）、李魁奇與明政府之間，展開一切「唯利是圖」的行徑。參詳何孟興，〈從《熱蘭遮城日誌》看荷蘭人在閩海的活動（1624～1630）〉，《台灣文獻》第52卷第三期，2001.9.30，頁341～355。
而西班牙也在1626年在基隆社寮島（今和平島）建築聖救主（San Salvador）城。詳戴寶村、王峙萍，《從台灣諺語看台灣歷史》，（台北：玉山社，2004.11），頁37。

〔註13〕詳戴寶村、王峙萍，《從台灣諺語看台灣歷史》，（台北：玉山社，2004.11），頁37。

〔註14〕在清朝統治台灣的212年當中。從1684至1970採取較爲嚴格的禁止與限制，1790年之後，才稍微放鬆。到了1875五年，經由沈葆楨的奏請，才真正解除渡海禁令。詳戴寶村，《台灣的海洋歷史文化》（台北：玉山社，2011.01），頁66、67。

〔註15〕詳戴寶村，《台灣的海洋歷史文化》（台北：玉山社，2011.01），頁67。

的說法，但即便清初實施海禁限制，漢人來台不易，仍無法阻擋閩粵地區人民冒險渡台求生存與發展。在「六死、三留、一回頭」的諺語中，可知當時冒險渡過黑水溝的險境，加以民間流行「台灣出番」的說法，來台任官者多半抱著三年官二年滿〔註 16〕短暫停留的想法，如《台灣三部曲》中的朱仕光即是。但在多數為求生存偷渡來台的漢移民中，能順利來台已屬不易，又得面對炎熱的氣候與傳染病，以及原民的獵首，因此來台者多為年輕力壯的男子。隨著移墾者的進駐，後來的客家人不得不與台灣原住民（包括高山族和平埔族）爭地，與原住民比鄰而居，使原住民的生存領地受到威脅，漢番衝突不斷，面對原住民「出草」獵首的習俗，漢人往往設立隘勇、隘寮來保護自己的領地〔註 17〕，但在「有唐山公，無唐山媽」的情形下，為求生存「一個某，較好三個天公祖」，彼此自然也有聯姻同化的情形。因此唐山人來台灣，若能娶妻或是入贅（大多為平埔族女子〔註 18〕）且生子，自然也就落地生根了，當然後輩子孫也自然混和了原住民的血統。

先民渡海來台求生一事，雖然不是台灣大河小說的主調，卻是小說中一個重要的共同背景與主題，讓後輩子孫在語言、漢學文化的教養，或血源宗族的認同上與「原鄉」產上連結。從小說文本的主要家族來看，不管是《台灣人三部曲》中的陸家，《寒夜三部曲》的彭家、劉家，或《浪淘沙》的周家，都來自閩粵一帶，卻因主、客觀的因素，改變了對團體界線的認定。

陸家的來台祖榮邦公，23 歲時從廣東長樂縣隻身渡海來到台灣，起先在台北府淡水縣的大戶人家當長工，第一年領的工資卻在第一次賭博中被騙光，自覺愧對原鄉父母而在外流浪兩天兩夜，終被愛他如子的頭家尋回。幾年後頭家鼓勵他將積累下的錢買地開墾，自此榮邦公離開一住近十年的淡水縣來到內柵，勤儉的性格，使他得以成家立業，家產、田園逐年得到擴展，晚年成為地方上數一數二的大戶人家。第二代的天貴公則頗有生意頭腦買了九座寮近二百甲土地，秉承父命在此蓋了一所堂皇的莊宅，此宅後來也成為

〔註 16〕 台灣道徐宗幹即語：「各省吏治之壞，至閩而極；閩中吏治之壞，至台灣而極。」詳戴寶村、王峙萍，《從台灣諺語看台灣歷史》，（台北：玉山社，2004.11），頁 125。

〔註 17〕 除了防止漢番衝突，也為了避免罪犯逃到山上躲避查緝，政府在山地與平地間劃了一條交界線，稱為土牛線，也稱隘線或隘勇線，一般人嚴禁越界。漢人為了保衛家園，業主也出資招募隘勇，來防止原住民的侵犯。詳戴寶村、王峙萍，《從台灣諺語看台灣歷史》，（台北：玉山社，2004.11），頁 75。

〔註 18〕 有時還可因與女子的婚姻獲得無償的土地。

陸家的祖堂、公廳。第三代信海公則在祖堂旁設立書房，並以「晴耕雨讀」
來訓勉後輩。從陸姓家族由 13 世祖榮邦公渡海來台開基，逐漸落地生根繁衍
後代，反抗日軍、參與農組、打擊日本政權的移民奮鬥史，對照《沉淪》〈楔
子〉中冒險犯難的勇者，有剛毅不屈的精神，為了生存，他們不惜以血與大
自然、敵人爭鬥周旋的內容相互呼應，呈顯出《台灣人三部曲》中陸姓子孫
（可視為台灣人的代名詞）的祖先，是冒險渡過黑水溝的勇者，是由唐山來
台灣的漢人的既定事實，以及先民「勤奮」、「反抗」、「硬頸」〔註19〕、「晴耕
雨讀」的精神，對子孫精神教養產生的影響。

　　《寒夜三部曲》的一開頭，就述說 1737 年廣東梅縣、鎮平、陸豐等地客
家人入住貓裏（苗栗）來，形成客家人街庄市集。而住在隘寮腳東南外圍河
頭的住民都是客家人，主要的職業是當隘腳寮居民（大都是閩籍居民）的長
工，與《台灣人三部曲》一樣表現出當時閩籍人為頭家，客籍人為長工的相
對位階狀態，但在互文之中，閩籍頭家卻不是上層的壓迫者，卻有著照顧長
工的溫厚形象，這是一個有趣而值得探討的內容。

　　《寒夜三部曲》中彭阿強幾代人家，在頭家楊善慶家做長工，不幸發
生大水災淹沒頭家二十多甲水田，彭阿強才領著子弟、阿公婆牌，帶著頭
家給的五百斤蕃薯，往蕃仔林開墾。文中彭阿強的內心獨白極具象徵意義：
「一直當長工下去，也實在沒根基著落。自己這一生算是埋掉啦；人傑已
經二十九歲，人華也二十六了；妻子兒女成群，再不開創自己家業，代代
長工，那不愧對祖宗嗎？倒不如當盡盆鍋棉被，回梅縣老家！〔註20〕」言
下之意，開山若能闖下一片自己的家業，才不枉先民渡海來台的初衷，因
此在往蕃仔林的路上看到「吊頸樹」時，彭阿強對後輩發出警語：「我們彭
家這去蕃仔林開山，一定要成功，絕對不能失敗；失敗不得，失敗就沒退
路，失敗就……〔註21〕」而未被人禍、天災擊倒的彭阿強，在生命的最終，

〔註19〕吳欣怡探討作家對於「開基祖」性格的想像塑造時，認為「反背」、「硬頸」、
　　　　「勤奮」等始祖性格，成為日後國民性格想像的一個面向。在勤墾奮鬥、變
　　　　泰發跡的祖先傳奇記憶中，從而以家基所在的此地，而非祖先所來的「原鄉」
　　　　為相互護持的「故鄉」，使「土地認同」的吸聚力高過「原鄉認同」，以呼應
　　　　文本外設指的「祖國／台灣」雙重認同架構。詳吳欣怡，〈敘史傳統與家國圖
　　　　像：以呂赫若、鍾肇政、李喬為中心〉（國立清華大學中國文學系碩士論文，
　　　　2010），頁 98～113。
〔註20〕李喬，《寒夜三部曲》，頁 15。
〔註21〕李喬，《寒夜》，頁 19。

仍為了保衛辛苦開墾的土地，魔幻寫實的咬死了霸佔民田、搶人妻子、淫人女兒的墾戶葉阿添，印證了他對蕃仔林土地生死與之的執著與努力。而其反抗動因，則與官方清查土地有極大的關聯，墾戶為了逃稅有許多隱田未向官方申報，而官方則為了利益稅收清查土地，徒使最底層無知的開墾者或佃戶成為利益關係下的犧牲者。

另外一個重要家族劉家，也是來自長山梅縣。但劉阿漢父親早死，母親又改嫁，使其成為孤兒，阿婆臨終時交待劉阿漢：「不准去認無情的母親，將來要設法將父親與阿婆的骨骸送回長山梅縣〔註22〕」。但接受「入贅」彭家的阿漢，就等於接受斷絕與祖先的關係，他與燈妹的未來，與彭家一樣寄託在蕃仔林這塊生存土地上，也期望設立隘寮保護蕃仔林的土地，這些留在蕃仔林奮鬥的客家人，以及漂留南洋從軍的子弟（劉明基等人），都將這個辛苦開墾的蕃仔林視為心靈的原鄉。因此小說文本中劉家後代與祖先原鄉的關係就更淡泊了。這個以「台灣鄉土」〔註23〕取代「中國故土」的書寫策略，弱化了與「祖國」的連連繫，使「原鄉」迅速位移且被取代，一如申惠豐所言「以來台建立家園的『家園感』視為土地認同的根源」〔註24〕。對照於李喬創作《寒夜三部曲》的年代（1977～1979年），明顯可以看到作家受到寫作情境中台灣社會政治局勢與鄉土文學運動、本土運動的影響。

《浪淘沙》中三位主角之一的周福生，約清末才來台謀生，15歲隻身從廈門福州來台後，從學徒做到木匠師，後來在萬華開了一間木器行，娶了基隆女人謝甜為妻，老父過世時曾回福州奔喪，隨著戰爭的漫延，老母及親人皆勸他留在福州，他卻堅持回台灣，說既然娶人做妻，就得跟妻子白頭偕老，回台時即見台灣民主國的藍地黃虎旗在空中飛揚，到處狼藉槍礮彈藥、傷兵，好奇的周福生彷彿看電影的觀眾，窺盡社會的奇異亂象，即使得知唐景崧逃回廣州，仍未改變他留居台灣的心。然而隨著其子回到福州遷居南洋，家族

〔註22〕李喬，《寒夜》，頁104。
〔註23〕一如吳欣怡所言，《寒夜》以土地史觀形塑台灣移墾社會的漢人族裔的認同。詳吳欣怡，〈敘史傳統與家國圖像：以呂赫若、鍾肇政、李喬為中心〉（國立清華大學中國文學系碩士論文，2010），頁111。
〔註24〕申惠豐在討論大河小說的開基敘事時，在前人強調先民勤儉奮鬥的精神外，更以來台建立家園的「家園感」視為土地認同的根源。申惠豐，〈台灣歷史小說中的土地印象：土地意識的回歸、認同與實踐〉（台中：靜宜大學中國文學所碩士論文，2005.07），頁39～40。

也就漸漸四散各處，但長孫周明德的回台，以及周福生在台灣的終老，似乎又象徵著對台灣土地的回歸與認同。

綜此以上，小說中「唐山過台灣」多半是為了求生存，在此既定前提下，「唐山」本應是後代子孫尋根溯源的祖先原鄉，但先民順利渡海來台已屬不易，若能在台闖下一片天，開創自己活命的田園，建立祖堂，代代繁衍開枝散葉，一方面為求維繫祖先開發的田園土地，一方面也逐漸認同這塊生長的土地，因此我們可以發現，生於斯、長於斯的後代子孫的「家鄉」，已由祖先的原鄉位移到台灣（九座寮、蕃仔林、台灣），成為後代子孫新的認同歸屬。

第二節　日本殖民

台灣大河小說家書寫日本殖民史，有介入台灣歷史、建構台灣歷史的動能，以及拆解當時中國中心的歷史大敘述的企圖。這些歷史母題的串連，讓在過往主流歷史敘述中位處邊緣的台灣與台灣人能夠重新被看見與認識。小說中對日本異族政權的抵抗，其實很容易與認同祖國的意識結合，但實際探究文本意義，卻非如此單純。

一如博埃默（Elleke Boehmer）所言：「倘若殖民者的野心是知曉，是吸收同化，是統治，那麼，我們就應該時刻牢記，對於被殖民、被奴役、被束縛在契約之上的人民來說，即便真有人就殖民過程應如何實行向他們諮詢過，那真實的情況也是迥然不同的——與殖民者的法庭、市政廳和圖書館等所描述的情況都會相去甚遠。歷史學家和社會學家告訴我們，對於許多人來說，帝國主義就意味著家破人亡，意味著被剝奪和貧困艱難的生活狀況，它決不僅僅是一種象徵、理念或愛國情感層面上的事情。」〔註25〕

一、乙未割台與武裝抗日

清朝原本對台灣即採取消極治台政策，加以台灣吏治差，三年官二年滿，使移墾社會結構不穩定，地方勢力各立山頭，往往有著「三年一小反、

〔註25〕艾勒克・博埃默（Elleke Boehmer）著，盛寧、韓敏中譯，（Colonial and Postcolonial Literature）（遼寧：遼寧教育出版社；牛津大學出版社，1998.11），頁21。

「五年一大亂」的抗官民變情形〔註 26〕。1894 年中日兩國因朝鮮問題爆發甲午戰爭,不幸清兵戰敗,於是 1895 年清廷一方面被迫,一方面也輕率地簽訂馬關條約將台灣割讓予日本,使台灣島民由被忽視的化外臣民,淪為被新殖民者歧視的次等國民,不斷被嘲笑為「清國奴」、「張科羅」、「支那兵」。台灣民主國雖曾設立,卻短暫一如曇花。改由日本殖民,對台灣住民來說是人生一大轉捩點,雖也有人熱情迎接,如台北無血的入城,台南的不戰而降,但都不是台灣大河小說書寫的重點,小說家明顯強調的是「台灣人民抵抗的精神」。

小說中,台灣住民為了不願在異族統治下做順民,為了保護既有的田園家基,不斷發動大大小小的抗日行動,如《沉淪》陸仁勇率領家丁走反,《滄溟行》中提及的土庫事件、北埔事件、林杞埔事件、苗栗事件、六甲事件、噍吧年事件,《寒夜》的馬拉邦之役、抗日義軍吳湯興,徐驤、姜紹祖傳奇、《浪淘沙》簡大獅以清民之姿抗日、林雅堂支助新竹外圍義勇軍抗日,三峽大溪客家兵、烏鴉錦之役等傳奇。在這些抗日敘事中,《台灣人三部曲》隱含著台灣漢民的民族主義基調,為了對抗異族、為了守護田園家基,庶民也成了英勇的義軍。《寒夜三部曲》則進一步讓原住民現身,在大敵當前,台灣住民也能盡棄前嫌互相聯合,甚至與原民結盟共同抵抗外敵(馬拉邦之役),加強了台灣內部族群的整合,因此乙未割台與台灣住民的抗日事件,可說是促進台灣住民形成一個命運共同體的重要催化劑。上述這些早年台灣住民武裝抗日的一面,顯示台灣住民與台灣共存亡的生死拼鬥與頑強抵抗,但隨著「噍吧哖事件」〔註 27〕的落幕,顯示武力反抗的徒勞,因此反抗的行動漸漸採用「非武裝」的抗日運動。這些有名或無名的庶民英雄雖已死去,大河作家卻在文本中將其召喚,為他們的反抗氣節記下一筆,成為台灣歷史記憶中一個「反抗精神」的重要印記。

〔註 26〕清領台時期,以閩客、漳泉及泉州府異縣之間的械鬥發生率最高,較具代表性的分別為 1971 年閩客合作的朱一貴事件,1786 年林爽文事年,以及 1862 年漳泉對立的戴潮春事件。詳戴寶村、王峙萍,《從台灣諺語看台灣歷史》,(台北:玉山社,2004.11),頁 125。然而這些分類械鬥中所謂的義民與盜賊,有時會因立場不同而被置換。

〔註 27〕鍾肇政小說中的噍吧年事件,也可稱之為余清芳事件,李喬則稱之為西來庵事件。

二、農民運動與文化協會

　　台灣是日本第一個殖民地，也是日本南進的首要根據地，關係著「殖產興業」的圖南發展，而台灣島上的茶、糖、樟腦等農林物產與煤礦、金礦的等礦產，對日本來說非常重要，因此對台的統治政策，也將台灣的物資人力納入日本帝國主義的發展〔註28〕，以「農業台灣，工業日本」的政策進行經濟資源的掠奪，因而有所謂「第一憨，種甘蔗給會社磅」〔註29〕等蔗農問題、林野拂下（土地放領）剝奪農民耕作權等問題，使台灣人民為了生存權，逐漸走向農民運動之路〔註30〕。鍾肇政的《滄溟行》與李喬的《荒村》都是大河小說的第二部，都將重點放在非武力的法理抗爭上，尤其將重點放在文化協會與農民組合運動上。而東方白的《浪淘沙》則以留日學生的視角看台灣政治形態，並以詹渭水（即蔣渭水）先生導引出文化協會的政治活動。鍾肇政的《滄溟行》以日本殖民台灣約20年後的「台灣文化協會」為背景，表明首部曲的走反最終仍是失敗的，並以陸維樑為主軸，導引出法理抗爭的基本權利以及農民反抗運動。李喬《荒村》由1925年（大正十四年）6月17日始政紀念日劉阿漢準備到苗栗去聽「台灣文化協會」的演講寫起，至1929年（昭和四年）二一二大檢肅作結，述及台灣文化協會的分裂，農民組合前期的二林蔗農組合，二林事件、中壢事件等，使用插敘及倒敘方式描述文協與農組事件。東方白《浪淘沙》則在台灣留日學生夏季園遊會中，導引出留日學生對台灣政治的關切，指出「六三法」對台灣人的束縛，使兒玉總督得以公佈匪徒刑罰令，使台灣人一如奴隸被繩索綁在頸上，因此「六三法撤廢運動」、

〔註28〕　許介鱗，〈日據時期的政治措施〉，李國祁總纂，《台灣近代史 政治篇》（南投：台灣省文獻委員會，1995.06.30），頁223～224。也許可以說正是資本主義「基於疆域之分工所開創出來的國家空間之分化」，詳 Neil Smith, Uneven Development: Nature, Capital, and the Production of Space（Oxford: Blackwell, 1984）P146.轉引自 Edward Waefie Said，蔡源林譯，《文化與帝國主義》（台北：立緒出版，2001.01），頁420。。

〔註29〕　一如矢內原忠雄所言說：「甘蔗糖業的歷史，就是殖民的歷史。」詳矢內原忠雄著，周憲文譯，《日本帝國主義下的台灣》（台北：帕米爾書店，1985.07），頁189。

〔註30〕　有關農民運動，可參考張君豪，〈簡吉與台灣農民運動〉《歷史月刊》，196期5月號，2004.05月，頁38～56。游勝冠，〈民族主義與階級意識之外的台灣農民運動史觀──台灣農民運動後期的左傾探源〉《歷史月刊》，196期5月號，2004年5月，頁57～64。東年，〈台灣農民組合運動的歷史意義〉《歷史月刊》，196期5月號，2004年5月，頁65～75。

「台灣議會設置請願運動」前仆後繼的發動，詹渭水「台灣文化協會」的成立與對社會進行的演講，對群眾的文化啓蒙起著一定的影響，而鴉片事件則突顯改革的可行與希望。

整體而言，國際社會局勢的改變，文化協會的啓蒙，帶動農民意識的覺醒，改變了小說的主人翁：如陸維樑（《滄溟行》）、劉阿漢父子（《寒夜三部曲》）、江東蘭、丘雅信（《浪淘沙》）、王掌珠（《三世人》）等。前兩者面對日人統治下不合理的社會制度：如佃租問題——蔗農問題——林野拂下問題——資本家聯合獨佔糖業等問題，感受到台灣人（尤其是農民）所受到的剝削與痛苦，選擇站在農民的立場，參與並領導台灣農民運動，進行實質的抵抗，成爲小說庶民主角生活的主要內容，尤其劉阿漢、劉明鼎父子兩人終其一生的抵抗，彷彿歷史的反覆重演，雖然最終都以死亡告終，但劉阿漢的死是沒有遺憾的，因爲他已經對他所愛的土地盡了力，對未來仍抱著希望。而劉明鼎的死，不意外的步入父親的後塵，但也是盡心盡力、生死與之無愧於天了。而王掌珠也是在文化協會演講的洗禮下，有了女性婚姻自主、經濟自主的女性新意識。另外留日回台的江東蘭，則在文協的演講中，體認自己與殖民地台灣人共同的次等位階，而一向不參與政治的丘雅信卻因爲參與文協演講，受到人身安全的威脅。由此可見「文協」的存在，誘發了人民的自覺意識，對殖民政權產生威脅，因此「農民組合」、「文化協會」這些歷史上台灣人非武力反抗的象徵，不僅代表台灣人不屈不撓的抵抗精神，也是「社會正義與人性存亡最後底線的捍衛」〔註31〕，代表社會的公平正義，更包含著希望台灣人能自治的願望，具有社會運動的參考價值和社會改革的歷史意義。

三、皇民化運動與大東亞戰爭

小說中 1937 年七七事變的爆發，以及「南京大屠殺」事件，激化了中日的對立，也在許多人心中種下了反日的因子。《浪淘沙》中菲律賓長大的周明勇，在中正中學老師口中得知，南京大屠殺殺了十萬中國人，日本軍人將老百姓排成一列，不分老幼一律用機關槍掃射，或把活人綁在柱子上當靶子練習劈刺，若人太多就用繩子捆成一堆，澆煤油放火燒死。殺俘虜先叫俘虜自己挖坑，再由兵士比賽砍頭直到雙手無力，婦女的情況更是慘痛。因此明勇

〔註31〕 此處引用東年的說法。詳東年，〈台灣農民組合運動的歷史意義〉《歷史月刊》，196 期 5 月號，2004.05，頁 65～75。

在學時即參與學校支援中國抗日宣傳大隊，隨身帶著克羅塞維茲的「戰爭論」，在家人因戰事吃緊選擇離開菲律賓時，周明勇選擇跳船躲在菲律賓朋友家，3個月後毅然加入「菲律賓斥候軍」抵抗日本，卻在巴丹半島不幸成為戰俘，大屠殺中幸得屍體掩護免於一死，但逃亡後又選擇加入打游擊的抗日隊伍。由此可見明勇矢志不變的抗日性格，與南京大屠殺事件對他的重大影響。

黎立曾在天津工商學院教國文，也因南京大屠殺日寇對中國人的集體屠殺與集體姦淫，從而參加地下工作，負責情報搜集和傳遞，打擊惡貫滿盈的日寇和認賊作父出賣祖宗的漢奸。然而身為日籍台灣人的周明德對此事則是蒙昧無知的，反而是在弟弟周明勇的探問與前日本戰地記者遠山明的轉述中得到啓蒙，因為這與周明德在台灣報紙看到的皇軍激戰，南京陷落等字眼大不相同。由此我們可以看出東方白的表述方式，「南京大屠殺」是一個重要的歷史事件，使各地華人對日人同仇敵愾，在心中埋下反日的因子，激化了許多反日的想法及行為。但身為被日本殖民的台灣人，「南京大屠殺」事件卻弔詭的滑落在認識思維外，而在強勢的皇民化歷史敘事教育中，成為被蒙蔽的對象。

1937年七七事變爆發，日本先前之同化主義雖使台灣人的認同意識混淆，卻無法絕斷本島人源之於中國血脈的傳統，為避免「中國情結」的群起響應，兼以戰爭的緊張局勢，小林總督在1939年1月宣佈治理台灣的三大政策為「皇民化、工業化、南進化。〔註32〕」台灣大河小說中，皇民化的內容舉凡改姓名、使用國語（日語）、遙拜天照大神，參拜神社、整理寺廟、廢止漢文欄、習俗日本化（穿木屐及和服、使用榻榻米）、禁止過舊曆年、禁演台灣戲（布袋戲、歌仔戲）等，可說無所不包的影響每日的庶民生活，甚至牽繫著戰後改朝換代後的生活。而改姓名、說國語更成為明顯的評判指標，象徵一個人的認同表現。小說敘事中這些皇民化表現，往往受到負面的批評，如成為日人爪牙的台灣人巡查補〔註33〕、皇民化的國語家庭成員、為天皇效忠的台籍日本兵等。

〔註32〕一九三九年五月十九日，當時小林躋造總督於東京的途中，在記者招待會上鼓吹台灣的三大政策是：「工業化、皇民化、南進」大政。直至他被調離崗位，始終高唱此三大政策。轉引自涂照彥著，李明俊譯，《日本帝國主義下的台灣》第二章第四節〈軍需「工業化」的起步〉，（台北：人間出版，1992），頁139～153。

〔註33〕臺灣總督府為了更深入清查可疑份子，1899年8月起開始採用臺人當「巡查補」以夷制夷，從此臺灣籍的「三腳仔」正式誕生；這一年內，全台義民被逮捕處死的有一千多人。詳《荒村》，頁55。這些三腳仔可說是統治者的鷹犬，

　　《台灣人三部曲》的陸姓子弟以仁勇率子弟兵抗日一事爲傲，卻出現一
個善於鑽營、趨炎附勢的親日者，陸維揚喜愛說一口蹩腳的日本話唬人，擔
任九座寮的庄長還獲頒「紳章」，但在親族眼中卻不是榮耀的，陸維樑認爲榮
邦公若地下有知會哭的，因此陸維揚雖姓陸，但陸姓子孫卻口耳相傳他不是
陸家人，對於他們那一房也頗多微詞〔註34〕，有著劃清界線的意味。

　　《寒夜三部曲》中，最典型的皇民化典範就是謝長清、謝天送及謝時祥
這一家人。謝長清爲首任大湖庄長。小說中出場時，一身白衣、白帽、白皮
鞋，與日人（退職主人）一樣一身雪白，但不同的是一面揩汗，一面頻頻回
頭招呼他的白主人，在白主人身邊，謝庄長的白是帶了白面具的白，只是次
等仿製的白，少了日本人白的眞實光量。而謝庄長有語言天才，他的日本話
說得很「鳥」，除了日本人，沒有任何人能聽出那是出自本島人的日本話。他
與弟弟天送兩人都受到本地紳士以及日本人社會的看重和喜愛。他唯一遺憾
是未生養一男半女，幸賴弟弟有兩個兒子，將老二謝時祥過繼給他，他決定
要讓時祥接受完整的日本教育，使時祥變成十足的日本人。因此謝庄長心底，
還有一個隱秘的方案：

> 將來時祥一定要送去日本內地接受教育；最重要的，在內地娶一位

不管是文協演講、農民運動等大小事，都可以看見他們身影，狐假虎威的欺
負同胞，而這些三腳仔的墮落使他們更接近獸性，不僅在體刑室對台灣人「拳
腳交加」，甚至在光天化日下的群眾反抗行動中亦然，不問口供，只爲折磨與
暴虐而施刑。《荒村》中的三腳仔角色以李勝丁、鍾益紅最爲典型。鍾益紅、
李勝丁崇高的警部榮銜，可說是臺籍同胞血淚所堆砌起來的。李勝丁、鍾益
紅這些眾人口中的漢奸，戴著日本人的面具、流著台灣人的血液，監視、告
密、捕捉、拷打台灣人，卻趨炎附勢得了志，一如鍾益紅所言：「我們一生都
官星高照，好運連連的──像我這種絕對貫徹命令，絕對完成使命的警官全
天下都難找哪！」而現實生活中，「鍾益紅與李勝丁兩人，在臺灣光復後仍留
職警界。……後據傳鍾某曾再升官云云，彼以福壽全歸而歿。李某以年齡退
休，……安享餘年於某鎮公家宿舍。」這樣的結局著實令人沮喪，無法給人
向上提昇的力量，反而有鼓勵順風轉舵的取巧心態。然而，這也許才是李喬
眞正要表達的人生樣態，尤其在殖民環境的影響下，人性的惡德更容易暴露，
因此所謂的善惡果報都是道德勸說的教化之詞，眞實的人生總是充滿意外。

〔註34〕　「陸家的來臺祖榮邦公蒸嘗多年來，由維揚那一房人管理。他們父子上下其
　　　　　手中飽，早已爲族人們所詬病」，幾年前翻修祖堂，維揚也用公費來修築自己
　　　　　居住的東廂。「其實維揚哥不是我們陸家人……他是綱岑叔從一個乞食的手裏
　　　　　買來的。…買來是沒錯，不過也有人說不是乞食，是個演大戲的。……他那種
　　　　　身材，那種面相，你不覺得跟我們有那麼一點不同嗎？他的幾個子女也是。」
　　　　　鍾肇政，《滄溟行》，頁140～141。

「內地嬤」過來。那時候，說的是日本話，穿的，住的是日本式的，

「睡」的又是日本女人；將來生十個日本仔，那時候，謝庄長他就

有十個日本孫子啦。哈哈⋯⋯（《荒村》，頁 155）

而謝時祥也不負所望，不僅改名為梅本一夫〔註 35〕，更成為皇民化的推行委員。在《孤燈》中梅本一夫曾出現在彭永輝等五人的超渡亡靈法會上，以一身「國民服」留一撮小鬍子的皇民化委員的身份，協助小井大人指導阿火仙等「違反戰時喪葬條例」的抗命者，當時自稱是大日本帝國的皇民，而不承認自己是台灣人。然而當在日本戰敗消息傳出後，昔日皇民化協會大湖郡分會會長梅本一夫桑在街頭戲劇化的出現：「穿著一件寶藍色綢布長袍，外罩純黑閃亮的馬掛，頭戴綴著鮮紅頂球的墨色瓜皮小帽，腳穿「包仔靴」——十幾二十年前野臺戲裡大官穿的那種「包公靴」。」（《孤燈》，頁 491）他右手搖動折扇，左手微微貼著腰肢，一派中國傳統士紳羽扇綸巾的模樣。在小說敘事中，皇民化成了負面的表徵，而謝時祥更象徵著典型騎牆派的轉向，一貫的趨炎附勢、見風轉舵，那麼自然而沒有一絲的掙扎痛苦。

另外一個皇民化的負面典型人物，為《台灣大風雲》中的蘇漢標（福田隆恒），他曾是東京帝大醫學院正科的學生，留日返台後開設「福田病院」。皇民化時期改姓名、說日語，成為國語家庭，甚至將祖先牌位當柴燒，還在神社發過誓，此生若不能變成純種的大和民族，至少要與日本人結親家，做個半邊的日本人也滿足。因此當日人貞子與其子福田祥靖婚事有譜時，想到親家是有權有勢的大將軍，自己的社會地位將因此水漲船高，而笑得合不攏嘴。但日本戰敗後，立即將國語家庭的牌拆下，恢復漢名，還與黃木連組「歡迎祖國委員會」去迎接國軍，其後的行徑不用多說也可以得知。

台灣歷史大河小說敘事中，這些皇民化人物的造型，往往有著令人不順眼的外貌，令人厭惡的性格，以及不名譽的事件〔註 36〕，成為小說中典型的負面扁形人物，以對比出主角的正直與英勇。但仍須強調的，在日本殖民的年代，尤其是皇民化的年代，許多被殖民者慾望投射的所在——便是成為「標

〔註 35〕與李喬短篇小說〈皇民梅本一夫〉相互呼應，將梅本一夫典型化為推行皇民化的皇民。詳《李喬短篇小說全集 8》。

〔註 36〕但改姓雖是皇民化的一種行為，但卻並不一定代表負面的媚日行徑，如《浪淘沙》的吳幸男雖改名為高橋幸男，卻是為了紀念日人高橋醫師的恩情，且小說中高橋幸男並不是典型的皇民化人物，只是一個改了姓名，常受到日人欺負也討厭日人的學生。

準的日本人」，這是日人教化的引導與逼迫，使人變得儒弱而盲從。尾崎秀樹
在〈戰時台灣文學〉一文中提到：

> 若同化政策是意指成爲日本人，則「皇民化」的意思是「成爲忠良
> 的日本人」，但日本統治者所企望之「皇民化」實態，不是台灣人做
> 爲日本人活，而是做爲日本人死。〔註37〕

故「皇民化」之極致，即是使本島人參與「聖戰」〔註38〕爲日本人而死。而
此正充份顯露出「皇民化」只是糖衣包裝下，日本軍國主義文化霸權，以戰
爭爲手段進行的醜陋行逕〔註39〕。

隨著中日戰爭的開展，1941 年珍珠港事件日本正式對英美宣戰，台灣食
物配給的限縮與日俱增，台灣人參與戰事，成爲軍夫、學徒兵、軍人，或被
調到中國（吳幸男的父親），甚至遠赴南洋的情形，也在小說文本中成爲重要
的事件。但所謂的「志願兵」，大部分都不是自願的，如《台灣大風雲》中，
林孟斌的出征，便是貞子父親（加藤仲賢）阻止日台戀情發生的伎倆。而《濁
流》中隨著白木一雄被徵兵出征，看似孩子氣的李添丁也加入了志願兵。李
添丁在「志願兵」送行會時表現的慷慨激昂，大義凜然，直言要爲天皇陛下、
爲大日本帝國、爲大東亞共榮圈，更要爲「國」犧牲，並三呼「天皇陛下」
萬歲。〔註 40〕這個從容就義的舉動，贏得全場熱烈無比的掌聲，讓李添丁因
爲志願兵成爲帝國軍人，成爲皇民的範式典型。陸志龍在一陣酒酣耳熱後，
也與李添丁碰杯說：「希望你勇敢地去！我也要跟在後頭去啊！」〔註41〕這句
話在公開場合的如此說，符合外團體的期待，雖有點虛應情勢但也令人震驚。
而在本島四人私下的送行會中，這個屬於內團體的結構裡，李添丁自知許多
人認爲他幼稚，改以閩南話說：「陸的，你確是有思想的人，你看穿了我的心，
那些臭狗仔，說我有日本精神，有大和魂，娘的！我才沒有那些臭狗仔精神
呢！……我們臺灣郎並不全是瞎子，也不全是走狗。幹，我會拼命幹，讓那
些臭狗仔曉得臺灣也有人。不過到時候，看看我的槍口對準誰吧！……什麼

〔註37〕尾崎秀樹，〈戰時台灣文學〉《台灣史論叢》，頁 427。
〔註38〕台灣於 1942 年 4 月實施志願兵制度，1944 年 8 月推行徵兵制度。
〔註39〕彭懷恩，《台灣政治變遷四十年》（台北：自立時報社文化出版部，1980 年 5
月），頁 61。否認日本對台灣的現代化建設有其貢獻。但這「貢獻」借用伊凡
斯（Evans）所說的是「依賴發展」（Dependent theory），其「出發點總是帝國
主義」。
〔註40〕鍾肇政，《濁流》（臺北：遠景，2005.01），頁 309。
〔註41〕同上註，頁 310。

名譽的『志願兵』，娘的，還不是他們自己的兵死多了，不夠用了，才找到我們頭上來了！〔註42〕」此處李添丁讓人判若兩人，先前的皇國子民不再，如今在眼前的，是卸下沉重皇民化面具（persona）〔註43〕的被殖民者，改以自己的母語說話，訴說內心真實的心聲，李添丁不再偽裝自己，更不須隱藏真實的自我，那些模擬複製的行為都只是為了爭一口氣，讓狗眼看人低的日本殖民者看得起臺灣人，虛應的背後潛藏著深深的反抗意識，於此陸志龍更明白，那種話沒有一個人會真心說的常識，以及當時大部分台灣人的內心狀態。一如簡尚義受命為青年鍊成的主事時，內心的衝突與動搖，最終只能「接受現實，拼命的幹」的矛盾困境，而這樣的處境，正是大河小說庶民共同的處境。

「戰爭」對於台灣影響之大，包含糧食配給制度、軍夫、高砂義勇兵、志願兵、空襲、疏散、少年工、神風特攻隊、愛國儲金、全面徵兵〔註44〕等，但男人的外出、物資的缺乏，以及空襲的轟炸，在普羅大眾的內心形成集體的恐懼。《孤燈》中蕃仔林時常鳴響著大自然竅穴發出的天籟，但在整個蕃仔林居民聽來卻成了哭聲。出征前劉明基與彭永輝爬上雞婆嘴，發現先人的骨骸，耳邊又迴盪著淒厲又哀切的哭聲，聯想到昔日抗日的村民，彷彿前人正在哀傷昔日的反抗仍無效，今日的子弟卻得為了敵人而出征。在受殖民的戰時體制中，那哭聲是大家共同的心神幻覺，成了集體的潛意識，是一種情感的投射與移情。

一如塞班島失陷時，台灣全島要塞化，連文弱書生也被動員，而動作太慢佯裝生病的胡太明，在大樹下聽見兩個日本人的談話：「做工是臺灣人的事，他們是天生不怕累的傢伙。」另一個說：「就跟牛一樣！」〔註45〕明顯表露日人為了戰爭將台灣人奴化驅使的一面。

〔註42〕鍾肇政，《濁流》（臺北：遠景，2005.01），頁317、318。

〔註43〕榮格將面具視作心理上具有集體性格的部分，這是由於面具的形成與功用都與外部世界的社會現實休戚相關。詳見羅伯特‧霍普克（Robert H. Hopcke）著，《導讀榮格》（A Guided Tour of the Collected Works of C. G. Jung），（臺北：立緒文化，1997），頁87。

〔註44〕有關戰時糧食配給制度、軍夫、高砂義勇兵、志願兵、空襲、疏散、少年工、神風特攻隊、愛國儲金、全面徵兵等內容的分析比較，呂俊德已有詳盡的分析。詳呂俊德〈語境的對話：東方白《浪淘沙》、邱家洪《台灣大風雲》比較研究〉（國立臺北教育大學台灣文化研究所碩士，2011），頁166～197。

〔註45〕吳濁流，《亞細亞的孤兒》（台北：草根，1995），頁308。

　　而在南洋戰場，劉明基看盡了人性的卑微與醜惡，如野澤三郎（原名黃火盛）自以為皇民的丑角表現，讓明基看透了「漢奸」的本性，這些所謂的同鄉人（黃火盛與劉明基同為新竹州客家人），雖流著同類的血液，卻有著不同的人格。黃火盛以日人的心眼看世界，但可笑的是，自以為翻身為日人有權階級，但在日本人眼中仍只是個仿冒品，並非日本人。戰爭末期，當敵軍接近擬採體當戰術時，野澤殿（班長）認為是報國的好機會，日人增田隊長卻要士兵保存實力，兩相比較日人反顯懦弱，但仔細體會才知日人增田隊長以光輝的人性體恤士兵，野澤殿卻愚忠的想為天皇陛下玉碎。野澤殿的愚忠，正如許多「神風特攻隊」的台灣人日本兵，以生命奉獻給戰爭，以換得日人眼中「真正日人身份」的肯定，其悲劇性由此可見。

　　而戰爭更使「瘋顛」成了時代的特徵，不僅男性受到波及，女性亦然。男性方面，粗壯像赤牛的劉明森30多歲被調去南洋，一年多後一身污黑乾裂地被護送回來，經調養身體雖逐漸恢復，但人卻半癡半瘋，不是孩子般地哭鬧，就是發出令人毛骨悚然的怪笑，由此可見南洋經歷的可怕，成為他心中揮之不去的陰影。另外一個人許安仔，是日本政府正式實施臺籍人民徵兵制度後，在蕃仔林裏唯一沒有出征的及齡青年，因為安仔是蕃仔林許多傻呆中最傻最呆的一個，所以免於被官廳徵調為兵，但腰帶永遠紮不緊，臉上永遠掛著兩條黃濃鼻涕的安仔，仍無法豁免地接受青年訓練，而算數數不到十、也不會聽「國語」的安仔，也因此淪為兵太桑懲處施暴的對象，導致整臉浮腫滲血且全身青紫，由於飢餓還與癩皮狗搶奪食物。劉明森以及許安仔這二位男性的瘋，一個體驗過戰爭的可怕，一個因為戰事要求而受到嚴厲的施暴，因為戰爭導致物資缺乏而與狗搶食，一個原本沒瘋的人因不可抗的體制發瘋，發瘋的人又沒有受到妥善的照顧，反而成為被嘲弄的對象，十足令人同情。

　　女姓方面的瘋癲，在丈夫出征、物資缺乏下顯得更為可憐。福興嫂因為丈夫（楊福興）出征南洋遲遲未歸而失心瘋癲，見到大男生就眼睛邪邪的格格笑，據說還會出手拉人，且不管阿貓、阿狗她都喊作「福興仔」，甚至大聲說：「福興仔，不要跑，不要不理我，我要和你睡覺……」（《孤燈》，頁434）因此被全蕃仔林的人稱為「騷嬤」。但面對被兵太桑施暴的安仔，福興嫂卻有著雙面性格，一面理智的叫安仔別再去青年訓練，一面仍瘋顛的誤把安仔當成福興，一會兒軟塌的賴在安仔懷裏，一會兒又緊捏安仔的脖子罵其畜生，

害她餓死了女兒。在一旁觀看的建桐大喊：「他是傻呆安仔，不是妳老公……妳老公死了，死在南洋！」(《孤燈，頁 438》)激怒了福興嫂，導致建才被福興嫂拔脫了麻袋褲。建桐、建才兩兄弟於是挾怨造謠：「騷嬤通到安仔」，為尋求證據以維持謠言屬實的建才，看見了戰爭下的殘酷，因為飢餓，安仔與福興嫂挖掘發黑、發臭且生蟲的死豬肉烹煮，福興嫂瘋得將枕頭視為餓死的女兒阿蓮，好言相勸的要女兒吃，一旁傻子安仔則與癩皮狗吉比〔註 46〕死命的拉扯味道怪異的豬肉，沒有一方願意放開。

　　而在蕃仔林最高最遠的林阿槐一家，男主人奉公到台南搶修飛機場，看盡病死、炸死、毆死等死亡百態，至今生死未卜，獨留妻子阿春與女兒春枝在山裏，傻傻地等待男主人的歸來。阿春雖長得很美，卻是個痴呆。在物資極度缺乏的窘境中，一日鹹菜婆為了討回一年前借林阿槐的兩碗米，在山上撞見已十四五歲卻光屁股的春枝，到了阿春家又發現阿春也沒穿褲子的在縫補唯一一件破爛的褲子，當然米是不可能討回了，但卻又可鄙這對沒糧沒鹽的母女，面對臉上總逗留一絲羞澀又像無奈的笑意的阿春，不甘心的鹹菜婆只能氣極敗壞地找阿漢婆發牢騷。於是我們可以看到，在那樣的天年，遭逢這樣窮困孤苦的生活還能笑的人少之又少，若非阿春的痴呆，那樣的笑也許也難得浮見。

　　在戰爭的歲月裏，蕃仔林人越來越少，不是老弱婦孺，不然就是痴傻與瘋顛，年輕人走了就沒有回來，回來的又都裝在白木箱中，遍地破敗蕭條。福興嫂自始自終不願意接受丈夫戰死、女兒餓死的事實，劉明森也因歷經戰爭的殘酷而發瘋，我們可說這些人的瘋顛，是戰時體制造成的結果，突顯戰爭的虛假，帝國主義盲目自大的後果。他們的瘋反諷出戰爭理性的嚴重愚蠢，當所有婦人咬牙硬稱時，唯有福興嫂以瘋顛的形式，公開體現戰時體制中女人對丈夫的思念。面對現實的無可如何，為了生存，原住民昂妹能吃下所有能吃的東西，痴呆的安仔可以為了一塊肉拚命的與狗搶食，這些都是瘋顛形式發洩出來的獸性，使人處於本性的自然狀態〔註 47〕，發揮自然獸性的巨大

<hr>

〔註46〕 吉比是沒人管的野狗，全蕃仔林祇剩下這條沒人要吃的癩皮野狗，不僅瘦得每一根骨頭都看得見，黑毛也脫落露出一堆一堆厚厚的癩痂，總跟在屙屎的小孩旁，隨時準備吃人家剛屙下的熱屎，因此全蕃仔林不論大人小孩都像討厭安仔、騷嬤一樣討厭吉比。

〔註47〕 傅柯（Michel Foucault）著，劉北成、楊遠嬰譯，《瘋顛與文明》（臺北：桂冠，1992），頁 65。

力量。因此他們的瘋更貼近眞實生活的需求，體現人的弱點，也表露出人內心眞正的渴望（desire）。

　　大體而言，在日本殖民的歷史長河中，「乙未割台事件」已顯示了台灣日後不平等的悲苦命運。大河作家刻意書寫的「武裝抗日」、「非武裝抗日」等事件，都突顯出台灣住民前仆後繼、不畏強權的抵抗精神。而中日戰爭、南京大屠殺等歷史事件，激化了敵我的對立，然而被殖民的台灣人，卻受到皇民化的強力改造，使南京大屠殺的敘事改由皇軍激戰來代替，在刻意隱滿的敘事中，殖民者美化了戰爭的意義，使台灣人在戰時體制中，接受皇民化的教育，但那無法複製的光量，成了被殖民者更深層的悲哀與負累。年輕生命的出走，往往換回白木箱幾只，成爲皇民而死的榮耀，在不可公開弔祭的情境中，徒留無聲的淚滴。而台灣人忍受物資的限縮，在基本生理需求都不得滿足的困境中，精神受到嚴重的扭曲，耳旁軍國主義的美麗謊言，讓堂皇的生命價值被壓抑摧毀在血腥的戰爭中。這是歷經日本殖民的台灣人的歷史，這無法拋卻又不能遺忘的歷史事件，有著清國奴的印記，更有著皇民身分認同的惶惑，對台灣人產生極大的影響，留下的精神遺產更值得關注與正視。

　　但不可忽略的，日本殖民政權的來去，也留下了許多日台混血兒的「克里奧爾」（creole）﹝註48﹞（如《台灣大風雲》中的蘇敏信、《台灣三部曲》的橫山月姬），戰後則又有一批新移民隨國民政府來台，增加台灣社群構成的多樣性，晚近隨著資本主義、全球化趨勢，台灣住民與新住民再次形構出不同的社群結構，使台灣形成一個多元族群融合的移民社會，形成多元交雜而豐富的文化。然而所謂的「移民」會漸漸「在地化」，而成爲台灣命運共同體的一員。

第三節　戰後的接收與二二八事件

一、台灣光復與戰後接收

　　解嚴前大河小説，對於戰後的歷史敘述，是缺位與空白的，至多寫到日

﹝註48﹞ 「克里奧爾」（creole）這個詞指殖民者的後裔，但它又屬於殖民地本土，即本地出生的意思。艾勒克・博埃默（Elleke Boehmer）著；盛寧、韓敏中譯，《殖民與後殖民文學》（Colonial and Postcolonial Literature）（遼寧：遼寧教育出版社；牛津大學出版社，1998.011），頁10。

本降伏或台灣光復告終。但解嚴後大河作家卻彷如得到自由的小鳥，剛開始
有點害怕，後來也努力展翅，紛紛執起春秋之筆，爲那未書寫的遺憾，塡補
空缺。因此在《浪淘沙》、《怒濤》、《埋冤一九四七埋冤》、《寒蟬》、《台灣大
風雲》這些解嚴後的大河之作，都共同書寫了台灣光復後的歷史及二二八事
件，形成解嚴後大河小說的共同歷史母題。

在小說敘事中，「台灣光復」與「日本降伏」是一同出現的。1945 年 8 月
15 日，日本天皇以「玉音放送」的方式宣布日本無條件投降，那微微顫顫的
聲頻，揭示出日本教育建構的象徵體系已崩潰瓦解全面粉碎。在悲傷的廣播
後，日人財產的移交與遣返也同時落寞地進行。

而台灣人內心壓抑已久的情緒，終得紓解。雖仍不免擔心，但大部分台
灣人對於能脫離日本殖民統治，充滿著喜悅，也期待「回歸祖國的懷抱」，從
此享受公平的待遇。各地舉行慶祝「台灣光復」祖國的活動，鑼鼓喧天，舞
龍弄獅，連戰時消聲匿跡的民俗舞藝都出現了，人人開始主動學北京話／唐
山話，連丈夫不在獨自照顧六女的幸子母親也利用晚上時間去讀漢文。

而許多經年在外的台灣人也紛紛返台，如被日軍強徵而離鄉背景的軍
夫、志願兵、看護婦、通譯、農業挺身隊、雇員、軍屬、囑託等⋯⋯，在返
台的路上，人們的內心潛藏著一股難以壓抑的亢奮與熱切的期待，對台灣的
未來充滿無限的期許與冀望。長期受日本統治的台灣人，面對新政權來臨前
有一小段的自治期〔註49〕，如滿洲客陸志鈞所言：「日本無條件投降以後到國
軍及陳儀抵台就任行政長官之前，台灣的民眾都能自動維持治安，上上下下
平靜安穩地等待新時代的來臨〔註50〕」，林金地也參與三民主義青年團維護社
會秩序，社會充滿著對建設新中國的期待。

然而，台灣人面對政權的移轉，雖然期待，但內心仍交錯著對未知的不
安感，而事實也印證了他們的不安。1945 年 10 月 17 日，第 70 軍與長官公署
的官員，搭美國運輸艦抵達基隆。10 月 24 日，擁有行政、立法、司法以及軍
事大權的台灣省行政長官兼台灣省警備總司令陳儀，率同隨行人員從重慶飛
抵台北，並於次日在台北公會堂主持受降典禮，國府正式接收台灣，在台日

〔註49〕 1895 年 8 月 15 日日本宣布投降，到 1945 年 10 月 25 日陳儀來台受降，是台
　　　　灣政治的眞空時期。詳許極燉，《台灣近代發展史》（台北：前衛，2000.04），
　　　　頁 453。
〔註50〕 鍾肇政，《怒濤》，頁 193。

人也陸續被遣回日本。〔註51〕在小說文本敘事中，來台的官兵的形象成了台灣人無可迴避的印記，讓人產生了質疑，這個問號可以從大河小說中「來台官兵的塑像」找到答案。在眾人列隊歡迎的隊伍中，祖國官兵三三兩兩步伐踉蹌出現，除了行囊外，或背飯鍋或抱雨傘，大多面黃肌瘦，衣褲不整且又皺又髒，有的黑色布鞋還開了洞。縱使有人以「國王的新衣」般的心態欺騙自己，想像他們身懷絕技、武功非凡，但這一群祖國官兵形象紀律極差，又沒有操守，入台後買東西不付錢，坐火車不買票，不開心還拿槍嚇人，甚至強姦良家婦女。對照日本兵隊桑的嚴謹紀律，形成天壤之別。而來台接收的官員，迅速取代日人的位置，接收日人的財產〔註52〕，主掌各地方行政要職，任用的人事大多為祖國派來的官吏或半山（如姜勻、周明圓、施望台、施世揚等），公然貪污、中飽私囊，「收紅包」、「歪哥、揩油、貪污」的社會怪現象令人瞠目結舌，且將米、糖糧食、衣物運回大陸〔註53〕，造成台灣物資缺乏的比戰時還要嚴重，導致台灣物價飛漲〔註54〕。一如當時台灣的流行語：「盟軍轟炸驚天動地，台灣光復歡天喜地，官吏貪瀆花天酒地，政治混亂黑天暗地，物價飛漲呼天喚地。〔註55〕」因此大河小說作家不管是鍾肇政、李喬、

〔註51〕許極燉，《台灣近代發展史》（台北：前衛，2000.04），頁456～475。

〔註52〕1945年12月起開始遣返日人（軍人前，官吏及百姓在後），總共被遣返46萬多人。被遣返的人，每人限制只能帶1千圓、2個背包的糧食及行裝的隨身物品。詳許極燉，《台灣近代發展史》（台北：前衛，2000.04），頁468～469。

〔註53〕過去台灣的米糖輸往日本，戰後改運至中國。詳許極燉，《台灣近代發展史》（台北：前衛，2000.04），頁478。

〔註54〕有關祖國官兵形象，及物價一日三市的類似的情節，可參見雅信、雅足與母親的對話。而日人遣返的情形可由菊池巡佐的遭遇窺出端倪，另外來台官員則由周明圓的角色來呈現。詳東方白《浪淘沙》。另外《寒蟬》一文也提及：國民政府當時正忙著國共鬥爭，在台不設省政府，卻設立行政長官公署，陳儀不僅是最高行政長官，還兼警備司令部總司令，兩權集於一身，在台灣人張燈結綵、廣立牌樓，又敲鑼鑼打鼓、燃放鞭炮……拿出最大熱誠，歡迎他來台之後，他率先做的竟是帶領「刼收人員」，到處搜括日人留下的財物。還把大量的軍糧、武器、各種種物資和日用品等等，運往大陸，把台灣人置於「米荒」、「日用品荒」、「萬物皆荒」的地獄裡。更狠狠地把台灣拖進了史無前例的「通貨真膨脹」中，叫台灣人在「水深火熱」裡煎熬。詳《寒蟬》，頁44～45、54、57～58、64、79。同樣《台灣大風雲》中來台接收的施望台用人牽親引戚，施世揚更濫用公權力，人力車夫則不得向林金地借米，表達物價飛漲的情形。

〔註55〕詳戴寶村、王峙萍，《從台灣諺語看台灣歷史》，（台北：玉山社，2004.11），頁266。

東方白、黃娟、邱家洪，都對於國民政府的接收，藉由小說文本傳達人民共同的體認，所謂「接收」就是「劫收」具有雙關意思。在「台灣光復」、「國民政府接收」的共同歷史事件中，作家筆下由歡欣期待到驚訝失望的反差敘事，表露的正是台灣本省人〔註56〕由高度期待到極度失望的心情轉折，兩者間極大的落差，也是二二八事件的潛在危機。

二、二二八事件

　　大河文學作品中的「二二八事件」，其文學敘事，在史料基礎上，輔以作者或主人翁的親身經歷及見聞外，諸多回到現場的敘述，還包含作者進行田野調查、採訪受難者遺族而來〔註57〕。但東方白與邱家洪的二二八敘述，是用以襯托人物的背景，與專寫二二八事件的《怒濤》、《埋冤‧一九四七‧埋冤》不同。我們可以藉由鍾肇政的小說，總結二二八事件的一致訊息：

> 這次的事情已經有了一個名稱叫「二二八事件」。其實，事情是二二七那天晚上發生的，一夜之間忽然擴大了。次日，一大批群眾到長官公署去抗議——許多人還以為公署就在日本人的總督府呢！原本確乎是小小的事故，查緝私菸的警察毆打了一名做小販生意的婦人（按：林江邁）重傷致死——也有人說沒有死——並開槍打死了旁觀的民眾之一（按：市民陳文溪）。這是降伏後常見的小小事故——大家都已知道支那兵、支那警察是會隨便開槍的——可是群眾鬧起來後，負責的官員，好比警局的，或專賣局的，都不肯出面，甚至領頭逃走，事情就鬧大了。然後，人們來到長官公署以後，竟然遭到機銃掃射，死了一大堆人。這就成了無法遏止的大暴動，大有收拾不下之勢。〔註58〕

〔註56〕陳儀說：「台灣是中華民國國的領土，叫做台灣省。台灣人的國籍變為中華民國，台灣人稱為『本省人』，中國大陸新來的人稱為『外省人』。」詳黃娟，《寒蟬》，頁78。

〔註57〕鍾肇政表示想在筆下重現那個時代，那個他曾經經歷的年代。而李喬《埋冤一九四七埋冤》的上冊，為忠實呈現歷史真實，有歷史凌駕文學的情形。東方白則以蔡阿信、張棟蘭的自傳、陳銘德的經歷轉述為底本，輔以圖書館相關的史料。翁登山為黃娟《寒蟬》寫序時也提及黃娟無論田野調查或是資料搜集都有貴人幫忙。詳翁登山，〈讀《寒蟬》談「非典」——序楊梅三部曲第二部寒蟬〉，《寒蟬》（台北：前衛，2003.08），頁3。

〔註58〕鍾肇政，《怒濤》，頁283。

在上述基本架構中，每位作家各自進行或深或淺的情節描繪，但整體而言，緝私菸員警「對婦人林江邁動粗」，而路人又「無端」被亂槍射，而所謂緝私菸，也是在保障官方專賣利益的行動，因此在輿論中，政府是暴虐的，欺壓底層可憐的民眾。「把殺人者槍斃，在大家面前槍斃！把專賣局撤廢！〔註59〕」成了群眾的口號。而街頭演講、廣播宣傳也鼓動了群眾，一般民眾、復員的台籍日兵以及學生都紛紛走上街頭〔註60〕，有的本著「神風特攻隊」的精神前進，甚至唱起了日本軍歌，要替天行道。而陳儀行政長官公署屋頂上的機關槍掃射，更激怒了民眾。於是，一年半以來累積的不滿與怨恨引發了群眾的大暴動，使群眾襲擊警局，搗毀國民黨市黨部，洗劫長山人開的商店，逢「豬」便打。山上的群眾也組隊，以同樣的衣褲、帽子、番刀如以前的高砂義勇隊去出征。以日本精神，唱著「台灣軍之歌」去「膺懲暴支」（制裁暴虐的支那）〔註61〕，但請願運動卻被官方稱為是「暴民暴動」，也激化了省籍衝突，各地紛紛成立二二八處理委員會。但國軍21師於基隆登陸後，陳儀即宣布「二二八處理委員會」為非法組織而命令解散〔註62〕，並進行大逮捕，台灣各地的抗官行動，包含二七部隊在埔里的烏牛欄之役等，也逐一被鎮壓，牽連之廣，有關清鄉、肅清台灣知識分子的行動，在《怒濤》、《寒蟬》、《台灣大風雲》中皆有提及，李志明（幸子舅舅）、秋子、帝大醫學博士、大學文學院長、法院推事、林金地、鄭明智、鄭俊雄等人都被抓，C鎮W醫生，芳美的企業家父親、被提名為F縣縣長候選人的醫生父子三人、姚美珠、楊宗哲、李清溪、葉振堂等死在阿山兵手中，而失縱者更難以羅列，《埋冤·一九四七·埋冤》則有詳細的陳述，使台灣陷入白色恐怖的人間煉獄中。

筆者想強調的是，「二二八事件」除了表現出台灣人對國民政府的失望，對「半山仔」的失望，還「強化了日本與國府的對比」，使台灣人在心理上「告別祖國」〔註63〕。小說傳達了作家的思維，也反映人民的想法，新政權與人的落差印象，提供了一面鏡子，讓人比較日本政府與國民政府的差異。小說中「狗去豬來」的情緒性用語，代表台灣人民對當時處境的描述，戰前的「內地延長」，「什麼膺懲暴戾的支那、打倒蔣政權，然後是八紘一宇、建設大東

〔註59〕鍾肇政，《怒濤》，頁267。
〔註60〕邱家洪，《台灣大風雲》，頁487～489。
〔註61〕鍾肇政，《怒濤》，頁303。
〔註62〕許極燉，《台灣近代發展史》（台北：前衛，2000.04），頁492～494。
〔註63〕「告別祖國」一詞採邱家洪用法。

亞新秩序等等」這是終戰前他們經常被灌輸的想法。然後終戰像條清清楚楚的界線，把終戰前與終戰後畫開，換來的是戰後的「同舟共濟、患難與共」，建設新中國，還有台灣光復，重歸祖國懷抱，建設三民主義模範省等等……〔註64〕，同樣都是美麗的謊言，事實上，不管日本或國府執政，台灣人仍然是被統治者，而統治者則是由日本人換成中國人，也因此有關戰後歷史，人們以再殖民來詮解。

　　但兩者對比後，小說中「可惡的日人」居然還勝過「祖國」。如黃娟在《寒蟬》藉留日方君之口提出了見解：日本是現代化國家，講究衛生、效率，雖然建設台灣是為了把台灣當侵略的前哨，但台灣人仍受惠不少，台灣人被異族日本人歧視還想得開，至少日人上司多半還有才有能。但中國是封建落伍的國家，貪污腐敗，文盲多，又不守法紀，也沒有衛生觀念，且中國上司不學無術，外行裝內行，蠻橫不講理，用人看關係，台人最多是副手。一切依好惡而定，而且陳儀集權於一身，比日本總督因「六三法案」而享有立法權的情形，還要壞。而戰前的台灣是夜不閉戶，路不拾遺，我們還天天罵日本人，氣他對台灣人的歧視，現在則是盜賊蜂起，治安敗壞。以前黑市不能被日警發現，現在則公開進行，且搭公營的火車。以前不能與日人同工同酬，升遷不如日人，受日人歧視。一切依法有據，依理力爭，雖達不到目的，也不致有殺身之禍。但國府來台，一切依好惡而定。上了中學的幸子也認為日本殖民與中華民國不同，戰後比戰時還要亂，先是失控的台灣經濟、社會治安，聞所未聞的貪污政府，再則恐怖的二二八，之後特務統治。〔註65〕

　　鍾肇政也在小說文本中進行中日的比較，「對付小販，用這麼嚴厲的手段，太不人道了，此其一。向憤激的路人開槍，還出了人命，這太野蠻了。人們清楚記得日本時代，日本警察是佩劍的，但那只是一種裝飾──人們心中知道那是威嚇的成分居多，非到執行戰鬥任務便不許拔刀。例如什麼『征蕃』、『討伐』之類。據人們傳說，幾年前的『竹林事件』，大批農民大鬧時，一名沒有經驗的年輕警察一激竟然拔了刀，雖然只是嚇唬而已，卻也因而獲罪，被解職遣返內地去了。一個以征服者、統治者、殖民者身分君臨在台灣的日本人如此，而口口聲聲喊叫同胞啦，兄弟啦，自己人啦的支那人，卻根

〔註64〕鍾肇政，《怒濤》，頁13、294。
〔註65〕黃娟，《寒蟬》，頁77～87、111、171。

本不把台灣人當人。〔註 66〕」，「何況沒有人不知道，那些查緝員執行任務只是表面的，是藉口，有時狡猾的小販可以趕快塞一卷鈔票把他們打發過去，彼此相安無事。……誰不知道他們把那些查緝的香菸、現款「落袋」呢？……專賣局長……還有其他接收人員做了大官小官的，他們互相勾結，大做走私勾當，大賺黑心錢，並且也藉此給他們的部下〔註67〕」，更荒唐的是這些警察主管機關首長碰到事情只知一走了之，不但不肯負責，還逃之夭夭。中國傳承五千年歷史經驗的宮廷鬥爭的深奧與複雜技法，沒有公正二字。因此「長山人一到，把他們那一套惡劣的作法，如貪污、腐敗、搜括、自私、自利等都帶來了，於是台灣人很快地就學會了，日本時代那種清白、磊落、守法等等社會道德一下子就仍光了，成了醉生夢死的敗類。他甚至也不只一次地想到自己也是那一類具有劣根性的族類。〔註 68〕」鍾肇政在批評「長山人」時懷念起日本時代的紀律，同時也貶抑了自己，認同賣私菸的敗德，但卻忽略了賣私菸背後，對立的是國營專賣事業中飽私囊的官員們禁賣私菸的意圖。

在「日本現代」、「中國傳統」，「日本法治」、「中國封建」的二元評價敘述中，筆者看到在被殖民壓抑反作用的歡迎祖國後，又在二二八事件的反作用下，使人民反而回去追憶被殖民的美好，稱頌日本精神，可以想見台灣人對國民政府的失望有多巨大。而二二八事件後的清鄉，與剷除異己的軍閥行徑，造成許多冤獄與慘案，使台灣人逐漸噤聲，或避走海外，但內心逐漸告別祖國，也同時埋下了族群對立的仇恨因子。

第四節　民主運動——美麗島事件、解嚴、台灣人當總統

1949 年 12 月底國民政府播遷來台，在台建立反共復興基地，為反攻大陸，解救大陸同胞而準備。1950 年 5 月 20 日起實施戒嚴，頒布「動員勘亂時期條款」，為了安定台灣內部對於民主政治的要求，於 1950 年的 4 月 22 日公布施行台灣省各縣市實施地方自治綱要，並於同年 7 月開始辦理第一屆縣市議會議員選舉，8 月起分期辦理第一屆縣市長選舉，縣市長任期原規

〔註66〕鍾肇政，《怒濤》，頁 262。
〔註67〕同上註，頁 263。
〔註68〕同上註，頁 324。

定三年，第四屆起改爲四年一任〔註 69〕，這便是台灣選舉起步的背景。盧卡奇指出，當一個資本主義社會成熟時，它會發展出各種關於民主制度的信念，人們會希望得到某種程度獲取權力的管道，而且，至少在經濟上會出現集中控制的因素〔註 70〕。

《台灣大風雲》中，光復初期原本縣長由唐山回來的施望台擔任，但在地方自治的逐步推展下，第一、二屆縣長皆由官方傀儡蘇漢標以作票、賄選的方式贏得選票，第三屆黃順昌則幸運的在紅派（趙森永與王天賜）自相殘殺的情況下意外當選。由於邱家洪曾擔任公職，小說中對於政壇生態，選舉文化描繪甚深，所謂地方自治仍在官方勢力主導下，往往黨政不分，黨庫通國庫，因此選舉充滿黑金、買票、作票等權力操弄，更有派系之爭〔註 71〕，而所謂椿腳、鐵票區往往代表的正是利益與權力的糾葛。在惡質的選風中，林金地投身第四屆縣長選舉，象徵台灣人站出來，爲爭取公平正義的民主選舉而戰，第四屆起林金地家族接續〔註 72〕站上縣長舞台，類似余登發家族形成台灣政治家族之一，支持黨外發言的刊物《美麗島雜誌》，也在美麗島事件中扮演重要角色。簡言之，邱家洪以林金地爲主軸貫串台灣政治的演變與發展，寫出台灣在國際的弱勢地位，也對萬年國代、一黨獨大的政治生態多所詬病，主張黨外一定要統一組織，確立政黨政治，才能使民主政治健全。因而 1986 年民進黨成立，1987 年蔣經國宣布解嚴，1996 年完成總統民選，2000年政黨輪替，走的正是林金地對台灣民主政治的期盼，也是文本外邱家洪的期望。

黃娟的《楊梅三部曲》以旅美華人的身分關注台灣民主運動的發展，小說文本中有關島內的事件，大體不脫邱家洪敘述的政治歷史事件。二二八事變後，台灣戒嚴，緊接著白色恐怖環繞台灣政治氛圍，懲治叛亂、檢肅盜匪的例子不勝枚舉，如 1960 年雷震《自由中國》事件、1964 年 P 教授與兩位學

〔註 69〕呂方上，〈第四章　光復後的政治建設〉，收錄於李國祁總纂，《台灣近代史　政治篇》（南投：台灣省文獻委員會，1995.06.30），頁 504。

〔註 70〕瑪麗・伊凡絲（Mary Evans）著，廖仁義譯，《郭德曼的文學社會學》（台北：桂冠圖書，1990.03），頁 19。

〔註 71〕詳周慶塘，〈邱家洪筆下的台灣政治風雲──以「台灣風雷」爲例〉，《《台灣大風雲》研討會論文集》（台中：中山醫學大學台灣語文學系，2011.07），頁 174～191。

〔註 72〕林金地、妻子劉美苡、次女林秀荷、孫子蘇敏信接續選上縣長。

生發表「台灣人民自救宣言」〔註73〕，以判亂罪被捕入獄。1971 年中華民國被逐出（退出）聯合國，台灣成爲國際孤兒。而美麗島事件，L 宅（林義雄）血案，C 教授（陳文成）事件，鄭南榕自焚事件、萬年國會、強人威權統治⋯⋯等，令民眾對 KMT（國民黨）更加失望痛心，也喚醒人民對人權的重視。因此 1987 年的解嚴，1996 年台灣民選總統產生，具有重大性的意義：「全世界的人都看到了不屈服的台灣人，在飛彈威脅下還選出自己所要的總統。〔註74〕」雖然仍是由現任 L 總統（李登輝）選上，但卻代表告別蔣氏獨裁政權、台灣人民以選票對抗中國武力威脅，是台灣向民主政治邁進的重要里程碑。而 2000 年台灣人民再次以選票「結束 KMT 長達五十年的專政」〔註75〕，促成台灣有史以來第一次的「政黨輪替」，建立健全的民主政治。

　　而海外民主運動方面，黃娟的作品則有較深入的描述，幸子從丈夫床底下的箱子，發現台灣獨立運動的資料。有關台灣獨立的意識是海外先於本島的，1955 年三 F（Free Formosans，Formosa）在美國組織，後改組爲 UFI（United Formosans for Independence），1966 年「全美台獨聯盟」（UFAI）成立，1970 年擴大爲「世界台獨聯盟」（WUFI），1968 年留日學生羽田機場咬舌事件，最後被遣返的遭遇，1970 年 H 和 T 在 N 市意圖向小蔣開槍被捕事件，足以反應海外獨運人士的努力，其行動之激烈，充滿對台灣獨立的渴望，與台灣人追求自由與自決的理想。自從中華民國退出聯合國，各方都希望國府能有所改革，1976 年 W（王幸男）要求政治改革的炸彈郵包事件即是一例，1977 年旅美同鄉會推選 K 議員（郭新雨）出來競選總統，結果可想可知，但主要的目的在於挑戰蔣氏政權中的「總統候選人資格」。1985 年幸子與丈夫也雙雙加入「台灣人公共事務會」，爲台灣民主盡綿薄之力。1985 年起「美東台灣人夏令會」陸續邀請「美麗島事件受難英雄」來美演講，1988 年「自救宣言」起草人之一的 W（魏朝廷）受邀演講，身爲客家人的 W 曾坐過三次牢，第一次是大學時因爲「自救宣言」事件，以「預備顛覆政府」罪名送軍事法庭，被判八年徒刑，受盡酷刑拷打，幸遇「大赦」減半刑期，出來時已三十三歲，1970 年 P 教授偷渡成功逃出台灣，警總認爲 S 和 W 有助 P 逃亡罪嫌，一年後藉故逮捕，又坐了五年八個月的牢，第三次因爲擔任美麗島雜誌的執行編輯，又

〔註73〕亦即彭明敏、魏朝廷、謝聰敏 3 人。
〔註74〕黃娟，《落土蕃薯》（台北：前衛，2005），頁 424。
〔註75〕同上註，頁 460。

坐了七年六個月的牢，出獄時已五十二歲。身為長子的 W，在苦牢中錯過了給父母「送終」的機會。

　　彭瑞金說邱家洪筆下的林金地的政治理念，是二二八族群歷史傷痕的行動反射。邱家洪虛構林金地作為貫穿台灣民主政治發展的主軸，從台灣地方自治，一路寫到政權和平轉移到本土政黨，由土生土長的台灣人當總統為止。藉以宣示台灣民主的運動已從悲情、特別是二二八悲情中獲得勝利〔註 76〕。「想像台灣的民主運動，是一支血脈相承的薪火代代相傳，反抗暴政、霸權的理念總是一代接一代，綿延不絕反抗的力量總是像幼苗，一代接一代在茁壯，終至於成。〔註 77〕」而這樣的想像敘事，也將早期《台灣人三部曲》以降的大河小說，抗日、反抗的精神逐一貫串，將台灣人意識提前到戰前，從而與戰後的台灣史連結，貫串出以台灣人為主體的主觀歷史敘述，先前作品中「台灣人當家作主」的最終期盼，在《楊梅三部曲》、《台灣大風雲》中修成了正果。

結語

　　戈德曼指出，一切的人類行為都是有意義的，所有的人類行動都該被視為人類為了在他們的生活中獲得某種秩序、調和與連續性而做的一種努力〔註 78〕。而文學作品往往也在繁雜混亂的感覺結構中，將諸多歷史事件貫串形成想像式的整體全景，以表達作者受環境影響所亟欲傳達的世界觀。這些大河小說歷史母題成為省覺下一代的歷史教材，在象徵秩序受限的經濟、政治、文化宰制結構中，以文學虛構文本的相對自主性對讀者進行教育，並藉由世代的承繼，再生產了台灣的典型性。

　　前人已死，典型在宿昔。小說中那些「為保衛美麗鄉土的純潔完整，拯救人民百姓於水深火熱之中，不惜犧牲自己的寶貴生命，充分表現台灣人堅毅不拔、奮鬥不懈的精神〔註 79〕」的「反抗者」，不管是早期武裝抗日的義勇、

〔註76〕彭瑞金，〈《台灣大風雲》二二事件歷史背景部分的真實與虛構〉，《《台灣大風雲》研討會論文集》（台中：中山醫學大學台灣語文學系，2011.07），頁64、66。

〔註77〕同上註，頁70。

〔註78〕瑪麗‧伊凡絲（Mary Evans）著，廖仁義譯，《郭德曼的文學社會學》（台北：桂冠圖書，1990.03），頁52。

〔註79〕邱家洪，《台灣大風雲》第4冊，頁123。

非武裝抗日的知識分子，或是晚近台灣的民主鬥士，又或是二二事件受難者，他們的死、他們的精神，都突顯了背後巨大的社會問題〔註 80〕，也深化了台灣人的民主意識與人權觀念，一如傅柯（Michel Focuault 1926～1984）所提出的概念，「微觀權力」（mikroskopischen Macht）〔註81〕的形成也可能促使暴力威權制度的瓦解，因而對台灣的政治發展、建立社會新秩序產生連帶性的影響。

　　台灣大河小說中的歷史母題，從「唐山移民」、「乙未割台」、「走反」、「文化協會」、「農民組合」、「皇民化風潮」、「大東亞戰爭」，以致戰後的「台灣光復」、「戰後接收」、「二二八事件」、「白色恐怖」、「美麗島事件」，直到台灣解嚴後的「民選總統」、「政黨輪替」一路鋪陳出大河小說作家關懷的歷史事件，這些歷史事件可以說是台灣人生活經驗經過的綜合，呈顯了作家的歷史觀，也將這些事件提高到某種普遍化的高度。從移民敘述，到反抗日本殖民政權，以至於立足台灣土地進行武力反抗、法理抗爭，可以看出移民已「在地化」，對台灣土地產生認同，但台灣人在被日本殖民的體制中卻受到歧視與不平等的對待，因此反抗依舊。而在皇民化、太平洋戰爭的歷史情境中，日屬台灣人受到更激烈的改造與強制，精神因此受到扭曲異化，不少人的身分認同更加搖擺。然而日本戰敗後政權再度易幟，台灣彷彿孤兒棄子找到父親般喜悅，歡慶台灣的光復，回到祖國的懷抱，但戰後來台某些官兵的形象與操守，回擊了台灣人一大拳，加以二二八事件的發生，台灣人猶如當頭棒喝般，外在感到疼痛，內心得以覺醒，逐漸告別祖國。隨著白色恐怖鋪天蓋地籠罩，許多人噤聲或避走海外，但台灣人不畏強權的反抗精神不滅，一代一代仍不斷努力反抗不合理的政策與政權，為台灣的民主政治提供諫言，付出行動與青春，受盡牢獄甚至犧牲生命，終讓威權體制得以解除戒嚴，進而能夠產生「人民直選」的總統，甚至改變了近半世紀一黨專政的政治結構，得以政黨輪替

〔註80〕歷史上悲劇的主人公並不犯偶然的錯誤；他們沒有偶然發生的弱點的。他們的錯誤與弱點，倒是一個重大的轉折期中那些大問題的必然的部分。詳盧卡奇：〈論藝術形象的智慧風貌〉，陳文昌譯，《現實主義論》，（台北：雅典出版社，1988.10 初版），頁 77。

〔註81〕訴諸群眾的「大觀」式刑罰技術，中外皆然。法人傅柯（Foucault）對此曾加以理論化。他提醒我們，「大觀」式刑罰有其隱憂。暴力的展示，可能刺激群眾，對權力當局形成一挑釁的微觀權力。參詳 Michel Foucault, Discipline and Punish, trans. Richard Howard（New York: Random House, 1973），pp24～95. 轉引自王德威，《小說中國》，（台北：麥田出版社，1996），頁 18。

有了台灣人總統，擺脫百年來被宰制的命運，這不僅是小說中林金地，幸子期盼的結果，也應是文本外台灣大河小說作家的期望，沒有一黨獨大的特異現象，是台灣人樂見的健全民主政治生態。

　　台灣「大河小說」中諸多歷史事件的貫串，突顯了台灣人的立場、尊嚴與反抗精神，而那樣的精神與現今的我們有著共通的認知及語言，類似的戲碼至今還在上演，如反核四、反國光事件、苗栗大埔事件，洪仲丘事件⋯⋯等等，因此相信讀者（台灣人）仍舊可以會意與感同深受，甚至由此得到持續奮鬥的勇氣。

第八章　認同議題的變遷

　　認同（identity）是一種心理的趨向，但也受到外在社會建構的牽引。《浪淘沙》全書末〈餘音〉一章，丘雅信道出了澳底紀念碑今昔的異同，50 多年前她去日本讀書前，眼見紀念碑上刻的是日本征台的豐功彪勳，今日重遊舊地，紀念碑改為大理石，碑文刻的則是中國抗日的英雄偉蹟〔註1〕。刻文內容改變，代表著威權象徵體系的改變，但官方統治者的宰制心態不變，塑造台灣人認同的心態不變，因此，人民的認同也被迫改造。

　　人類有追求情感歸屬的基本需求，但人類的歸屬，大自國家、民族，小自家庭、內心，除了政治層面、社會層面，更包含文化層面、精神層面。在民族的歸屬議題上，正如安德森（Benedict Anderson，1936～）在《想像的共同體》一書中「共同體的追尋」——尋找認同與故鄉——是「人類境況」（human condition）本然的一部分〔註2〕，雖然他認為這個想像的「民族」是一種現代的「文化的人造物」（cultural artifacts），但他強調：

> 集體認同的「認知」（cognitive）面向——「想像」不是「捏造」，
> 而是，形成任何群體認同所不可或缺的認知過程（cognitive
> process），因此「想像的共同體」這個名稱指涉的不是什麼「虛假意
> 識」的產物，而是一種社會心理學上的「社會事實」（le fait social）。
> 〔註3〕

台灣「大河小說」在動盪的大歷史中，有別於國府編撰的歷史文本，由省籍

〔註1〕　東方白，《浪沙淘》，（台北：前衛：2002.01），頁 2029。
〔註2〕　班納迪克・安德森（Benedict Anderson，1936～）著，吳叡人譯，《想像的共同體》（台北：時報文化，1999.04），頁 xix。
〔註3〕　同上註，頁 xi。

作家書寫台灣人變動的歷史，台灣人惶惑的身份（identity）認同與建構台灣意識，可以看見作家敘述認同（ipseidity）〔註4〕的轉變。而「台灣」這個符徵（Signifier）〔註5〕卻予人「政治的想像」（Political imagination），使讀者在小說的敘事中，詮解出作家建構民族／國族想像的表現方式。而在這樣的意義詮解（interpretation of meanings）中，台灣版大河小說成為認知台灣歷史教育的啟蒙書，入戲的觀眾（spectateur engage）〔註6〕也在文本外走進相似的歷史進程，展演著類似的認知、認同的心理過程，但這些心理意識並非虛假的意識產物，而是奠定在一定的歷史與社會事實之上，是根植於人類深層意識的心理建構，有待我們去認識與理解。因此本文擬以台灣歷史「大河小說」為探析的文學載體，觀看這些「從本地人觀點」（from the native point of view）所再現（represent）的大河文本的民族歷史想像，輔證台灣人由孤兒意識的產生，辯證自我（self）與他者（other），到建構台灣主體意識的過程。

第一節　解嚴前文本的認同展現

一、吳濁流孤兒意識的展現

　　台灣是一個多元族群聚集移居的島嶼，早期有南島語族的移居，晚近有

〔註4〕根據里柯（Paul Rcoeur）所言，「認同」基本上有兩種類型，其一是「固定認同」（idem identity）：，也就是自我在某一個既定的傳統與地理環境下，被賦予認定之身分（given），進而藉由鏡映式的心理投射賦予自我定位，這種「認同」基本上是一種固定不變的身分和屬性。另一種認同，則是透過文化建構、敘事體和時間的積累產生時空脈絡中對應關係下的「敘述認同」（ipse identity）。「敘述認同」經常必須透過主體的敘述以再現自我，並在不斷流動的建構與幹旋（mediation）過程中方能形成。「敘述認同」是隨時而移的，它不但具備多元且獨特的節奏和韻律，也經常會在文化的規範與預期形塑下，產生種種不同的形變。詳頁廖炳惠編著，《關鍵詞200：文學與批評研究的通用辭彙編》（台北：麥田，2003.09），頁137。

〔註5〕索緒爾的記號學概念中，Sign=Signifier/Signified（符號即是概念與聲音意象的結合），是符徵（意符）與符指（意指）的連結：signifier 和 signified 的連結是偶然的，但連結後約定俗成的概念就不能變動，須與其他語言關係作配合。詳周英雄，《結構主義與中國文學》（台北：東大圖書股份有限公司，1992.08）。

〔註6〕包含作品的理想性讀者，以實踐的觀察者傾向來閱讀作品。參見詹姆士與瑪麗麥金塔譯（James and Marie Mclntosh）雷蒙·阿宏（Raymond Aron），《入戲的觀眾》（The Committed Observer〔Le Spectateur Engage〕：Interviews with Jean-Louis Missika and Dominique Wolton）（Chicago: Regnery Gateway, 1983）。

唐山人的移民，後現代則更加多元。在台灣土地落地生根的諸多人民，各有其生活的模式與文化，但在歷史的浪潮中，不論膚色逐漸成爲生命共同體，遭受同樣的命運。不管是西班牙、葡萄牙、荷蘭的覬覦，或是明清政權、日本、蔣氏國民政權的統治等等，政權數度易幟。台灣在未經日本統治之前，並沒有所謂的孤兒意識，而隨著漢移民人口的激增，漢族意識以壓倒性的力量被突顯，隨著各別群體統一成爲日屬台灣人後，孤兒意識才逐漸浮現。台灣人的孤兒意識，首先見諸於台灣大河小說的精神引導——吳濁流的《亞細亞的孤兒》一書，這一切當導火於 1895 年清朝的棄台割讓，在模糊的漢族意象中，台灣人與「祖國」是有血緣關係的，無奈歷史的嘲弄讓台灣人成爲日本殖民政府（colonial state）眼中的清國奴，但一心想回歸祖國的主角胡太明則被提醒：「中國大陸，因爲排日風氣甚盛，對於臺灣人也極不歡迎。」〔註7〕於是胡太明選擇到日本，在彼此同聲相和理念一致的中國要人演講會中，群眾高呼「建設新中國」、「打倒軍閥」、「打倒帝國主義」，但茶會中胡太明卻因介紹自己是「台灣人」而引起騷動，不僅眾人害怕胡太明這個「台灣人」是間諜，同爲「台灣人」的友人藍也罵太明是不能共謀事業的庶子，胡太明雖沒有發怒，卻感到內心無限的空虛和落寞。

當胡太明奔走至思慕的中國後，隨著時間虛耗，對中國大陸的熱忱也逐漸降溫。在反日高張的時局，胡太明因台灣人的身分被首都警察抓走，雖表達對中國建設的眞情與熱忱，仍無法改變他來自日本領地的關係。胡太明因此被戲謔地揶揄：「歷史的動力會把所有的一切捲入它的漩渦中去的。」「你一個人袖手旁觀恐怕很無聊吧？我很同情你，對於歷史的動向，任何一方面你都無以爲力，縱使你抱著某種信念，願意爲某方面盡點力量，但是別人卻不一定會信任你，甚至還會懷疑你是間諜，這樣看起來，你眞是一個孤兒。〔註8〕」猶記得去大陸之前，胡太明曾祈求祖先保佑他埋骨於江南，卻因日籍台灣人的身分，不得已逃回台灣故土，而脫身回台後的胡太明，並未因此得到平靜的生活，因曾經去過大陸，時時被日本殖民地警察盤問與跟蹤。亦即，心向祖國的胡太明，不管在大陸或在台灣都不被信任。

不久因戰爭吃緊，胡太明以日軍通譯身份被徵兵至廣東參加中日戰爭。日軍對戰地婦女同胞的強暴，以及中國抗日分子的勇敢，讓太明激動且自慚

〔註7〕 吳濁流，《亞細亞的孤兒》，（台北：草根出版，1995.07），頁70。
〔註8〕 同上註，頁211。

形穢。心向祖國的胡太明在當時不僅不能救中國，還成爲協助日本侵華的軍人（屬），成爲共犯結構的一份子，這一切使太明精神和肉體的負荷失去平衡，終究崩潰。病倒回台，又眼見哥哥志剛正努力皇民化，走上一條與太明相反的道路，本抱持老莊清靜無爲思想的太明，逐漸涉入時代的沙場，與佐藤辦雜誌，揭露聖戰、帝國主義的眞面目。小說結尾胡志明瘋顚似的成了狂人，最後，以聽聞太明坐船去了中國對岸爲結，表露出殖民時期吳濁流心中祖國意識的歸趨。

胡太明中、日、台互爲辯證的空間流亡與精神上的漂泊，造成孤兒意識與身份認同的啓蒙探索，在後續台灣歷史大河小說中成爲共同的基調，這是大河小說與相對應的殖民社會歷史構成的功能性聯繫，使孤兒意識不確定歸屬的未定感，或隱或顯的在文本中被提出與正視。

二、鍾肇政自傳與虛構的不同認同表現

在同樣的日本殖民世界（the colonial world）中，鍾肇政自傳性的大河小說《濁流三部曲》，以陸志龍（鍾肇政的化身）這位殖民地菁英，自白與剖析一路以來的認同惶惑與轉折，此部作品可見陸志龍與《亞細亞的孤兒》的胡太明一樣，無法逃脫日本殖民的風雲與迷霧，而惶惑於自己包含中國、日本、台灣的多重身份。整體而言，陸志龍的身份認同可以從他愛戀的女性對象，找到認同的隱喻：

> 身處日本殖民的社會，受殖民教育長大的陸志龍，第一個愛戀的對像是谷清子，一個典型的日本女人，此時的陸志龍受到日本殖民象徵秩序所支配，因此認同殖民者塑造的美好形象。第二個愛戀對象李素月，有著替代谷清子的投射功能，也可以說是介於日本與台灣的一個仲介，讓陸志龍的認同產生擺盪與切割。第三個愛戀對象阿銀，時間已走到終戰，日本的象徵秩序隨著日本的戰敗而漸次崩潰瓦解，陸志龍放棄所有曾經因教育而受到魅惑的對象，最終選擇鄉土的阿銀。〔註9〕

鄉村女孩阿銀，正象徵著曾被殖民的台灣，也代表陸志龍對台灣鄉土的認同，雖然全文末以歡欣台灣光復爲終，象徵陸志龍新生活的開始，卻是遊走在國

〔註9〕黃慧鳳，〈被殖民者的自傳——《論鍾肇政《濁流三部曲》〉，《國立彰化師範大學文學院學報》，第 6 期，2012.09，頁 132。

府統治秩序邊緣的鋼索上。楊照指出「在簡化的官方版本裡，日據時代每個臺灣人都是中華民族主義者、祖國派，只是被日本殖民者以暴力威迫、敢怒不敢言。也因此抗戰勝利後依照『開羅宣言』把臺灣交給蔣介石領導的『國民政府』，對臺灣同胞來說是順理成章的事。這種黑白分明的高反差圖像，背後一個未經說明的假設是：中國人就是中國人，本質是什麼，認同就是什麼。本質不可能改變，認同因而也不可能改變。臺灣人從頭到尾就是中國人，只有極少數人為了私人利益才改變認同，『假裝』自己是日本人。〔註10〕」而《濁流三部曲》告訴我們的是：「認同其實是流動可塑的。……中國認同其實是歷經掙扎、選擇才建立起來的新認同。〔註11〕」。相對於虛構性較高的《台灣人三部曲》，兩者雖同為鍾肇政所著，但在身份認同的表現上則大相逕庭。

在《台灣人三部曲》中，最佳男主角往往只有反日意識，沒有認同的惶惑〔註12〕。首部曲《沉淪》主要描述台灣沉淪為日本的殖民地，移居台灣的漢族客家陸姓子孫，面臨異族日本的入侵，有選擇回原鄉者（仁智），更有選擇留下來捍衛祖先打拚下來的家業（仁烈），以及奮勇迎戰日軍者（仁勇），帶著漢族意識的反日基調。第二部《滄溟行》有著與第一部《沉淪》同樣的反日基調，客家母親阿年掛在嘴邊的話「讀日本番的書，有什麼好？」、「想做日本走狗，祖先都不要了」，在反日的強烈思維中，支持兒子陸維樑參與農民組合的反抗運動，並批判陸維揚媚日的走狗行徑。文末陸維樑在日本與祖國之間，選擇去矇矓又神秘的祖國，想到原鄉走一圈，並期望能以身為漢民族子孫的身份與祖國溶合為一體，為開拓自己的前途，也為台灣同胞們而奮鬥，似乎隱喻著祖國是台灣人民得到救贖的潛在希望。第三部《插天山之歌》以留日回台的陸志驤為主角，描寫肩負抗日任務的陸志驤被日本特高盯上，因而展開一場逃亡與追逐的戲碼。綜觀《台灣人三部曲》，小說文本中回歸原鄉、反日、抗日的主題書寫，正符合國府要求的民族精神，是漢民族意識的發揚，沒有認同的疑義，台灣人即是中國人無需懷疑。然而實際上，這是一種戒嚴體制下的書寫遮避，作者鍾肇政在文本中已隱然偷渡了「台灣人」〔註

〔註10〕 楊照，〈歷史大河中的悲情〉，1993.12，收錄於邵玉銘、張寶琴、瘂弦主編，《四十年來的中國文學》，（臺北：聯合文學出版社，1994），頁181。

〔註11〕 同上註。

〔註12〕 雖則陸維揚這個配角是個服膺日本皇民化的代表，而維樑的哥哥維棟也曾遊走在認同日本的道路上，但小說的中心人物則以反日思維為核心敘述。

〔註13〕 王淑雯認為鍾肇政《台灣人三部曲》所衍生的「台灣人」之界定，其實僅是台灣漢人的代稱，依鍾肇政寫作的時空來看，就是「本省人」的同義詞，具

13）異質的歷史與邊緣的記憶，以及台灣人不同於外省人的主體存在。而在「陸」姓子孫的象徵意義上〔註 14〕，表達了對「土地」的認同與歸趨〔註 15〕。甚至在「可敬的敵人」的稱呼中，虛掩著日本精神的讚揚。對比於當時受限的書寫環境，這樣的文本內容已經是一大突破與挑戰。

對照於自傳性強的《濁流三部曲》以及虛構性強的《台灣人三部曲》，前者自我呈現（self-representation）自身殖民經歷的認同惶惑與轉折，明顯真實於後者在小說中所虛應表現的大中華意識的精神認同，由此更可以確定鍾肇政在《台灣人三部曲》自我官檢的書寫，以及鍾肇政在歷經殖民後心理認同的轉折。

三、李喬大地之母的終極認同

李喬的《寒夜三部曲》以父親形象、母親形象為原型的家族史小說，表達了「不在之父」、「代理之父」和「大地之母」這三位一體的台灣想像本質〔註16〕。全書序章〈神祕的魚〉中，台灣高山鱒原本回遊的故鄉直指對岸的神州大陸，經年在神祕的呼喚中回到父祖輩創生的古老家鄉，然而被陸封後則成了被隔離的孤單而寂寞的魚，這陸封正是 1895 年台灣被「父祖之國」割讓的隱喻，一如書中作者的感嘆：「從此台灣島以及它的子民就淪入孤兒棄子的命運……台灣正式脫離母體，孤零零飄蕩在太平洋婆娑之海上〔註17〕」，這樣的

有以血源與地域為族群認同要素的雙元認同模式。王淑雯，〈大河小說與族群認同一以《台灣人三部曲》、《寒夜三部曲》、《浪淘沙》為焦點的分析〉（台北：台灣大學社會學研究所碩士論文，1994），頁 45。其後吳欣怡則依此王淑雯的論述，推斷《台灣人三部曲》為「漢族意識／中國意識」從屬下的「台灣人意識」。詳吳欣怡，〈敘史傳統與家國圖像：以呂赫若、鍾肇政、李喬為中心〉（國立清華大學中國文學系碩士論文，2010），頁 99。

〔註14〕 鍾肇政曾言，「陸」姓的陸，即是象徵陸地，以及人對大地的認同、歸屬。詳陳燁，〈永遠的赤子——鍾肇政記事〉《台灣文藝》127（1991 年 10 月），頁 6～31。

〔註15〕 在認同的議題上，有表裡兩面的意識表達，一如申惠豐所言，表層是附和官方教條言說的「祖國意識／大中華意識」，內裡則在「土地意識」的發揮下，產生與官方民族主義史觀差異的台灣意識史觀。詳申惠豐，〈台灣歷史小說中的土地印象：土地意識的回歸、認同與實踐〉，（台中：靜宜大學中國文學所碩士論文，2005.07），頁 35～43。

〔註16〕 此處引用三木直大的看法，詳三大直大，〈試論《孤燈》：李喬小說的歷史敘述與文學虛構〉，收錄於《台灣大河小說家作品學術研討會論文集》（台南市：國家台灣文學館籌備處，2006），頁 183。

〔註17〕 李喬，《寒夜》（台北：前衛出版，1981.02），頁 317。

孤兒意識正如小說中劉阿漢與葉燈妹兩位孤兒主角的形塑，在缺位的父親形象中，鄉愁與悲劇的台灣人，被後繼的專制父權象徵體制——日本殖民政權——所教育宰控，在歧視中成長的台灣人，面臨荒村寒夜般生存的困境，以及精神的扭曲與認同的惶惑。然而移居台灣的漢民族，為生存土地奮鬥抵抗，落地生根、安身立命後，也漸漸以他鄉為故鄉。一如安德森《想像的共同體》的概念，想像創造出了台灣故鄉這個共同體，使台灣人最終以大地之母——台灣土地——為依歸，進而揭櫫「台灣，我的母親」這個無需外求界定的自我認同。於此我們可以清理出一條認同的路徑，由大陸祖國，代理的日本，以至於台灣本土的認同路徑，已然走出一條大河本土作家開國史話式的書寫，因此被王德威視為「為下個階段的台灣鄉土／國族書寫，占下一席之地。」〔註18〕然而面對眾人質疑的祖國情結／原鄉情懷，筆者認為是確實曾經存在，這些都是強權政治教化的心靈遺跡，無庸辯解，此部書早已將他個人認同的心路歷程剖析展現在讀者面前了，《寒夜三部曲》在身份認同的選擇上，他已將歸屬感置放在土地（台灣這塊母土）上，而如今的李喬早已不是年少的李喬，在認同的歸屬上已走上文化台獨、台灣自主了。

第二節　解嚴後文本的台灣認同

一、《浪淘沙》台灣人的核心認同

　　東方白《浪淘沙》分別以蔡阿信、張棟蘭及陳銘德為原型〔註19〕，書寫丘雅信（福佬人）、江東蘭（客家人）與周明德（福州人）三個人的故事，分別開展出這些族群在日本殖民、以至於戰後的遭遇。東方白對於福佬與客家人的區辨，在文本中表露無疑，當日軍大舉入境台灣時，日軍小島曾言：「台北、基隆這一帶的居民都是福佬人，他們馴良可信；三峽、大溪一帶的居民都是客家人，他們兇悍不可信」（《浪淘沙》，頁94）如板橋村家家戶戶掛白旗表示友善，還可見「板橋居民擁護日本皇軍」的橫布在風中飄動，男人赤足女人纏腳老人小孩都無懼地歡迎日軍，甚至路旁還有人奉茶，擺一些應時的

〔註18〕王德威，〈國族論述與鄉土修辭〉，《如何現代，怎樣文學》（台北：麥田，1998），頁170～171。
〔註19〕東方白，《真與美》（台北：前衛，2001.04），頁137～154。

菓實向日軍敬獻。(《浪淘沙》,頁93〜94)表現出福佬人歸向日本之心。但客家人則不然,烏鴉錦之役中羅希典等客家義勇軍的抗日形象,塑造出客家兵驍勇善戰的聲譽,而客家子弟江東蘭不願改日本姓等事件,都是客家人反抗日本的行爲表態。所以在東方白「福佬人迎日,客家人抗日」的概括性論述下,兩者認同的傾向似乎當下立判,但認同其實並不是非黑即白的二元論述。

就小說敘事來看,丘雅信是出生於日本殖民時期的台北福佬人,母親許秀英一再叮嚀雅信:「不通去跟人插政治,千萬不通去反對官廳」(《浪淘沙》,頁433。)因此雅信不僅與日警菊池巡佐結爲忘年之交,也因此成爲小救主幫助了許多台灣同胞。其後雅信赴日學醫,雖遭到日人歧視爲番,感受到被殖民的悲哀,但也在參訪東京貧民窟、觀看《悲慘世界》電影,以及擔任「世界主日學大會」榮譽服務員協助日英翻譯……等事件中,學會愛自己的鄰人,與沒有分別的人道愛。因此學成歸國的雅信,不僅帶回了日本貧民窟的雪子,也讓雪子隨著雅信在醫院協助諸多事宜,兩人之間情同姐妹,沒有殖民與被殖民的身份差別。而雅信行醫也秉持「有醫無類」的仁心仁術,病人只因貧富而差別收費,卻沒有種族的分別。

隨著戰爭的緊鑼密鼓,雅信選擇赴美進修以避戰爭的風頭,幾經波折到了美國、加拿大進修後,計畫返台的雅信,卻因日本偷襲珍珠港事件無法回台。此事件也使原本對雅信砡其禮遇的溫哥華教友(顏小姐),立即換上一副晚娘臉色,要求雅信去找一份工作,否則就在她家幫傭換取食宿。雅信外出找工作時,一位四十幾歲的粗漢一見到雅信就一臉不高興:「出去!你日本人出去!!」「我才不管你是日本人不是!橫豎我討厭你們所有東方人,滾!滾!快給我滾出去!!!」[註20]無奈滯留在加拿大,以專長行醫卻被控違法,駐加拿大溫哥華的中國領事屬昭也以雅信爲日本人爲由不願協助,即便她是抗日志士彭英之妻也一樣。1945年日本戰敗,雅信的身份立刻由日本人變成中國人,但屬昭以雅信在日本殖民時期出生就是日本人爲由,仍不願承認雅信是中國人,不願發中國護照給她,使她無法回台。雅信只好求助美國紐約的中國領事館,張群說「台灣已光復了,既然出生在台灣,就歸類爲中國人」,於是馬上發給護照,使她得以重返故土。由此可見隨著國際情勢的改變,雅信的身份竟也瞬息多變。歷經千辛萬苦終於返台的雅信,回台又遭逢

〔註20〕東方白,《浪淘沙》,頁1144。

二二八事件，但並不因對方是外省人而不予施救。雅信由於曾參與文協演講，在安全的考量下，接受關馬西的建議與英籍牧師吉卜生結婚，但不幸後來中（中共）英建交，雅信反而因此被逐出自己的故鄉，弄假成真的赴加拿大投靠吉卜生，渡過餘生。

縱觀小說中丘雅信的一生，她是出生於日本殖民時期的台灣福佬人，幼年在台灣與日人關係良好，未見身份認同的問題，直到去日本留學，才感受到台灣人次等的身份位階，體認本島人與內地人的差異，但無種族分別的人道愛似乎更是雅信的思想核心，這點可以從雅信在各地行醫的情形來證明。身份對雅信的困擾，起因於戰爭，使「人我關係」變成「敵我關係」，但雅信始終站在人道的立場，身份之於她，往往是外界環境給的束縛，不願參與政治的她，從未改變自己台灣人的身份，卻因被殖民一出生就是日屬台灣人，在海外戰場上也成了日本人，直到戰後又成了中華民國的台灣人，英籍的加拿大人，最後被逐出自己生長的土地，流落到異國加拿大，突顯出台灣／台灣人在國際間的弱勢處境。

江龍志、江東蘭是小說中客家人的代表，江龍志（原名羅希典）是客家抗日義勇軍，在小說中扮演具民族氣節的一方，反對日本民族的入侵。江龍志命名其子為「江東蘭」，取「江東子弟、磊落不泥」的意思，似乎仍期待江東蘭能捲土重來改變被異族統治的命運，因此在日本的小學教育外，仍教授江東蘭漢文，江龍志臨死的遺言就是要東蘭別忘本姓〔註21〕。而江東蘭也有著寧可被調職仍不願改日本姓的剛直。雖然在接受教育的過程中遇到不少好的日人師長、朋友，但從東京早稻田大學畢業回台的東蘭，卻深深感受到自己的台灣次級身份，逐漸明白「伊澤總督推薦信」、「二等車廂」、「單身宿舍值夜」等事件的究裡，深刻體會日人對台灣人傲慢無禮的態度，以及日本政府殖民地的高壓政策。愛好寧靜與世無爭的東蘭，隨著戰爭的浪潮，無奈地成為台灣日籍譯官，在南洋看到支那人「因為生為支那人」的「原罪」而被日軍殺害，而自身則因日籍譯官身份得與日軍平起平坐，受到其他人的誤會與另眼看待，必須不斷在人們（華人／緬甸人／英澳戰俘）的疑惑中，解釋自己是被強迫當兵的台灣人，而非日本人。而戰後江東蘭的部分，東方白描繪並不多，但從江東蘭赴美進修途經日本，過境加拿大的經歷中，倒是看到

〔註21〕羅，「禮義廉恥，國之四維的四維羅。」詳《浪淘沙》，頁1736。

江東蘭在宗教上的領會與頓悟,正如他對日人秋子所言:「世界最崇高的情操都是不分國界的,比如宗教就是。」早年對日本殖民體制的不滿,以及日台雙重身份的困境,似乎在晚年的宗教情懷中被釋放、消解。

福州人方面,周福生是小說中正義的化身,也是討喜的甘草人物。15 歲隻身從廈門福州來台謀生的周福生,由學徒做起,在萬華開了一間木器行,木工手藝有口皆碑,娶了說福佬話的謝甜為妻。1987 年日本統治者讓台灣住民決定自己的國籍,許多福州來的鄉親都改做日本籍,但周福生不願做倭寇國民,選擇當僑民,本不願剪辮子他,最終也剪去了清朝的髮辮,象徵對清國奴記號的切割,甘願死在台灣。其後日本政府在台灣建造神社時,曾尋求周福生的參與,但正直不阿的他寧找藉口也不願參與建造。而中日戰爭時,當皇軍佔領福州後,台灣福州同鄉不僅去台灣神社參拜,更提燈遊街表示慶賀,周福生覺得此舉丟盡福州人的臉,顯示他對這些騎牆派的不恥。1960 年左右,周福生以 88 歲高齡受邀為敬老會致辭,眼見演講稿盡是感謝總統英明領導與歌頌市長實施德政的八股文章,周福生破口大罵的表露出率直的本性,並以混濁不清的福州話胡謅一番致詞,著實有趣。在周福生身上,我們看到台灣人在瞬息萬變的政治浪潮中,真誠實在的一個特殊面向。身處日本殖民時期而不會日語的他,沒有向強權認同的問題,只有踏踏實實生活的一面,即使戰後亦然,這也許是他能活到 93 歲的一大因素。

周台生則與父親周福生不同,公學校畢業後選擇回福州做藥局生,娶了姚情為妻並生下周明德,明德由周福生接回台灣扶養後,台生舉家遷往菲律賓馬尼拉做生意。周台生一向懼內「潔身自好」,總是置身事外不管世事,從而擔心自己的日僑身份,因此反對周明勇參與抗日,同樣的,當戰爭波及南洋時,自然也聽從妻言選擇回到中國,屬於明哲保身型的人物。

縱觀周明德一生〔註 22〕,福州出生、在台生長受教,又在菲律賓依親,

〔註22〕福州出生的周明德,三歲時父母舉家遷往菲律賓馬尼拉做生意,周福生將明德抱回台灣養大,在日本殖民體制中接受日文教育,曾受到日本學生的挑釁引發衝突,開南中學畢業後,選擇去菲律賓與父母團聚。初至時,海關因明德是日本籍的台灣人非純正日本人,又沒有送紅包而將明德關了一個晚上,其後在馬尼拉王兵街白天替父母看五金店,晚上讀夜校學英文,一年後因菲律賓人反日而舉家離開,父母、大弟(周明圓)選擇回到中國,小弟(周明勇)則偷偷留在菲律賓參加抗日活動,自此家人四散各地。周明德回台後,感受到祖父母的溫情無可取代,先前在菲律賓的抑鬱一掃而去,不僅謀得開南中學教職,並經恩師江東蘭與丘雅信的媒合,娶了同為基督徒的尤妙妙。然而 1943 年卻被日

這些經歷與皇國青年的身份交織在一起，使他在菲律賓因非純正日人身份受到刁難，在皇軍中以台灣身份受到欺凌，卻又不得不以皇軍的身份轟炸中國重慶，這多重的身份附加，卻又因其福州台灣人的身份，得到中國民兵的釋放。然而種族異己的複雜關係並非僅止如此，1947 年二二八事件中，明德勸阻三個學生圍毆唐山人，自己卻差點被中國兵槍殺，所謂的「同胞」讓周明德氣憤填膺，心懷仇恨。但時日漸久，一切在明德藏匿淡水鐘樓時得到沉澱，他回想起日人有冷酷的鬼塚隊長以及古道心腸的遠山明，中國人有善良救難的大陸兵，以及殺人不眨眼的大隊隊長，無法概論日人就是殘忍，中國人就敦厚和平，世上只有善惡之分，豈有國籍種族之別，於此我們看出周明德已然跳出國族認同的議題，找到心靈的安適。

由上述統整觀看東方白的《浪淘沙》，在身份認同的議題上，鮮明的表現在台籍日人離家（unhomed）〔註23〕後的身份上，有時身份甚至可以做策略性的改變，以挽救自己將亡的生命（如周明圓）。但不管是丘雅信、江東蘭、周明德，在多重身份中，都以台灣人身份為核心意識，並在仁道、宗教與精神反思中，消解了多重身份加諸其上的新仇舊恨〔註 24〕，正如起伏的浪淘沙一般，生命經過淘洗後，終將歸於平靜，仇恨對立也該過去。

二、《怒濤》中的自省

鍾肇政的《怒濤》可以說是《台灣人三部曲》的第四部，同樣以陸姓家

本政府徵召成為日本空軍駕駛員，在新竹空軍基地受訓時，受到日人鬼塚隊長無所不用其極的虐待，其後調到廣州轟炸班，因轟炸重慶後墜機，被白沙的中國民兵所抓，戴威、黎立得知其為同胞（生於福州的漢人）後釋放了他，明德也因與黎立日夜相處學會了北京話，並經黎立說項，到昆明參加紅十字會的緬甸公路救護隊。戰後明德輾轉回台，讓家中有其英靈牌位的親人驚喜不已。但1947 年二二八事件發生時，明德險些被大陸兵槍殺，於是躲在淡水教堂鐘樓一個月，幸賴英國領事得知，才得到政治庇護，並持續教英文的工作。晚年則赴溫哥華與兒媳團聚，擔任日本與越南移民的英文教師。

〔註23〕巴巴談到後殖民文學的時候，提到「離家」（unhomed）的概念立場。所謂「離家」（unhomed）不同於「無家可歸」，不同於反對家的概念，而是也不以某種特定文化為歸宿，而處於文化的邊緣和疏離狀態。而東方的的寫作立場也是一種「離家」的立場。詳趙稀方，《後殖民理論與台灣文學》（台北：人間，2009.06），頁 99。

〔註24〕一如晚年雅信、東蘭、明德及金姑娘一同到台灣北海岸所看到的紀念坤，50年前寫是日本征戰台灣的豐功彪勳，現在是中國抗日的英雄偉蹟。象徵日本人與國民政府對台的征服與統治。

族故事爲主要軸心，從戰後台灣多元族群的匯集寫起，形構出族群交融下移民社會的權力結構與文化分歧，以及二二八事件對社會形態的改變過程。《怒濤》主要是以陸志驥爲主角，而陸土駿的本土身份，正潛藏部份作者鍾肇政的思維與立場，文本內外的兩人都曾任帝國陸軍二等兵，但只在島內，未在槍林彈雨中出生入死過，也未曾離台留學，因此對於從大陸回來與從日本內地留學回來者多所欣羨，自覺矮了一大截〔註25〕。這個不時自省的陸志驥，擔任山巡員的工作，深刻體會台灣人醉生夢死的生活，與那些「長山仔」、「豬」、「支那人」，只是五十步笑百步。〔註26〕言下之意，自己雖與長山人不同，但似乎天下烏鴉一般黑。

「祖國」接收後，台灣漸漸北京化，原本建設新氣象、新局勢的期待也幻滅，代之而起的是「歪哥、揩油、貪污」等社會怪現象，也引導出慘痛的二二八事件。小說中二二八事件的發生，由滿洲客陸志鈞與東京帝大留學生陸志麟兩人見證，並帶出手無寸鐵的民眾看到外省人不由分說地就打的情形，而在廣播中聽聞二二八事件的陸志驥，自此才拋開醉生夢死的山林生活，參與了事件，但有些人像陸志鈞一樣死了，有些人像陸志麟一樣受牢獄之災，從此不輕易開口，選擇默默的工作，也有人失蹤。

小說末尾長山人韓萍以「造反」來形容群眾的暴動，其立場態度與丈夫陸志麟是格格不入的，志麟認爲這樣的政府不是文明國家的政府，是野蠻的，隱指像韓萍這些來自大陸的長山人都不是文明人。韓萍的意識立場則恰恰相反：

> 這些台灣人才是落後的、沒有文化水準的——若有，也只是皇民文化、奴化文化，易言之就是野蠻。小攤販不應該違犯禁令，查緝是

〔註25〕鍾肇政，《怒濤》（台北：草根出版，1997.04）「奇怪，上一輩的叔叔們都是從大陸回來的，同輩的卻又幾乎無例外地從日本內地回來。當時，陸志驥發現到這一點，好想問個究竟，可是他不知道問誰好，那些遠路回來的人們也使他覺得有點陌生……不，是因爲他開不了口，他們不是到祖國去幹一番事業，便是到日本內地留學去的，哪像他待在故鄉，而且又是這樣的鄉下，書是唸了些，但也不過農林學校而已。他有一份莫可名狀的自卑。」頁9，「反觀自己，既無輝煌學歷，雖然也當上了兵，算是「皇軍」一員了，卻只不過是在島內，既未在槍林彈雨中出生入死過，受到的苦楚也不過是日本兵營裏司空見慣的凌辱踐踏而已。」頁27，「志麟哥的確不是因爲自己有輝煌的閱歷就看不起親戚的，特別是像他這樣的窮親戚」頁49。

〔註26〕這些充滿情緒性的負面指涉，突顯出台灣住民曾有的明顯對立與對對方極度不滿的憤恨情緒。詳鍾肇政，《怒濤》（台北：草根出版，1997.04），頁282。

　　應該的，正當的，即使有人因此受了傷乃至出了人命，也不過是芝
　　麻大小的事。就是因為皇民化、奴化太深，所以才會為了這種小事
　　鬧成那個樣子，還要顯現出對祖國人士的激烈排斥。這就是野蠻，
　　就是造反。〔註27〕

對比韓萍姐姐（縣長姜勺妻子韓怡）的說法，台灣人卻是有紀律的，韓怡直
言「如果是在大陸，碰到這種狀況，那才糟呢。〔註28〕」她了解妹妹的言外
之意，勸慰似的說：

　　是不是造反，暫不去管他吧。不過我說有紀律，可不是隨便說出來
　　的。拿那天的情形來說吧。好像是帶隊的人，聽了老媽子的話，馬
　　上叫喊了一聲，用日本話說了一句話，那個抓住我手臂的人一聽，
　　馬上放了我，還雙腳一碰，哈了一聲。雖然我聽不懂，可是這是事
　　實。我說紀律就是指這個。妳姊夫也特地跑了一趟到什麼武德殿的
　　地方去看過了，那四個人都好好的。他們的確受到保護，因為有民
　　眾想衝進去打人，都被站崗的人擋住了。這也是真的，妳姊夫不會
　　騙我，妳也可以信得過才是。〔註29〕

然而最後韓萍仍選擇離開台灣，似乎代表著一部份長山人對台灣的失望與劃清
界線。而原本的東京帝大生陸志麟也選擇再度去日本，似乎一樣有著一走了
之、逃避現實的過客之感。好在志麟的赴日是有所期許的，是受到滿洲客陸志
鈞死亡的感召，因此仍留有一絲令人期待的光明。但整體而言，這部以多重敘
事觀點、力求公允的創作筆調，使小說的情節起伏性不足，未能塑造典型的人
物形象，以致作品的張力不足，作者意識也不夠明晰。而台灣人的身分認同本
應就此（二二八事件）變得更明晰且被彰顯，但小說末尾，鍾肇政卻以秀雲與
陸志駰兩人在濛濛細雨中為陸志鈞送行作結，突顯台灣人對未來的茫然。

三、《埋冤、一九四七、埋冤》的出走與回歸

　　李喬《埋冤、一九四七、埋冤》也是以二二八歷史事件為敘述核心，正
如賴松輝所言，將原本在《寒夜三部曲》中台灣母體派生論的修辭方式，演
進為台灣主體論的修辭方式，呈現出以台灣人為主體的史觀，強調二二八事

〔註27〕鍾肇政，《怒濤》（台北：草根出版，1997.04），頁333。
〔註28〕同上註，頁335。
〔註29〕同上註。

件台灣人民的主自反抗。從試圖解釋事件非共產黨策動，以及縮合台灣意識的筆法，突顯出李喬在認同意識上強烈的台灣主體意識傾向〔註30〕。小說文本巨大眞實事件的引導與虛構事件交織，雖有歷史凌駕文學之感，但在身份認同的展現上，我們可以從作者創造出的虛構性情節與虛構性人物，體察作者個人的觀點。

葉貞子是台灣大學醫學系的女學生，參與學聯隊抗暴青年軍，發生慘烈戰鬥後倖存的她，卻因遭受大陸軍官強暴而懷孕，避居花蓮的葉貞子，在異鄉生下了「浦實」這一「孽種」，母子關係也因此處在矛盾複雜的心緒中。自卑的貞子在花蓮這個新的天地，努力學習標準國語，穿起中國旗袍，甚至將日式化的「葉貞子」姓名，改爲「葉貞華」，徹底改造自己，暗自期望以新形象擺脫過往不堪的自己，此一行徑有著弔詭的認同防衛機制，如同日本殖民時期被殖民者的皇民化心態，希望以中國式、大陸式的優越姿態，告別台灣鄉土的、客家女人的邊緣次等形象，因此對於滿嘴雜腔怪調國語的浦實非常不滿，尤其浦實的腔調中混雜著福佬人、客家人的地方腔調。

但隨著浦實考上建國中學，智識漸長，以及社會局勢的改變，母親貞華的內心也逐漸改變，願意承認「說什麼，和是不是壞人沒有關係」，後來也改回自己原來的名子「葉貞子」，坦然接受眞實的自己。

李喬特意設計的「貞子」角色，從命名來看就具有日本特性，一如台灣曾被日本殖民，而受暴力懷孕的貞子，也隱涉台灣被國府威權的統治欺壓（尤其是二二八事件），然而改變身份後的貞子進行一系列中國式的認同改造，也可比賦戰後在國府教育長大的台灣人，因此貞子的角色極具「台灣」的象徵隱喻，最後貞子回歸自身的認同道路，也正是小說外李喬走的台灣道路，而浦實也象徵新一代台灣人，能拋開上一代的束縛，坦然擁抱各族群。

第三節　新世紀文本的認同強化與多元

一、黃娟——從懵懂、覺醒到台灣意識的認同轉變

黃娟《楊梅三部曲》以客家女子幸子爲敘述主角，陳述日本殖民統治以

〔註30〕詳參賴松輝，〈歷史事實？小說虛構？——論李喬《埋冤·一九四七·埋冤》的歷史修辭〉《華醫社會人文學報》第 11 期，2005.06，頁 43～56。

至戰後台灣的諸多狀況，以及成為海外華人（台美人）後的幸子對台灣民主政治的關心，小說的內容與黃娟個人生命歷程頗為謀合，可算是一部自傳性的小說。首部曲《歷史的腳印》中，身份對於幼年的小幸子而言仍是懵懂的，一次家庭訪問後，幸子確定無法進入專為日本孩子設立的小學校就讀，使幸子感受到自己人與日本人之間，除了講不同話、穿不同衣服、住不同房子，還存在著緊張的關係。一如幸子姐姐所言：「真奇怪，我們又是日本人，又是清國奴。」。在 T 市時幸子常受日本孩子嘲笑為「支那兵」、「清國奴」，但老師卻又告訴大家我們是日本人，希望大家都改日本姓，好做標準的日本人。因此幸子這一代唱日本軍歌長大的孩子，喜歡兵隊桑，會模仿長勝的日本軍追趕敵人，也會寄慰問信到前線去。

但幸子發現大舅卻以日人最看不起的「支那」為祖國，父親也選擇到支那去工作，穿著幸子不喜愛的支那服。幼年的幸子一度以為自己就是日本人，對於「祖國支那」的想法充滿疑惑與鄙夷。這點從日本殖民教育的動機來看，就不難理解幸子曾以日人界定自己身份的緣由。因此幼年的幸子，認同兵隊桑（日本）的意念勝過大舅、父親的祖國，但幸子的身份處境，仍具有多重的意涵。

第二部曲《寒蟬》，由終戰各方既期待又怕受傷害寫起，到看見祖國官兵的窘迫形象、新政府的「劫收」、物價飛漲等亂象，到二二八事件看清祖國的真面目、反共基地的虛幻性，並提及《自由中國》雜誌的雷震事件，台灣人留學／亡海外等情形，突顯台灣人民對國民政府的失望。翁登山（黃娟夫婿）在此書的書序提及此部書主要書寫的內涵：

> 台灣人在身份轉換以後（即日本戰敗），由名為「祖國」實為占領者的中國無端凌遲、任意宰割之下，以血淚編織的一段歷史。……台灣人在日治下因與美國為敵，慘遭空襲破壞，終戰後還要替日本背起戰敗國的黑鍋，坐視家園再被新的殖民者當作戰利品「劫收」。那些以難民、敗兵的醜態出現的新權貴，帶來的是極端野蠻的劣質文化，一下子就澈底地粉碎了正直的台灣人對他們抱有的期待。〔註31〕

此序已將文本外黃娟與文本內幸子的身分認同與意識形態表露的極為清楚，小說中台灣人由日本籍改為中國籍，但名為祖國的中國卻是戰後的再殖民

〔註31〕 翁登山，〈讀《寒蟬》談「非典」——序楊梅三部曲第二部《寒蟬》〉，收錄於黃娟，《寒蟬》（台北：前衛，2003.08），頁4。

者，台灣人雖然成為「中國人」，卻受到醜態竟出的「同胞」予以劣等的欺壓，許多台灣人都潛藏著對未來不知如何的惶恐，因此幸子（台灣人）區別於中國人的意識逐漸萌芽確立。

第三部《落土蕃薯》主要以黃娟海外華人的經歷，書寫離家後所關注的台灣人、台灣社會。首先從回溯的角度，書寫幸子跨海赴美依夫的經歷，並藉此寫出丈夫受到密告、監視的過往經歷。幸子因此從丈夫的經歷得到許多啟蒙，兩人都非常關心台灣，時常參與海外的台灣人組織，關心台灣的政治局勢。在〈誰的祖國〉一章中，黃娟描述 1970 年釣魚台運動，台灣留學生不管「外省」還是「本省」，都有很多人參與，共同不滿國民黨政權的無能與腐敗，尤其對內高壓手段，對外委屈求全的極端相反作風。因此幾年後「外省」留學生鄙棄台灣政權而嚮往「新中國」。「本省」留學生也下了改革無望的結論，加強了走向「獨立」的決心。但台灣本島卻很少人知道海外台灣人在從事「自決」和「獨立」的運動。但從文本中 C 教授《台灣獨立與建國》一書、P 教授台灣人自救宣言、釣魚台事件、美麗島事件、林義雄家族血案、鄭南榕事件、台灣民選總統等，一路具有相關符碼的象徵性來看，台灣人的自主意識已成長茁壯，也不難看出文本內的幸子與文本外的黃娟，對台灣獨立建國的期待。

黃娟《楊梅三部曲》，從第一部日本殖民時期幸子的日本認同，第二部幸子對「祖國」的失望，第三部參與台灣自決和獨立運動，以至於關注客家人的弱勢，推動客家文化的保存與推廣，看出幸子身份認同的清楚脈絡，而這也是文本外黃娟所走的認同道路。

二、邱家洪──不變的台灣意識認同

邱家洪《台灣大風雲》以林金地為主角塑造台灣人的典型形象〔註32〕，文中從 1943 年台灣被日本殖民末期，寫至日本戰敗、國民政府主政以至於2000 年台灣政黨輪替。其認同書寫大致分為三期：1、日本殖民時期的反日基調 2、戰後反中意識的萌芽 3、民主政治的起步──台灣人當家作主的期待。

〔註32〕 參見廖瑞銘，〈地方英雄與國族意識──論林金地所呈現的台灣人典型〉，《《台灣大風雲》研討會論文集》（台中：中山醫學大學台灣語文學系，2011.07），頁 199～210。

（一）殖民時期的反日基調

在日本殖民時期，小說中林金地這位「正港台灣人」，就是一個不願改姓，對日人反感的農民〔註 33〕，與媚日的福田隆恒（蘇漢標）公醫成為小說中的死對頭，林金地雖曾擔任保正一職，但背後的動機則是為了能以薪餉協助病弱的老庄長（施瑞麟）夫婦，如此反日的林金地自然反對兒子林孟斌與日人加藤貞子交往，此事亦被貞子父親加藤仲賢——心中只有「登陸」與「玉碎」的台灣軍參謀本部參謀長——得知，林孟斌的命運一如過往追求貞子的男子一樣，被惡意支開徵調到前線作戰。然而日本戰敗，加藤仲賢切腹自殺，林金地則有著同情的悲愴感。至於面對未來台灣的動向，林金地認為日人太壓迫、剝削台灣人，未來至少不會比現在差，「時到時打算，嘸米煮蕃薯塊。」台灣人就是有這樣樂觀和堅強的生命力，才能渡過層層難關〔註 34〕。言下之義，林金地對台灣交付中國是有所期待的，但重點不在中國，而在於改變原本的處境。

（二）戰後反中意識的萌發

小說中，邱家洪寫到戰後初期的台灣，林金地出任青年隊總隊長，協助維護社會治安。不久老庄長施瑞麟赴中國的兒子——施望台（原施東平）、施世揚（原施東和）——成為來台接收人員，林金地有些事情也就不多計較。但接收成了「劫收」的種種惡劣行徑，引起諸多民怨。林金地後來挺身而出為民喉舌，要求撤換鄉長黃木連，直指施望台施政弊端，成為不畏權貴，不怕死的「大炮參議員」。林金地也因此意外當選為台灣省「制憲國民大會代表」，赴南京開會時台灣大部分代表都聽不懂會場所講的話，還得靠翻譯和說明，但也見識到國民黨與共產黨的不同論調，並體認到中國人與台灣人沒有心靈交集，沒有人關心台灣人的自覺，也佩服彭立民的理念：「台灣不入憲，自外於中國，取得台灣自主的法定地位……避免台灣再度遭受強權的殖民」〔註 35〕。在無力可回天的情勢下，眾人歸心似箭的返台。

1947 年二二八事件的發生，林金地仁慈的解救施家兄弟之妻及施世揚妻弟，並北上參加二二八事件處理委員會，不久陳儀展開追緝捕殺的行動，林金

〔註33〕林金地在清水溪埔的墾地被日軍強占做為高射砲陣地，林家鴨母寮也被強徵為疏散所，林金地予以反抗，卻被高吉巡查抓去打傷。
〔註34〕邱家洪，《台灣大風雲》第 3 冊，《台北：前衛，2006.07》，頁 42～43。
〔註35〕同上註，頁 413。

地險些喪命。在風聲鶴唳的局勢中,許多台灣人(楊宗哲、姚美珠、葉振堂、李清溪、阿苗……等)死在警總部隊的暴力施虐下,林金地等人也被關入黑牢嚴刑拷打,自此,台灣人的心靈逐漸與祖國告別。所謂的中國認同,在這些人心理曇花一現,稍縱即逝,而台灣人意識已浮上檯面,這點從文本敘述可以觀之:「李清溪的鮮血滴在他朝夕與共的土地上,也許他相信,將來仍會有無數人踏著他的血跡走過這片土地,他們就是『台灣人』。〔註36〕」二二八事件喪生的李清溪,死前解救了被警總緝捕的鄉親,邱家洪意在強調,李清溪的血沒有白流,他的精神已然傳承給走過這片土地的台灣人,而非中國人。

(三)民主政治中當家作主的期待

邱家洪有著多年官場的經歷,因此書寫台灣選舉與政治情勢可謂駕輕就熟。小說中,隨著外部國際局勢與內部民主政治的聲浪,台灣開始走入選舉政治,但國民黨作票、買票的選舉歪風,以及當選後黨政不分、貪污腐敗的情形爲人詬病,林金地終於忍無可忍的投入選戰,在中央與地方派系夾殺間,意外當選縣長,成爲台灣省黨外唯一執政者。後因國民黨整肅異己行動,遭逮捕停權,幸賴美國人斯密斯・喬的協助才得以保外就醫。爲討回名譽,林家從此走上家族政治,妻女孫輩(妻子劉美苡、女兒林秀荷、孫子蘇敏信〔註37〕、外孫鄭達能)輪番當選縣長。1986年台灣「民主進步黨」正式成立,達成了林金地對台灣民主政治的期待,由台灣人自己組黨,使政黨公平競爭。其後李登輝成爲台灣民選總統,但仍屬國民黨籍,直到2000年民進黨的陳水扁當選總統,始完成了林金地對「台灣人當家作主」的期盼。

綜合觀之,林金地這個被塑造的台灣人形象,在日本殖民時期即有台灣人、台灣土地的意識,戰後也看清中國人與台灣人的不同,更在民主選舉中確立台灣人的主體性。但必須說明的是,在邱家洪的文本中,台灣人的認同從日本殖民時期以至於戰後,都沒有改變過,雖然文本外現實生活中「台灣意識」一詞始見於1977年〔註38〕,然後在中國結與台灣結的糾葛區辯中,逐漸走向台灣自主,甚或是台灣國族的認同路線。因此小說的書寫傳達了台灣人「做自己」不崇日、不附中的主體性。而全書近尾,邱家洪也表達了族群

〔註36〕 邱家洪,《台灣大風雲》第4冊,《台北:前衛,2006.07》,頁48。
〔註37〕 蘇敏信雖爲蘇漢標的孫子,實爲林金地兒子林孟斌與日人加藤貞子生的孩子。
〔註38〕 葉石濤率先以「台灣意識」一詞,來作爲界定「台灣鄉土文學」的重要依據。
詳葉石濤〈台灣鄉土文學史導論〉《夏潮》14期,1977.05.01,頁4~5。

和解的新認同趨向，日人貞子根留台灣，早已認同自己爲台灣人〔註 39〕，因此嫁給蘇敏信（貞子的兒子）的日人近衛秋子也可以成爲台灣人，而在台灣貢獻多年的康伯樂神父與馬利亞修女當然更是，所謂「台灣人並不分國籍，只要對這裡有認同、有貢獻的都是台灣人。」〔註 40〕這也就是當年李登輝提出的「新台灣人」概念，不分先來後到，不分東西方，只要認同台灣者，就可以是新台灣人，強調族群融合，彼此和解的概念。

三、施叔青——認同「新視界」

　　台灣大河小說，大體都表現出台灣人在不同政權、政策下台灣人認同的改變與不變，施叔青的《台灣三部曲》亦然，但人物的認同主要是在與「物」的聯繫上產生與轉變。與諸多早年弱勢女性一樣，王掌珠年幼即被賣爲養女，因緣際會結識悅子，從而對悅子日本主人的服飾與標準國語（日語）產生傾慕，又爲了擺脫養母安排成爲「鴉片鬼的小妾」的命運，王掌珠脫下大裪衫，穿上日本和服。施叔青營造的這個轉換過程，不能單以皇民化或崇日來理解，也明顯具有擺脫封建宿命的意義。

　　流落街頭的王掌珠，在文化協會的街頭演說中，逐漸吸取婦女婚姻自主等新思維。也在台北找到書局工作成爲經濟獨立的女性，埋在書刊雜誌的掌珠，愛上電影，爲了當默片的辯士而穿上旗袍，期望爲電影中可憐的女性發聲，拿回女人解釋女人命運的權利。迷過和服的王掌珠認爲，只有能自食其力，最理智勇敢、最關心大眾利益的才是當代最摩登的女性，當時她最愛的是旗袍，即使在皇民化運動最高潮時，王掌珠一樣穿旗袍上街，雖不只一次被日警喝斥換上和服，掌珠死不肯從，仍舊穿著旗袍挑僻靜巷子走。直到二二八事變因穿旗袍被當外省婆後，從此換回大裪衫〔註 41〕。王掌珠在時代脈絡中改換的衣著，正是施叔青有心經營的認同轉變，展示了台灣人有別於依附強權認同的轉變與軌跡。

〔註39〕日人貞子原是來台念帝國大學（台大）歷史系的學生，讀台灣史的目的不同於軍人父親：「我只是想做一個道地的台灣人、我愛台灣，喜歡這地方，計畫終老於此，不願回日本。既然要作台灣人。就不可不認識台灣，不可不瞭解台灣。我以後還要學台灣話呢！」詳邱家洪《台灣大風雲》第 1 冊，《台北：前衛，2006.07》，頁 151。
〔註40〕邱家洪，《台灣大風雲》第 5 冊，《台北：前衛，2006.07》，頁 485。
〔註41〕施叔青，《三世人》，（台北：時報文化，2010.10），頁 225～228。

但除了以台灣人為主角來敘述台灣人的認同，《風前塵埃》中則藉由返回日本的橫山月姬，呈現出「灣生日本人」的認同問題〔註42〕，無絃琴子在母親（橫山月姬）與虛構的真子間，一步步望探索過去，揭開母親神秘的面紗與自己的身世，突顯出另一面向的認同問題。且令人驚艷的，施叔青更跳脫以往族群身份認同的框架，在《行過洛津》中娓娓道出「性別認同」的議題。小說中伶人許情，在戲台上假男為女，扮演五娘等角色。而戲台外這個被賣身的伶人仍受到綁蹻、穿女衫等陰性化束縛，在經濟弱勢的位階上，被女性化的姿態與身體，成為烏秋、石三少、朱仕光等人覷覬、玩賞的對象，許情在生理性別（sex）〔註43〕上雖未如太監般被閹割，但精神上已自覺殘廢，在男女生理性別的限制中，他以男性身體假扮女性，在現實生活的掙扎中，被陰性化，如魁儡般被異化，精神上一度是女性的，他甚至也期待受到烏秋等男性的肯定，彷彿他的社會性別（gender）已然是女性，並努力成為男性慾求的對象。然而隨著許情的變聲，脫掉女裝成為鼓師的許情，似乎也走過性別議題，擺脫了被陰性化的角色，改以男性身分現身，有著回歸自我的積極意義。這是以往台灣大河小說沒有討論觸及的認同面向，也是台灣大河小說的新局勢。循此，則往後台灣大河小說書寫的內容將可能更多元、豐富且令人期待。

第四節　改變認同的因子

台灣人的身份認同非以直線方式前進，從台灣「大河小說」文本中，體現了過往威權體制下人民的所思所想、所感受到的社會狀態，以及人民如何面對自身的認同、如何建立自我認同的過程。尤其在日本、中國、台灣三元拉扯的情境中，「清國奴」、「日籍台人」，與「中國台灣人」的符號隱喻，往

〔註42〕雖然邱家洪《台灣大風雲》中也提灣生蘇敏信，但蘇敏信的認同在文本中卻未顯波折，直接被納入新台灣人的行列中。

〔註43〕1990年巴特勒（Judith Butler）在《性別麻煩》（Gender Troble）一書，反對過去傳統女性主義將生理性別（sex）等同於社會性別（gender）的偏執，即認為男性就是陽剛的、女性就是陰柔的說法，所以她提出「反性別的性慾取向」（against gender），即女人也可以愛女人，女人可以是陽剛亦可以是陰柔的，不需受限於異性戀的性別認同。若這樣的設限可以打破，則情慾空間將更開放多元。參見顧燕翎主編，《女性主義理論與流派》（台北：女書店，2000）再版，頁245～268。

往是引發台灣人「認同危機」（identity crisis）的因子，對台灣人的認同產生或大或小的影響。茲分述如下：

一、「清國奴」的負面引導

從精神分析來看，台灣人在日本威權教育體制下，受限於前清遺民身份的影響，讓台灣人與支那人的身份結合，成爲被征服的民族，是異族統治的亡國奴，使支那人被刻意塑造的負面形象，成爲台灣人的潛在形象。小說中「支那人」是不明事理的，貪得無厭的，殘暴的，而「支那兵」則是個個貪生怕死，見到「皇軍」就棄甲逃走的，對於善良人民則肆意搶劫姦淫，無惡不作的。〔註44〕因此文本中一再出現的「張科羅」、「清國奴」、「支那人」、「支那兵」的相似符號，象徵著台灣人在殖民體制中的次等國民身份，與日優台劣的階級差異，使台灣人在潛意識中有著無端的自卑情結（inferiority complex）。然而日優台劣的價值並非眞理，卻建構出相對的階級身份，使台灣人受到無理的壓迫與不平等的待遇。爲了擺脫「清國奴」的負面指涉，台灣人一是朝向皇民化前進，有了日本認同，一是朝向行不改名、坐不改姓的風骨氣節，對日本殖民政權進行反抗。

前者努力改造自身，爲了擺脫清國奴式的自卑情結，不斷在殖民者制定的標準下努力改變，以換取較平等的待遇與尊重。於是藉由改姓、說國語（日語）成爲國語家庭，豪情壯志的參加志願兵、神風特攻隊爲天皇效命，成爲日本軍國主義的信徒，甚至期望藉由換血、與日人通婚來改變身份位階。但這一切仍如戴上皇民化面具（persona）〔註45〕一般具有虛幻性，因爲所謂皇民化教育，一視同仁，只不過是表面文章、美麗的謊言。事實上「殖民社會的種族差異，是日殖民時期社會的鐵牆，是殖民者欺壓的權杖，造成被殖民者的順服、資源分配不均、階級地位的懸殊，以及絕望的愛」〔註46〕。然而，「爲了在殖民社會成爲優越的人，被殖民者將自卑的力量，換化爲追求認同

〔註44〕鍾肇政，《江山萬里》（臺北：遠景，2005.01），頁440。

〔註45〕榮格將面具視作心理上具有集體性格的部分，這是由於面具的形成與功用都與外部世界的社會現實休戚相關。詳見羅伯特・霍普克（Robert H. Hopcke）著，《導讀榮格》（A Guided Tour of the Collected Works of C. G. Jung），（臺北：立緒文化，1997），頁87。

〔註46〕詳黃慧鳳，〈被殖民者的自傳——《論鍾肇政《濁流三部曲》》，《國立彰化師範大學文學院學報》，第6期，2012.09，頁125。

日本的力量，然而皇民化的面具能給的僅是表面的平等，殖民者與被殖民者間的鴻溝仍是無法跨越的阻力，即使模仿得再像仍是贋品，只是真品的偽裝，那無法複製的光暈，成了被殖民者更深層的悲哀與負累」〔註47〕。

「清國奴」的負面意義，也引導出反抗日本的另一個面向。這點從台灣大河小說一貫的反日基調可以證明，只是反日的基礎立場有著各別性的差異。在英雄史詩般的《台灣人三部曲》中，台灣人的反日是站在中國人的立場，張揚中華民族主義，有漢文化的接續性意義。李喬的反日雖是立基於土地意識，為了生存而戰，但也不能否定「清國奴」的負面批評，使台灣人的反抗意念更強烈。也因此台灣大河小說家（包含鍾肇政、李喬、東方白、黃娟、邱家洪），也因為立足在反日的立場，對於文本中趨炎附勢的皇民化人士、狐假虎威的台灣人警察、奴才嘴臉的「三腳仔」等台灣投機份子的負面形象，往往予以痛心的批判。

就此而言，小說文本中「清國奴」負面指涉，引導出的認同與反抗的行為，正如阿德勒「自卑——優越」的「推拉」式動因論：

> 人的一切活動的基本動力、基本目標是「追求優越」。人之所以追求優越，是由於存在「自卑情結」（inferiority complex）。一個人越感到自卑，自我意識就越明確，追求優越的欲望也就越強烈。阿德勒把這種反抗叫做「補償」（compensation）。一般地說，自卑感和追求優越，是一反一正，一推一拉，迫使每個人在一生中不斷奮鬥，力圖取得更大的成就。〔註48〕

台灣人認同的改變，是台灣人民在現實生活中求生存的努力奮鬥方式，為了擺脫自卑與追求優越，因而走上不得不走的道路。

二、台灣人日本性的緊箍咒

台灣人日本屬性的緊箍咒，表現在日本殖民時期，以至於戰後。首先在日本統治時期，「日籍台人」的身份隱含著台灣同胞立場的難解與糾葛，也就是歸屬問題，這個身份具有雙重性意義：一是日本殖民體制下的被殖民者／皇國臣民身份，一是台灣人背後的漢族（中國）身份。但此一「日籍台人」

〔註47〕詳黃慧鳳，〈被殖民者的自傳——《論鍾肇政《濁流三部曲》》，《國立彰化師範大學文學院學報》，第 6 期，2012.09，頁 125。

〔註48〕詳陳慧，《佛佛洛德與文壇》，（廣東：花城出版社，1988.12），頁 104～109。

身份問題的衝突高潮，主要表現在太平洋戰爭時，台灣人離開台灣的時空議題上，如日籍台灣軍人，海外日籍台灣人等。隨著國際局勢的轉變，台灣人成為日本軍參與聖戰，面對戰俘，日籍台灣軍的位階似乎相對晉升，但面對「中國同胞」或「南洋華人」，「日籍台人」的身份，因為日本屬性成為敵方的代表而受到撻伐。一方面又因台灣人背後的中國屬性，得以策略性突顯台灣人的身份，成為脫困的身份籌碼。而在海外日籍台灣人的身份上，本來走出殖民地的被殖民困境，照理應能昂首闊步，擺脫次等的身份位階，但遊走在其他國度，在中國則被視為日人間諜，在美國加拿大，又因日本偷襲珍珠港事件，以日本／東方的身份受到排擠，成為日本軍國主義共犯結構中的一份子。

從時序的演進來看，1895 年清朝割讓台灣予日本，成了台灣人日本性的「緊箍咒」，隨著戰爭的擴大，台灣被繫入太平洋戰役中，成為日本南進的跳板，在皇民化風潮下，成為日本軍伕、志願軍被送到南洋參與聖戰對抗同盟國，使台灣人的身分受到異化〔註 49〕，台灣本島也因此受到美軍轟炸攻擊。但日本戰敗後，卻弔詭的視美國為救主，歡迎中國的統治。然而臺灣人身上日本性的「緊箍咒」並未因此而得以消解釋放，在無形的歷史印記中，「台灣人的日本性」被新的統治者視為奴化的象徵，受到歧視性的對待，由此可見「日本屬性」在台灣人身份上所造成的矛盾性與複雜情形，當然也牽引著台灣人的身份認同。

三、二二八事件的關鍵轉變

戰後台灣擺脫被日本殖民五十年的惡夢，自此歸屬中國，台灣人歡欣鼓舞的期待，甚至敲鑼打鼓的列隊歡迎，而大批渡海來台的外省人退守台灣，卻以「英雄」、「戰勝者」的姿態來台，再次將台灣人貶為次等人民。而留學、去國或復員的各地台灣人也紛紛返台，期待台灣能有新的氣象，美好的未來。但不幸的，由中國返台的台灣人或戴上唐山人的「假面」返台，以「半山仔」的姿態，成為台灣人與中國人的中介者，狐假虎威的對待自己的鄉親同胞。

〔註 49〕主體由於自身矛盾的發展而產生自己的對立面，產生客體，而這個客體又作為一種外在的、異己的力量而凌駕於主體之上，轉過來束縛主體、壓制主體，這就是異化。詳康俊榮，〈盧卡奇的馬克思主義〉《共黨問題研究》第十七卷第五期，頁 52。

而由日本返台者,因其智識與經歷的豐富,相對使固守在台灣土地的人民,成為較沉默的一群。在如此劣勢的位階情境中,台灣本地蕃薯的身份認同,本應「西瓜倚大邊」傾向祖國,一如過往走進強勢威權的象徵秩序中。但有過被殖民的經歷,以及面對戰後「劫收」的異象,台灣人的態度似乎更加審慎,加以二二八事件的發生,台灣人已喪失了將國府視為正確的、正義的政治秩序加以認同的想法,國府的統治已然出現合法性危機,讓本省台灣人與外省人產生巨大的鴻溝,也讓本省人與外省人背後的祖國象徵漸行漸遠,因此「二二八事件」可說是台灣本土人士認同改變的轉捩點,一如廖咸浩所言:

> 這個事件可以說在相當意義上而言,是台灣身分認同的分水嶺。這個事件雖然沒有摧毀台灣漢人的中國認同,但是台獨運動從此出現卻是不爭的事實。而且,一種對「中國」具有疏離感的「台灣人」就在這個創傷(trauma)中悄悄誕生:「台灣意識」也像拉崗筆下的嬰兒一樣,從此以這個事件為「誤識」(misrecognition)自我的鏡子,逐漸成長。⋯⋯來台國民黨政權,以及當今的中共政權對台灣的邊緣化行為,對台灣住民中國身分的破壞性尤其顯著,而對各種形式(相對於中國身分的)「台灣身分」的建立,則有強烈催生作用。〔註50〕

但在當時國府論述標榜中華民族一個中國的正統性下,台灣人的認同,是以本省人反外省人的形式展現,而非以「台灣」、「台灣人」這個當時被視為禁忌落後的象徵符碼來呈現。

台灣歷經多次政權的易幟,台灣人卻不變的受到次等對待與負面的評價,因而有不少人選擇認同強勢政權,但歷史的浪潮一再戲弄台灣人,使台灣人在強權壓制下精神受到扭曲,人格受到異化,在身份的多重性上,其實害多於利,選擇任何一方都不免受到另一方的負面批判,於是乎走出自己的路,建立自身主體認同的訴求成為新的一條道路。

結語:台灣認同的建構之路

走過戰後的奇特亂象,本省作家自覺外省統治者的異質性,在文壇上不

〔註50〕廖咸浩,〈在解構與解體之間徘徊〉,《愛與解構:當代臺灣文學評論與文化觀察》(台北:聯合文學,1995),頁 118、119。原載於《中外文學》第 21 卷第 7 期(1992.12.01)。

斷尋求省籍作家的結盟，承續性的執起春秋之筆，書寫台灣被殖民的歷史，揭示自己與國府論述的中國人不同。綜觀台灣大河小說，上承胡太明精神與肉體的流亡，接續喚醒台灣人對身份認同的思考。原來本質主義的血統、血源的民族認同是可以改變的，認同其實是可以流動的，文本中台灣人民的認同是在斷裂與重整過程中逐步扭曲修正的。由《亞細亞的孤兒》的祖國意識，到《台灣人三部曲》漢民族下的台灣意識，到《寒夜三部曲》扎根台灣土地的鄉土意識，到《浪淘沙》台灣人意識的確立，以至於《楊梅三部曲》、《台灣大風雲》中台灣國族意識的召喚，台灣人的身份認同選擇，由被他者界定的困境中掙扎，到體認自我與他者的異同，一一拆解了專制威權的象徵秩序，也在體認「台灣人始終無法當家做主的悲哀」中，建構台灣人的主體意識，進行對國族的召喚欲求。這樣認同的辯證過程，與陳明成剖析的許多本土台灣人一樣，從言必稱「中國」，到游離「中華民族主義」，以至於定著「台灣」、「本土」，無非都已通過了煉獄的救贖儀式〔註51〕。

　　而文本內外，省籍作家生活語言的選用，也呈顯出作家認同的傾向。而作家在文本中建構的種種經歷，也填補了主流敘事的裂隙，並對那些曾經界定他、規定他的「真理」挑戰，這樣的寫作其實是一種敘事治療及精神重建，讓人在不完美的世界中得到心靈的調和。如鍾肇政由日本殖民時期教日語的教員，到戰後求知若渴的學習漢文，晚近又積極投身客家語言文化的運動，他的身份認同由日本、而中國、而本土、而自我族裔（客家），這個矛盾複雜的認同模式卻可適用於諸多歷經日本殖民統治的本省台灣人，雖則有些從未有過日本認同。大體而言，原本隸屬邊緣括號中的弱勢族裔，在被建構為日本皇民後，又被解構、重構為中國人，為了擺脫被建構，被編派的處境，於是同為弱勢的族裔逐漸形成一個群體（依安德森所言，則是想像的共同體），這個共同體以「台灣人」這個符號象徵為引導，讓居住在台灣這塊土地上的人民，無需再向外追求他者認同，而能由自己建立主體意識，從而也必然受到大敘事的排擠與消音。

　　當然，所謂認同的路徑往往不是一條直線的單行道，在社會歷史歷程上總有無數的十字路口有待抉擇，或受到傳統文化或心理本源的否定他者，以形構自我。在殖民的情境中，殖民話語往往成為一種霸權語言、象徵秩序，

〔註51〕陳明成，〈陳芳明現象及其國族主義研究〉（台南：成功大學歷史研究所碩士論文，2002），頁108～109。

建構差異的歷史中心論述系統，當然也由此引導出另一面向的反殖民話語。
居住在台灣的住民，往往受到各方強勢力量的拉扯，使個人在自我與群體的
角力間遊走，但這些本土作家的大河書寫，卻都以同樣的觀點，批判趨炎附
勢者的行徑，弱化台灣人對他者的認同，並頌揚反抗的情操，以強化台灣人
對他者的反抗，讓道德性的超我（superego）〔註52〕形態成為典型範示，呈顯
台灣人的獨立性而非依附性與奴性。如《楊梅三部曲》與《台灣大風雲》中，
共同寫出2000年「台灣人」當選總統，完成了政黨世代交替的民主進程，接
續並完成了過往台灣人意識的系譜，在修辭上標示了與現存世界的深刻斷裂
與重新開始，彷彿這次的選戰是一場神聖的革命，告別了舊時間、舊體制，
而有了新的未來。也許我們可以說，這些台灣歷史「大河小說」參與了台灣
人身份認同的建構，讓台灣人在寒夜般悲苦的歷史歲月中，不斷經由浪淘沙
的沖激沉澱，走出不假外求而有自信的道路。進而在台灣大風雲中，以族群
融合的「新台灣人」意象，吸納不同時序來到台灣的各族群，在尊重各自族
群文化的前提下，期望釋放差異，改變敵我對立的分裂局勢，達到族群相互
融合的美好和諧未來。

〔註52〕有關本我、自我、超我的概念，可參考王溢嘉，《精神分析與文學》（臺北：
野鵝出版社，1999.11），頁36～41。

第九章　語言角力的演進

　　語言是溝通的工具，也是文化的表徵。台灣住民的語言數度在官方語中被邊緣化，不少人曾因說一口不道地的日語、不正統的國語受到嘲笑，今日也因日語式英語、洋涇濱英語、克里奧爾（creole）語〔註1〕而受到歧視。這代表語言文化也受到階級的宰制，從而有了優劣的差異。

　　台灣大河小說對於台灣語言演進的議題提供了歷史脈絡性的線索，從而提供了一面鏡子，讓我們可以從族裔、環境與時代〔註2〕三方面來看語言的角力與權力的競逐。縱觀台灣人的語言歷史，在清領時期台灣人大多採用各自的母語方言，即使知識分子學習漢文，也以各地方言讀之〔註3〕。1895年清廷

〔註1〕 「克里奧爾」（creole）這個詞指殖民者的後裔，但它又有屬於殖民地本土，即本地出生的意思。詳艾勒克·博埃默（Elleke Boehmer）著，盛寧、韓敏中譯，《殖民與後殖民文學》（Colonial and Postcolonial Literature），（遼寧教育出版社：牛津大學出版社，1998.11），頁10。克里奧爾連續體，作爲作家使用語碼轉換（code-switching）及方言音譯等高度發展的策略，達成了既棄用標準中央英語，亦挪用地方英語作爲文化上重要的話語，這雙重結果。詳比爾·阿希克洛夫特（Bill Ashcroft），嘉雷斯·格里菲斯（Gareth Griffiths），凱倫·蒂芬（Helen Tiffin）著；劉自荃譯，《逆寫帝國：後殖民文學的理論與實踐》（台北：駱駝，1998.6），頁50。

〔註2〕 此處援用鄧納「民族、環境、時代」三元論的概念，鄧納認爲「民族、環境、時代」是決定文學現象的三個因子。「民族，是人在出生時即已帶來的特點，是天生和遺傳的；環境是因氣候和社會組織的作用所致；時代則牽涉到歷史變遷」。詳何金蘭，《文學社會學》（台北：桂冠，1989.08），頁27。

〔註3〕 早期移居台灣的漢人，來自福建、廣東等各省，福建來者有區分漳州音、泉州音等不同的腔調，客家話有梅縣（四縣話）和海陸（海陸話）等的不同，雖同爲漢人，各地的語言最多相近，但不全然相同。

割讓台灣給日本，1919 年發佈「臺灣教育令」，禁止漢文書房，1937 年推行皇民化運動，日本殖民政權實行差異、同化到皇民化的對台政策，使台灣島民一步步學會官方的國語（日語），長達五十年的日本殖民，受日本教育長大的青年，不僅會說日語，更有不少人已習慣以日文為思考的語言，也以日本皇民自居。

　　但 1945 年日本戰敗後，台灣改由國民政府主政，行政長官公署於 1946 年 6 月電令全省各級學校師生禁用日語，並於同年 10 月 25 日廢除報章雜誌日文版，禁止臺灣作家用日語寫作。全國上下推行國語運動，開始ㄅㄆㄇ的學習。但有趣的是，在推行國語教育的同時，1960 年代卻是台語電影的黃金時期，這點可以看出台灣人雖接受國語教育，但大多數人仍使用母語方言，因此不論任何人殖民，母語都是較可能保存下來的語言，而且就市場機制來看，台語客群是當時電影行銷的重要對象。隨著教育的普及，口說國語的民眾也逐年增加，直至今日，國語已成了台灣人民共通的語言，因此官方的語言政策，對人民其實有著非同小可的影響。

　　設若人民的官方用語可以改變，表示作家書寫的語言也可以隨之改變。我們可以從敘事語言來看大河小說，窺看文本中到底說了什麼，作家又是怎麼說的語言表現方式。按照法農的說法，不同的語言意味著不同的世界〔註4〕。如果我們以京劇的腔調來唱閩南話的歌仔戲，相信會有非常衝突的異質感，因為語言也是文化的一環，不同的語言正代表著不同的文化，正如台灣各地原住民的語言不同，不僅分屬不同的部落族群，也有著不同的原民文化。戰後的台灣大河小說，由於書寫歷史的基本內容，不可避免的面臨書寫語言與母語、前代語言的異質碰撞，因而採用不同的語言與敘事方式。由此便透顯出作者的意識思維、觀照思索與立場，這其間必定關聯作家的養成與作家創作的書寫環境，從而我們得以窺見不同文化與語言間衝撞後產生的角力，在宰制與被宰制、優劣、高低、強弱的對比下，殖民者的話語明顯深深影響作家的創作，因而文本內的方言大多只能在其間穿插，成為異調的旋律。而文本中語言比例的消長，以及文本中諸多語言的並陳，可以說是現實生活中語言混雜現象的再現（representation），也是不同群體權力競逐的表現。

〔註 4〕一如埃斯卡皮所言：「一個集群內部的共同認知是以共同的表達方式來確定，首要的方式，便是語言」。侯伯・埃斯卡皮（Robert Escarpit）著，葉淑燕譯，《文學社會學》（台北：遠流，1990），頁 127。

　　埃斯卡皮認爲：「一個集群內部的共同認知是以共同的表達方式來確定，首要方式，便是語言。」「除了語言以外，作家所隸身的集群也決定了文學的體裁與形式。〔註5〕」因此本文擬分兩部份來探討，其一小說文本中的語言變遷，其二從作家族裔用語來看語言角力。首先從小說文本內容來看文本中的語言角力，從而爬梳出大河小說歷史中台灣語言的變遷，官方語與其他語言的相對處境與存在態勢。其次由作家作品的語言運用入手，體察不同的作家族裔與書寫用語及敘事內容的關聯性，以及大河作家在贖回台灣歷史文化所使用的不同語言運用方式。因此不僅試圖想了解文本「說了什麼」，也想探究「如何說」的部分，更希望能呈現語言轉變的動因與動向。

第一節　小說文本中的語言角力

一、早期漢字多語的形態

　　台灣歷經荷蘭人、西班牙、鄭氏政權、以及滿清統治，形成多元交雜的文化樣貌，大體而言許多土著（narrative）仍口操地方母語。而隨著冒險渡過黑水溝來台灣的唐山人影響，台灣子弟也讀漢文書，這些線裝書大多是三字經、千字文、弟子規、千家詩、四書五經等書，苦讀之後可參加科舉考試，若考上進士、舉人或秀才等，即可晉升士大夫階級，光宗耀祖。《台灣人三部曲》中，陸信海從同治三年 30 歲第一次考試，到光緒十四年 63 歲第十八次考試（當時的科舉是所謂「三年兩試」每三年中舉行二次），次次落第，最後一次還因鬚白的頭髮被主考官認爲是「倩槍」（即在科場上代人捉刀者），險些被捉，從此心灰意冷無意於科場。而信海公的兒子陸仁智，彷彿天生的讀書人，有過目成誦的才華，但每次赴考，也因體弱遠途勞頓而無法發揮實力，與父親一樣次次落第。

　　一般私塾漢文教師多採反覆吟誦方式，並不講解，先讓學生會點〔註6〕、

〔註5〕侯伯‧埃斯卡皮（Robert Escarpit）著，葉淑燕譯，《文學社會學》（台北：遠流，1990），頁 127，128。

〔註6〕例如《台灣人三部曲》中的信海公，是陸家人丁當中第一個讀書的人，從人之初性本善開始點讀，勤奮好學的態度，使他後來成爲庄裏最負盛名的「先生」，到處都有門館備厚禮來請他去執教。他也在祖堂旁設立書房，專教族裏的子弟。鍾肇政，《沉淪》，頁 47。

讀與識字。在「日本還沒有來以前，台灣子弟念的是漢文，寫的也是漢文。而且是福佬人以福佬話發音，客家人則以客家話發音的。」〔註7〕呈現漢字多音的語言文化形態。而能讀漢字說漢語的人，相對的成了有學問的知識階層。

二、日本殖民時期

日本殖民時期台灣的中國文化並未全盤消失，存在的主要方式一是詩社，二是傳統書房〔註8〕。詩社方面主要以傳統漢詩形式來維繫漢文化，本具有抵抗日本的精神性，但總督府為了籠絡本島人，使許多舊文人也應勢與日本官紳酬酢唱和。書房方面，日本人開始對傳統書房未加注意。《浪淘沙》中丘元家即曾帶丘雅信至摩詰書房向王秀才學漢文。但頒布「書房義塾規則」以後，台灣的書房逐漸受到限制乃至取締，許多前清知識分子的漢文私塾不得不一一關閉，如《浪淘沙》的江龍志、《楊梅三部曲》的林老師、《台灣大風雲》的姚萬世、《台灣三部曲》的施寄生等，但也有子弟如江東蘭一樣，白天上公學校，晚上還繼續學習漢文。

對此，當時的漢文教師當然滿腹委屈，因此江永發（幸子的爸爸）的私塾老師林先生說：

> 漢文才是我們自己的文字，我們自己的文化。……日本無理侵略中
> 國，又迫使滿清割地賠款，是可惡的帝國主義！……我們的祖先是
> 從中國大陸過來的，我們不是日本人，絕不能數典忘祖〔註9〕。

但在日本教育中，日清戰爭（甲午戰爭），是戰敗的清廷以割地賠款求和，台灣人以武力抵抗接收的日軍，自然要受到剿滅〔註10〕。亦即1895年台灣被戰敗的清朝割讓給日本，日本帝國以殖民者之姿，運用天皇萬世一系、無限上綱的崇高地位來建立霸權論述，建立皇國意識形態，鞏固「國語」（日語）的地位，迫使台灣人成為大日本帝國的國民，大家都要效忠天皇，相信說日語、讀日語是高尚的，用日語是有利的。

〔註7〕 黃娟，《歷史的腳印》（台北：前衛出版社，2001.01），頁89。

〔註8〕 1898年頒布「書房義塾規則」以後，台灣的書房逐漸受到限制乃至取締，此後，詩社便成為民族文化承傳的主要形式。1937年皇民化以後，台灣漢語出版物被迫終止，唯一保存下來的漢文化只有古典詩社和刊載古典詩的《詩報》、《風月報》等。詳施懿琳，《從沈光文到賴和─台灣古典文學的發展與特色》（高雄：春輝出版社，2000），頁202～203。

〔註9〕 黃娟，《歷史的腳印》（台北：前衛出版社，2001.01），頁90～91。

〔註10〕 同上註，頁91。

　　在階級分明的日本殖民社會中，有著既定的禮貌用語，如中學時陸志龍對日本同學尊稱「桑」，代表是禮貌、有教養的紳士；在當學徒兵時尊稱幹部為「殿」，是遵守軍隊紀律的基本表現。但也因為稱呼的差異，形成了階級的差異，讓日本人有理由讓臺灣人滿臉青紫，受到不平等的暴力。這些尊敬的稱呼背後，指涉著身份地位的高低與薪資的多寡，以及日優台劣的不平等地位，更隱含著無理壓迫的藉口〔註11〕。因此不懂「國語」（日語）的人便缺乏「國民精神」，本省籍教員必須把自己的家庭「國語化」，才配當教員。雖然日人校長會把動詞「出よ」說成「出れ」，日人老師的發音也不全高明正確〔註12〕。但身為被殖民者，《濁流》中的教員陸志龍，在潛意識仍覺得自己與這些「先生」不同，只能笨拙無助地表示也在聽他們講話，有著很深的自卑情節（inferiority complex）。

　　日本殖民者以優越的姿態，對台灣殖民地進行權力支配與知識的再生產。在這霸權論述中，即使是小孩也逃不出這巨大的宰制。因此公學校與小學校學生間的復仇事件所在多有，公學校小孩被辱罵小生蕃、清國奴，而回敬日人伊奴客（狗子）的情形也存在〔註13〕。台島子民以被殖民的他者（the other）形態被處置，所有言行都受到無形的牽制，即使血液中流著父親反抗基因的劉明鼎，也不能例外。無怪乎葉石濤曾言：「我好比是雙重人格的人，在學校，在社會的公開場合裡，必須講日本話，一舉一動都要像日本人一樣。回到家裡，我們又換了個人似的，把日本人的一切關在大門外，過我們傳統生活方式。」〔註14〕猶如《楚門的世界》中的楚門，活在別人安排的世界裡，走著別人安排的劇情。身為本島人似乎成為一種原罪，因此胡太明認為：「如果結婚，就會生出小孩子來，就是增加和自己同樣的人，會被人叫『狸呀』。這『狸呀』一代就夠了，何必再來呢？〔註15〕」，日本殖民時期，台灣人便是活在這樣被觀看、凝視的世界中，若可以選擇，台灣人也會如楚門一樣毅然走向遠方的自由之路。

〔註11〕黃慧鳳，〈被殖民者的自傳──《論鍾肇政《濁流三部曲》》，《國立彰化師範大學文學院學報》，第6期，2012年9月，頁119～134。

〔註12〕吳濁流，《亞細亞的孤兒》，頁62、65。

〔註13〕李喬，《孤燈》，頁450。

〔註14〕葉石濤，〈一個臺灣老朽作家的告白〉，《走向臺灣文學》，（台北：自立晚報，1990年3月），頁1～22。

〔註15〕吳濁流，《亞細亞的孤兒》，頁136。

（一）方言的本我性

　　但在日語情境中，台灣的方言並未消失。因此周明德與祖母謝甜說福佬話，也與福州工人學說福州話。就讀老松公學校、新竹中學則使用日語，在官方語言主導下，方言仍存在周明德的生活中，三者同時存在並不相悖。即便周明德被徵召至重慶轟炸後墜機，白沙的中國民兵也因同胞身份（生於福州的漢人）而釋放他，周明德甚至與黎立日夜相處學會了北京話，由此可見語言是人與人間互相溝通的工具，可以視生活需要而習得。但即便同是客家話，也有各地腔調的異同，劉明鼎會說父親劉阿漢的「四縣話」，也能說母親葉燈妹的「海陸話」（《荒村》，頁 329），黃石順則以流利的「上港調」客語演說。但由於同為客語，雖然腔調口語略有差異，但由於同屬一個大族裔，彼此間的溝通阻礙相形見小。尤其在官方語言外使用方言，往往有種彼此同類的親近感。

　　《濁流》中李添丁因為志願兵成為帝國軍人，成為皇民的範式典型。壯行會上，陸志龍在一陣酒酣耳熱後，與李添丁碰杯說：「希望你勇敢地去！我也要跟在後頭去啊！」〔註 16〕這句話在公開場合如此說，符合外團體的期待，雖有點虛應情勢但也令人震驚。而在本島四人私下的送行會中，這個屬於本島人的內團體結構裡，李添丁自知許多人認為他幼稚，改以閩南話說：

> 陸的，你確是有思想的人，你看穿了我的心，那些臭狗仔，說我有日本精神，有大和魂，娘的！我才沒有那些臭狗仔精神呢！……我們臺灣郎並不全是瞎子，也不全是走狗。幹，我會拼命幹，讓那些臭狗仔曉得臺灣也有人。不過到時候，看看我的槍口對準誰吧！……什麼名譽的『志願兵』，娘的，還不是他們自己的兵死多了，不夠用了，才找到我們頭上來了！〔註 17〕

此處李添丁使用方言，彷彿也換了身份，先前的皇國子民不再，如今在眼前的，是卸下沉重皇民化面具（persona）〔註 18〕的被殖民者，改以自己的母語

〔註 16〕　鍾肇政，《濁流》，（台北：遠景，2005.01），頁 310。
〔註 17〕　同上註，頁 317、318。
〔註 18〕　榮格將面具視作心理上具有集體性格的部分，這是由於面具的形成與功用都與外部世界的社會現實休戚相關。詳見羅伯特・霍普克（Robert H. Hopcke）著，《導讀榮格》（A Guided Tour of the Collected Works of C. G. Jung），（台北：立緒文化，1997），頁 87。

說話，訴說內心真實的心聲，李添丁不再偽裝自己，更不須隱藏真實的自我，那些模擬的行為都只是為了爭一口氣，讓狗眼看人低的日本殖民者看得起臺灣人，虛應的背後潛藏著深深的反抗意識，於此陸志龍更明白，那種話沒有一個人會真心說的常識，以及當時大部分台灣人的內心狀態。〔註19〕這不禁令人想起廖春田阿公說的話：「我們臺灣郎都是苦命的。我們都是臺灣郎……哦，是臺灣郎，大家就要相愛相護。」〔註20〕，這是內團體的心聲，是一種族群團結的呼告，也是對台灣人的呼告。

李喬《孤燈》中，逃亡期間，皇軍野澤殿（原名黃火盛）瀕臨死亡的絕境時，內在的黃火盛重現，改以客語乞求明基的搭救，希望明基在他斷氣前喊他的名字——「黃火盛」——以免魂魄散去，並祈求剪下指甲後帶回故鄉台灣，隨即昏厥而去。事實上逃過鬼門關一劫的黃火盛，雖失聰卻換了一個人，感覺過去如惡夢一場。

由以上例子可見，方言在日本統治下的官方語情境中，一如超我下的本我，是真實的自己，代表沒有外包裝的內在潛意識，讓人看見坦誠裸露的內在心理，而這正是被殖民者內外矛盾又複雜的心理狀態。

（二）漢語、漢文的疏離性

在以日語為官方語言的殖民情境中，漢語及漢文也並未全面消失，1922年曾有古漢文與白話文之爭，1930年則有各種白話文（日文、華文、台文）的論爭〔註21〕。小說中日人教師伊田先生因白話文的流行，曾邀江東蘭一起合編「中國白話文」讀本（《浪淘沙》，頁770），可見中國白話文在皇民化風行之前，仍有一段半自主的存在期。但漢語對日人來說畢竟是敵國語言，雖然有部分文字相通，但對接受日本教育長成的本島人，仍非熟悉的語言。正如陸志龍所言：「這時的我——當然不只我，可以說絕大部份的臺灣人都是如此——是個講日語比講自己語言更流暢，更便捷的人，而且中學時雖有所謂漢文課，其實對漢文連一知半解都談不上」〔註22〕，對於身為漢人的本島人而言，漢語、漢文的存在是複雜交織在內心的，有時不得不用日語去讀漢文，

〔註19〕黃慧鳳，〈被殖民者的自傳——《論鍾肇政《濁流三部曲》》，《國立彰化師範大學文學院學報》，第6期，2012.09，頁119～134。
〔註20〕鍾肇政，《濁流》，（台北：遠景，2005.01），頁289。
〔註21〕林央敏，《台語文學運動史論》，（台北：前衛出版，1997.11），頁17。
〔註22〕鍾肇政，《江山萬里》，（台北：遠景，2005.01），頁223。

再以自己的方言母語，去試著貼近那與自己有著曖昧關係的語言文字〔註23〕。正如法農所言：

> 所有被殖民者——換句話說，所有因為當地文化的原初性被埋葬而
> 產生自卑情結的人——都得面對開化者國家的語言，也就是母國的
> 文化。隨著學習母國的文化價值，被殖民者將更加遠離他的叢林。
> 〔註24〕

就同文同種的血源論來看，共同語言是認同彼此的重要指標。皇國青年既使用流暢的日語，對於中國覺得遙遠而陌生可以想見，但在父祖輩的教育中，卻又存在著無法斷卻的情感聯繫，所以漢文化雖被隔離弱化，使皇國青年產生疏離感，但並未完全消逝。

（三）殖民者語言的晉升性

放眼世界，過去大英帝國、法國、西班牙、日本等殖民宗主國，往往為了方便治理殖民地，而推行國語教育，但國語教育的推行，是以殖民者的語言來取代被殖民者的語言，使土著的方言被消音，文化價值體系也被消抹與重寫。為了在殖民世界立足，學會殖民者的話語成為生活的必須。如同法農在《黑皮膚、白面具》所言，「掌握某種語言，也就掌握了這種語言所表述和指涉的世界。」〔註25〕殖民者的語言與社會地位是相聯繫的，本島人說日語，正如安的列斯黑人說法語，殖民者的語言是一把可能用來打開各道門的鑰匙。因此中國自從東北失陷以後，人們瘋狂地學習日語，一是為了將來的飯碗問題，一是激進分子，為了備戰而學習日語〔註26〕。如同日俄戰爭時（明治三十四年間），日人鑑於日俄戰爭將無法避免，紛紛開始學習俄語一樣。因為掌握優勢者的語言，便有機會取得較好的位置。

台灣由清改日本統治初期，大多居民不會說日語，而《浪淘沙》中劉賜是新竹城人，以前做過清朝的小吏，會講北京官話，因日軍無法直接與講福佬話的台灣人溝通，才找劉賜當通譯，因此短短十幾天，便從一個沒沒無聞

〔註23〕《江山萬里》中，陸志龍發現江山萬里碑時，是先以日語來唸「江山萬里」
這四個字，再以客語去讀。
〔註24〕弗朗茲·法農（Frantz Fanon）著，陳瑞樺譯，《黑皮膚，白面具》，（台北：
心靈工坊文化，2005），頁77。
〔註25〕同上註，頁76。
〔註26〕吳濁流，《亞細亞的孤兒》，頁188。

的小人物變成了赫赫不可一世的「半大人」，協助日軍欺負台人。而日人菊池巡佐很疼愛雅信，教雅信日語，使雅信成了「小救主」，協助本島人與日人溝通，解救了一些被日警抓的同胞。

《滄溟行》中簡溪水醫師也因一口流利的日語，讓警部補有了欣賞之色，對他敬畏三分。另外陸維棟，是九座寮第一個上公學校、第一個國語學校出身的正牌教師，能流利優美的日語，堪稱靈潭陂庄頂尖人物。而且在大科崁「御前講話」代表選拔中，也贏了內地（日人）指導員，被安枝校長稱為「人格者」。可說是在日本殖民統治下適應得很好的順民，且頗以此自豪。在陸維棟的心中，說官方日語說得比日人標準優美，讓他變得有自信，潛在的也能稍微撫慰被殖民的自卑心境。

李喬《荒村》中大湖郡的謝庄長很有語言天才。「他的日本話，很快就說得很『烏』——除了日本仔，沒有任何人能聽出那是出自本島人的日本話。他聲譽日隆，地位穩固，兄弟兩人都受到本地紳士以及日本人社會的看重和喜愛。他的人生，幾乎是十全十美的。四十多歲了還未生養一男半女，是他唯一遺憾。不過他另有打算：弟弟謝天送有兩個兒子，兄弟倆已經商量好，老二時祥將來可以過繼給他。他很喜歡時祥；他決定要讓時祥接受完整的日本教育；教育是最重要的，唯有教育才能使時祥變成十足的日本人。他這一代是不行啦。他經常像謙虛又像自卑地嘆息。謝庄長心底下，還有一個隱秘的方案：將來時祥一定要送去日本內地接受教育；最重要的，在內地娶一位『內地孃』過來。那時候，說的是日本話，穿的，住的是日本式的，『睡』的又是日本女人；將來生十個日本仔，那時候，謝庄長他就有十個日本孫子啦。」〔註27〕一如「在馬提尼克，殖民者的語言是與社會地位相聯繫的，一個人的法語說得越好，就越能取得較高的社會地位，而一個人是否獲得人道的待遇，取決於他對法語的掌握能力及模擬法國人行事風格的程度」〔註28〕。謝庄長的行為正是全面的模仿，甚至想藉由台日通婚來換血，以確保後輩子孫的優越地位。因此說殖民者的語言，並不僅只是認同的問題，有時更是生存的需求，與晉升位階的策略工具。

〔註27〕李喬，《荒村》，頁 155。

〔註28〕詳弗朗茲・法農著，陳瑞樺譯，《黑皮膚，白面具》，（台北：心靈工坊文化，2005），頁 28。

（四）離台的語言困境

1. 到日本

日本殖民時期，許多家世較好的台灣本島人會到日本去留學。但因日語發音的不純正，往往引發窘困的遭遇。太明留日時，師範學校同學藍某言：「你在這兒最好不要承認自己是臺灣人，臺灣人的日本話很像九州的口音，你就說自己是福岡或熊本地方的人好了。」〔註29〕在宿舍下女面前，藍也極力佯稱胡與自己是福岡縣人，這使太明非常不悅，他不喜歡這種自卑感。然坦率的胡太明，某次在中國留日同學總會的會議席上，承認自己是臺灣人，卻因此被懷疑是間諜而受到侮辱。

同樣的，留學日本的丘雅信，在日本 YWCA 宿舍，不僅必須使用日語，還必須學習在風呂間與其他女生一起裸身洗澡，睡在榻榻米上，跪在榻榻米上，但晚飯時看著味噌湯、「刺身」（生魚片）、醃黃蘿蔔片，由於沒胃口，卻被誤以為不會用筷子，都是用很髒的手捏來吃，好奇的女人還問雅信，父親或族人是否還到山下去割平地人的人頭，母親是否有刺著青蛙嘴的花紋？是否是生番的女兒？甚至有幾個小女孩會在隔壁紙門揶揄地唱著「清——國——奴——啊，清——國——奴——啊……」，使得雅信在日本有很深的疏離感。原本在台灣雅信的日語能力已在諸多眾人之上，但身處異鄉，卻由於她的本島人身份、她的日本話有台灣腔，而常受到有意無意的侮辱，不僅批評她的語言，連舉止穿著、生活習慣，甚至不敢吃生魚片等行為，而被認定是未開化的人。是故本島人的被殖民身份，在日本殖民宗主國一樣受到歧視，除了衣著外貌，口音是分辨彼此的重要指標，因此往往因特異的台灣腔，受到次等的凝視與對待，處於劣勢的處境。

但留日回台的台灣島民，在台灣的身價則變得不同，所受的禮遇如今日許多留學的洋博士一般。留日回台後的雅信、彭英想買地自己建醫院，但許多上好的地都被日人買走，於是決定向日人龜甲萬醬油的代理商松島先生，買台中火車站附近的地，來建清信醫院及產婆學校，這些在台的日人對醫生很尊重，如松島先生所言：「不是我不願把地賣給『本島人』，實在是一般『本島人』都很髒，而這附近住的又都是『內地人』，你們也知道『內地人』一向都有清潔癖，我若把地賣給一本島人，這些『內地人』大家都要起來說話了。

〔註29〕吳濁流，《亞細亞的孤兒》，頁88。

不過話說回來，我看你們兩位都是到『內地』念過大學的，一定很清潔，而醫生又是救人的，醫院更非乾淨不可，所以你們如果要買那塊地，我可以放心賣給你們，這些『內地人』不但不會出來說話，相信還十分歡迎你們來蓋醫院呢。〔註30〕」由此可見，同一個人說同樣的話，卻因身處的時空不同，而遭受不同的待遇，其間最主要的差異，仍是台灣被殖民的處境，學會殖民者的官方話語，有助於被殖民者提昇身份位階，向殖民權力中心靠近。但不論如何學舌、模仿，那地方性的腔調與血統的相異，仍無法改變彼此不同的既定事實。

2. 到大陸

日本殖民時期，台灣人最常外出的二個國度，一是日本，另一則是中國。留日自是受到殖民宗主國的影響。而遠赴中國者，則多半有著祖國原鄉的意識，以及反日的情懷，但受限於殖民情境，有時不得不以「遊大陸」三字來代替「歸故國」，以免身受文字獄〔註31〕。但台灣人回到同文同種的原鄉，擺脫日語情境下的劣勢，本該如魚得水優遊自在，但事實並不然，這些可見諸鍾理和的〈原鄉人〉或李榮春的《祖國與同胞》，主人翁最後都失望的返台。而《亞細亞的孤兒》中，胡太明經「曾」的介紹至大陸教書，以前他認為「臺灣話也是中國話的一種，自己懂得廣東話和福建話，覺得都很容易，誰知遇到實際應用的時候，纔知道自己語言不通，深悔事前沒有把國語學好了再來。〔註32〕」此文脈中的國語是指中國的國語（北京話），台灣漢人與中國雖然同文同種，但語言仍然有出入，彼此仍然有差異，因此太明到大陸也從事日語教員的工作。「曾」介紹太明至南京後，將中國複雜的環境向太明解釋，但胡太明不懂「蕃薯仔」（臺灣人的別名）為什麼必須忍受別人的屈辱？實則大陸排日風氣甚盛，對於臺灣人也極不歡迎。他雖與中國新女性淑春結婚生子，試圖融入當地的生活，但太明無法被信任的台灣身份，終使他被首都警察抓走，幸賴協助才得以越獄返台。因此，日本統治台灣時期，台灣人會說殖民官方語，仍是次等的支那人，會說自己的方言母語，卻也不被信任，歷史的動向終讓太明成為中國與日本都不接受的孤兒。

〔註30〕東方白，《浪淘沙》，頁801。
〔註31〕吳濁流，《亞細亞的孤兒》，頁142。
〔註32〕同上註，頁147。

（五）到海外其他國家

　　台灣人與日本人都是亞洲人，對西方人而言，並不易區辨。《浪淘沙》中，1942 年丘雅信在加拿大坐計程車時，見到一群日本人在赫士丁公園集合，準備被送至山裡的集中營，當時司機好奇的問話，雅信趕緊澄清「我不是日本人，我是台灣人。」這句話江東蘭也說過，周明德也說過，在其他小說也常常出現。但事實上台灣當時仍屬日本的殖民地，台灣人也可被廣義的認定為日本人。但既已離家萬里，明言自己是台灣人，而不言自己是日本人，實有戰爭等背景緣由。而丘雅信雖然會說英文，但在溫哥華中國城開業，是因為華人只准在中國城開業，才得以取得開業執照。但住在中國城的人雖同為華人，卻是來自各地的華人，語言也各自有別，由於附近為廣東人集結所在，樓下理髮店的阿昌往往義務為雅信翻譯，讓雅信感受到華人的情誼。但六樓的漢醫曹先生，卻到處宣傳雅信是日本人，還謠言雅信替日本人做間諜。讓雅信再次遭受日屬台籍身份的窘境，後來戰爭吃緊，差一點被視為日本戰犯。

　　人不能選擇自己的出身，不能選擇自己的父母，日本殖民時期出生的台灣人，更沒有選擇國家的權力，他們即使以純熟的日語在社會上與人交涉共事，卻仍得在自己的土地上受到他人的歧視，而走出這奇特的生長國度，在日本仍因獨特的台灣腔日語受到歧視，在中國也因不同的地方語而感到疏離隔閡，未能改變原有的窘境，不料在國際局勢的影響下，協約國與軸心國的戰爭，讓日屬台籍身分成為身上的烙印，仍受到質疑與歧視，未能逃離同樣的宿命。

　　在爭權奪力的政治世界，人我之分成了敵我的對立，如何能才能消弭彼此的仇恨？這不禁令人想起小說中蘇格蘭老牧師的講道，什麼是愛？那就是愛你的鄰人，鄰人指的是整個世界的人：

> 大家都知道「政治」「人道」不是並行的，「政治」是有選擇性的。而「人道」卻沒有選擇性。當「政治」想救援一個人的時候，它必須先問對方是誰？但「人道」從來不問對方是誰？「人道」是全然的關心，是沒有分別的愛。有人溺在水中，你不能避而不顧，也不必問：「你是誰？」，你只把手默默伸過去，把那水中的人拉上岸來，這便是「人道」，也就是「愛」，不分性別、不分年齡、不分地域、不分種族，像空氣一樣無所不在；像陽光一樣無時不暖！〔註33〕

〔註33〕東方白，《浪淘沙》，頁 561。

於此，世界共通的語言不是英文，也不是中文，而是愛，唯有愛無須翻譯，沒有高低尊卑的區別，不受戰爭的影響，沒有利益與權力的糾葛，讓人與人平起平坐，活得有尊嚴，活得有意義。

三、台灣光復初期

（一）漢文教育的復甦

　　光復的日文發音，恰與「降伏」或「降服」雷同，所以「無條件降伏」也就是「無條件光復」，二者混淆不清。但對於台島人民來說，不必再唸過往必唸的「勅語」，不管是教育勅語、戊申詔書、軍人勅諭、宣戰大詔等，可算是一種語言的解放與鬆綁。而為了迎接祖國的到來，更是開心的高喊「再次恭祝中國的雙十節，中華民國萬歲！萬歲！萬歲！〔註34〕」。因此陸志龍父親在演說中提及：「以後，臺灣是我們自己的了。既是我們自己的，我們就應該加倍愛護，大家一同來為建設新中國的新臺灣，使臺灣成為一個安康快樂進步的好地方，這也就是報效祖國的唯一的方法了。各位父老，讓我們奮起吧！〔註35〕」殖民時期日本政府禁止臺灣人讀漢書，所以書房關了好多年。光復後時代的潮流又把漢文推到頂尖的地位。白天晚上都有人在漢文書房讀漢書，如三字經、增廣、千家詩、幼學、四書、尺牘等。許多知識份子也開始學習祖國的語言，但在認讀的過程，總有一段語言的轉譯過程，或由客家話、閩南話讀白話文，再經由腦譯，來學習漢文漢字〔註36〕。雖然如此，民眾對漢文書仍非常渴求，對習漢字也非常認真。不管是幸子的母親、江永發的父親皆然，群眾主動學習漢語漢文，使漢文教育呈現復甦的態勢。

（二）小小國際村的語言形態

　　然而戰後初期，說日語仍是很普遍的，加以許多本島人由各地歸來，因此小小一個島就像一個國際村，有著滿洲國回來的滿洲語，長山回來的北京話，以及高級知識份子使用的英語，被殖民後普遍會說的日語以及各地方言。當北京來的韓萍面對日本歸來的志鈞時直言：「您怎麼還說鬼子話呢？〔註

〔註34〕鍾肇政，《流雲》，頁 192～194。
〔註35〕同上註，頁 268。
〔註36〕同上註，頁 202。
〔註37〕鍾肇政，《怒濤》，頁 255。

37）」，因為在當時外省人認為，說日語便是具有奴隸根性，因此以強勢的姿態批判台灣人，卻無視台灣才剛改朝換代，語言的轉換並非一蹴可幾的困境。雖然有許多人開始學漢文，說北京語，年輕一輩也有滿腔熱誠想學，也認為必須學大陸語言，但面對國語、官話莫衷一是與混亂感到困擾，雖有人對學習北京話抱持樂觀的態度。但也有人主張學英語，認為將來可能是英語的世界。參照文本內外，戰後初期的台灣，語言發展充滿著多元的樣貌，也展現新的契機，若非國民政府的國語政策，相信今日台灣人的語言會有更多元不同的樣貌。

（三）二二八的過渡

然而在短短期間，台灣卻又發生急遽的變化。日本投降後，中國接收委員會來台灣接收日本資產，種種行為舉措都引發台民的質疑與不滿。小說中周明圓讀完上海聖約翰大學礦冶系，也隨之來台接收，擔任工礦處的副主任，民生報社論主筆、美國新聞處翻譯等要職。回祖父周福生萬華的家時，卻都是走後門無人小巷，並交代不得告知他人自己是台灣人，路上遇到也別相認。但在二二八事件發生時，周明圓巡視炭礦後從花蓮到台北，卻一路都使用日語跟司機談話，且逢人就說自己是台灣人，所以一點事也沒發生。〔註 38〕足見語言的魔力與功效，可以讓人頓時改變身份，選擇一種有力的姿態來面對人群。當然這些改變都牽涉著權力的角力，讓小說中的騎牆派得以自由選擇最有利的發言策略。

四、戰後國語教育的推行

戰後國語（北京話）教育的推行，也是威權體制的展現，從 1946 年 6 月行政長官公署電令全省各級學校師生禁用日語。1946 年 10 月 25 日廢除報章雜誌日文版，禁止臺灣作家用日語寫作。企圖消滅日本文化的遺毒、本土母語的地方勢力，以掌控人民的思考，因此作品中「北京」與「北平」就代表不同意義，「中國香港」與「香港」也不同。《怒濤》中，東京帝大生陸志麟與長山妹韓萍在台灣結為連理，使得陸家逐漸「北京化」。語言方面如此，連同語言背後的生活文化也一同伴隨而來。例如飲食方面，不再如過往客家媳婦輪煮的情形，韓萍提議改由她的「使女仔」阿毛燒菜，生活其他大小家事，

〔註 38〕東方白，《浪淘沙》，頁 1935。

也都由「阿毛」一手包辦，因此早餐改吃豆漿，油條、燒餅一類等就見怪不怪了。

　　隨著國民政府的教育推行，國語已漸漸普及，聽得懂國語的人自然倍增，只是台灣人的國語不免有著本地腔，而形成台灣國語式的特殊腔調與口氣，但對於溝通已不再是巨大的阻礙。1960 年左右，《浪淘沙》中的周福生 88 歲時受邀為「敬老會」致辭，演講稿盡是感謝總統英明領導與歌頌市長實施德政的八股文字，實不足為奇。只是一切教育以反攻大陸為唯一目的的黨化教育，將台灣建設為反共基地，不僅推行國語，也不斷教唱「反攻大陸去」等愛國歌曲，這樣的旋律一次又一次在各校操場響起，作文也樣板的以此結尾。但「一年準備，兩年反攻，三年掃蕩，五年成功」的口號呼喊多年，總不免令人質疑，甚至感到失落。因而小說中，P 教授與兩位學生共同印刷「台灣人自救宣言」，明白指陳國府的謊言，並予以忠言逆耳的諫言，卻遭受逮捕。〔註39〕突顯文字獄的迫害，並未改變。小說中健雄在 K 市檢驗局工作時被人密告，於是健雄被憲兵矇住眼睛後，直開往充滿刑具的房子，軍官桌前擺了一大堆資料，其中一疊岸教授寫給他的信，竟然被影印出現在偵訊官的桌上。結果偵訊官指出他在一張報表中，把「香港」寫成「中國香港」，而質疑他為何要特別標榜大陸的「偽」政權，有「為匪宣傳」的事實。慶幸健雄過往曾加入國民黨，參加軍中服務又紀錄優良，因此特准寫一份自傳表明心跡。為了救命，健雄用了九牛二虎之力，把所有的文學細胞給動員起來，在自傳中寫了許多違心之論。出身農家子弟的健雄，感謝「三七五減租」改善了農民的生活，「耕者有其田」使「佃農」變成「自耕農」，使他這個農家子弟有機會受高等教育。對政府的德政只有感激，絕無「附匪」或「背叛」政府的心。〔註40〕待釋放後才私底下明白告訴幸子：「我們知道，政府不是為了「農民」的福利，而實行這兩個政策。他們只是要摧毀地主階級的經濟力，使台灣失去了領導階層。想想全世界只有『前殖民台灣』的地主，沒有擠入統治階級」〔註41〕，而這些外來的占領者則如此容易地粉碎地主的經濟優勢，從而成為唯一的當權派。

　　無怪乎戰後這一代知識分子，自覺在日本統治下尚能表達意見，平安無

〔註39〕黃娟，《落土蕃薯》（台北：前衛出版社，2005.06），頁 59～60。
〔註40〕同上註，頁 77。
〔註41〕同上註，頁 78。

事地渡過半生，卻反而在熱心歡迎的祖國政府下，遭到殺頭或監禁，如此強烈諷刺性的悲劇發展，任何人豈能預料？因此便有人取巧的選擇加入國民黨，寧可走入虎穴，選擇在黨內經營與虎爲友，進而參與地方選舉，找尋晉升的機會，而這樣的台灣人顯然又是一個騎牆派。

台灣最悲哀的，莫過於到處存在的線民，爲了貪圖獎金，出賣自己台灣人。台灣人最該氣憤的莫過於被迫繳納的繁重稅金，被用來打擊最有勇氣的台灣人。〔註42〕如雷震事件眾人皆知，尋求三連任的蔣介石，不惜蒙受摧殘言論自由的惡名，仍下令雷震刑期不得少於十年，小說中雷震事件的描述，正突顯文本內外台灣人所受到的言論箝制與宰控。

（一）還我母語

台灣在國民黨的長期壓抑下，歷經西化的移植，鄉土的回歸，逐漸引起反彈，爲了反對官方語言的霸權，台語話文運動成了反撲的形式，當時許多反對國民黨專制統治者，一改過往說著台灣式的國語，有意識地直接以台語對話。

但在台語運動興起之初，大部分檯面上的母語是福佬台語，尤其爲了爭取福佬選票，以福佬台語演說的情形屢見不鮮，甚至連客家人也寧可以彆腳的福佬台語演講以免引起反感。如《落土蕃薯》中參選的客家人 H 縣長（按許信良）即是。而小說中的主角幸子也有著弱勢母語的慨嘆，過往福佬人只要知道幸子是客家人，就會自動使用北京話，但在美國的台灣人聚會上，旅居海外多年的幸子，與台灣同鄉（非客家人）對談時使用北京話，卻引來兩種反應，一是仍以福佬話回答，一是遭來白眼，不以爲然的走開，身旁的丈夫健雄替他無禮的同鄉道歉，但仍無法改變這群海外台灣人的態度。而加入海外獨盟的芬妹夫婦也是客家人，他們兩人因爲以前住在閩、客各半的小鎮，所以會說閩、客兩種語言，但在盟員家也曾被批評爲何不教孩子台語，言下之意是客家話不是台語，福佬話才是台語。但何以這群台灣人這麼「鴨霸」，作者也藉由幸子的福佬丈夫的話來解釋：

> 這是情緒化的時代，台灣人把統治者的「語言」，當做統治者來排斥。
> 使用這個「語言」的人，就變成統治者的「替身」，也就成了「人皆
> 曰可誅」的對象……〔註43〕

〔註42〕黃娟，《落土蕃薯》（台北：前衛出版社，2005 年 6 月），頁 61。
〔註43〕同上註，頁 316。

幸子也「聽說台灣南部的人，不知道台灣還有福佬人以外的族群。像大中國，認為中原以外之地，就是夷狄之邦，人家的語言就是蠻語，不能上大雅之堂。一部分福佬人可能認為拒絕『北京語』的台灣人，只能通通使用『福佬語』〔註44〕」黃娟藉由這些文字來呈顯福佬人的無知與霸權心態，在福佬團體的獨盟裡，客家人為了愛台灣、關心台灣，卻得忍受福佬語言的強勢同化。

　　而這樣的情形在台灣也同時發生，客家人口約佔台灣人口15%左右，面臨最大的危機便是客語的流失，會講母語的人越來越少。一來是長期的國語教育使然，二來是在台語（福佬語）文化下的退位。但母語亡，則族群滅。所以搶救客家文化的運動興起。不僅1987年《客家風雲》雜誌創刊，1988年12月客家人也在台北街頭集結，舉行「還我母語運動」的遊行，讓當時的三家無線電台新聞節目每週一至週五播報十五分鐘的客語新聞節目。同樣的情形也見諸於原住民刊物、影視媒體等，1995年教育部也將母語教育列入課程，突顯出各地語言，隨著時代的改革開放，逐漸受到尊重與保護，甚至努力傳承的現象。

　　台灣諺語「寧賣祖宗田不忘祖宗言，寧賣祖宗坑不忘祖宗聲」〔註45〕即說明子孫就算落魄到變賣祖先的田地，也不能忘卻祖先的語言，祖先的語言要一代一代傳承下去，族群才能永遠留傳。因此為了讓各族文化得以保存，首先就是要恢復與傳承祖先母語。

（二）同化的自省

　　在台灣，各種語言同時並存，除卻官方語之外，仍有強勢與弱勢語言的區別，反映著社會的權力與地位。小說中幸子擔心過往自己Y鎮的客家人，搶了土牛溝平埔族的地，沒想到土牛溝南岸的T（原為平埔族）早已同化為客家人，不僅以客語與幸子交談，還寬慰幸子道：「哦！我是到了國外才開始思考族群問題，了解弱勢族群生存的困難。被強勢族群同化是最常見的例子，拿我自己來說，雖然知道自己的出身，對祖父母輩不同的衣著、習俗、語言都有記憶，但是什麼也沒有保存下來。『同化』的過程是和平的，也是自願的，『漢化』的結果提高了平埔族的生活水準，改善了經濟條件，但是對一個族

〔註44〕黃娟，《落土蕃薯》（台北：前衛出版社，2005年6月），頁322。
〔註45〕詳戴寶村、王峙萍，《從台灣諺語看台灣歷史》（台北：玉山社，2004），頁173～175。

群來說，平埔族確確實實是從地面『消失』了……」〔註46〕小說中平埔族的 T，對於幸子等客家人並不怨懟，不僅沒有仇恨沒有對立，還誠懇地要客家人小心呵護自己的語言與文化，T 還積極參與客家運動，同樣熱心為台灣民主運動打拚。顯然已經同化為客家人，認同了客家的族群與文化，找到了新的群體歸屬，但仍有被消音，被滅族的危機，因此戮力為客家運動而奔走。這正突顯弱勢族群的處境，與強勢族群的傲慢，黃娟對同化的自省，足以為其他強勢者引以為鑑，所有美其名的同化政策，所有統一平等的規範，其實都是獨斷專制的，也都是消滅異己的手段之一。

小結

　　台灣因改朝換代而有不同的統治者，因而被迫使用不同的官方語言。但小說文本中，人民使用的語言卻並非單一的官方語，更包含了生父、生母各自的方言，以及個人境遇所習得的語言。從以上整體脈絡來看，早期台灣社會是多語共存的文化形態，在日本統治前，主要以漢字多語的形態呈現。但受日本殖民統治後，漢文的地位漸被日文所取代，官方日語以霸權的形式，不斷撲向台島子民，不僅在學校傳授日語，更在社會實施國語家庭制度，讓說國語的家庭享有較好的待遇。雖然如此，各地方言仍以潛流形式涓涓的流動，成為內團體互通聲氣的共同語言，讓台灣島民得以卸下皇民的面具，在內團體內紓發個人真實的情感。

　　在日本殖民情境中，漢語、漢文漸漸淪為邊緣的他者，在皇國青年眼中變得陌生而有距離，由此可見日本統治者與「祖國」勢力間的角力，日本佔了上風。因此掌握殖民者的官方日語，便成了求生者／投機者提昇社會地位或晉升上層階級的一把鑰匙。但台灣人使用日語，會隨著小說主人翁的環境空間位移，而有不同的遭遇。在殖民地台灣會說流利的日語，是一種高尚身份地位的象徵。但台灣人在日本殖民宗主國，說著流利的日語，卻往往因不純正的台灣腔調而自慚形穢，同時遭受到日人的歧視與排擠。即便到了祖國原鄉，以為彼此同文同種，語言自能相通，實則不然。中國大陸南腔北調的情形更是明顯，不僅語言是有待解決的問題，台灣人的日屬台籍身份，更隱含著間諜的可能指涉，而難以被對方信任。

〔註46〕黃娟，《落土蕃薯》（台北：前衛出版社，2005 年 6 月），頁 446。

　　日本戰敗後，台灣島民由於期待回歸祖國的懷抱，不少台灣人積極主動的學習漢文、漢語，使漢文教育有復甦的態勢。而出外的各地台灣人也紛紛回台，使台灣小島儼然成為一個小小的國際村，形成日語、英語、滿洲話、福佬話、客家話等多種語言並行的多音交響狀態。但歷經二二八的慘劇，以及一切以反共為目標的國府政策，台灣人民對於統治者產生巨大的懷疑。隨著多年教育的推廣，會說國語並不困難，但仍因台灣國語式的腔調遭人訕笑與歧視，尤其文字獄的事件頻傳，諸多勇敢的諫言受到言論自由的箝制，使人民漸漸反彈，還我母語的運動逐漸興起。但各地方言間，也存在著強勢語與弱勢語的區別，在台灣，福佬族群人數明顯多於客家族群，閩南語的普及率，也勝於客語，因此雖同屬內集團的成員，共處時閩南語則為強勢語言，由此也可以看出權力的角力。另外強勢族群對弱勢族群的同化也是重要的指標，生活語言的改造，往往導致文化習俗同時改變，如原住民由排斥日語到學習日語，進而以高砂義勇皇軍自居的情態，使原住民忘卻自己的語言、文化，而投身強勢群體，造成原民文化的沈淪與消失。同樣台語、客語族群也面臨同樣的情形。小說中的客家人，在福佬強勢的語言氛圍中，看見自己客語的弱勢，從而看清過往客家人對於原住民的強勢，因而反省同化行為的正確性。

　　我們藉由以上小說文本表現的內容，可以看見各族群語言策略的運用，關係著權力的掌控。但各族群語言不僅與官方語言進行角力，也在生活中無形的複製了統治者的言行，以強勢的姿態同化其他弱勢族群，造成弱勢語言的被消音，文化也連同被取代。因此還我母語運動，成了各族群共同的訴求，從台語運動、原住民運動、客語文化的推廣等歷史發展來看，各地方言母語，逐漸有恢復自主發展的空間性。

第二節　作家作品的語言運用

　　　敘事跨越了文化的藩籬，沒有任何障礙。但另一方面，敘事生產也
　　　是權力關係的建立與競逐，是不同文化與語言間衝突的來源，宰制
　　　與被宰制態勢的展現。〔註47〕

〔註47〕翁振盛，〈敘事學〉，《文訊》292 期（2010.02），頁 60～61。

一、作家的族裔用語

在殖民地的社會階層劃分上，階級的劃分往往與民族的劃分是相通的〔註48〕，因此不同民族的用語，也相對有著高下的不同態勢。語言是一種溝通的工具，不同族群往往有不同的地方語言，指涉著不同的文化思維與知識體系〔註49〕。一個人的出生往往決定了族群的歸屬，以及被賦予認定的身分（given）〔註50〕，從而由自己的族群中習得慣用的語言。並在公共領域中接受官方語言的教育，以及生活所需的語言，從而決定其書寫的用語。文壇上作家族裔各不同，客籍作家其實不少，如龍瑛宗、吳濁流、鍾理和、鍾肇政、鄭煥、詹冰、林鍾隆、李喬、黃娟、杜潘芳格、鍾鐵民、曾貴海、馮輝岳、雪昤、劉還月、莊華堂、甘耀明……等人，連看似福佬人的賴和、邱家洪等作家也是。

但從台灣「大河小說」的作家來看，竟然幾乎都是客家人（鍾肇政、李喬、黃娟、邱家洪），與台灣人口組成「閩多於客」的比例〔註51〕來看，

〔註48〕詳艾勒克‧博埃默（Elleke Boehmer）著，盛寧、韓敏中譯，《殖民與後殖民文學》（Colonial and Postcolonial Literature），（遼寧教育出版社：牛津大學出版社，1998.11），頁36。
〔註49〕安德森認為，從一開始，「民族」的想像就和種種個人無可選擇的事物，如出生地、膚色等密不可分。更有甚者，想像「民族」最重要的媒介是語言，而語言往往因其起源之不易考據，更容易使這種想像產生一種古老而「自然」的力量，無可選擇，生來如此的宿命，使人們在「民族」的形象中感受到一種真正無私的大我與群體生命的存在。「民族」在人們的心中所誘發的感情，主要是一種無私而尊貴的自我犧牲。詳班納迪克‧安德森（Benedict Anderson，1936～）著，吳叡人譯，《想像的共同體》（台北：時報文化，1999.04），頁9。
〔註50〕根據里柯（Paul Rcoeur）所言，「認同」基本上有兩種類型，其一是「固定認同」（idem identity）：，也就是自我在某一個既定的傳統與地理環境下，被賦予認定之身分（given），進而藉由鏡映式的心理投射賦予自我定位，這種「認同」基本上是一種固定不變的身分和屬性。另一種認同，則是透過文化建構、敘事體和時間的積累產生時空脈絡中對應關係下的「敘述認同」（ipse identity）。「敘述認同」經常必須透過主體的敘述以再現自我，並在不斷流動的建構與斡旋（mediation）過程中方能形成。「敘述認同」是隨時而移的，它不但具備多元且獨特的節奏和韻律，也經常會在文化的規範與預期形塑下，產生種種不同的形變。詳頁廖炳惠編著，《關鍵詞200：文學與批評研究的通用辭彙編》（台北：麥田，2003.09），頁137。
〔註51〕台灣入清版圖之初，主要移民來自福建的泉州與漳州兩府，客屬移民甚少；來台的客家人多從事傭工，採取春去秋回的「候人」形態耕墾。乾隆晚期，據當時人的觀察：「按全台大勢，漳泉居民十分之六七，廣民在三四之間。以南北論，則北淡水、南鳳山多廣民，諸、彰二邑多閩戶；以內外論，則近海

不得不令人側目。這不免令人好奇客家人的族群性格，當有一定的特質使然，才足以寫出浩浩湯湯的大河之作。最為人熟知的便是客家人的硬頸精神，以及勤儉、刻苦耐勞的性格，這與客家人拓墾經驗有關。頗符合書寫大河小說所需要的堅毅性格與吃苦能耐。客籍作家寫作受限於客語沒有文字，只好借用官方語來書寫，看似平常，但客籍人士不會說客語，只說日語、中文或其他語言，則有其弔詭性，其他族群亦然，卻往往被世人所忽視。

　　一個人以自己的母語（此母語包含父親的語言）說話是很自然的一件事，但若改以別人的母語說話，寫別人的文字，讀別人的語言，那就表示這個人的外在環境已改變，但這可能只是一時的地點改變，如出國，或在語言相關機構等。但設若一個人不僅聽說讀寫都使用別人的語言，連日常生活也仰賴別人的語言來思考，那就表示這個人遭逢了巨大的改變，這個改變也許是經年移居他地，或被殖民後的結果，但兩者在意志上並不相同，前者是自主的選擇，後者是被迫的接受。而（被迫）接受他族語言，往往造成高低尊卑的階級區分，強勢的一方往往以高姿態歧視另一方的語言，乃至文化及其背後所包含的一切。

　　政權數次易幟的台灣，官方用語也隨之改變，人民隨著時間地域的變遷，人事的改變，語言的使用也產生了變化。從而台灣戰後跨語言一代，在語言的運用上有一段痛苦的轉換過程，而影響其書寫的用語。

　　鍾肇政（1925～）即是戰後第一代作家，母親是閩南人，父親是客家人，是閩客混血，在客語稱「反種仔」。小時候住在閩南庄，說的是閩南話，七歲開始上學說日本話，八歲回到故鄉才正式成為客家人。但生長在日本殖民時期，接受完整的日式教育，已被訓化為皇國青年，還曾以流利的日語能力受人讚揚。因此鍾肇政會說日語、客語，對於母親的福佬話亦不陌生，至少聽得懂。日本戰敗後，鍾肇政努力自學漢字漢文，曾考入台大中文系，但因聽覺障礙而輟學，一邊在國小擔任教師，一邊獨學自修苦學中國語文。1950 年

　　屬漳泉之土著，近山多廣來之客莊。」大體形成泉人靠海、客屬靠山，漳州人居其間的人群分布。移民所認同的僅限於自我族群、原鄉地緣、宗姓血緣，或地方村莊等，沒有形成台灣的整體意識。而漢人渡海來台之前，在台住民以馬來種為主，其活動區域散布於台灣各處。直到清朝漢人大量渡海來台，原住民的生活空間逐漸往山林遷移。詳戴寶村、王峙萍，《從台灣諺語看台灣歷史》（台北：玉山社，2004），頁 131、160。

生平第一篇文章〈婚後〉在《自由談》雜誌發表後奠定了寫作的信心〔註52〕，從此寫作不斷，因此能說、能寫、能聽的語言不少。在戰後的文壇，鍾肇政是以翻譯起家，1952 年開始試譯日文版的西洋詩篇，接下來也翻譯日本作家的創作理論、日本作家的小說作品。因此早期寫作時是先以日文書寫再翻譯成漢文，等國語較能駕馭時仍以日語思想，再經由腦譯後書寫成國語，直到國語純熟後才直接書寫官方語言。因此 1960、1970 年代，鍾肇政能以中國文字寫出大河小說實屬不易。但他的《濁流三部曲》、《台灣人三部曲》都是以中文寫作，書寫日本殖民的歷史。直至解嚴後的《怒濤》，才採譯文對照的形式書寫，日文部份是自己的專長，英文部份才請友人協助。

鍾肇政的客家身份，早期是隱微在台灣人之下的，但在《濁流三部曲》、《台灣人三部曲》，以及《怒濤》中，主要人物角色都是客家人，內容自然也扣緊客家族群的習俗文化與生活方式，因此客家話雖未以高姿態在文本中現身，卻以另一種形態在贖回自己的文化。而晚近客家運動的推行，鍾肇政不僅是幕後重要推手，也與客家人一起走上街頭，擔任客家公共事務協會創會理事長。

戰後第二代的李喬（1934～），本名李能祺，出生苗栗大湖客家庄。據張良澤所言，李喬的先祖本非客家人。因為從小住在客家庄，養祖母是客家人（銅鑼李家），非常疼愛、視如己出，也非常熟稔客家話。雖自認為是「客福佬」，但廣獲客家人普遍的認同〔註53〕，並於 2001 年榮任行政院客家委員會委員，2007 年與鍾肇政同時獲頒首屆「客家貢獻獎」之「終身貢獻獎」。

李喬父親曾參加反日活動，因而入獄多年，出獄後被限制居所，因此過著困苦的山居生活。李喬強調自己是「台灣山區荒村農村的子弟」〔註54〕，顯示自己貧苦的出身。李喬雖生於日本殖民時期，受過日本教育，但光復時才讀小學四年級。新竹師範學校畢業後，在教育機構擔任教職二十多年。李喬日語的掌握能力，並不如曾從事翻譯日文工作的鍾肇政。而中文的書寫能力，在國民教育養成後也駕輕就熟，這點從李喬的諸多作品可以證明。而李

〔註52〕 高天生，〈台灣文學的耕耘者鍾肇政〉《台灣小說與小說家》（台北：前衛，1994.12 新版第一刷），頁 64。

〔註53〕 張良澤，《四十五自述》。詳維基百科：http://zh.wikipedia.org/zh-tw/%E6%9D%8E%E5%96%AC 瀏覽日期：2013.7.11。

〔註54〕 高天生，〈從大地走進歷史的李喬〉《台灣小說與小說家》（台北：前衛，1994.12 新版第一刷），頁 75。

喬在《寒夜三部曲》、《埋冤、一九四七、埋冤》中，爲了表現當時人們因殖
民造成的多語交雜的語言情境以及戰後脫離日本殖民不久，中日語雜用的情
形普遍存在，於是採以漢字表意、日文表音的「漢音日語」、或是羅馬拼音等
方式書寫其間的對話，李喬自言他強調的是那種調子與節奏〔註 55〕，但對於
不懂日文的讀者著實造成閱讀上的困擾與窒礙，但似乎也正反映了時代亂象
的一隅。《埋冤、一九四七、埋冤》〔註 56〕中，當小說場景位移到台灣東部的
花蓮時，原住民語、日語、國語、客語、福佬話等各族語言並時存在，且多
音交響，讓浦實的國語腔調從而混雜著各族性，但這點卻讓一心向「華」、又
從事教育工作的母親葉貞子（後改名葉貞華）感到不耐，但這正是文化雜交
的必然結果，台灣也正是一個龍蛇雜處的社會，既然浦實是客家與外省的混
血種，就不可能換血爲純正的外省人，若硬要以他者的語言來改造自己，相
對的也必定被他者化了。然而浦實這個混血種非常有自知之名，選擇做自己
的主人，才避免走上再度被奴化的道路。現實生活中的李喬也不願被奴化，
其客家身份對書寫《寒夜三部曲》這部大河小說也深具影響，整套作品也融
合了〈山女〉、〈蕃仔林的故事〉等短篇小說，並以父母的經歷爲原型，寫偏
僻山村蕃仔林客家三代族群的遭遇，從長工到自立門戶，從入山林開墾與原
住民爭奪土地，成爲隘勇，加入農民組合抗議日人，甚至被徵召至南洋當兵
等，儼然是一部台灣客家族群近代史。晚近李喬也同樣投身客家文化的推動，
主持大愛台「客家週刊」節目（1997 年 10 月起）、策劃「文學過家」在公視
推動客語台灣文學（2000 年）。其《寒夜三部曲》第一部，也率先由公共電視
台改編爲第一部客語文學連續劇（於 2002 年 3 月播出），另外爲客家電視台
策劃主持的「客家心客家情」等節目，足見李喬對客家文化的保存與推廣可
謂不遺餘力。

　　東方白（1938～），本名林文德，是出生於台北大稻埕的福佬人。在繁華
的永樂市場「萬居鐘錶鋪」中，父親對他說了許多豐富的庶民故事，也爲他
蒐購了日文版的《世界地理風俗大系》這部百科全書，使他對世界各國的歷
史、地理、人文、風俗多所了解，對多元語言的操作較爲敏感，而在善說四

〔註 55〕李喬，〈自序之（二）〉，《埋冤、一九四七、埋冤》（苗栗：苗栗客家文化廣播
　　　　電台出版，2003.02 三版）頁 21。
〔註 56〕李喬，《埋冤、一九四七、埋冤》（苗栗：苗栗客家文化廣播電台出版，2003.02
　　　　三版）。

句聯的母親口中，也習得了許多有趣的庶民日常用語，因此耳濡目染的使東方白有了說故事的長才〔註57〕，就讀台大後陸續有文學作品的發表。1965年東方白遠赴加拿大留學，1970年取得莎省大學工程博士學位。1974年移居亞伯大省愛蒙頓城。雖非文科出身，但對寫作十分熱衷。在大河小說作家普遍為客家族群中，東方白堪稱其中的異數。由於其族群屬性，東方白對於台語寫作頗為用心，他的著作《雅語雅文》〔註58〕，收錄散文、小說台語文學，並邀請陳德利和陳美枝擔任配音，可說是台語文學的第一「套」個人有聲書〔註59〕。《浪淘沙》則是一部台語對話運用成熟的作品，充分展現他對自己族裔語言的保存與用心。

黃娟（1934～），本名黃瑞娟，桃園楊梅客家人。出生於楊梅地主家庭，幼年接受日語教育，戰後開始接受國府國民教育（楊梅國民學校、新竹女中初中部、省立台北女師），畢業後擔任教職同時寫作。黃娟身為戰後第二代作家，自幼在寫作方面即受到老師的肯定，1961年在《聯合報》副刊發表〈蓓蕾〉後開始踏上文學之路，其間受到吳濁流、鍾肇政等人的鼓勵提攜，與台灣文學結緣。1968年移居美國，其間雖曾中斷諸多歲月，但仍難忍不寫的失落而重拾筆桿，曾任「北美台灣文學研究會」會長。黃娟的作品一向是根植於生活的，其客家身份在作品中的字裡行間即可顯露出。在《楊梅三部曲》這部大河小說中，我們可以從小幸子的幼年生活，看見客家人的常民生活與客家性格，也在成長的幸子身上，看見客語在福佬族群中所受到的歧視，以及身為客家人對過往同化平埔族的反省等議題。小說中不僅看到幸子對台灣文學、台灣政治的關心，也看到幸子對客家運動的關注與努力。

邱家洪（1933～），彰化縣社頭鄉人，父親的祖籍是中國廣東，藉著尋根熱潮曾查證自己是第二十八世、廣東饒平遷台的第七代，但因為社頭鄉是福佬地區，客家話派不上用場，加以邱姓人數懸殊，又幾經通婚，早已同化〔註

〔註57〕詳林鎮山，〈永樂市場之子的傳奇〉，收錄於三木直大等著，《台灣大河小說家作品學術研討會論文集》（台南市：國家台灣文學館籌備處，2006.12），頁 7～8。

〔註58〕東方白，《雅語雅文》有聲書，（台北：前衛出版社、草根出版公司，1995年）。

〔註59〕林央敏，《台語文學運動史論》，（台北：前衛出版，1997年），頁 95。

〔註60〕邱家洪，《打造亮麗人生——邱家洪回憶錄》（台北：前衛，2007.09），頁 13～15。

60〕，因此邱家洪稱自己是「說福佬話的客家人」〔註61〕。父母皆是未讀過書的文盲，在彰化社頭（明清時期平埔人洪安雅族的所在地——大武郡社）生下邱家洪，過著務農的貧苦生活。最高學歷爲彰化工業學校夜間部補習班〔註62〕。當兵回台後求職四處碰壁，卻因岳父哥哥的兒子阿喜（謝東閔——時任省議會副議長）一通電話與裙帶關係，一路由國民黨黨工，進入官場〔註63〕，曾任台灣省政府秘書處秘書、台灣省政府社會處科長、台中市政府社會局長、台中市政府主任秘書、台中市代理市長等職，服務公職三十餘年，退休後專事寫作。邱家洪的大河小說《台灣大風雲》以務實的農人林金地爲主軸，鋪寫日本殖民，以至戰後台灣公民選舉的議題。作品中的福佬話以「中文字式台語文」書寫，使用的台灣諺語共有 225 則，比東方白的 73 則還多〔註64〕，作品充份顯示福佬話對他的影響。

綜上所述，許多檯面上的客家人，並不一定是血統上純粹的客家人，如鍾肇政即爲閩客混血，李喬則因養祖母爲客家人，又生在客家庄，才成爲「客福佬」，而黃娟雖爲客家人，也嫁了一位福佬丈夫，如此聯姻之後，眞正客家人將愈來愈少。又看似福佬客的邱家洪，雖追本溯源的認定祖先是客家人，但歷經幾代通婚聯姻，又生長在閩南庄，母語是福佬話，客家本色早已不復存在。所以大河作品中的客家色彩雖關乎作家族裔，但也關乎作家的養成及生活環境，從而決定了作家在寫自己時選用的語言策略，與寫他人時所運用的語言方式。

二、雜語交混的書寫形態

作家的族裔歸屬，並不能單獨決定作家的書寫用語，但仍影響作家作品內容的語言文化運用策略。戰後作家的創作時空，與文本內敘述的日本殖民時空並不相同。戰後台灣「大河小說」的敘史欲求，讓兩者形成更大的差距。因而在文本中出現普通話（北京話）、日語、台語（福佬話）、客語、英語等多語並呈的現象，這是一種語言交混的書寫形態，以多音交響的面貌來抵制

〔註61〕楊政潔，《邱家洪《台灣大風雲》研究》（台南：台南大學國語文學系碩士論文，2008 年 6 月），頁 12。
〔註62〕邱家洪，《打造亮麗人生——邱家洪回憶錄》（台北：前衛，2007.09），頁 59。
〔註63〕同上註，頁 158〜165。
〔註64〕參詳呂俊德，《東方白《浪淘沙》、邱家洪《台灣大風雲》比較研究》（台北：台北教育大學台灣文化研究所碩論，2011.12），頁 282。

官方的一言堂。這樣的雜語寫作「一方面標示召喚原住民失落的文化體系的企圖，一方面表達抵制漢文化中心主義的顛覆姿態」〔註65〕也有著贖回自我，找回真實的成份存在其間。

（一）以中文寫自己的日本殖民史

作家以官方語書寫作品，不僅符合統治者的施政方針，對於書籍的銷售與流通，也具優勢。戰後第一代作家鍾肇政，雖有著流利的日語能力，仍努力自學中文，直到語言書寫能力具足之後，才以中文書寫小說。他的《濁流三部曲》、《台灣人三部曲》寫於 1960 及 1970 年代，都是以中文來書寫前代的日本殖民史，由於書寫的內容是日本殖民史，使文本中夾雜著日語用詞以及日常的客家用語。錢鴻鈞因此認為鍾肇政以多音語言的風格，充分傳達台灣鄉土的史詩性，其語言風格對後輩台灣文學創作影響深遠〔註66〕，可說是傳統書寫形式的突破。但受限於書寫環境，許多日語對話都已翻譯為中文，而且鍾肇政還以極其典型的官方用語書寫，如《沉淪》全書的尾聲：

> 那麼這兒筆者願意告訴您：信海老人還有雄心，活到親眼看見侵略
>
> 者們倒下去，還我美麗的河山！〔註67〕

這段話對於受日本教育長大的鍾肇政而言，是極其拗口繞舌的，不僅用「這兒」、「您」等字眼，更學國民政府的話語呼喊「還我美麗河山！」。這樣的文字極其學舌，有著時空錯置的異質感，是鍾肇政在國府統治情境下，以官方語書寫自己的日本殖民史所造成的衝突感。一來受限於官檢而呼應統治者的方針，一來也是在有限的權力中進行異軌歷史的贖回。

（二）以中式日語寫日本殖民史

李喬在書寫《寒夜三部曲》時，正值鄉土文學論戰期間，對於書寫本土、

〔註65〕轉引自邱貴芬，〈第三章翻譯驅動力下的台灣文學生產〉，收錄於陳建忠等，《台灣小說史論》（台北：麥田，2007），頁 257。詳瓦歷斯‧諾幹〈台灣原住民文學的去殖民〉，收錄於孫大川編，《臺灣原住民族漢語文學選集：評論卷》（臺北中和市：INK 印刻，2003），頁 143。傅大為，〈百朗森林裡的文字獵人〉，收錄於孫大川編，《臺灣原住民族漢語文學選集：評論卷》（臺北中和市：INK 印刻，2003），頁 220。

〔註66〕錢鴻鈞，〈談鍾肇政文學風格與思想成就——《濁流三部曲》新版序〉，《流雲》（台北：遠景，2005 年 1 月修訂重排初版），頁 5。

〔註67〕鍾肇政，《台灣人三部曲（一）：沉淪》（台北：遠景出版，2005.02），頁 487。

書寫台灣應有理念上的扣合。但在敘事語言的運用上，仍面臨困境。由於是以日本殖民史爲敘述背景，首先就必須解決日本人角色的對話問題，李喬考慮再三，才運用「中式日語」的寫法〔註68〕，對此，李喬曾深表歉意。但1995年李喬的《埋冤、一九四七、埋冤》仍持續援用「荒村」、「孤燈」的漢音日語方式，對於十分勉強地把小說中日語對話表達出來，再次顯得十分苦惱，甚且明白表示自己是抱著「寫給台灣居民看的」的想法，還寫了一篇自序，再次說明解釋勉強用「實在不通的漢音日語」的用心與理由：

> 一、漢字表意，日文表音，有些漢字是可以「諧近」而表日語的意思的，例如：「詭獸」是謊話、使詐，有出典的，「綺麗」是美麗，「奇險」是危險、「悉得路」是明白、知道。雖然勉強，還是沾上了邊。二、在對話之後，特別加以說明，三、對話之後，未加說明的祇要細查前後便可以猜中十之八九，四、縱然此句完全不懂，沒有關係，筆者所追求的祇是那種「調子」、那種「節奏」那種「不同」而已。實際上筆者努力追求的，十九就是那種調子、節奏不同感。因爲就全篇而言，已經夠了。至於不少日音漢字無音，其時就加用羅馬拼音，如果是一段讀者必須全部瞭解的，便在日音後註漢語。這是最不得已的一招。〔註69〕

這樣漢音日語的書寫，有著作者不斷解釋與翻譯的努力痕跡，先不論優劣，從官方國語的立場來看，可以理解李喬在書寫時受到的限制，其預設的讀者是台灣人，因此採取讓台灣人讀懂的一種策略，但對於熟悉日語及中文的讀者而言，也許還能心領神會，對於日語完全陌生的讀者來說，卻可能顯得荒腔走板，難以閱讀，實爲可惜之處。因此李喬想藉此「漢音日語」的寫法找回日本殖民時期的氛圍，的確會遭致負面的評價。

〔註68〕李喬言：「個人覺得外國人的對話，總要與國人有一些不同，而且個人的情感上，也很不願意把日本人的對話寫成「和國人一樣」。本文的「中式日語」，除了用上許多日語語氣詞如「嘎、哇、訥、唏咯、那拉……」等之外，還勉強音譯兼同意譯了一些。例如：「綺麗」是美麗之譯，「詭獸」是說謊之譯。（案：詭獸，常欺人之獸也，見神異經。）「悉得路嘎」是知道嗎之譯。不得以時，還大膽地直接音譯了一些，但這也是在設計之下的產物。即：讀了上下文大致能猜出此語意思，或縱使不全明白，對於此段意義之瞭解並無妨害。」詳李喬，《孤燈》（台北：遠景出版，2001.07），頁517。

〔註69〕李喬，〈自序之（二）《埋冤、一九四七、埋冤》〉（苗栗：苗栗客家文化廣播電台，1995年10月初版，2003.02三版），頁20～21。

中式日語的寫作，也是符合台灣民情的寫作策略，對熟悉漢字漢文的台灣人而言較易入手，但對日語不熟悉的人來說，仍有強烈的隔閡，而且每位作家的創意發想又不同，要讀者都能全盤理解實有困難。但是語言文字是溝通的工具，設若連溝通的基準點都不能達成，則再怎麼努力費心，也就不免令人搖頭嘆息了。

（三）以中文寫原民歷史

各地方言常常只有語言沒有文字，為記錄生活往往結繩或繪圖，或以口傳方式做經驗的傳承。台灣原住民亦然，鍾肇政《高山組曲》越俎代庖的書寫原住民的歷史與生活，一來出於關心，一方面也有著為原住民留下隻字片語的責任感。他在寫作之前搜集不少相關資料，也實地探察與訪問高永清（小說中的畢荷・瓦利斯）等相關耆老。但作品仍不免有隔靴搔癢的遺憾，名不正言不順的受到質疑。一來因為鍾肇政非原住民，二來這個作品以中文來寫作，似乎有加速原住民文化消滅的意味〔註70〕。

但事實上原民書寫談何容易。原民雖有語言卻沒有文字，即使原住民也以中文來寫作，例如莫那能、瓦歷斯・諾幹的作品雖令人動容，但仍是以中文寫作的作品。而若改以羅馬拼音入手，則原民作品的普及率又受到限制。在進退兩難的現狀下，往往仍以強勢的中文來暫代書寫。但這些書寫雖有瑕疵仍深具意義，至少是一種起步，讓人看見原民文學的突破。

（四）翻譯對照的寫作

鍾肇政 1993 年出版的《怒濤》，描寫戰後光復以至二二八事件的歷史，正是台灣語言轉換的時期。此書，全文是以中文敘述書寫，部份須解釋的用語則在文句後加註，但在書寫對話時，只要遇到需要翻譯的文字，則採上原文，下譯文的方式排列，因此可以看見客家話、英語、日語被排在上面，下面再輔以中文翻譯對照的方式。但有趣的是，來自唐山中文系畢業的韓萍與留日回來的東京帝大生陸志麟，兩人在台灣相遇，起初多半透過第三者的翻譯來交談，之後兩人曾以漢字書寫溝通，兼採英語交談，由於妹有情郎有意，於是許多言語也就以行動代替了，但隨著兩人的結為連理，志麟的家逐漸有北京化的趨勢，韓萍以北京的強勢文化，改變了志麟家的客家生活形態，語

〔註70〕詳鍾肇政，〈山地文學的嘗試——談《高山組曲》寫作的經過〉，《台灣小說與小說家》（台北：前衛，1994.12 新版第一刷），頁 228～233。

言的隔閡也得持續的努力克服。但不幸二二八事件兩人不同調的態度，造成
了彼此的決裂，兩人的離異，也象徵著外省人與本省人分道揚鑣的開始。

　　小說的安排，一般客家人是以客語或夾雜日語方式交談。特殊的地方是
一開始，從唐山開回台灣的船上，有被日軍強徵的軍伕、志願兵等台灣人，
他們口裏發出台灣北部的口音，暗指為閩南人，這些閩南人的對話，鍾肇政
卻沒有以上下譯文的形式排列，似乎這些熟悉的福佬口音，是大家都能理解
的語言。因此在文內的理所當然，顯示了現實生活中福佬語的普及情形與強
勢性，明顯在客語與原住民語之上。另外採上下譯文翻譯的寫作方式雖繁複，
卻不失為作品流通國際的一種策略。

（五）母語方言的書寫與強化

　　　　用臺語寫出一篇好作品，比寫一百篇論文來鼓吹臺語更有效力。

　　　　　　　　　　　　　　　　　　　　　　　　　　——王育德

　　語言的生成往往與民族起源一致，說母語往往即是一種民族語言的傳
承，是在原生家庭每日習得的生活用語，因此慣用台語的人，寫出台語詩、
台語文，有時是一種生活用語的自然流露和應用。但有時則是為了表達一種
立場，一種態度，以區別於國語（日語、北京話）。因為說台語〔註71〕、寫台
語，在官方語言政策教育下，台語「方言」有一段長時期的自卑困境期，往
往被視為低俗、次等的語言。因而台語創作往往與政治運動結合，具有台灣
意識的象徵，從而在政治領域中與官方進行角力對峙。

　　目前台語寫作的方式，有採羅馬拼音者、漢語拼音者，也有以漢字作為
台語訓讀字等諸多方式。以拼音方式書寫，其優點是免除了用字的困擾，缺
點則是方言本就因地域不同而腔調不一，拼音書寫仍無法適用眾人，另外對
於不熟悉拼音者也是一大困擾。而以漢字書寫，優點是在意義上較能找到對
照符合的用字，缺點是各人在字的選用上往往不同，造成意同而字不同的混
雜現象。

　　鍾肇政的《濁流三部曲》、《台灣人三部曲》也是戰後母語對話書寫的施
行者，尤其表現在客家人的對話中，雖然比例上並不重，但卻是順應常民生

〔註71〕台語在不同人不同情境使用時，有時單指福佬話，有時指相對於北京話的台
　　　　灣各族方言。李喬則認為台語包括福佬話、原住民語、客家話、北京話。詳
　　　　李喬，〈寬廣的語言大道——對台灣語文的思考〉《中國時報·台灣筆會月報》，
　　　　第 9 期（1991.09.27）。

活對話的書寫。文本中雖無明顯的客家意識，卻能大筆揮就出客家人採茶、唱山歌、打採茶的景象，也算是一種客家文化風俗的贖回。

《楊梅三部曲》是黃娟半自傳性的作品，小說中的幸子便是黃娟的化身。三部曲的第一部是以日本殖民時期爲背景，不免有日語對話情境，但日語卻不是黃娟關懷考量的重點，而是直接以中文書寫，但選擇採用部分客語會話，以及一些日治時代的詞彙。黃娟曾言：「鄉下老人之間的交談，或寫老人的對話，確實不宜使用日語或華語。但是我寫得不很稱心，頗有「力不討好」的感慨！另外爲了求眞，我也沿用了日治時代的一些詞彙：如米機、兵隊桑等（華語爲美機、阿兵哥）〔註 72〕」雖早有前輩作家的文例可循，但對於此各方仍評價褒貶不一。整體而言三部曲仍屬中文的作品，但在客語的對話上已進行突破。這與黃娟身處海外美國的場域有關，要在台灣發表作品，當然選擇以中文書寫，而不會以英文書寫，但全書到處可見地名與人名以英文字母符號代稱，這與黃娟的台美人身份有關，也與台灣其他大河小說家的用法不同，爲了在台灣打開市場，選擇以中文寫作發行，對海外作家而言，也算是一種回歸的書寫，但依黃娟的立場，並沒有支持中國、支持官方的意味。

邱家洪的《台灣大風雲》全篇以中文漢字書寫，但在母語對話部份十分用心，對應不同的角色予以不同的對話，甚至有著以台語思考的功力潛在文本間，不同於東方白的造字，邱家洪多選擇「中文字式台語文」，以音近的中文字表達，省略造字的疑難，如「代誌」即音譯的「事情」、「開講」即「聊天」……等等〔註 73〕。在台灣俚語俗諺方面邱家洪運用的也頗爲純熟自然，如：「時到時打算，嘸米煮蕃薯塊。」、「食人一斤，還人四兩」、「樹頭站得穩，不怕樹尾做風颱」、「世間三年一閏，好歹照輪」、「人死不留洗腳桶，一了百了」……等等超過二百多則〔註 74〕，將先人經驗的結晶靈活運用於文本中，讓作品更加生動與貼近庶民生活，有了台灣的在地性與地方特色，同時表現出庶民的人生哲學，對保存台語及台灣民間文化頗具貢獻。如歐宗智所言，

〔註 72〕黃娟，〈關於《楊梅三部曲》〉，《歷史的腳印》（台北：前衛出版社，2001.01），頁 10。

〔註 73〕呂俊德所謂的「中文字式台語文」是提少量福佬話夾雜標準國語，或多增日語的敘事法。另有關東方白與邱家洪本土語言運用的差異，可參詳呂俊德，〈東方白《浪淘沙》、邱家洪，《台灣大風雲》比較研究〉（台北：台北教育大學台灣文化研究所碩論，2011.12），頁 243～270。

〔註 74〕詳楊政潔，〈邱家洪《台灣大風雲》研究〉（台南大學國語文學系碩士論文，2008.06），頁 88～109。

表現出豐富的台灣鄉土文化語碼，但相較於東方白在用字的審慎上還有一段距離〔註75〕。

　　東方白更可以說是台語（文）創作的推手，他身體力行的以台語創作，在海外為台文努力，其大河小說《浪淘沙》便是一部成功的作品。除了以官方國語敘述外，小說中夾雜著台語、日語、英語、泰雅族語、福州話、菲律賓等對話內容，但台語則是東方白最著力刻劃書寫的部份。有關台語（文）部份必得提及梁明雄。梁明雄也是台語的推動者，1980 年代前期梁明雄開辦了一家台語學校，以羅馬字拼音來傳授台語給下一代。希望能以「我手寫我口」的方式，取代殘缺不全的台語文字。但東方白的想法改變了梁明雄。東方白看了一些未成熟的台文，對於以中文同音字加上口字來充數相當反感，還曾對梁明雄埋怨說：「噢！真天壽！咱祖先真含慢，攏沒加咱臺灣字留落來，才給咱即倪肝苦，攏無字通用。」他認為台語台字的將來還是少不了用漢字，漢字本來就是台灣文化的生命根，即使有些台語找不到適當的漢字，該創字就要創字〔註76〕。於是《浪淘沙》中的台語台字便是東方白以科學的方法，文學的藝術加上哲學的邏輯一一推敲的斬獲，最後由好友梁明雄協助校對的成果。

　　在小說中我們可以看到「心色」的火車，「心色」不僅音近台語有趣的音，也因心中著了色彩而代表有趣，而「生分」，則因生疏而分離表示陌生，另外以「即個」代表這個，「彼個」代表那個。「即丫」表是這兒，都很順口。在音與義上都能兼顧，算是成功的台語文學化範例。另外也在行文間夾雜著許多方言用語、童謠、俚語等，如「做成一件好代，較好吃三年清菜」、「栽姑婆丫」（老處女）、「嫁了翁，百病空」、「翁親某親，老婆仔拋車輪。」、「三色人講五色話」、「嫁出的查某子若像潑出的水，有給伊轉來做客，沒給伊轉來生子」、「做粿掩人的嘴都掩不密」……等等，讓作品更加生動且貼近福佬人生活。另外在客家語與泰雅族語的部份也費了些心，但由於相關人物出場的頻率較低，又受限於東方白的福佬族裔，因此對白相對地較為稀少，客族或原民文化的書寫，相對沒有福佬文化的深入。不可

〔註75〕詳歐宗智，〈《台灣大風雲》的文化語碼〉，收錄於《台灣大河小說家作品論》（台北：前衛，2007.06），頁 224～226。
〔註76〕陳明雄，〈東方白台語文學的心路〉，東方白《浪淘沙》（台北：前衛，2002.01 再版第 9 刷），頁 2051～2055。

諱言的,《浪淘沙》中台語字的創造與創作,對於不熟悉台語的讀者而言,仍有一定的閱讀隔閡,但這並不抹煞此部作品在台灣文學上的貢獻,以及在台語文學創作上的典範風格,這樣的作品,來自生活,表現生活,以民眾的語言寫成,有其社會基礎與地方本色,能引起民眾的共鳴,其成就實足以讓否定台文創作者刮目相看。

結語:語言文字的權力展現

不管是大英帝國或日本帝國,這些殖民政權都藉著語言將文化普及到世界各地,但即便在日不落國的籠罩下,仍有許多愛爾蘭的鬥士與作家等仍不停地為愛爾蘭文化與精神在努力。由此可知世界上許多偉大的作品,都立基於生活與人民。因此台灣人寫台灣人民奮鬥史,亦是順理成章。早在 1930 年代第一次鄉土文學論戰時,黃石輝在《伍人報》上即言:

> 你是台灣人,你頭戴台灣天,腳踏台灣地,眼睛所看的是台灣的狀況,耳朵裡所聽的是台灣消息,時間所歷的亦是台灣的經驗,嘴裡所說的亦是台灣的語言,所以你那枝如椽的健筆,生花的彩筆,亦應該去寫台灣文學了。〔註77〕

並且主張:「用台灣話做文,用台灣話做詩,用台灣話做小說,用台灣話做歌謠,描寫台灣的事物。〔註78〕」這是黃石輝發表〈怎樣不提倡台灣鄉土文學〉,所提出的使用台灣話文的意見。強調作品不僅要寫台灣,也該使用台灣話,亦即「我手寫我口」,使言文一致,舌尖與筆尖合一,以區別於當時的日本話以及中國話文。1936 年王詩琅對於新文學運動造成文壇漢文停滯的現象,也發表〈一個試評——以《台灣新文學》為中心〉,文中提到:

> 台灣文學是要用什麼話文表現的問題還未確定……作家們於用語問題,依然還在徬徨。不過在最近,台灣語式的白話文之嘗試者漸增,而也漸漸決定以它為主要方向〔註79〕

〔註77〕 黃石輝,〈怎樣不提倡台灣鄉土文學〉,《伍人報》9~11 號,1930 年 8 月 16 日。文章引自廖毓文,〈台灣文字改革運動史略〉,李南衡主編《日據下台灣新文學明集 5.文獻資料選集》,(台北:明潭出版,1979.03.15),頁 488。
〔註78〕 同上註。
〔註79〕 王詩琅,〈一個試評——以《台灣新文學》為中心〉,《台灣新文學》1 卷 4 號,頁 59,1936 年 5 月 4 日。

以上類似的論述，以及作家在台灣話文上的努力，在 1977 年鄉土文學論戰後，台語文學運動中似乎又死胎復生的重新鋪演了一次。由此可以發現，歷經不同的國家政權，官方語言及中國話文一直對台灣語文起著很大的影響，但台灣俗民生活負載的語言並不因此斷根，且隨著時代的變遷，更有贖回自己語言文化的強力渴求。邱貴芬認爲 1970～1980 年代「當現代派作家以其不同的風格和途徑在摸索如何『翻譯西方』之時，『鄉土文學』領域裡另一種翻譯的動力也正在發酵：在地鄉土語言及文化，正轉化爲陌生的文化他者，必須透過「翻譯」加以贖回。鄉土文學大量使用在地語言和文化符碼所造成的閱讀障礙，見證了臺灣社會這種相當詭異的翻譯情境。〔註 80〕」但這不代表 1950 至 1960 年代，甚至更早，台灣沒有這樣的問題，只是沒有被突顯重視。早期諸多作品也存在著不同語言形式的交雜現象，如 1920 年代文言與白話之間的爭論時期，1930 年代的中國話文與台灣話文之爭等。而雜語寫作策略也並非鄉土時期才開發出來的寫作策略，往往依作家本身的立足點與書寫內容而有著語言並陳的現象。尤其在官方語言的強力推行下，其他語言往往淪爲邊緣次等用語，但作家在寫作時，往往依情境在官方語言外偷渡展演，呈現常民生活用語的多元異質面貌。

但 1970、1980 年代後，地方語言已逐漸開始向專制的官方語進行公開的挑戰，試圖以台文寫作與中文寫作互別苗頭，逐漸有「台語文學」的出現，但大體分爲「全部」爲台語，或「部分」使用台語兩種方式。但在台語文字化未竟之前，篇幅較大的作品，雖不能立即全面更替官方用語，諸多作家已在小說敘事語言中，進行各自的突破，形成多音交響的形態。首先台語在此是指有別於官方國語的地方語，包含在台住民的福佬話、客家話及原住民各族語言等。作家因不同的族裔屬性，而有著各自不同的母語，從台灣大河小說的代表性作家來看，大部份的作家爲客家人，而客籍作家在寫作時，除了不得不採用官方中文外，往往將作品立基於客家人的立場，來寫台灣人的歷史與文化。而福佬作家的寫作，在閩南族群的語言運用上更加深入且生動，對於閩客間不同的性格與文化也作了一番比較。整體而言，其族裔屬性對作品仍有深刻的影響，雖然無法全以母語書寫，卻輔以雜語寫作的形式，抵制一元的中心論述，並在文本中以另一種形態在贖回自己的歷史文化。台灣諺

〔註 80〕邱貴芬〈第三章翻譯驅動力下的台灣文學生產〉，收錄於陳建忠等，《台灣小說史論》（台北：麥田，2007），頁 198。此論文給筆者很大的啓發。

語「蕃薯不怕落土爛，只求枝葉代代湠」，正是說明台灣人面對困境的強韌生命力，與傳承祖先語言文化的重要性。

台灣本土大河作家爲了尋回自己異質時空的日本經驗，寫自己的歷史，在戰後不得不以官方語言書寫，但採用的小說話語（discursive）方法不一而足。鍾肇政不僅以中文寫自己的日本經驗，也以中文來代替原住民書寫歷史，看似自然而然，但這兩者其實都隱含著異質感，前者在書寫時竟使用了戰後官方的官樣語句與用詞，而後者則名不正言不順的越俎代庖。但平心而論，這樣的暫代書寫仍深具意義，有其開創的價值。李喬爲了還原日本殖民時的情境，選擇以中式日語或羅馬拼音的方式來呈現日語，但這樣的小說敘事語言，對於沒有日本經驗的讀者來說，有其閱讀難處。在還沒找到更好的方式前，只能說這是一種過度時期的表現，突顯作家對當時語言文化氛圍的一種召喚。

1987 年台灣解除戒嚴後，不僅大河小說作家的作品內容有了新的局面，語言的運用也有了新的面貌。首先鍾肇政在《怒濤》一書中，採用上下對照的譯文寫作，如此一來就免除了日本人說中文，鄉里老人說國語的怪異現象。從文本中，留日回來的說日語，客家人說客語，福佬人說福佬話，中國來的說北京話，兩者族群不同時，還有採英文對話的情形。使作品能夠回歸真實的歷史情境，展演生動自然的對話語言，還原歷史本來的樣貌。但作家要書寫這樣的作品，必須有非常好的語言能力，否則就得央請他人協助了。其次，東方白的《浪淘沙》以母語書寫，對台灣「大河小說」而言是一件創舉，小說中可見東方白對台語、台字的用心，也可以從信手拈來的俚語、童謠、民俗等，看見東方白對台語文化的深度了解，從而對發揚台灣字、台語文學有其功效，這樣的貢獻是值得肯定的，也值得大家共同努力與仿效，爲自己的母語、以及其後負載的文化，盡一分心力，找回應有的尊重與位置〔註81〕。

〔註81〕1999 年（民國八十八年）十一月，聯合國教科文組織在一般性大會宣布：從 2000 年起，每年的二月二十一日爲國際母語日（International Mother Language Day）。旨在促進語言和文化的多樣性，以及多語種化。……教科文組織（UNESCO）執行長 Koíchiro Matsuura 在 2004 年二月二十一日的「國際母語日」表示：「現在各界一致認爲，同時教授母語和國家官方語言，在幫助兒童認知及學習能力發展方面，可獲得良好效果。」根據「世界即將消失語言分布圖」資料顯示，今日全世界有超過六千種語言正在使用，但是其中 95% 的語言，僅由 4% 的世界人口使用，平均每個月有二種語言消失於地球社會。語言是保存和發展人類有形和無形遺產的最有力二工具。各種促進母語傳播的

因而阻止任何語言以霸權、一言堂的方式，對其他語言、文化進行滅除與消音。

　　台灣大河小說家，藉由書寫台灣歷史，書寫女性，清楚的透視中心語言的象徵體系，並分別以各人的表現方式，建構出非官方、非主流系統的論述，即便沒有特意的反抗，但語言文字的實踐，已解構主流中心的霸權言說，形成抵中心（de-centring）的敘述策略。

　　運動，不僅有助於語言的多樣化和多語種的教育，也能夠提高對世界上各種語言和和文化傳統的認識，在理解、容忍和對話的基礎上，促成世界人民的團結。詳戴寶村、王峙萍，《從台灣諺語看台灣歷史》（台北：玉山社，2004），頁300。

第十章　台灣大河小說的存在意涵

　　台灣「大河小說」有著世代更迭的形式，書寫台灣歷史進程的特色，展現了大時代的演變，族群的歷史和命運，以及彼此共構互涉的緊密關係。小說中充滿異質的碰撞交會，包含異族、異文化的互相含涉與影響，在強弱之間形成異質紛呈的文化雜交（hybridity）狀態，使文本不僅豐富且具深度。整體而言，台灣歷史大河小說有其社會的存在意涵與未來開展性，茲分述如下。

一、完成解構中原中心的階段性任務

　　隨著後現代史學觀念的顛覆，傳統的歷史書寫逐漸被解構，代之以新歷史主義的誕生，以庶民為敘述觀點發聲的作品漸次增多。史碧娃克〈底層人民能發聲嗎？〉一文，亦引起廣泛的討論與注意。台灣「大河小說」為了反抗國民政府來台建立的中原霸權歷史大敘述（grand narrative），拋棄了帝王將相的英雄中心史觀，改採微觀歷史學（microstoria）〔註1〕，以邊緣的市井小人物為敘事觀點，將台灣平民老百姓置放在大歷史中，以其具體生活展現時代的動盪。不管是《台灣人三部曲》的客家陸姓子孫、《寒夜三部曲》的彭、劉兩家、亦或是東方白《浪淘沙》中的周福生、江東蘭、丘雅信、《楊梅三部曲》的幸子、《台灣大風雲》的林金地、《台灣三部曲》的王掌珠等，都不是過往歷史中的英雄，卻在作品中有著非凡的毅力，展現了台灣庶民在日常生活中的努力、在動盪的大歷史中的困頓。也因作品中日本殖民、二二八事件、

〔註1〕　1970年代後，義大利史學家 Carlo Ginzburg、Carlo Poni 等提出的「微觀歷史學」（microstoria）。

白色恐怖等台灣史的背景,解構了中國史論述的唯一性、正統性與正確性。

　　台灣戰後,最早提出大河小說一詞的葉石濤,以及大河小說的創作者鍾肇政,兩者對大河小說的界定從未提出「作家身份」及「書寫台灣歷史」明文要求,但楊照後來卻附以「外於中國史的台灣歷史」的歸納詮釋。我們明白評論家對大河小說的詮釋,也是對大河小說論述的顛覆與異化,因此當部分評論家直接否定以台灣史爲中心的大河小說作品,或這些省籍作家時,也隱然看見一個對立於省籍勢力的權力網絡,以及其所生產出的權力知識。在戒嚴的社會體制中,本只有中國史論述的場域,因此本土作家期待能陳述自己被殖民的殊異過去,期待被看見、被理解的執意書寫。解嚴後則隨著歷史社會的改變,漸與本土運動產生緊密的連結,形構出祖國的台灣、日據的台灣、中國的台灣、新台灣人的台灣的國族論述,也因此動搖了國府建構的威權思想。也就是台灣歷史大河小說,建置出相對於中原文化沙文主義的台灣論述,在共同的理念下集結成一列隊伍,並在省籍作家作品中持續的生產與複製。就此而言,台灣大河小說在解構中原中心上也算完成了創作與論述兩方面的階段性任務。

　　擺脫受限的書寫環境,解嚴後其他評論者的反向論述中,不僅有著解構中心的意圖,亦反向的建置了另一個主體中心。然而後者不斷重覆、演繹前者的論述,也讓我們認知大河小說的其他可能(如施叔青、鍾文音、巴代的文本),與其再生產的不同意義,而這個詮釋與解構,若不是破壞與摧毀,若不是企圖維護鞏固本來的中心霸權論述,那也是新台灣人期待的多元文化的並置與包容。因此,不管是外省作家書寫移民史、原住民書寫原民史、女作家書寫女性史的大河文本,以及異國新移民書寫的大河作品等,都應是台灣大河小說可容納廣被的書寫內容,也就是說未來台灣大河小說作品的廣度與深度,將可能會有更驚奇的呈現,更不同的面貌,相信這是一條台灣大河小說未來可能發展的面向──不斷反省、釋放異質與尊重差異。

二、完成抵殖民、贖回歷史的時代使命

　　台灣數度易幟,歷史因主政者的立場而改變書寫觀點,但不變的仍是記錄強權者的歷史,以成爲教育民眾的工具。從大河作家的創作動機來看,在威權統治下曾「身歷其境」的作家,歷經「橫征暴斂的殖民統治」,「專制政權的獨裁荼毒」等動盪的大歷史,從自己的歷史與原有的社群生活中被抽離,

被迫進行語言文化生活的總體改造。夾在改朝換代的灰色歷史裂隙中，作家們面對統治者歷史教育的異質介入，產生了衝突感，即使被殖民的過往有著令人不願提起，甚至不願記憶的痛苦經驗與自卑感，卻也無法抹去既已存在的事實，硬將其改變或等同於國府教育的歷史。因此作家內心也被時代的浪潮不斷鼓動著，手中那如椽的筆似乎總有不自覺的責任與欲求，想去補述官方歷史外的台灣史，書寫過去的真實經驗，彌補心中那份匱缺，抵抗被消音，這也就是台灣「大河小說」作家敘史情節的由來。於是生於斯、長於斯的作家，本著書寫台灣歷史責無旁貸的道德義務，站在被統治的「他者」立場發言，以庶民觀點來見證強人政權的統治，代替過往歷史家書寫未寫的日據史或不能寫的二二八歷史，補述官方歷史外的台灣史，企圖還原「歷史全貌」。

這些以台灣人為主體，表現台灣人所受的經歷，以及台灣人的反抗與反應的歷史大河小說，逐步增強了台灣人的意識。作家身處異質的寫作時空，受到統治者文藝政策的防堵機制，作家的寫作往往不是為了市場，而是對體制的戰鬥。除了文本內的意義，亦偷渡了文本外的另一層意義，讓文本在過去歷史與現在歷史、現在讀者間進行互文性的對話，從而突顯作家在受限的有所不能為的情境中，有所為的書寫策略。亦如葉石濤所言，「藉由過去的經歷給當下的社會一種暗示」，因此台灣大河小說往往帶著抵殖民的意味，雖不是對當權者的正面迎擊，卻是迂迴出招的反壓迫警示。

因此大河寫作，不僅具有證明作家有書寫大河小說的能力，也具有功能性的寫作動機，除了有贖回台灣人歷史、抒發異質聲音的功能，也轉換了中心與邊緣的關係，使台灣史的被書寫，轉換為自己書寫，具有奪回發言權的積極意涵，也具有後殖民性（postcoloniality）〔註2〕，當然也期望讀者能夠被啟發與認知這些歷史過往，寄望能在遙遠的時空中覓得「族裔同胞」或同代人，或教育後世未來的讀者，希望後人能鑑往知來，不要重蹈歷史的覆轍，了解歷史中「台灣人的形象」，認識台灣史、台灣人的定位。如此作家才得以完成時代的道德使命，展現作家對台灣過去歷史的關心與對台灣未來前途的企盼，以及作家對社會、人生的全幅關照。

〔註2〕「後殖民性」（postcoloniality）被界定為：殖民地國家的人民以強力或以別的什麼方式為自己爭取歷史主體地位的這一種狀況。詳艾勒克・博埃默（Elleke Boehmer）著，盛寧、韓敏中譯，《殖民與後殖民文學》（Colonial and Postcolonial Literature），（遼寧教育出版社：牛津大學出版社，1998.11），頁4。

三、開展本土、邊緣集團的文學場域

　　台灣大河小說的生產、刊載與發行，不僅與作家、編輯及副刊、雜誌、期刊、出版社有很大的關聯，也與政治、經濟、文化結構有很大的關聯。戰後在國府官方主導文化下，文藝屬於意識型態國家機器的一環，自不容許異議言論的反對文化存在，因此文學場域中的社會資本、語言資本、經濟資本、象徵資本，統治的官方都佔有極大的優勢與掌控權，如此統治者便可藉由文藝、文化的再製／再生產，以達到維繫世代宰制地位的優勢性。

　　戰後初期，在國府統治下，省籍作家由於語言、文化、經濟、社會、象徵資本的相對弱勢，位處被宰制的社會階級中，他們不僅寫作的自由度受到限制，也在分配不均的文學場域中受到猜疑，成為被排除於主流外的另類他者，因此要在文學場域嶄露頭角並不容易。於是省籍作家在戰後努力學習官方語言，努力在官方文藝中尋求認可，雖不寫反共抗俄的議題，卻在抗日與表現濃厚的鄉土色彩的另類文化議題下，找到了文學寫作的最佳出口。

　　本土作家逐漸掌握統治者的語言工具後，雖找到了可書寫的題材，但仍得通過編輯審查機制，作品才得以取得許可證獲得刊載。就台灣大河小說作品刊載的園地觀之，早期在國家機器嚴密掌控之下，《中央日報》副刊等主流媒體的刊物，是讓作家作品得以立足文壇的最好關口，只要通過編輯守門人的檢驗，便是拿到了進入文壇的許可證，因此鍾肇政策略性地書寫，也策略地取得入場資格後，作品才得以順利書寫發行。就台灣大河小說的文化生產而言，鍾肇政儼然成為大河小說生產的行動媒（agency）、社會施為者（agent）、助產士，對大河小說的書寫與發表起著很大的影響。從省籍作家魚雁往返的私領域集結，以至於在《台灣文藝》、《民眾日報》等副刊擔任編輯，站上權力位階，與吳濁流等人一起扮演「台灣文學的旗手」，努力搖旗吶喊引領，終於讓省籍作家得以順利在公領域中進行卡位。

　　整體而言，省籍人士以「台灣為主體」的共同傾向，在相似的慣習中逐漸形成一個本土集團。雖然每個個體、小群體略有不同，卻在社會關係中彼此親近，一同在文藝的實踐上進行反動與解放，一如大河作家們以實際的文學活動，生產再製（reproduction）了同類型的大河小說，在文壇開出一條台灣大河小說之路，也讓台灣「大河小說」耀眼的站上台灣文壇；而媒體雜誌、出版社等也同時努力生產「台灣」議題的文藝作品，為台灣文藝場域開拓新領地。當然，「台灣」二字的票房指數，在過往一度是慘澹經營的，因此他們

的存在有時是一種對體制的戰鬥，是一種功能性的使用價值，而非全然經濟利益的交換價值。然而，每位行動主體（包含作家、編輯、出版人、讀者等）分別在文學場域中扮演不同的角色與功能，逐漸凝聚出共同的鄉土情懷傾向與台灣人主體意識，也在建構台灣文學系譜上有了共同的未來，成為此一場域的代言人，在象徵資本上贏得了捍衛台灣的名望與聲譽，因此由民間而至學院，研究學者暴增，本是禁忌的「台灣」成了認同的歸趨，本是邊緣被排擠的位階，似乎得到了平反，找回了應有的尊重與尊嚴，甚至得到肯定與殊榮，成為一時顯學，並在鬆綁本土獨斷立場下，取得了更大的文學場域、文學資源與象徵資本。相對於過往在文學場域的弱勢，可以肯定的是文藝人士們的努力沒有白費，他們已在文壇上爭取到難以撼動的位置，在文學場域中佔有一席之地，一步步開展了本土集團（尤其是客家族群〔註3〕），甚至是女性作家等等邊緣群體在文學場域的空間與資本。

四、邁向世界文學的期許

　　台灣「大河小說」的精神前導，眾人皆直指吳濁流的《亞細亞的孤兒》，但大河小說開山之作則眾說紛紜。問題的癥結從「北鍾南葉」對大河小說論點的歧義可以得知，主要的不同在於《濁流三部曲》這充滿自傳性的狹隘個人性小說作品是否屬於大河小說。大體而言，葉石濤認為創作者需有一己的世界觀和獨特的思想，具有理想主義的傾向，若作品沒有廣闊的歷史性和世界性，是不夠格稱之為大河小說的。因此肯定《台灣人三部曲》這部大河小說寫來客觀、理性有深度，不愧為世界性的作品，但對於第三部的自傳味道仍有微辭。2009 年錢鴻鈞則撰文鞏固《濁流三部曲》為台灣第一部大河小說的地位，為「自傳性小說」也可以是大河小說進行辯駁。由此我們可以發現台灣大河小說在「自傳性」上的爭議性。

　　對照西方文學，作家們也曾對「自傳」避之唯恐不及，種種對自傳的指控，也突顯眾人對文學作品深度、廣度及想像創造力的重視。因此葉石濤援引西方許多偉大的作品，以國際性的視野為台灣文壇忠心諫言，鼓勵作家成為時代的晴雨計，把所處時代的社會病竈挖掘出來，指出該時代，社會赤裸

〔註3〕台灣歷史大河小說的作者有一半以上為客家人，書寫的內容也多以客家人客家村為核心，交織出台灣社會庶民生活的點點滴滴，成為台灣庶民歷史的縮影。

裸的諸形,以追求真理的作家精神孜孜不倦的對人類社會有所貢獻。所以葉石濤要鍾肇政成就一部偉大的作品,並否定《濁流三部曲》爲大河小說的用心,由此可見。同樣的,諸多評論家對大河小說自傳性作品的爭議,也讓我們看見評論家們對文學的更高標準與期待。亦即,希望台灣「大河小說」,不應侷限於狹隘個人,應將格局放大,具有深度與廣闊的世界觀,向「世界文學」看齊,如此才得邁入國際文壇,成爲世界性的文學。

五、刻劃與建構台灣人身份認同

台灣「大河小說」不僅刻劃台灣人身份認同的轉變,也參與建構了台灣人身份的認同的歷史脈絡。在日本、中國、台灣三元拉扯的情境中,「清國奴」、「日籍台灣人」,與「中國台灣人」的符號隱喻,成爲台灣人認同的影響因子,改變台灣人認同的傾向。

吳濁流《亞細亞的孤兒》,開啓台灣人不被祖國與殖民母國接受的孤兒意識。然而鍾肇政在虛構性的《台灣人三部曲》中,正統陸姓子孫(台灣人的代表)的身份是沒有惶惑的,台灣人是中華民族的漢人,在小說自始自終都是反日的,爲發揚中華民族魂而努力。但對照鍾肇政自傳性強的《濁流三部曲》,受殖民教育長大的陸志龍,首先戀上典型的日本女人,但隨著日本戰敗,日本的象徵秩序漸次崩潰瓦解,陸志龍放棄所有曾經因教育而受到魅惑的對象,最終選擇台灣鄉土的阿銀,象徵認同由日本(谷清子),進而在日台之間擺盪(李素月),最終回歸台灣鄉土(阿銀)的認同軌跡。此二者,同爲鍾肇政的作品,內容則大相逕庭。《濁流三部曲》中呈現作者自身殖民經歷的認同惶惑與轉折,明顯眞實於後者在小說中所虛應表現的大中華意識的精神認同,由此更可以確定《台灣人三部曲》自我官檢的書寫策略,以及鍾肇政個人在歷經殖民後眞實心理認同的轉折。

李喬《寒夜三部曲》中,以鱒魚的陸封、日本的殖民,象徵台灣人無法回歸祖國的隱喻,以及台灣孤兒意識的起源。而在「不在之父」(中國)、「代理之父」(日本)、與「大地之母」三者間,最後回歸至台灣母土,以土地爲認同依歸。相較於鍾肇政在民族認同意識上的漢人(台灣人)意涵,李喬的台灣人還包含土地上的原住民,明顯擺脫民族性的劃分,強調落實於台灣的土地認同意識。《寒夜三部曲》寫於 1977～1979 年,明顯呼應了鄉土文學論戰對鄉土的呼喚,參與了社會認同的建構。

　　東方白《浪淘沙》的認同敘事，因作家的異國／離家身份，以及解嚴的政治時空，使東方白寫來較為超脫與廣幅，東方白的「台灣人」，不是福佬人的專稱，更包含客家人和福州人等所有台灣住民。此書描寫丘雅信（福佬人）、江東蘭（客家人）與周明德（福州人）三個族群，在日本殖民時期以至於戰後，都同時擁有台灣、中國、日本的三重身份，只是光譜上日本多一點，或中國多一點而不同，而多重身分的桎梏與無奈，在日本殖民時期尤其深刻地表現在離家（離開台灣）後，雖然小說中主人翁的身分是隨時而移的，但仍以「台灣人」身份為核心意識，並在仁道、宗教與精神反思中，消解了多重身份加諸其上的新仇舊恨。

　　新世紀的大河小說黃娟的《楊梅三部曲》，從日本殖民時期的幸子之眼，漸漸「發現」台灣人有別於日本人，以至戰後對「祖國」的失望，到移居海外關注台灣的民主自決與獨立運動，以及推動客家文化的保存與推廣上，看出幸子身份認同的脈絡徑路，與對台灣國族的呼喚。邱家洪《台灣大風雲》是另一部新世紀的大河小說，但不同於小幸子曾對日本認同，小說主人翁林金地不僅在殖民時期不認同日本人，在戰後初期，所謂的中國認同也猶如曇花一現，二二八事件的發生使台灣人的祖國認同稍縱即逝，因此台灣人意識是在日本殖民時期就已經存在，因戰後二二八事件而浮上檯面，並在民主政治的聲浪中，漸次生長茁壯，逐漸走向台灣自主，台灣國族的認同路線。

　　縱觀上列台灣「大河小說」的認同，可以建構出一條戰後敘事認同意識的主要路徑，從「祖國意識」、「台灣人就是中國人」的表面說法，與台灣人由日本認同或由祖國意識「回歸到台灣鄉土認同」的潛在主流，一直延伸到表明「台灣人有別於中國人」，以至於強調台灣主體意識的國族呼喚，可以看出台灣本土大河小說建構的台灣認同路徑。原本隸屬邊緣括號中的弱勢族裔，在被建構為日本皇民後，在戰後又被解構、重構為中國人，為了擺脫被建構、被編派的處境，於是同為弱勢的族裔逐漸形成一個群體，這個共同體以「台灣人」這個符號象徵為引導，讓居住在台灣這塊土地上的人民，無需再向外追求他者認同，從而由自己建立台灣人的主體性、台灣人的意識。

　　本土作家的大河書寫，多以同樣的觀點批判趨炎附勢者的行徑，弱化台灣人對他者的認同，強化台灣人對他者反抗的典型範示，呈顯台灣人的獨立性而非依附性與奴性。因此小說中「台灣人」當選總統，可說是接續並完成了過往台灣人意識的系譜，在修辭上告別了舊時間、舊體制，而有了以台灣人為主體的未來。因此我們可以說，台灣大河小說不僅呼應了社會對建立台

灣主體性的欲求，也參與了台灣人身份認同的建構。在文本脈絡中，台灣人歷經寒夜般悲苦的生命洗禮，經由浪淘沙的沖激沉澱，在依附與反抗的辯證中，逐步強化台灣意識，進而走向不假外求而有自信的道路。

另外施叔青的作品則在認同議題上，提出了新的面向，觀照了「性別認同」等新議題，突破了傳統國族、族群認同的思維方式。也許在全世界後國家時代中，小於國家或不同於國家的單位，都可能是認同的新歸趨，而這也是 21 世紀要面臨與正視的新課題。

六、在官方語言下尋求自我、抗拒壓迫

台灣歷經數次政權更替，由日本以至國府領台，官方都採行語言的控制，建立一套標準語言以教育民眾，相對地也使其它語言淪為次等用語。日本殖民時期出生的台灣人，沒有選擇國家的權力，即使在自己的土地上仍受到他人的歧視，而走出這奇特的生長國度，在日本仍因獨特的台灣腔日語受到歧視，在中國也因不同的地方語而感到疏離隔閡，未能改變原有的窘境，不料在國際局勢的影響下，協約國與軸心國的戰爭，讓日屬台籍身分成為身上的烙印，仍受到質疑與歧視，未能逃離同樣的宿命。

在日本殖民時期，說一口標準日語可以提昇被殖民者的地位與待遇，但戰後國府領台，若持續說日語，即成了被奴化的象徵。「日語」本身並未改變，但卻因社會時空背景的轉換，有著極大的反差性。恩古吉‧瓦‧提昂戈反對獨立後仍繼續使用殖民者語言寫作，他認為，「殖民者的語言包含著殖民主義的價值觀，它會制約人們的表達，使文化自卑情結陰魂不散。〔註4〕」而戰後台灣雖不免有作家如吳濁流一樣慣以日文書寫，但大多數的作家在努力學習北京話後，都漸漸改以國府官方語寫作。

台灣大河小說的語言書寫，在戰後也是以學舌的方式採官方語寫作，但仍不免在官方語中滲入地方文化及方言用語，呈現多元化的語言雜陳，一如「多種英語」（「englishes」）〔註5〕的共存現象，如此才能擺脫強勢語言凌駕其

〔註4〕詳艾勒克‧博埃默（Elleke Boehmer）著，盛寧、韓敏中譯，《殖民與後殖民文學》（Colonial and Postcolonial Literature），（遼寧教育出版社：牛津大學出版社，1998.11），頁238。

〔註5〕鼓勵一種多元化的英語的呈現。詳艾勒克‧博埃默（Elleke Boehmer）著，盛寧、韓敏中譯，《殖民與後殖民文學》（Colonial and Postcolonial Literature），（遼寧教育出版社：牛津大學出版社，1998.11），頁241。

他所謂「不入流」語言的寫作形式。在文本中，以本土象徵語彙的書寫介入，正是台灣「大河小說」創意動力的泉源，得以解構一元中心的語言論調，建構語言新秩序，讓多種語言並存，以及語言背後所負載的文化族群也同時受到尊重。

　　雜語交混的書寫形態，透顯出大河作家的意識思維、觀照思索與立場，這其間關聯作家的養成與作家創作的書寫環境，使我們認知不同文化與語言間衝撞後產生的角力，在宰制與被宰制、優劣、高低、強弱的對比下，殖民者的話語也影響作家的創作，因而文本內的方言大多只能在其間穿插，成為異調的旋律。而文本中語言比例的消長，以及文本中諸多語言的雜陳，可以說是現實生活中語言混雜現象的再現（representation），也是不同群體權力競逐的表現。一如克里奧爾語言，以語碼轉換及方言音譯等策略，達成了棄用標準中央語言，以及以地方語言作為文化上重要的話語的雙重結果。無論是以單語、雙語、或多語的文化寫作，語言變種的使用，有助於語言掠奪的工作，又不被其採用的工具改變或壓倒〔註6〕。由此我們可以看出語言與權力，甚至「真理」間密不可分的關係，借用吉各克斯的抗拒理論觀點，筆者認為台灣大河小說中，地方語言文化的異質介入，不僅是一種對其壓迫的反動，更是積極的和創造性的建構他們對抗的觀點。反動行為並非是偏差或學習的無助感（deviance or learned helplessness），而是來自於道德和政治的義憤（moral and political indignation）〔註7〕。

七、台灣人精神的重構與主體性的確立

　　台灣歷史大河小說家在受限的經濟、政治、文化宰制結構中，以相對自主性的文學虛構文本與讀者進行對話。台灣「大河小說」中的歷史母題，從「唐山移民」、「乙未割台」、「走反」、「文化協會」、「農民組合」、「皇民化風潮」、「大東亞戰爭」，以至戰後的「台灣光復」、「戰後接收」、「二二八事件」、「白色恐怖」、「美麗島事件」，直到台灣解嚴後的「民選總統」、「政黨輪替」一路鋪陳出本土大河作家關懷的歷史事件，這些歷史事件可以說是台灣人生

〔註6〕 比爾・阿希克洛夫特（Bill Ashcroft），嘉雷斯・格里菲斯（Gareth Griffiths），凱倫・蒂芬（Helen Tiffin）著；劉自荃譯，《逆寫帝國：後殖民文學的理論與實踐》（台北：駱駝，1998.6），頁 56。
〔註7〕 邱天助，《布爾迪厄文化再製理論》（台北：桂冠，2002.02 二版一刷），頁 6。

活經驗、經過的綜合，呈顯了作家的歷史觀，也重建了台灣人的精神結構，大河作家將這些事件提高到某種普遍化的高度，成為省覺讀者（包含下一代或說族裔同胞）的歷史教材。那些一代代不畏強權的台灣人，代表正義、奮鬥不懈的反抗精神，再生產了台灣的典型性，實有鼓舞台灣人精神的用意。

小說中世代承繼的反抗精神，與受難悲苦的社會歷史，呈顯出台灣人的悲劇，在於身處封閉的社會處境，被排除於權威位置之外，不被允許使用稀有的社會資源，也少有機會可以掌控自己切身的環境〔註8〕。亦即，台灣人悲劇的根源，在於對抗一切企圖以經濟利益與物質利益統領一切價值的社會，敵人並非簡化版的日本人、國民政府、外省人或半山仔等。台灣大河小說的世界觀是站在反壓迫、反威權、反殖民、反暴政的人道主義立場，企求台灣主體性的精神結構。

因此整體社會對「台灣」二字的敏感與重視，與大河作品中對「台灣」、「台灣人」的追求，其實是相互呼應與循環的，台灣大河小說發揮了建立「台灣人意識」的功能價值，也呼應了社會對台灣建立主體性的欲求，因此台灣大河小說的存在不僅是作家們主觀需求與欲望的創造，也是在社會環境影響下循環適應的調適書寫，在總體結構中，突顯出台灣人對於建立台灣主體性欲求的精神結構與世界觀。

八、回望過去展望未來

從鍾肇政、李喬、東方白等人的台灣大河小說中，台灣從 20 世紀的惶惑與追尋，從祖國意識的式微、反抗意識的產生、台灣意識的萌芽與確立，到 21 世紀初在黃娟、邱家洪的作品中更被強化加深，轉而強調國族意識的建構，因此 20 世紀的文本與 21 世紀建構台灣國族的內容並不相同。若從時代語境中予以理解及區分，戒嚴時期的台灣大河小說，為了在唯一政治正確的「大中國意識」下尋求發聲，有著書寫異軌歷史（台灣人被日本殖民的歷史）的內在驅力，解嚴後的台灣歷史大河小說也有著補述二二八事件的使命，實不同於 21 世紀黃娟、邱家洪的台灣大河小說，有著鮮明強烈的政治立場與企圖性。由此可以看見時代脈絡下作品、作家，社會的轉變。但 21 世紀的文本，除了延續 20 世紀大河小說的台灣意識、台灣主體性之外，在施叔青《台灣三

〔註 8〕 此處援用戈德曼的說法。詳瑪麗·伊凡絲（Mary Evans）著，廖仁義譯，《郭德曼的文學社會學》（台北：桂冠圖書，1990.03），頁 19、63。

部曲》等其他作家作品中，也開展出其他新的面向與更廣幅的視野。《台灣三部曲》能以東亞、甚至是世界史的角度，讓讀者體察出日本殖民強權的行徑，有其來由〔註9〕，與過往單面書寫日本殖民壓迫的視角極大的不同。又如以女性的立場與男性大歷史（如中國史、台灣史）對話，抵中心與解構的敘事策略，有奪回地方的、女性的歷史詮釋權用意，解構了過往台灣大河小說以漢族、男性為中心的危機與單向性，這也是值得令人欣喜的新局面。

　　在寫作手法上，20世紀台灣大河小說主要以現實主義的精神，結合諸多作家個人與其他台灣人自傳性的題材，期望在社會歷史的基礎上完成小說的建構，以進行對社會歷史的針砭，因此廣採田野調查、訪談的方式來輔助書寫，也因為作家有著補述歷史的情結，作品有著歷史意義，使作品不免在歷史敘事上受到較高標準的評判，在真實與虛構交織的小說文本中，受到不符史實的指責，以及在修辭、藝術美學上的批評。然則藝術性卻不是大河作家追求的唯一面向，此類「為人生而藝術」的作品，如同傳統長篇敘事詩一樣，其意不在藝術的精美結晶，而在作品所傳達的深刻內涵。事實上20世紀台灣大河小說，不僅以寫實主義的手法創作，處在動盪的大歷史中，往往突顯主人翁雙重矛盾的經驗，而有著深刻的意識流鋪陳、內在的心理描寫。這些諸多大河文本中人物叨叨絮絮的心理描述，與外在行為的積極反抗有著極大的衝突，深刻映照出台灣人內心的壓抑與悲情面，以及殖民社會、威權體制的強大宰制與壓力。

　　新世紀的台灣歷史大河小說，就黃娟與邱家洪的作品而言，同樣以寫實主義的基調，再次書寫並延續貫串了前人的歷史議題，並突顯台灣民主運動的史頁，為台灣意識與台灣人追求主體性的發展，建制了一個歷史文本的脈絡。但重複性的議題，與過於張揚直筆的政治描繪，容易造成台灣大河小說的刻版化，引發藝術美學上的危機性。幸賴施叔青《台灣三部曲》的出現，改變了原本書寫的侷限，堪稱台灣大河小說的分水嶺。有別於過往的寫實主義性，施叔青的寫作手法明顯不同，不僅以女性立場出發，擺脫了連續性的傳統敘史方式，也以遷移史與區域地方史取代大歷史的敘事角度，並在現實主義的基本技巧上，採用現代主義的筆法、新歷史主義的思維創作，甚至是

〔註9〕 在福澤喻吉現代化引導下強調「脫亞入歐」的日本，曾受到西方列強不平等束縛壓迫，為擺脫自卑情結而努力壯大。然而在東亞共榮圈中，日本權力位階轉為上位，仍無形複製西方列強的壓迫手段。

後現代的、非線性與走馬燈般重複敘事的拼貼技法等，呈現出台灣社會多元而駁雜的異質面貌，使台灣歷史大河小說在藝術美學上更上一層樓，展現了豐富的面貌。

　　弱勢群體總是被壓抑的，唯有找到發言的位置才能讓人看見，才能找回尊嚴。不管是台灣內部客家族群、原住民或女性、新移民者的地位，或是台灣在國際間的地位，為了對抗主流，為了反抗壓制，都得找到發聲的管道，改變邊緣弱勢的處境，尋回自尊與尊嚴。如此才能走出官方的歷史敘述框架，擺脫漢族中心論述（包含閩族中心論述），男性國族論述。雖然目前台灣大河小說在客家文本、女性文本的表現上，明顯有著較強烈積極的面向與意涵，值得持續關注討論，但各時期的台灣歷史大河小說各有其階段性的時代使命，這個階段完成了，更會有新的議題等待關注。台灣的歷史也會不斷依時序演進，成王敗寇的情形往往使邊緣與中心不斷變化流動，在支配性的威權下，大河歷史中的邊緣者往往仍是被壓迫消音的對象，有待為其發聲。正如盧卡奇所言：「反省的需要是每一部偉大而真誠的小說最深沈的憂鬱之所在。〔註10〕」相信台灣大河小說也會持續努力，站在抵中心的立場，勇敢堅持不畏強權，時刻反省，才能以筆為社會改革貢獻心力，相信這是知識分子願意戮力以赴的，也是台灣文學樂見的成果。

　　21世紀的書寫語境已然大異於解嚴前，在特定歷史脈絡的典律化台灣「大河小說」外，台灣大河小說的研究，其實可以擺脫過往的侷限與缺失，以全面性的視野進行思考調整，因此本書的研究只是其中的一個面向，表達出筆者目前的見解與判斷，或可成為台灣大河小說的研究基礎。未來，若能整合不同的思考面向，進行更深入周全的理解，相信台灣大河小說的發展與研究，會是更令人關注與期待的。

〔註10〕盧卡奇著、楊恆達編譯，《小說理論》（台北：唐山出版社，1997.07），頁58。

參考書目

一、作家文本（依筆劃順序）

1. 吳濁流,《亞細亞的孤兒》,（台北：草根出版,1995.07）。
2. 吳濁流,《無花果》（台北：草根出版,1995.07）。
3. 吳濁流,《台灣連翹》,（台北：草根出版,1995.07）。
4. 李喬,《寒夜三部曲——寒夜》（台北：遠景出版,1981.02 初版,2001.07）。
5. 李喬,《寒夜三部曲——荒村》（台北：遠景出版,1981.02 初版,2001.07）。
6. 李喬,《寒夜三部曲——孤燈》（台北：遠景出版,1981.02 初版,2001.07）。
7. 李喬,《埋冤、一九四七、埋冤》（苗栗：苗栗客家文化廣播電台出版,2003.02）。
8. 李榮春,《祖國與同胞》（上）（下）（台中：晨星出版有限公司,2002.12）。
9. 李榮春,《八十大壽》（上）（下）（台中：晨星出版有限公司,2002.12）。
10. 東方白,《雅語雅文》有聲書,（台北：前衛出版社、草根出版公司,1995年）。
11. 東方白,《浪淘沙》（台北：前衛,1990.10 初版,2002.01）。
12. 東方白,《真與美》（台北：前衛,2001.04）。
13. 東方白,《小乖的世界》（台北：草根出版社,2002.11）。
14. 邱家洪,《台灣大風雲》第 1 冊,（台北：前衛,2006.07）。
15. 邱家洪,《台灣大風雲》第 2 冊,（台北：前衛,2006.07）。
16. 邱家洪,《台灣大風雲》第 3 冊,（台北：前衛,2006.07）。
17. 邱家洪,《台灣大風雲》第 4 冊,（台北：前衛,2006.07）。
18. 邱家洪,《台灣大風雲》第 5 冊,（台北：前衛,2006.07）。

19. 邱家洪，《打造亮麗人生：邱家洪回憶錄》（台北：前衛，2007.09）。

20. 姚嘉文，《台灣七色記》（台北：自立晚報社，1987）。

21. 施叔青，《她名叫蝴蝶》（台北：洪範，1993）。

22. 施叔青，《遍山洋紫荊》（台北：洪範，1995）。

23. 施叔青，《寂寞雲園》（台北：洪範，1997）。

24. 施叔青，《行過洛津》（台北：時報文化，2003.12）。

25. 施叔青，《風前塵埃》（台北：時報文化，2007.12）。

26. 施叔青，《三世人》（台北：時報文化，2010.10）。

27. 馮馮，《寒夜》、《鬱雲》、《狂飆》、《微曦》（台北：皇冠出版，1964.09）。

28. 馮馮，《煙》、《霧》、《雪》（台北：皇冠出版，1982）。

29. 馮馮，《霧航——媽媽不要哭》，（台北：文史哲，2003）。

30. 黃娟，《落土蕃薯》（台北：前衛出版社，2005.06）。

31. 黃娟，《寒蟬》（台北：前衛，2003.08）。

32. 黃娟，《歷史的腳印》（台北：前衛出版社，2001.01）。

33. 楊青矗，《美麗島進行曲》（台北：敦理，2009 年）。

34. 墨人，《紅塵》（台北：昭明，2001）。

35. 鍾肇政，《濁流》（台北：遠景，2005.01）。

36. 鍾肇政，《江山萬里》，（台北：遠景，2005.01）。

37. 鍾肇政，《流雲》（台北：遠景，2005.01）。

38. 鍾肇政，《台灣人三部曲（一）：沉淪》（台北：遠景出版，2005.02）。

39. 鍾肇政，《台灣人三部曲（二）：滄溟行》（台北：遠景出版，2005.02）。

40. 鍾肇政，《台灣人三部曲（三）：插天山之歌》（台北：遠景，2005.02）。

41. 鍾肇政，《川中島》（高山組曲第一部）〈長篇〉，（台北：蘭亭書局，1985.04）。

42. 鍾肇政，《戰火》（高山組曲第二部）〈長篇〉，（台北：蘭亭書局，1985.04）。

43. 鍾肇政，《怒濤》（台北：草根出版，1997.04）。

二、專書、論著

（一）中文

1. 王先霈、王又平主編，《文學批評術語詞典》，（上海：上海文藝出版社，1999.02）。

2. 王溢嘉，《精神分析與文學》（臺北：野鵝出版社，1999.11）。

3. 王德威，《小說中國》，（台北：麥田出版社，1996）。

4. 王德威，《如何現代，怎樣文學》（台北：麥田，1998）。

5. 古遠清，《世紀末台灣文學地圖》，（台北：揚智文化事業，2005.04）。

6. 伍軒宏，〈結構主義與後結構主義〉，《文訊》292 期（2010.02）。

7. 朱雙一，《台灣文學創作思潮簡史》，（北京：九州出版社，2010.06）。

8. 何金蘭，《文學社會學》（台北：桂冠，1989.08）。

9. 余昭玟，《東方白大河小說《浪淘沙》研究》（高雄：春暉，2013.02）。

10. 呂正惠，《殖民地的傷痕 臺灣文學問題》，（台北：人間，2002.06）。

11. 李南衡主編，《日據下台灣新文學明集 5・文獻資料選集》，（台北：明潭 出版，1979.03）。

12. 李國祁總纂，《台灣近代史 政治篇》（南投：台灣省文獻委員會，1995.06）。

13. 李喬，《小說入門》（台北：時報文化，1986）。

14. 李喬，《重逢一夢裡的人：李喬短篇小說後傳》，（台北：印刻，2005.04）。

15. 李瑞騰，《文學的出路》，（台北：九歌出版社，1994）。

16. 李瑞騰、夏祖麗主編，《一座文學的橋——林海音先生紀念文集》（台南： 國立文化資產保存研究中心籌備處，2002.12）。

17. 李瑞騰主編，《台灣文學年鑑 2009》，（台南：國立台灣文學館，2010.12）。

18. 周英雄，《結構主義與中國文學》（台北：東大圖書股份有限公司，1992.08）。

19. 周婉窈，《淺海行分的年代：日本殖民統治末期台灣史論集》（台北：允 晨，2002）。

20. 林央敏，《台語文學運動史論》，（台北：前衛出版，1997.11）。

21. 林淇瀁，《書寫與拼圖》，（台北：麥田，2001 年）。

22. 邱天助，《布爾迪厄文化再製理論》（台北：桂冠，2002.02）。

23. 邵玉銘、張寶琴、瘂弦主編，《四十年來的中國文學》，（台北：聯合文學 出版社，1994）。

24. 阿盛，《秀才樓五更鼓》（台北：時報文化，1992）。

25. 施懿琳，《從沈光文到賴和——台灣古典文學的發展與特色》（高雄：春 輝，2000）。

26. 孫大川編，《臺灣原住民族漢語文學選集：評論卷》（臺北中和市：INK 印刻，2003）。

27. 徐崇溫主編，《西方馬克思主義理論研究》（海南：海南出版社，2000.12）。

28. 翁秀琪，《大傳傳播理論與實證》（台北：三民，1996）。

29. 翁振盛，《敘事學》（台北：文建會，2010.01）。

30. 逢塵瑩,《法國文學面面觀》(新店市:漢威出版社,1997.06.01)。

31. 高天生,《台灣小說與小說家》(台北:前衛,1994.12)。

32. 康原編,《種子落地》(台中:晨星出版,1996)。

33. 張良澤編,《肝膽相照》(台北:前衛出版社,1999.11)。

34. 張良澤編,《臺灣文學兩地書》(台北:前衛出版社,1993.02)。

35. 張京媛主編,《新歷史主義與文學批評》(北京:北京大學出版社,1993.01)。

36. 莊萬壽等編撰,《台灣的文學》(台北:群策會李登輝學校,2004)。

37. 許極燉,《台灣近代發展史》(台北:前衛,2000.04)。

38. 陳芳明,《左翼台灣:殖民地文學運動史論》(台北:麥田出版,1998)。

39. 陳芳明,《後殖民台灣——文學史論及其周邊》(台北:麥田,2002.04)。

40. 陳建忠,《被詛咒的文學:戰後初期(1945～1949)台灣文學論集》(台北:國立編譯館,2007.01)。

41. 陳建忠等,《台灣小說史論》(台北:麥田,2007)。

42. 陳振堯,《法國文學史》(台北:天肯文化出版,1995)。

43. 陳義芝編,《台灣現代小說史綜論》(台北:聯經出版公司,1998.12)。

44. 陳麗芬,《現代文學與文化想像:從台灣到香港》(台北:書林出版公司,2000.05)。

45. 彭瑞金,《台灣文學史論集》(高雄市:春暉,2006.08)。

46. 彭瑞金,《台灣新文學運動40年》(高雄市:春暉,1997.8)。

47. 彭瑞金,《瞄準臺灣作家》(高雄:派社文化,1992)。

48. 彭瑞金主編,《李榮春的文學世界》(台中:晨星,2002.12)。

49. 彭瑞金主編,《葉石濤全集11・隨筆卷:六》(台南市:台灣文學館;高雄市:高市文化局,2008.03)。

50. 彭瑞金主編,《葉石濤全集12・隨筆卷:七》(台南市:台灣文學館;高雄市:高市文化局,2008.03)。

51. 彭瑞金主編,《葉石濤全集 6・隨筆卷:一》(台南市:台灣文學館;高雄市:高市文化局,2008.03)。

52. 彭瑞金編,《鍾肇政口述歷史:戰後台灣文學發展史》(台北:唐山出版,2008.07)。

53. 彭懷恩,《台灣政治變遷四十年》(台北:自立時報社文化出版部,1980.05)

54. 曾逸昌,《客家概論》(台北:泓茂電腦排版公司,2003.09)。

55. 游勝冠,《台灣文學本土論的興起與發展》(台北:前衛,1996.07)。

56. 黃武忠,《親近台灣文學》(台北:九歌,1995.03)。

57. 黃娟,《政治與文學之間》（台北：前衛,1995.04）。

58. 黃瑞祺,《歐洲社會理論》（台北：中研院歐美所,1996）。

59. 黃慧鳳,《台灣勞工文學》（台北：稻鄉,2007）。

60. 新臺灣研究文教基金會美麗島事件口述歷史編輯小組,《走向美麗島：戰後反對意識的萌芽》（台北市：時報文化,1999）。

61. 楊小濱,《否定的美學：法蘭克福學派的文藝理論和文化批評》（台北：麥田,1995.07）。

62. 楊照,《文學、社會與歷史想像——戰後文學史散論》（台北：聯合文學出版社,1995.10）。

63. 楊照,《夢與灰燼——戰後文學史散論二集》（台北：聯合文學,1998）。

64. 葉石濤,《台灣文學史綱》（高雄：春暉出版,1993.09）。

65. 葉石濤,《台灣文學的回顧》（台北：九歌,2004.11）。

66. 葉石濤,《臺灣鄉土作家論集》（台北：遠景出版社,1979.03）。

67. 廖咸浩,《愛與解構：當代臺灣文學評論與文化觀察》（台北：聯合文學,1995）。

68. 廖炳惠編著,《關鍵詞 200：文學與批評研究的通用辭彙編》（台北：麥田,2003.09）。

69. 臺灣中華書局股份有限公司、美國大英百科全書公司聯合編輯,《簡明大英百科全書中文版》15（台北：中華書局,1989.05）。

70. 趙稀方,《後殖民理論與台灣文學》（台北：人間,2009.06）。

71. 齊邦媛,《霧漸漸散的時候一臺灣文學 50 年》（臺北：九歌,1998.10）。

72. 劉昌元,《盧卡奇及其文哲思想》（台北：聯經,1991）。

73. 劉清彥,《向夢想前進的女孩》（台北：青林國際出版社,2004.09）。

74. 劉登翰,《台灣文學隔海觀——文學香火的傳承與變異》（台北：風雲時代出版,1995.03）。

75. 歐宗智《台灣大河小說家作品論》（台北：前衛,2007.06）。

76. 鄭克魯,《法國文學簡史》（台北：志一出版,1995.09）。

77. 鄭克魯,《現代法國小說史》（上海：上海外語教育出版,1998.12）。

78. 鄭明娳,《現代散文》（台北：三民書局,2003）。

79. 鄭明娳,《現代散文構成論》（台北：大安,1989）。

80. 鄭炯明編,《點亮台灣文學的火炬》（高雄：春暉出版社,1999.06）。

81. 盧翁美珍《神秘鱒魚的返鄉夢——李喬《寒夜三部曲》人物透析》（台北：萬卷樓圖書,2006.01）。

82. 錢鴻鈞,《台灣文學的萬里長城——鍾肇政六百萬字書簡研究》(台北:文英堂,2005)。

83. 錢鴻鈞,《戰後臺灣文學之窗——鍾肇政六百萬字書簡研究》(台北:文英堂,2002.11)。

84. 錢鴻鈞編,《臺灣文學兩鍾書》(台北:草根出版社,1998.02)。

85. 錢鴻鈞編,黃玉燕譯,《吳濁流致鍾肇政書簡》(台北:九歌出版社,2005.05)。

86. 戴寶村,《台灣的海洋歷史文化》(台北:玉山社,2011.01)。

87. 戴寶村,王峙萍,《從台灣諺語看台灣歷史》(台北:玉山社,2004)。

88. 鍾肇政,《臺灣文學十講》(台北:前衛出版,2000.10)。

89. 鍾肇政、東方白合著,張良澤編:《台灣文學兩地書》(台北:前衛,1993.02)。

90. 鍾肇政、葉石濤主編,《光復前台灣文學全集》八冊(台北:遠景出版,1979.07)。

91. 鍾肇政著,陳宏銘、莊紫蓉、錢鴻鈞編《鍾肇政全集》(桃園:桃園縣立文化中心,1999.11、2000.12、2002.11)。

(二)西文著作、翻譯著作

1. Benedict Anderson,吳叡人譯《想像的共同體》(台北:時報文化,1999.04)。

2. Bill Ashcroft, Gareth Griffiths, Helen Tiffin:劉自荃譯:《逆寫帝國:後殖民文學的理論與實踐》(台北:駱駝,1998.6)。

3. E.M. Foster,李文彬譯,《小說面面觀》(台北:志文出版社,1973.09)。

4. Edward W. Said,蔡源林譯,《文化與帝國主義》(台北:立緒出版,2001.01)。

5. Edward W. Said,王志弘等譯《東方主義》(orientalism)(台北:立緒,2001.02)。

6. Elleke Boehmer),盛寧、韓敏中譯,《殖民與後殖民文學》(Colonial and Postcolonial Literature),(遼寧教育出版社:牛津大學出版社,1998.11)。

7. Frantz Fanon,陳瑞樺譯,《黑皮膚,白面具》(台北:心靈工坊文化,2005)。

8. Georg Lukács,陳文昌譯,《現實主義論》(台北:雅典出版社,1988.10)。

9. Georg Lukács,楊恆達編譯,《小說理論》(台北:唐山,1997.07)。

10. Jürgen Habermas,曹衛東譯,〈公共領域〉《文化與公共性》,(北京:三聯出版社,1997)。

11. Mary Evans,廖仁義譯,《郭德曼的文學社會學》(台北:桂冠圖書,1990.03)。

12. Michael White, David Epston，廖世德譯，《故事、知識、權力——敘事治療的力量》（台北：心靈工坊，2001.04）。

13. Michel Foucault，劉北成，楊遠嬰譯，《瘋顛與文明》（臺北：桂冠，1992）。

14. Parrice Bonnewitz，孫智綺譯，《布赫迪厄社會學的第一課》（臺北：麥田出版：城邦文化發行，2002）。

15. Robert Escarpit，葉淑燕譯，《文學社會學》（台北：遠流，1990）。

16. Robert H. Hopcke，蔣韜譯，《導讀榮格》（A Guided Tour of the Collected Works of C. G. Jung），（台北：立緒文化，1997）。

17. UmbertoEco，黃寤蘭譯，《悠遊小說林》（台北：時報文化，2000.11.13）。

18. Toril Mol，陳潔詩譯，《性別＼文本政治：女性主義文學理論》（台北：駱駝，1995）。

19. 矢內原忠雄著，周憲文譯，《日本帝國主義下的台灣》（台北：帕米爾書店，1985.07）。

20. 涂照彥著·李明俊譯，《日本帝國主義下的台灣》（台北：人間出版，1992）。

21. 黃舜英譯，《世界文學名著總解說》（上）（台北：遠流出版，1981.06）。

22. 顧燕翎主編，《女性主義理論與流派》（台北：女書店，2000 年）。

23. 《諾貝爾文學獎全集：1915 羅曼羅蘭》（瑞典學院編纂，台北：環華百科出版社，1997）。

三、論文集

1. 三木直大等，《台灣大河小說家作品學術研討會論文集》（台南市：國家台灣文學館籌備處，2006.12）。

2. 台灣師範大學國文系編，《解嚴以來台灣文學國際學術研討會論文集》（台北：萬卷樓 2000.09）。

3. 李勤岸、陳龍廷主編，《臺灣文學的大河：歷史、土地與新文化——第六屆臺灣文化國際學術研討會論文集》（高雄：春暉出版，2009.12）。

4. 東海中文系編，《戰後初期台灣文學與思潮國際學術研討會論文集》（台北：文津出版社，2005.01）。

5. 財團法人文學台灣基金會主編，《台灣大河小說家作品學術研討會論文集》（台南市：國家台灣文學館籌備處，2006）。

6. 陳萬益主編，《大河之歌：鍾肇政文學國際學術會議論文集》（桃園市：桃園縣文化局，2003.12）。

7. 廖瑞銘主編，《台灣大風雲研討會論文集》（台中：中山醫學大學台灣語文學系，2011.07）。

8. 戴華萱主編,《第七屆台灣文學家牛津獎暨東方白文學學術研討會論文集》(新北市:眞理大學人文學院台灣文學系,2013.12)。

四、碩博士論文

1. 丁世傑,〈台灣家族敘事的記憶與認同〉(國立臺北教育大學台灣文學研究所碩士論文,2007)。

2. 王淑雯,〈大河小說與族群認同:以《臺灣人三部曲》、《寒夜三部曲》、《浪淘沙》爲焦點的分析〉(國立臺灣大學社會學研究所碩士論文,1994)。

3. 王靖雅,〈黃娟及其小說研究〉(國立中央大學中國文學系碩士在職專班碩士論文,2008)。

4. 王慧芬,〈台灣客籍作家長篇小說中人物的文化認同〉(東海大學中國文學系碩士論文,1999.06)。

5. 申惠豐,〈台灣歷史小說中的土地印象:土地意識的回歸、認同與實踐〉,(靜宜大學中國文學所碩士論文,2005.07)。

6. 佘姿慧,〈東方白及其《浪淘沙》人物研究〉(國立臺南大學國語文學系教學碩士班碩士論文,2008)。

7. 吳欣怡,〈敘史傳統與家國圖像:以呂赫若、鍾肇政、李喬爲中心〉(國立清華大學中國文學系碩士論文,2010)。

8. 吳淑娟,〈以生命和文學共舞——李榮春自傳性小說研究〉(佛光大學文學系碩士論文,2007)。

9. 呂俊德,〈東方白《浪淘沙》、邱家洪《台灣大風雲》比較研究〉(台北教育大學台灣文化研究所碩論,2011.12)。

10. 李秀美,〈《寒夜三部曲》之地方性詮釋〉(國立臺灣師範大學地理學系碩士論文,2005)。

11. 李展平,〈太平洋戰爭書寫——以陳千武《活著回來》、李喬《孤燈》、東方白《浪淘沙》爲論述場域〉(中興大學台灣文學研究所碩士論文,2010.07)。

12. 李麗玲,〈五○年代國家文藝體制下台籍作家處境及其創作初探〉(新竹:清華大學中研所碩士論文,1995)。

13. 林明孝,〈鍾肇政長篇自傳性小說研究〉(中山大學中國文學系碩士論文,1994)。

14. 林美華,〈鍾肇政大河小說中的殖民地經驗〉(國立成功大學歷史學系碩博士班碩士論文,2004)。

15. 柳書琴,〈戰爭與文壇——日據末期台灣的文學活動(1937.7～1945.8)〉(台灣大學歷史系碩論,1994.06)。

16. 張令芸，〈土地與身分的追尋──李喬《寒夜三部曲》〉（銘傳大學應用中國文學系碩士班碩士論文，2006）。

17. 張謙繼，〈鍾肇政《台灣人三部曲》研究〉（文化大學中國文學研究所碩士論文，1995）。

18. 許杏齡，〈殖民宿命與島嶼重生：邱家洪《台灣大風雲》之研究〉（國立交通大學客家文化學院客家社會與文化碩士在職專班碩士論文，2010）。

19. 郭淑美，〈高中歷史教科書研究：以台灣史教材爲中心（1948～2006）〉（台灣師範大學歷史系在職進修碩士班碩士論文，2006》。

20. 陳明成，〈陳芳明現象及其國族主義研究〉（成功大學歷史研究所碩士論文，2002）。

21. 陳姵妏，〈施叔青《臺灣三部曲》中的歷史想像與臺灣書寫研究〉（國立嘉義大學中國文學系研究所碩士論文，2011）。

22. 陳虹文，〈日本殖民統治下台灣教育政策之研究──以公學校國語教科書內容分析爲例〉（高雄：中山大學教育研究所碩士論文，2000）。

23. 陳凱筑，〈論李榮春及其小說〉（國立臺北教育大學台灣文學研究所碩士論文，2007）。

24. 曾玉菁，〈鍾肇政《插天山之歌》及其改編電影之研究〉，國立交通大學客家文化學院客家社會與文化碩士在職專班碩士論文，2008）。

25. 曾薰慧，〈台灣五○年代國族想像中「共匪／匪諜」的建構〉（東海大學社會所碩士論文，2000.07）。

26. 游玉楓，〈東方白《浪淘沙》研究〉（國立中興大學中國文學系碩士在職專班碩士論文，2003）。

27. 黃靖雅，〈鍾肇政小說研究〉（東吳大學中國文學研究所碩士論文，1994）。

28. 楊幸如，〈馮馮及其作品研究〉（中興大學台灣文學研究所碩士論文，2010.07）。

29. 楊明慧，〈台灣文學薪傳的一個案例──由吳濁流到鍾肇政、李喬〉（東海大學中國文學系碩士論文，2004）。

30. 楊政潔，〈邱家洪《台灣大風雲》研究〉（國立臺南大學國語文學系國語文碩士班碩士論文，2007）。

31. 楊素萍，〈李喬「寒夜三部曲」之客家女性形象研究──以葉燈妹爲核心〉（中興大學台灣文學研究所碩士論文，2010）。

32. 楊淇竹，〈《寒夜三部曲》電視劇研究──文本書寫到影像傳播之跨媒體比較〉（國立中正大學台灣文學所碩士論文，2009）。

33. 董玨娟，〈鍾肇政小說中反殖民意識之研究──以《台灣人三部曲》、《怒濤》爲例〉（國立臺東大學教育研究所碩士論文，2007）。

34. 詹閔旭，〈跨界地方認同政治：李永平小説（1968～1998）與台灣鄉土文學脈絡〉（國立清華大學台灣文學研究所碩士論文，2008）。

35. 廖卓成，〈自傳文研究〉（國立臺灣大學中文研究所博士論文，1992）。

36. 歐宗智，〈東方白《浪淘沙》析論〉（東吳大學中國文學系碩士論文，2004）。

37. 蔡淑齡，〈黃娟《楊梅三部曲》研究〉（國立彰化師範大學國文學系碩士論文，2006）。

38. 蔡蕙光，〈日治時期臺灣公學校的歷史教育——歷史教科之分析〉（臺灣大學歷史學研究所碩士論文，1999）。

39. 盧翁美珍，〈李喬《寒夜三部曲》人物研究〉（國立彰化師範大學國文學系碩士論文，2004）。

40. 賴宛瑜，〈台美人與世界人的文學實踐——黃娟《楊梅三部曲》初探〉（國立清華大學台灣文學研究所碩士論文，2008）。

41. 賴松輝，〈李喬《寒夜三部曲》研究〉（成大歷史語言研究所碩士論文，1991）。

42. 謝秀惠，〈施叔青筆下的後殖民島嶼圖像——以《香港三部曲》、《台灣三部曲》為探討對象〉（國立臺灣師範大學台灣文化及語言文學研究所在職進修碩士班碩士論文，2010）。

43. 謝冠偉，〈黃娟《楊梅三部曲》研究〉（銘傳大學應用中國文學系碩士班碩士論文，2006）。

44. 顏如梅，〈施叔青香港時期長篇小説研究——以「香港三部曲」及《維多利亞俱樂部》為中心〉（中興大學中國文學系所碩士論文，2007）。

45. 羅秀英，〈李喬《寒夜三部曲》客家題材研究〉（玄奘大學中國語文學系碩士在職專班碩士論文，2010）。

46. 羅英財，〈東方白《浪淘沙》的小説藝術〉（國立臺北教育大學台灣文學研究所碩士論文，2006）。

五、期刊、報刊論文

1. 王文仁、陳沛淇採訪，〈台灣文學兩地情——北鍾南葉〉，《台灣文學館通訊》5（2004.09）。

2. 王詩琅，〈一個試評——以《台灣新文學》為中心〉，《台灣新文學》1 卷 4 號（1936.05.04）。

3. 王鼎鈞，〈作品充滿鄉土色彩的台灣作家〉，《文星》第 26 期（1959.12）。

4. 王夢鷗，〈傳記・小説・文學〉，《傳記文學》第 2 卷第 1 期（1963.01）。

5. 朱雙一，〈「反共文藝」的鼓噪與衰敗——兼論 50～60 年代國民黨的文藝政策〉，《台灣研究集刊》，第 1 期（1994）。

6. 何孟興,〈從《熱蘭遮城日誌》看荷蘭人在閩海的活動（1624～1630）〉,《台灣文獻》第 52 卷第三期（2001.9.30）。

7. 周婉窈,〈歷史的統合與建構一日本帝國圈內台灣、朝鮮和滿州國的「國史」教育〉,《台灣史研究》10 卷 1 期（2009.06）。

8. 東年,〈台灣農民組合運動的歷史意義〉,《歷史月刊》,196 期 5 月號（2004.05）。

9. 林海音,〈台籍作家的寫作生活〉,《文星》第 26 期（1959.12）。

10. 翁振盛,〈敘事學〉,《文訊》292 期（2010.02）。

11. 康俊榮,〈盧卡奇的馬克思主義〉,《共黨問題研究》第 17 卷第 5 期。

12. 張君豪,〈簡吉與台灣農民運動〉,《歷史月刊》,196 期 5 月號（2004.05）。

13. 莊園,〈讀鍾肇政短篇扎記〉,《台灣文藝》（1982.02）。

14. 郭楓,〈四十年來台灣文學的環境與生態〉,《新地文學》1 卷 2 期（1990.08）。

15. 陳正茂,〈中國的左拉——漸被遺忘的大河小說家李劼人〉,《現代回眸》22 期（2010）。

16. 陳玉玲,〈「台灣文藝」研究〉,《台灣文學觀察雜誌》第三期（1991.01）。

17. 陳建忠,〈詮釋權爭奪下的文學傳統：台灣「大河小說」的命名、詮釋與葉石濤的文學評論〉,《文學台灣》,70 期（2009.04）。

18. 陳燁,〈永遠的赤子——鍾肇政記事〉,《台灣文藝》127 期（1991.10）。

19. 陳顯庭,〈我對葉石濤小說的印象〉,《台灣新生報》橋副刊 146（1948.07.30）。

20. 彭瑞金,〈當前台灣文學的本土化與多元化——兼論有關台灣文學的一些異說〉,《文學台灣》4 期（1992.09）。

21. 彭瑞金,〈戰後的臺灣小說〉,《國文天地》16：7＝187,（2000.12）。

22. 游勝冠,〈台灣文學的大河——鍾肇政及其文學〉,《台灣文學館通訊》5（2004.09）。

23. 游勝冠,〈民族主義與階級意識之外的台灣農民運動史觀——台灣農民運動後期的左傾探源〉,《歷史月刊》,196 期 5 月號,（2004.05）。

24. 黃娟,〈鍾老的成就一賀鍾肇政先生八十大壽〉,《臺灣文學評論》第 3 卷第 4 期（2003.10）。

25. 黃慧鳳,〈被殖民者的自傳——《論鍾肇政《濁流三部曲》》,《國立彰化師範大學文學院學報》,第 6 期（2012.09）。

26. 黃錦樹,〈本質的策略,策略的本質與解釋的策略〉,《文化研究》,創刊號（2005.09）。

27. 楊佳嫻,〈女性意識與歷史使命感——專訪黃娟〉,《自由時報》文藝生活版（2005.06.21）。

28. 楊照，〈以小說捕捉台灣歷史的本質〉，《中國時報》27 版（1998.1.20）。

29. 葉石濤，〈台灣鄉土文學史導論〉，《夏潮》14 期（1977.05.01）。

30. 葉石濤，〈開拓多種族風貌的台灣文學〉，《文學台灣》第 9 期（1994.01）。

31. 葉石濤，〈鍾肇政論——流雲，流雲，你流向何處？〉，《台灣文藝》三卷 12 期（1966.07）。

32. 廖咸浩，〈在解構與解體之間徘徊〉，《中外文學》第 21 卷第 7 期（1992.12.01）。

33. 臺灣文藝編輯部，〈臺灣文學的里程碑——鍾肇政《台灣人三部曲》對談紀錄〉，《台灣文藝》75 期（1982.02）。

34. 褚昱志，〈臺灣大河小說之先驅——試論李榮春的《祖國與同胞》〉，《臺灣文學評論》第 5 卷第 3 期，（2005.07）。

35. 潘亞暾，〈台灣長河小說中兩座相互輝映的豐碑——比較《台灣人》和《寒夜》兩個三部曲〉，《當代文經》，第四期（1987）。

36. 賴松輝，〈歷史事實？小說虛構？——論李喬《埋冤·一九四七·埋冤》的歷史修辭〉，《華醫社會人文學報》第 11 期（2005.06）。

37. 賴美惠，〈臺灣文學的點燈人——葉石濤先生專訪（下）〉，《國文天地》18：3＝207 期（2002.08）。

38. 鍾肇政，〈淺談大河小說〉，《自立晚報》，副刊 14 版（1982.08.20）。

39. 鍾肇政，〈簡談大河小說，祝福時報百萬小說獎〉，《中國時報》，39 版（1994.06.13）。

40. 鍾肇政等〈文友通訊〉，《文學界》第五期（1983.1）。

41. 羅秀菊，〈大河小說在臺灣的發展——兼談李喬的「寒夜三部曲」〉，《臺灣文藝》，163／164，（1998）。

附　錄

附錄一：台灣大河小說作家作品一覽表

作家	生卒年／族裔	作品	作品系列
鍾肇政	1925～ 桃園縣龍潭鄉客家人	濁流三部曲	《濁流》 《江山萬里》 《流雲》
		台灣人三部曲	《沉淪》 《滄溟行》 《插天山之歌》
		高山組曲	《川中島》 《戰火》
		怒濤── 台灣人三部曲之四	《怒濤》
李喬 （李能棋）	1934～ 苗栗大湖鄉客福佬	寒夜三部曲	《寒夜》 《荒村》 《孤燈》
		埋冤、一九四七、埋冤	埋冤、一九四七、埋冤 （上） 埋冤、一九四七、埋冤 （下）

作家	生卒年／族裔	作 品	作品系列
東方白 （林文德）	1938～ 台北大稻埕人 （移居加拿大）	浪淘沙	分浪、淘、沙三部
黃娟 （黃瑞娟）	1934～ 桃園楊梅客家人 （移居美國）	楊梅三部曲	《歷史的腳印》 《寒蟬》 《落土蕃薯》
姚嘉文	1938～ 彰化縣和美鎮人	台灣七色記	《前記》 《白版戶》 《黑水溝》 《洪豆劫》 《黃虎印》 《藍海夢》 《青山路》 《紫帽寺》
邱家洪	1933～ 彰化縣社頭鄉說福佬話的客家人	台灣大風雲	《二戰浩劫》 《消失的帝國》 《二二八驚魂》 《民主怒潮》 《台灣風雷》 2006.7 前衛出版 《皇民化夢魘》 《鴨母寮滄桑》 《悲情歲月》 《官虎與錢鼠》 《春雷初動》 2011.11 草根出版
施叔青	1945～ 彰化鹿港人	台灣三部曲	《行過洛津》 《風前塵埃》 《三世人》

附錄二：台灣大河小說刊載發行表

作家	作　品	創作年代	刊載媒介	單行本出版	合刊出版
鍾肇政	濁流三部曲	1961～1963	《濁流》——《中央日報》副刊 1961.12.31～1962.4.22	中央日報社 1962.5	遠景 1980.6
			《江山萬里》——《中央日報》副刊 ～1963.9	林白出版社 1969.4	
			《流雲》——《文壇月刊》 1961～1965	文壇社 1965.10	
	台灣人三部曲	1964～1968	《沉淪》——《台灣日報》副刊 1967～1968	蘭開書局 1968.6	遠景 1980.06
		1975	《滄溟行》——《中央日報》副刊 1976～	七燈出版社 1976	
		1973～1974	《插天山之歌》——《中央日報》副刊	志文出版社 1975	
	高山組曲	1982～	《川中島》——《中華日報》副刊 1982.12～	蘭亭書局 1985.4	
			《戰火》——《台灣時報》 1983～		
	怒濤	1989～1992	《怒濤》——《自立晚報》 1991.1～	前衛出版社 1993.2	
李喬	寒夜三部曲	1977～1979	《台灣文藝》1978.1～《民眾日報》副刊 1978 《自立晚報》副刊		遠景 1981
	埋冤、一九四七、埋冤（上下冊）	1989～1994	《首都日報》1990.3.6～8.28 《台灣時報》副刊 1990.12.28～1991.11.7		苗栗客家文化廣播電台 1995.10

作家	作 品	創作年代	刊載媒介	單行本出版	合刊出版
姚嘉文	台灣七色記	1979～1987	《前記》、《白版戶》《黑水溝》、《洪豆劫》《黃虎印》、《藍海夢》《青山路》、《紫帽寺》──x		自立晚報社 1987.05
東方白	浪淘沙	1980～1989	《台灣文藝》1981.3～《文學界》1983～《台灣文藝》1990～		前衛 1990
黃娟	楊梅三部曲	1998～2000	《歷史的腳印》──《台灣文藝》2000.6～	前衛出版社 2001.01	
		2000～2003	《寒蟬》──x	前衛出版社 2003.8	
		2003～2005	《落土蕃薯》──x	前衛出版社 2005.06	
邱家洪	台灣大風雲	2001～2005	《二戰浩劫》《消失的帝國》《二二八驚魂》《民主怒潮》《台灣風雷》──x		前衛 2006.7 草根 2011.11
施叔青	台灣三部曲	2000～2003	《行過洛津》──x	時報文化出版 2003.12	
		2005～2007	《風前塵埃》──x	時報文化出版 2007.12	
		～2010	《三世人》──x	時報文化出版 2010.10